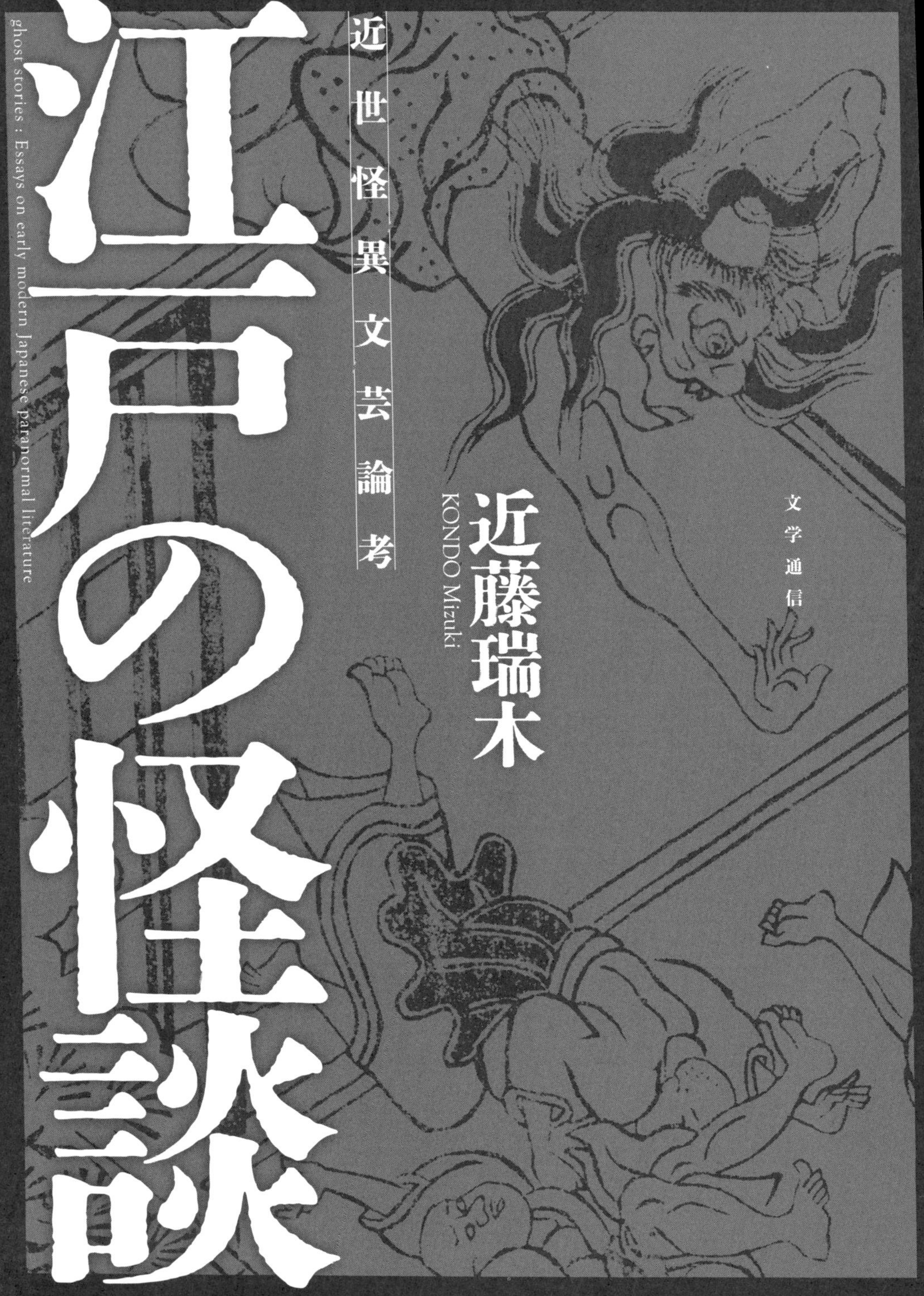

江戸の怪談

近世怪異文芸論考

ghost stories : Essays on early modern Japanese paranormal literature

近藤瑞木
KONDO Mizuki

文学通信

第二部　怪談仲間とハナシの共同体

第四部　読本怪談集の世界

緒言

緒言

【一】……近世「怪談」の研究

本書では、近世の怪異小説（短篇の怪談説話・小説集）、とりわけ十八世紀の「（前期）読本」ジャンルの怪談物を中心にとりあげ、その文学的特徴の分析と再評価を試みる【注1】。ただし、十七世紀の仮名草子から十九世紀の（後期）読本に至る怪談物、また小説ではない絵本や演劇、演芸などの怪談物をも視野に収めており、その先に近世怪異文芸総体の文学・文化的意義を見極めることが、筆者の目指すところである。

右に用いた「怪談（物）」「怪異文芸」は、近世文学におけるこの種のカテゴリーの総称であり、そこには多様なジャンルが含まれる。とりわけ近世初期の仮名草子から、後期の読本に至る短編集形式の小説ジャンルには「怪異」を主題とするものが連綿と続いており、文学史ではそれらの呼称として「怪異小説」「怪異談」「怪異譚」「怪奇談」「奇談」等が用いられ、微妙な使い分けはあるものの、要するに統一がとれていない。そもそも「怪談」「奇談」【注2】といった呼称は、「浮世草子」「読本」「黄表紙」のような文芸的本質に基づくジャンルの呼称ではなく、その物語の性格を示したものにすぎない。文学史においてはジャンルの下位分類に用いられる――例えば「怪談物浮世草子」「読本怪談集」と言ったように――のがふつうであり、それほど厳密を要せず用いられてきたと言えるだろう。ジャンル縦断的にこの種の文芸を「怪談」や「怪異小説」といった概念で主題化した研究は少ない。

日本名著全集・江戸文芸の第十巻に『怪談名作集』（昭和二年〈一九二七〉）の一巻を立てた山口剛も、翌昭和三年に「怪異小説研究」（新潮社版『日本文学講座　十八』）の論を提起しながら、「怪異小説の目を立てることが、江戸小説を扱ふ上に、どれほどの便宜をもたらし得るかを知らない。またその目を立てねばならぬ理由に就いて、くはしくは知らない」（「怪異小説研究」）と述べている。が、後述するように「怪異」性が近世文芸の一面を特徴付ける性格であり、かつそこに中世とも近代とも異なる、近世ならではの特性が看取される以上、近世の「怪談物」研究は、やはり近世文学研究として有意義なものと思われる。

古く、江戸生まれの内田魯庵《ろあん》は、その名も「怪談」（『バクダン』春秋社、一九二六年）という評論で「世界のドコにもない日本の化物芸術」の意義を説いているが、その論は「鳥山石燕のような稀代の化物専門画家」に始まって、「鶴屋南北のような稀代の奇才が尾上松緑や市川小団次のやうな非凡の芸術家と偶々《たまたま》時を同じうして生れてお岩や累のやうな世界無類の幽霊劇を演出した」こと、林屋正蔵が「怪談噺といふ特異な新芸術を創めた」ことを称《たた》えている。さらには竹沢藤治の「怪談応用の奇術」や松本喜三郎の「怪談の生人形の見世物」にまで言及しており、「つまり日本の怪談は画師と作者と役者と曲芸師と人形師との合作」であると喝破している。近世怪談文化のメディアミックス的様態を捉えた、的確な批評と言えるだろう。江戸から間もない明治の文人が、江戸時代のそのような文化の総体を把握せんとする時、選ばれたのはやはり「怪談」の呼称なのであった。

また、「近来怪談を集むる書多し」（宝暦七年〈一七五八〉『斎諧俗談』序）、「近世怪談の読本、年々歳歳に新也」（安永七年〈一七七九〉『奇異珍事録』序）などと言われるように、近世を通じて、短編怪談書が最盛期を迎えたのは十八世紀中頃であり（詳細については、本書第四部一章を参照）、「怪談」がこの種の文芸の総称として定着したのもこの時期である。怪「談」の名の通り、その述作意識のベースにあるのは「ハナシ」【注3】の精神であり、その文芸性は当時盛んであった舌耕文芸とも関わりが深い。「怪談」の呼称は、明和頃より『近世怪談実録』（明和三年〈一七六六〉刊）、『怪談梚筅《こまさらえ》』（明和三年刊）、『怪談国土産』（明和五年〈一七六八〉刊）等、怪談書の書名としても主流となる。本書が書名に「怪談」を標榜するのはこのような事情を踏まえたものである。

【二】……本書の位置

先に述べた通り、近世文学の研究史において、「怪異」ないし「怪談」を主題とする研究は多いとは言えず、研究書としてまとまったものが出るようになったのは戦後のことである。仮名草子、浮世草子を中心とする怪談物の作品分析を踏まえて、「伽婢子系《おとぎぼうこ》」と「百物語系」という二大系統から成る怪異小説史観を示した太刀川清著『近世怪異小説研究』(笠間書院、一九七九年)はそのパイオニアと言えるだろう。近世の怪奇趣味的な文化の諸現象を「怪談文化」という視座によって把握し、文化研究として先鞭をつけたのが横山泰子著『江戸東京の怪談文化の成立と変遷』(風間書房、一九九七年)である。本書では、十九世紀の江戸歌舞伎を中心に、役者や舞台の存在を前提とする演劇ならではの怪談の遊戯性や娯楽性を分析する中で、とりわけ鶴屋南北作品のテーマの普遍性や近代性が評価されている。堤邦彦著『江戸の怪異譚　地下水脈の系譜』(ぺりかん社、二〇〇四年)は、宗教と文芸の融け合った近世の文化状況を示しつつ、宗教性を脱し、怪異の人間化、内面化を進めて行く近世怪談の史的展開を捉えている。特に、「怪異との共棲」(第三部三章表題)という表現は、怪異を疑いつつも怖れる近世人のアンビバレントなスタンスを的確に捉えていよう。

つとに『餓鬼の思想』(新読書社、一九六九年)や『上田秋成研究序説』(寧楽書房、一九六八年)などで、近世怪異文芸の意義に論究してきた高田衛《まもる》が、「怪異小説」や「怪談」ではなく、「幻想文学」というフレームで論集を成したことは意味深いだろう(『江戸幻想文学誌』平凡社選書、一九八七年)。『江戸幻想文学誌』の巻頭論文「怪談の論理」で、近世怪異小説史を一七六〇年代を境に「説話の時代」と「幻想文学の時代」に二分する史観を示した高田は、個人の内面を担う器としては未熟な「説話（怪談）」ではなく、「幻想文学」という視座をとることによって、都賀庭鐘、上田秋成、建部綾足らの文芸性を捉えようとしたのだった。

「近世幻想文学」の史的意義が重視されるのは当然ではあるが、この年代以降の怪談物において、そのような作風が主流化したわけではない。むしろ「幻想文学」には成りきれぬものの方が多かったと言えようが、それらを「過半は愚書で読むに耐へない」（日夏耿之介「徳川怪異談の系譜」、『日本文学講座　四』河出書房、一九五一年）と斬り捨てずに、その内実を吟味しようというのが本書の立場である。近世を通じて最も怪談書の流行した十八世紀のそれについての先行研究が、『雨月物語』など一部の前期読本に偏って行われてきた経緯があり、本書はその研究史の空隙を埋める意義を持つ。この時代のマイナーな怪談書類を作品論によって掘り起こし——例えば、『咡千里新語《ささやきせんりしんご》』巻三「茶碗児《ちゃわんちご》の化物」（第一部七章）を教訓主義から自由な怪談として、『奇談玉婦伝』巻一「轆轤首争婚《ろくろくびにこんをあらそふ》」（第一部六章）を近世的な妖怪小説として、『翁草』巻五「怪談振舞」（第二部五章）を、怪談愛好家の思いのこめられたメタ怪談として——再評価を試みる。またその中で、近世人の怪異観や近世怪談のこれまであまり論じられていない側面——例えば、儒者や神職の怪異観や被害者意識の希薄な幽霊ばなし、浮世草子から草双紙へと引き継がれた怪談パロディの精神、宣伝素材としての怪談の機能など——に光を当て、近世怪談についての理解を深めようとするものである。

江戸時代には、「おとぎ婢子は、もろこしの事など此国の事によりて、面白く書なしたり。さればまことすくなし。この新おとぎ婢子は実録にしてことさらに名をかくせるもあり」（無窮会図書館蔵本『新御伽婢子』蜀山人識語）と言われるような、「虚構」と「実録」という怪談の区分が存在した。研究史においてはフィクション（寓言）として成熟した前者の方が評価されてきたと言えようが、「怪談」がハナシの習俗に根差している以上、怪談文化史の本流と見るべきはむしろ後者の系統ではないか。「日常」と繋がったハナシの怪談はそれだけ読者にとってリアルなものであり、共同体の無意識をよく掬いとる。泉鏡花は実話怪談集『怪談会』（柏舎書楼、明治四十二年〈一九〇九〉

刊）の序文で、むしろ「勧懲の資」としての「寓意」の怪談を批判して、「聞く、爰《ここ》に記すものは皆事実なりと」と、実話としての怪談ばなしの復権を宣言した。これは鏡花が寓言小説の「勧懲」よりも切実なものをハナシの中の「事実」の方に認めていたということにほかならない。筆者もこのようなハナシの怪談の系脈を重視するものであり、百物語や化物振舞のような怪談イベントを開催し、種々のネットワークを通じてハナシを共有する近世の怪談文化について明らかにすることも本書の目的である。

【三】……本書の構成

本書全四部の構成と概要は以下の通りである。

緒言

【第一部】　近世怪談考

一章　近世合理主義と怪談の流行

二章　儒者の妖怪退治―近世怪談と儒家思想

三章　往生際の悪い死体―執着譚と蘇生譚の境界

四章　鷺水の時間意識―『御伽百物語』の「過去」と「現在」

五章　滑稽怪談の潮流―草双紙に於ける浮世草子『怪談御伽桜』の享受

六章　鐘撞の娘轆轤首―近世的妖怪とその小説

三章『町聹私記』素材考─初期江戸読本史の一齣
四章『警世通話』と明清小説─『娯目醒心編』、『姑妄聴之』、『獪園』
五章『(実説)妖怪新百話』の方法─「実話」化された読本

第一部「近世怪談考」では、江戸時代の怪談とはどのようなものであったか、作品に底流する思想や文芸性について、さまざまな角度から探究する。近世文芸において怪談物が流行した背景とその表現の近世的な特性を明らかにすることが、近世文学研究としての怪談研究の意義であり、本書の課題でもあるが、第一部は特にその足がかりとなるものである。

一章「近世合理主義と怪談の流行」では、合理主義的思潮が広まったことによってかえって怪談が流行する江戸時代の逆説的状況について説明し、それが近世怪談の内容にも影響を及ぼしていることを論じる。また、近世怪談が仏教思想の強い影響下にあったことは疑いないが、二章「儒者の妖怪退治─近世怪談と儒家思想」では、徳川封建主義の思想的支柱であった儒学のイデオロギーが「怪異」を制御しつつ、それを利用していたことを論じている。三章「往生際の悪い死体─執着譚と蘇生譚の境界」は、仮名草子や浮世草子の「蘇生」譚に着目して、近世における死生観の(前代からの)変質を捉えた近世怪談論である。四章「鷺水の時間意識─『御伽百物語』の「過去」と「現在」」、五章「滑稽怪談の潮流─草双紙に於ける浮世草子『怪談御伽桜』の享受」は、それぞれ怪談物浮世草子の文芸的特性を分析したものである。四章では、話題の事物・事件について、その知られざる物語(過去)を虚構する青木鷺水の創作方法を分析し、その視点の歴史性を評価する。五章では、浮世草子の『怪談御伽桜』が江戸の複数の黄表紙に利用されている事例を指摘し、上方浮世草子から江戸草双紙へと怪談の「好笑性」が引き継がれたことを論じている。六章「鐘撞の娘轆轤首─近世的妖怪とその小説」では、江戸の鐘撞役人の娘に生じた轆轤首の風説に着目する。被害者が加害者を恨んで化ける、というのが、近世怪談の代表格たる「幽霊ばなし」の基本的な構造であるが、本章では、これとは異なる近世都市怪談のモデルを提示する。すなわち、コミュニティにおける「妬み」の構造より生まれた「妖怪（轆轤首）」の巷説に着目し、そのようなコミュニティの病理を暴いた妖怪小説（前期読本）を評価する。七章「茶碗児《ちゃわんちご》の化物―興福寺七不思議」はごく短いものながら、吉文字屋本怪談書『囁千里新語《ささやきせんりしんご》』巻三「茶碗児の化物」の妖怪史料としての価値に着目すると同時に、作品としての面白さに言及したエッセイである。

　第二部「怪談仲間とハナシの共同体」では、近世の怪談が「ハナシの共同体」の産物であることを明らかにし、その共同的な創造のあり方を問題化する。近世怪談や怪談書を作り出す要素として、「作者」のみならず、怪談会のような「場」や怪談情報を共有する「ネットワーク」の働きが注意される。江戸時代には生活の中で――日待や月待のような行事の折もあれば、日常的な「夜話」「茶話」のような機会もあったが――人々が寄り合い、世間ばなしを楽しむ習俗があった。ことに十八世紀は俳諧、狂歌、落とし咄などさまざまな趣味学芸に遊び、学ぶサークル文化が発達し、その交流の席が時に怪談を語る場にもなっていた【注4】。このようなさまざまなサークルを介して怪談や怪談書の情報の共有・交換が行われたのであり、それが怪談の流行を支えていた。ここでは特に十八～十九世紀の舌耕家や神職などのグループによる怪談情報の共有や共同的な怪談書制作の実態を解明する。

　一章「玉華子と静観房―怪談・談義本作者たちの交流」では、静観房好阿《じょうかんぼうこうあ》、奥村玉華子《ぎょくかし》、橋本静話ら、江戸本所界隈を地縁とした怪談本・談義本作者たちの交わりや、彼らの共同的な述作方法について、二章「町奉行と講釈師―東随舎栗原幸十郎の活動」では、講釈師東随舎《とうずいしゃ》栗原幸十郎と江戸南町奉行根岸鎮衛《やすもり》の交流とその情報共有について論究した。また、三章「捏造される物語―噂ばなしと近世中期小説」は、好阿や東随舎の説話を事例として、怪談の宣伝文芸としての側面――すなわち噂を広めるために物語（怪談）が捏造され、さらには文字媒体（怪談書）に載って流布していくという現象――に光を当てた。怪談はそもそも趣味性の強いジャンルであるが、十八世紀の怪談流行はその愛好家（マニア）を生むようになる。四章「化物振舞―松平南海侯の化物道楽」では、化物好きの大名が催した「化物振舞」とよばれるイベントを題材にした黄表紙や読本、また近代の作品にも言及し、時代を超えて怪談愛好者たちに共感されてきたこのイベントの怪談史上の意義を評価した。五章「神職者たちの憑霊譚―『事実証談』の世界」では、近世後期の神職中村乗高《のりたか》が著した怪談集『事実証談』をとりあげ、本作の著者および情報ソース（語り手）の多くが遠州駿州を中心とする神職や国学者たちであることを具体的に検証し、本作が神道的幻想のネットワークの上に成り立っていることを示した。六章「「百物語」断章」は、私が『幕末明治百物語』（国書刊行会、二〇〇九年）の解説執筆以降、たびたび発表してきた百物語に関する補説をまとめたもので、「最終話」の重要性や「百物語」の現場性などについて論じている。表題通り断章的な構成ではあるが、根底には共同体文芸（ハナシ）としての「百物語」の意義を見直したいという思いがある【注5】。

第三部「妖怪絵本と黄表紙怪談集」は、近世怪異文芸の「絵画」表現について、特に十八世紀江戸の草双紙や鳥山石燕《せきえん》の妖怪絵本について、同時代の怪談書との関係を解明すると同時に、その再評価を試みるものである。江戸文化の視覚的特性についてはしばしば言われる事ではあるが、「怪異」の表現にとってヴィジュアルの効果は絶大なものがあり、「絵本化」は怪異文芸の通俗化、大衆化の過程でもあった。

一章「近世妖怪画の技法―「見えない世界」をいかに描くか」は、近世の怪異画の表現技法について、四つの観点（おぼろに描く、間接的に描く、描かずに描く、二次元を越える）に即して述べたものである。二章「黄表紙怪談集の諸相―『御伽百物語』、『怪談夜行』、『勇士怪談話』、『怪談奇発情』」、では、黄表紙の典拠となった怪談集の指摘を踏まえて、その絵本化の様相を解明した。黄表紙の怪談集は、新旧複数の素材源から説話を取り合わせて作られたものが多く、近世の怪談書はこのような編集的制作方法によって増殖して行く。「画主文従」の黄表紙怪談集において、怪異表現の重心は絵に移っており、そのイメージの影響力で、逆に物語が普及していくこともあったと考えられる。三章「怪武家物の草双紙―『武家物奇談』を読む」では、「武士の妖怪退治」という草双紙のオーソドックスな主題が、草双紙の展開史の中でパロディ化され、変質していくさまを示した。特に武家説話を化物噺に見立てた『武家物奇談』というユニークな黄表紙をとりあげ、その見立ての方法や、粉本である絵手本『絵本写宝袋』の利用方法などを分析した。四章「石燕妖怪画の風趣―『今昔百鬼拾遺』私注」、五章「石燕妖怪画私注」は、鳥山石燕の絵本の妖怪画の発想と論理を解き明かし、その雅俗融和の画境を評価したものである。なおこれらの石燕論と重複する点も多いため、本書には収載しなかったが、石燕についての私見は、拙稿「「妖怪」をいかに描くか―鳥山石燕の方法」（『妖怪文化研究の新時代』、せりか書房、二〇二二年）に総括している。

第四部「読本怪談集の世界」では、十八世紀の読本怪談集【注6】を複数とりあげ、作品の分析と評価を行う中で、特にメディア（写本と刊本）や表現（文語と口語）などの観点から怪談についての考察を進めるものである。

一章「読本怪談集の展開」は、近世中期、おおむね寛延から寛政期にかけて、約半世紀の読本の短篇怪談物の展開史を概観したものである。もともと前期読本研究の叩き台として書いたものであり、これと対を成す研究史のまとめに、拙稿「前期読本研究の現在」（『読本研究新集』七集、二〇一五年六月）があり、ウェブ上に公開されているので、併せて参照されたい。二章「『老媼茶話』の転変―写本から刊本へ」では、会津の写本怪談集『老媼茶話《ろうおうさわ》』が『新編奇怪談』として刊本化され、さらに改題本『紫双紙』にリニューアルされて普及していく経緯を追った。刊本化に伴う改題や本文加工といった出版上の操作を明らかにし、本屋仲間のチェックを受けない写本の怪談の特性を分析すると同時に、刊本怪談書を制作する「書肆」の役割にも注目している。三章「『町聹私記《ていねいしき》』素材考―初期江戸読本史の一齣」、四章「『警世通話』と明清小説―『娯目醒心編』、『姑妄聴之』、『獪園』」は、いずれも読本怪談集の基礎的な典拠論、素材論だが、読本展開史上の問題を含むものでもある。すなわち前者は、上方読本の様式を模した江戸読本の始発点に、後者はその上方読本の次世代（寛政期）の動向に関わるということである。五章「『（実説）妖怪新百話』の方法―「実話」化された読本」は、明治三十九年に刊行された『（実説）妖怪新百話』が、百物語怪談会のスタイルをとりながら、実際には明治の雑誌記事や近世の読本怪談書の内容を流用して作られた「擬似」百物語怪談集であることを論じたものである。「創作」を「実話」として再利用する本作のありようは、怪談の「実話」と「創作」の関係性を再考する機縁となるであろう。怪異文芸の近世から近代（明治）への接続に関わる論でもあるので、これを最終章に置いた。

【四】……ミスティシズムの文芸

つとに「徳川怪異談の系譜」で、近世怪異文芸史の沿革を概観した日夏耿之介《ひなつこうのすけ》は、最後に「秋成の文学を誕生せしめ水際立たしめた事が、事実上その最高の水準のほとほとゆくりなき収穫」と結論している。『雨月物語』が水際だった傑作であったことに異論はないが、日夏が近世期の怪談史を、秋成作品の成立前史として捉え、膨大な怪談書にそれ以上の意義を見いだそうとしなかった点は残念である。筆者は近世文学を理解するには、やはりその「怪異」の側面の探究が不可欠であると考えているし、秋成以外の怪談作品の文芸的価値についても本書の中である程度は論じたつもりである。

近世怪談に何を読み取るかは、さまざまな立場がある。戦後の文学研究においては、怪談を封建制度下における社会的弱者の抵抗の表現と捉える、マルクス主義史学的な怪談観が広まった。近年はその「商品」性を強調するメディア文化論的な怪談論が盛んであるが、怪談を愛情や怨恨といった人間の心の表象として捉える人文主義的な怪談論も根強い。また幽霊譚の鎮魂性を強調する怪談鎮魂文学論や、怪異を王権の危機の表象と捉える歴史学的な視点からの怪談論なども提起されているし、怪談に社会や世相の投影を読もうとする怪談論は少なくない。

しかし、この文芸の本質に即して考えるならば、怪談は、合理主義的な思潮が強まった近世においても、やはり神秘的、超自然的であるということが要件であり、そのような世界観をさまざまな題材を通じて創造、表現するものではないだろうか。再び魯庵を引用すると、「神秘を喜ぶのは人間の本能の一つ」であり、人生は「神秘なしではプロセイック（散文的）にすぎる」（「バクダン」）。人間の神秘性（ミスティシズム【注7】）への志向は必ずしも既存の宗教に由来しない。「死」を免れぬ存在である以上、人間は本来超越的な存在を希求する。今日の科学的、合理的知見の進展は、江戸時代のそれをはるかに凌ぐものであるが、いまだ超自然的発想が迷信として撲滅されることも、さまざまな信仰習俗の絶える気配もないのは、人の心がそのような領域を必要としていると見るべきであろう。そして、神秘への感受性を、宗教の影響は受けながらも、より自由で豊かに表現できるのが、文学の醍醐味ではないか。それによって合理主義的な世界観に統御された、スタティックな日常に疑義をつきつけることこそ、怪談文芸の本意であると私は思う。

以上、本書の構成と趣旨について述べてきた。くり返しになるが、筆者の研究は十八世紀の読本ジャンルの怪談物の探究を軸に、近世怪異文芸論を構築せんとするものである。本書は甚だ蕪雑で不十分なものではあるが、その緒論と位置づけることはできるだろう。

【注】

1 「前期読本」というジャンルは文学史上、狭義には、近世中期に上方で起こった都賀庭鐘や上田秋成などの文人作者による、中国白話小説の影響を強く受け、和漢混淆ないし擬古的な文体を用いた伝奇的小説を言うが、広義には同時代の多様な読み物をこれに含める。横山邦治は「発生期読本」(横山の用語だが、「前期読本」にほぼ相当する)の語を用い、「寛延から寛政にかけての約五十年間に主として上方で出版された発生期読本は、マンネリ化した八文字屋本の在り様を打破して新傾向の読物を求めて多様な試みがなされたもので、それらを発生基盤、体裁、内容など勘案して分類すれば、奇談物(略)、勧化物(略)、実録物(略)、水滸伝物(略)となる。この中で、短編小説集で中国稗史と百物語系の怪奇譚集たる奇談物が過半を占めている」(『日本古典文学大辞典』「読本」の項。岩波書店、一九八五年)としており、右の狭義の前期読本には該当しない、同時期の百物語類もこれに含めている。論者の読本観もこれに近く、本書でも「前期読本」の語を基本的には右の「発生期読本」の範囲で用いる。ただし、狭義の前期読本のニュアンスで使用する場合もあり、紛らわしい場合は「白話小説翻案系怪談」などの語で言い換えている。

なお、本書では「怪談」を怪異文芸（怪異性を基調とする文芸）の総称として用いるが、とりあげる作品は読本の短篇怪談集が中心となる。

2　ことに「怪談」と「奇談」の呼称の区別は曖昧なものであるが、あえて言えば「怪談」の方が創作的なニュアンスが強く、話柄の怪異性が強調されるように思われる。「奇談」はより雑多なものを包摂するところがあり、本書ではなるべく「怪談」に統一した。

3　「ハナシ」という述作意識は、都賀庭鐘、上田秋成のような作者の「書く」自覚に比して未熟なものではある。しかし、日常的、即興的なハナシなればこそ現実と強い繋がりをもち、共同体の無意識をすくい取る面もあると言えるだろう。人はハナシの世界で生まれ育つので、ハナシには自然に親しみやノスタルジーを覚える。よって秋成のような寓言小説よりも、「ハナシ」の怪談に満足する読者も少なからず、それは今日、人気作家によるホラー小説がヒットする一方で、実話怪談本の需要も尽きない事情とよく似ている。

4　例えば、怪談書の中には、「田中七之進といへる者の方へ、長沖屋治兵衛といへる町人夜咄に行き、夜更けて帰りしが」（寛政十一年『聖城怪談録』下「長沖屋治兵衛慈光院の辺にて怪異に逢ふ事」）、「友人曰、我が親しき者隣村へ夜話に往たる皈るさ」（天保六年刊『北越雪譜』巻之中「狐を捕る」）といったように、「夜話」「茶談」などの登場する事が多い。また、フィクションではあるが、荻坊奥路（この人も舌耕であったとの説がある）の浮世草子『弁舌叩次第』（明和九年（一七七二）刊）巻一「窮屈斎講席」には、儒者窮屈斎による講義が脱線して、参会した浪人の息子、筍（たけのこ）医者、庄屋の跡取り、寺の新発意らによる巡咄が始まる展開があり、筍医者が「我らすこぶる怪談本好物にて、御伽婢子、犬張子、あるひは百物がたりの小説物をふだんもてあそべり」（『弁舌叩次第』巻頭話）と述べて、「詩書、執礼、怪、力、乱、神」（『論語』「述而第七篇」）を兼題（『弁舌叩次第』巻一「狂詩」巻二「妖怪」巻三「金力」巻四「淫乱」巻五「武神」、『籠耳覚日記』巻一「執礼」巻二「仙怪」巻三「勇力」巻四「兵乱」巻五「福神」）として話が披露されて行く構成になっている。人々の寄り合いの場が、怪談ばなしの「場」へと転じる雰囲気を彷彿させる場面と言えるだろう。

5　昨今は「百物語」がイベントとして復興し、創作の怪談小説に逆に「実話」を利用するトレンド（小野不由美『残穢』等）も見られ、近代的な文学の生産、享受のあり方とは異なる「怪談」という文化を見直す機運がある。

6　ここに言う「読本怪談集」とは、白話小説翻案系統、説話系統（百物語、諸国奇談など）を併せた読本短篇怪談集の総称である。

7　ここでは「ミスティシズム」の語をスピリチュアリズムやオカルティズムをも包摂する神秘思想の概念として用いている（参照・関昌祐「フラマリオンの霊学（一）」、『心霊と人生』七巻一号、一九三〇年一月）。

第一部

近世怪談考

一章

近世合理主義と怪談の流行

【一】……近世怪談の特性

本書の序章として、ここでは近世における怪談（怪異文芸）の特徴と、その流行の背景について、私見を端的に述べておきたい。

江戸時代の怪談に特徴的な性格として、

①教訓性
②娯楽性
③合理性

の三点が挙げられる。このうち、①や②については先行研究でもしばしば指摘されてきたことであるので、ここでは簡単にまとめるに留める。

①の「教訓性」については、泉鏡花がつとに「伝ふる処の怪異の書、多くは徳育のために、訓戒のために、寓意を談じて、勧懲の資となすに過ぎず。蓋《けだ》し教へのために、彼《かの》鬼神を煩《わずら》はすもの也」（『怪談会』序、柏舎書楼、明治四十二年〈一九〇九〉刊）と、これを否定的に指摘している。徳川時代の怪談の教訓臭は、その最大のリソースであった仏教説話の性格による部分が大きいが、当時の教学の中心であった儒教の道徳性、倫理性に由来する部分もある（本書第一部二章を参照）。そのような宗教・思想色を帯びた教訓・啓蒙性は、『因果物語』、『伽婢子』といった仮名草子時代（十七世紀）の怪談物からすでに認められる。

享保期以降、学問奨励・庶民教化の気運が高まる中で、物語の中に教誡的な「寓意」を包含する心学書、教訓本、談義本などのジャンルが興るが、怪談書もそのような風潮をうけて、常識的な処世訓を説いたり、かなり次元の高い人生論、経世論を開陳したりするものも現れる。荻坊奥路《おぎのぼうおうろ》は『名槌古今説《めいつちここんばなし》』（明和八年〈一七七一〉刊）の自序で、「怪談に七ツの益あり」として「神仏の感応、勧善懲悪、因果応報、忠信節儀、恩愛貞順、剛臆力量、智徳行法」の七点を挙げている。当時はそのような教育的効用をもつことが、怪談書の存在意義であると、建前としては心得られていた。近世怪異小説を内容から「教訓系」と「純芸術系」に大別できるとした日夏耿之介も、近世怪談の教訓主義（ダイダクティシズム）を批判したが（「徳川怪異談の系譜」『日本文学講座　四』河出書房、一九五一年）、実際には日夏の言う「教訓系」「純芸術系」の差異は曖昧で、両者の性格を併せ持った『伽婢子』のような作品の存在を考えても、これらを対立的に捉えることの方に無理がある。ただし、ダイダクティシズムが近世怪談の枷《かせ》になっていたのは鏡花も批判した通りであり、鏡花や岡本綺堂などによる怪談の近代化は、そのような旧怪談の教訓主義を乗り越えて行く道のりでもあった【注1】。

このような近世怪談の生真面目な側面と一見矛盾するようだが、その娯楽的な性格についても、例えば「百物語」という習俗の変質——迷信性が解体し、「序《ついで》面白きに、いざ百物語して昔より言伝し怪ありや無しや試みなん」（貞享四年〈一六八七〉刊『御伽比丘尼』）などと言われるように、面白半分の遊戯になっていく——などを例として、古くから指摘されてきたことである【注2】。言うまでもなく、怪異な話題は人の好奇心をそそるものであり、それだけに人の集う機会さえあればハナシのタネになってきた。先に見たとおり、タテマエでは怪談の効能（教訓性）を強調した奥路も、「予に怪を談ずるの癖ありて」（『名槌古今説』序）と怪談好きのホンネを漏らしている。

特に十八世紀の怪談流行の動向に触れて、飯倉洋一は「怪談をすることは読者に喜ばれるところであると開き直る作者も登場してくる」【注3】ことを指摘するが、この時期の怪談書の序文をみるに、

居ながら世々の危難をしり、寝ながら古今の怪異を見る、亦悦ばしからずや。

（清涼井蘇来作『今昔雑冥談』自序。宝暦十三年〈一七六三〉刊）

世にめづらかなる事あれば。かたみにかたりあひてなぐさむこそ。こよなうたのしけれ。されど人のよしあしなどいはんは。難波のうらみうべきわざにしあれば。只怪談にしくものはあらざりけらし。（略）少とたのしむは。衆とともにするにしかずといひけんは。楽のみにはかぎらじ。さらば衆とともにせむと思ひ立て。かの草稿の中より撰出してしるし侍れば（略）

（浪華亭紀常因作『近世怪談実録』自序。明和三年〈一七六六〉刊）

これらには、怪談の娯楽的な効用があからさまに主張されている。飯倉は「教訓や啓蒙を目的としたおもしろい語りが（略）目的をはなれておもしろい語り自身を追究しはじめたのだと言ってよいだろう。この流れは舌耕談義が、教義より語り自体の面白さによって人を惹き付けるようになった過程を想起させる」（注3に同じ）と述べ、この時期の怪談の娯楽化を促した要素として、舌耕文芸（講釈や落語など）との関連を示唆しているが、確かに当時の怪談作者には、静観房好阿や荻坊奥路、瑞竜軒恕翁や東随舎など舌耕系の人々が少なくない（本書第二部を参照）。

かくして近世中期以降、怪談は娯楽化の度合いを強めて行くが、それは怪異の表現を飛躍的に拡大した、当時の出版メディアや演劇等の技術的発達とも関わりが深い。板本絵画では、薄墨刷りの技術によって見えない幽霊が描

かれ、歌舞伎の舞台では種々のケレンを駆使することで、超常現象を観客の眼前に現出せしめる。例えば、幽霊芝居に定番の演出である「連理引き《れんりび》」――幽霊怨霊が人間を見えざる力で引き寄せる演出――は、享保二十年（一七三五）『山椒大夫五人踦』に登場する植竹の亡霊に見られるものが早い例であるという（服部幸雄『歌舞伎ことば帖』岩波書店、一九九九年）。怪談のこういった技術発達の諸相については、本書の第三部一章を参照されたいが、怪談の流行はより強い刺激を求めて表現を過激化させ、「ホラー（恐怖）」のエンタメへと傾斜していく。木場貴俊によれば、「怖い物見たし」という諺が使用され始めるのも十八世紀後期頃だというが【注4】、当時の浮世草子怪談に、諸国行脚の僧二人が逗留した家の人々に怪談を聞かせる次のようなシーンがある（傍線は近藤による）。

> 家内が聞たがる国々の咄。二人の出家も亭主がいよ〳〵仏縁厚き心の出る様にとて、是迄国々にて見聞せし不思議の咄し。生首が成仏した事も河内で昼に娘の幽霊が出た咄しなどすると。こわゐくせに聞たがる娘や下女。火の玉がころ〳〵と出ましたと咄せばヲヽといふて、娘は母親の膝へしがみ付、下女は行灯の傍へ逃て行など毎夜〳〵のばけ物咄し
>
> （永井堂亀友作『風流行脚噺《あんぎゃばなし》』巻四「おそろしい事を見て来た咄しに行灯の傍で身をちゞめる娘御の好物」明和十年〈一七七三〉刊）

これはフィクションではあるが、「怖い物見たさ」という怪談特有の心理を捉えた場面といえるだろう。ここには「唱導」などは名目となり、恐怖のエンタメとなっていた当時の怪談のありようがうかがわれる。『絵本百物語』の桃花山人による序文に「百物語の会合もこわいもの見たいが所詮ならむ歟」とあるのは、怪談作者の側にもそのような認識があったことを示すであろう。しかしながら、「恐怖」の追求は、より強い「刺激」を与えるべく、描写をエスカレートさせるという、安直な方法に走りやすい。寛政以降になると、小説も演劇も凄惨でグロテスクな傾向が強まり、文化五年（一八〇八）には江戸町奉行によって合巻のそういった作風に対する規制の行われたこと

など、注4の木場論文に詳細である。

ここまで、近世怪談の①「教訓性」と②「娯楽性」の側面を見てきた。実はこの二要素は怪異文学に限らず、そのまま近世の俗文学全般に当てはまる性格と言ってもよいものだが、③の「合理性」については、怪異文芸に特徴的な問題といえる。怪談の「合理性」【注5】とは、近世怪談流行の背景に当代の合理主義的な思潮があり、それが怪異を否定する立場のみならず、肯定する立場の思想をも深化させ、怪談にも合理的批判に耐えるだけのロジックやレトリックが育ってきたことを指す。近世怪談の性格を考える上で最も重要な要素であると思われるので、以下にいささか詳しく述べてみたい。

【二】……合理主義的思潮——怪異否定論の普及

澁澤龍彦は、十八世紀末における英国のゴシック・ロマンス、また十九世紀初頭のドイツ、フランスの幻想小説の流行について、「人間が奇蹟の可能性をほとんど信じなくなった時、ファンタスティックが存在理由を示し出した」(「幻想文学について」『澁澤龍彦集成　七巻』桃源社、一九七〇年)と述べているが、日本についても同様の事情があったことは、高田衛がつとに「中世のように霊験談本地物などを通した呪術的世界観が失われたところに、おのずから怪異とぶつかり「怪談」を代償的に心の営みの上で必要としてくるという精神史的、また自然認識史的な近世人の歴史的位置があったのである」(『上田秋成研究序説』第二編Ⅰ「怪談の思想」)と説くところである。近年では佐伯孝弘が、近世における怪談流行の背景について、「近世的合理主義の反作用」を指摘するが【注6】、前時代の呪術的、迷信的思想の退潮に伴い、怪異思想が流行するという、近世の逆説めいた状況について、本節でも少し説明を加えておきたいと思う。堤邦彦は、怪異への懐疑的姿勢が近世以前の文献にも見いだされることを指摘しつつ、「人智をこえた事象への知的挑戦が、当代の学問体系の中で再編され、断片から統合に向かったのは、近世以降の文化特性と考えてよかろう」【注7】と述べるが、そのような「知的挑戦」のベースにあったのは、徳川封建主義の思想的根幹となった「儒学」である。

儒学は「子不語怪力乱神《しはかいりきらんしんをかたらず》」（『論語』「述而」）の言葉に象徴されるように此岸的合理主義の志向をもち、ことに徳川幕府の官学となった朱子学は「格物窮理」を掲げる理性重視の傾向を持っていた。木場貴俊が指摘するように、朱子学文献にしばしば登場する「妖は人に由りて興る」（『春秋左氏伝』「荘公十四年」）の言説などが論拠となって、近世民衆の間には怪異とは、人の「心」が作り出すものだという認識が広まって行く【注8】。譬え話として、夜道で蛙を踏み潰し、その晩の夢で蛙の群れに責めさいなまれるが、翌朝見に行くと蛙ではなく茄子《なす》だったという話がしばしば用いられる（朱子学解説書『性理字義』等）。女訓書の『比売鑑《ひめかがみ》』（宝永六年〈一七〇九〉刊）は、この話に付して「しかれば死霊と云物は大やう人のまどへる心より、外の妖気これにつきてあらはる。なき人の遊魂はいとまれなり」（巻十二）とコメントしている。死霊は、たいていは「まどへる心」の産物ということだが、一方で「いとまれな」るケースや「外の妖気」という要素も認めているわけで、怪異を主観的錯覚と割り切っているわけではないことに注意したい。

そもそも、朱熹の『中庸章句』では、「程子曰、鬼神、天地之功用、而造化之跡也。張子曰、鬼神者、二気之良能也。愚謂以二気言、則鬼者陰之霊也。神者陽之霊也」（第十六章）と、鬼神を陰陽二気の作用によって説明し、鬼神の存在自体は否定していない。朱子学者新井白石の『鬼神論』も、輪廻転生や淫祠邪教を否定しながらも、急死者や恨みを抱いて死んだ人などは「死して後、その気散ずることを得ずして、沈魂滞魄なを天地の間にありて、あるひは妖をなし怪をなし、あるひは厲《れい》をなし疫をなす」と述べている。しかし「怪異」とされる事象を「解明」することで、怪異は神秘性を剥奪され、ある意味「怪異」ではなくなる。朱子学が怪異を説明可能なものとしてその思想下に統御したことの意味は大きい【注9】（本書第一部二章参照）。

日本朱子学の経験合理主義的性格は、自然科学的認識の成熟を促し、また享保期以降盛んになっていく洋学、すなわち西欧窮理学の影響もあり【注10】、十八世紀になると即物的、科学的なレベルでも「怪異」はその領域を狭められていった。例えば、天文学者西川如見《じょけん》の『怪異弁断』（正徳五年〈一七一五〉刊）では、「海市（蜃気楼）」という一種の怪異現象について、「是みな水中地中の陽気蒸昇するの象ち也。日本に於ても之有り。越中国魚津と云処の海にあり。其海西方に向四月より六月迄の間に大方立《たつ》なり。此の立つ日はひなた風とて西南の間より吹く風の時に立つ也（略）是れ夏の陽気湿熱の所為也。大蛤（近藤注・巨大なハマグリ）の息には非ず」（巻三）と、俗説（大蛤説）を否定し、例の「陰陽」論による説明を試みている。これは今日の科学的知見から見れば正しい説明とは言いがたいが、蜃気楼の発生条件として気温に着目するなど、すぐれた観察もみられ、少なくとも「大蛤の息」とするような俗信的な説明とは、格段の差があるといえよう。井沢蟠竜《ばんりゅう》の『広益俗説弁』（享保二年〈一七一七〉刊）は、和漢の文献考証を踏まえて俗説の誤りを質した書物で、近世を通じてロングセラーとなったものだが、怪異現象への合理的弁駁も散見される。例えば、同書後編巻二五の「木像・画像、光を放つ説、鏡に仏影を現す説」では、木像や絵の仏像の目が光る怪異（霊験談）について、「堂仏光りをはなつ事は神秘にあらず」として、僧侶が鏡を用いてそのようなトリックを行う説話を論拠に挙げ、「又画像の眼より光を放つことは、薬方をもってなせり」としている。こういった窮理弁妄の風から、怪異の否定を主題ないし趣向とする「弁惑もの」などというカテゴリーの読み物も登場するのであった（本書第四部一章【一】参照）。

この時期、朱子学派の中でも「無鬼」のスタンスが徹底していた学統は、大坂の半官立学校で、町人の門下生も多かった懐徳堂《かいとくどう》（享保九年〈一七二四〉設立）である。懐徳堂に学んだ中井履軒が同学の上田秋成が語った幽霊ばなしを否定したエピソードはよく知られている（これについては次節でも触れる）。懐徳堂でもとりわけラディカルな主張をしていたことで知られるのが、（少し後代の人物ではあるが）山片蟠桃《やまがたばんとう》である。その著『夢の代』（文政三年〈一八二〇〉成）の無鬼論は徹底したものであり、それが端的に現れた箇所を一点例示しておく。

天帝ニ帳面アリ、鬼神ニ霊徳アルモノナラバ、顔・蹠（早世した孔子の愛弟子顔回と寿命を全うした大盗賊盗蹠《とうせき》）ノ賞罰ハ直チニ分ルベシ。コレヲ以テ、天モナク、鬼神モナキヲ知ルベシ。カク云トキハ、聖人ノ教ヲヤブリ、善ヲ勧ムルコトナクシテ、悪ヲ凝ラサザルヤウナレドモ、コレ即チ的面ノ直論也（「無鬼上第十」）。

勧善懲悪という道徳に反しようとも「無鬼」の真理は曲げられないというのであり、ここでは窮理精神がついに儒学の強固な倫理性から脱し、自由を得ている。

このように「怪異」は近世を通じて知的、合理的な批判にさらされていったわけだが、そのことが逆に人々の「怪異」への関心を惹起して行く。日野龍夫は、怪異に対する不信感の高まりが、かえって近世人に「怪異を信じたがらせた」ことを指摘しているが【注11】、この逆説はより科学的な知見の進んだ、しかし怪異への信仰や関心は依然衰えることがない、今日の状況にも当てはまるだろう。人間の精神は本質的に超越的なものを希求するので、幻想が色褪せてくれれば、それに代わる物が欲せられる。近世人が神仏や奇蹟、そして怪異をも素朴には信じ難くなったところに生じたのが、近世の怪談流行だったのである。

【三】……怪異肯定派の世界観——湛澄《たんちょう》と大伴恭安《おおともきょうあん》

上田秋成が幽霊ばなしをして、中井履軒に辱められたことに対し、

儒者と云人も、又一僻になりて、「妖怪はなき事也」とて翁が幽霊物がたりしたを、終りて後に恥かしめら

れし也。「狐つきも痫性がさま〴〵に問答して、おれはどこの狐じや、といふのじや。人につく事があらふものか」といはれたり。是は道に泥みて、心得たがひ也。狐も狸も人につく事、見る〳〵多し。

（文化五年〈一八〇八〉成『胆大小心録』）

右のように反駁した『胆大小心録』のこの下りはよく知られている。後段でまたこの件を持ち出して、履軒にこの時「文盲」扱いされて憤り、「門を出ると、うきよの事にくらいのが、学校のふところ子」と悪口を言って溜飲を下げたと漏らしているから、よほど悔しかったものと思われる。

こういった、怪異についての否定派と肯定派の議論で、否定派の方が攻勢になるのは、当時すでに（今日も同じであるが）怪異を否定する方が知的な態度に見られがちであったことをうかがわせる。世北山人《せいほくさんじん》の談義本『世間万病回春』（明和八年〈一七七一〉刊）には、女の幽霊につきまとわれた僧が、写経した石を枕元に置いたら幽霊が現れなくなったという、例の「気の迷い」説話のバリエーションが見えるが、「世の中の生霊、死霊、荒神の祟り、産土神の咎め、狐狸の見入るなどいふ事は、きわめて下愚の人のもてはやす事なれば、同気相もとめて巫女山伏の獲ものとはなれり」（巻二「気常病評」）と「信じる派」がやはり「下愚の人」扱いされている。もっとも狐狸の異能力については、秋成が力説する通り、世間でもそれなりに認定されていたが、「幽霊」については儒家に伝統的な「無鬼」の論もあり、読本怪談集の『西海奇談』（明和八年〈一七七一〉刊）巻四には「上代はいさしらず、幽霊と申ものたれか見たりと云ものもあらず」（「古猫執心」）といった発言が見える。『耳嚢』巻二に「幽霊なしとも無極事」などという篇があるのも、「幽霊なし」といった常識が普及していたことの裏返しと思われる。怪異という、体験を共有しにくい現象について、かつ学識の根幹たる儒学がそれに否定的である時代にあって、（特に知識人が）肯定論を主張するのはそれなりの論拠が必要だったはずである。以下、そのような近世の怪異肯定論の立場と論理について確認しておきたい。

まずは、近世人の怪異観形成の基底にあった「仏教」の役割について触れておくべきだろう。中世のような神仏への素朴な信仰心が後退したとは言え、徳川時代に寺檀制度によって保護され、日本全土に深く浸透した仏教が、根本に人間の思慮、言語の及ばぬ「不思議」（『六十華厳経』三など）、「不可思議」（『勝鬘経義疏』「歎仏真実功徳章」など）の領域を認める思想であったことの意義は大きい【注12】。また、葬儀によって人の死を管轄する仏家にとって、死後（あの世や幽霊）を説くことは宗派を超えた基本的な性格であり、堤邦彦や後小路薫が明らかにしているように、怪談的題材は諸宗派において勧化の場で用いられていた【注13】。仏教は生活のさまざまな場面に密着し、民衆の精神の深い部分に根ざしており、それが人の死後についての知識を体系化し、わかりやすく発信し続けていたことの影響の大きさは言うまでもない。江戸怪談の中心的な題材である「幽霊」ばなしは、柳田国男も指摘するように「御寺の管轄」（『妖怪談義』）なのである。ついでに言えば、これもしばしば発せられる「幽霊にはなぜ女性が多いか」という問いの答えも、仏説との関わり（女人不浄観、五障十悪など）が古くから指摘されている。無論それだけではなく、社会的弱者としての女性の立場に帰する説や、近世期に女性の出産にまつわる死亡の多かったこと（田中貴子「女性の幽霊が多いのはなぜか」『別冊太陽　幽霊の正体』平凡社、一九九七年）など、複数の原因が複合していたであろうが、根本的なところでは仏教の差別的女性観の影響が大きいと考えられる。

それでは、前述の幽霊否定派からの批判に対して、仏教はいかに応じたのか【注14】。ここで正徳元年（一七一一）に刊行された『有鬼論評註』を瞥見してみたい。同書は「仏家の説に幽霊ありと云ふ事奇怪にして信じがたし。願くは其の理を示したまへ」という質問者の疑義に、京都報恩寺十四世の湛澄が答えた問答体の言説に、増上寺の霊誉鸞宿《らんしゅく》が評註を施して刊行した浄土宗系の勧化本である。

湛澄は基本的には「神道は万法の根源、儒道は万法の枝葉、仏道は万法の花実なり」と説く三教一致的立場をとり、儒家の「子は怪力乱神を語らず」の説に対しては、孔子も鬼神は幽冥のことなので議論することを慎しみ控えただけでその存在を否定していたわけではないとし、神道論者に対しては、「神」がもともと死者の霊であることを強調する。そして「諸法はもとより無生寂滅なり。一塵なを立せず。なんの幽霊と云ふことか有らん。されば僧の中にも信ぜざる人あり」という仏教内の対立意見に対しては、「真諦の一理は冥寂なれども俗諦の門には万像森然たり。既に一あれば十あり。千あれば万あり。狐狸あれば幽霊もあり」と説いている。また最も素朴な「人死して其の神の出づるを見ず。この故に疑ふ」という疑問に対しては、「汝ぢは花の香を見るや。鏡の色を見るや。眼に見へずといへども香もあり、色もあり。神と云ふ物も天眼通を得たる人の目には明かに見ゆるなり。人の眼は畜生に劣れり」云々と、人間の認識能力の不確実性をもって答えている。「幽霊の人につくと云ふことありや」という問に対する、「狐さへ人につくことあり。人の魂ひ、なんぞ人につかざらんや」といった反駁などは、狐狸の憑依を信じる人々にはそれなりに説得力をもったであろう。ただし、全体的には「其のこと（幽霊のこと）経論釈に往々に見へたり。又唐にも聡明博学の人ありて神不滅論、厚生論など云ふ書を作つて魂のある事を明かに述べたり。寃恨志、冥祥記、冥報記、夷堅志、勧善書などに幽霊のありし事をいと詳かに記せり。日本の書籍にも多く見へたり」式の、文献主義的な姿勢が強いと言える。

続いて、近世知識人の怪異肯定論の例として、大伴（山岡）恭安の言説にも触れておく。恭安は近世中期の尾張出身の医師だが、安永頃は伊勢山田に住んで国学者とも交流をもち、本草書『本草正正譌《ほんぞうせいせいか》』（安永七年〈一七七八〉刊）、国学書『怪談犬打杖』などの著述がある。その随筆怪談書『百二十石《ひゃくにじっこく》』（寛政十年〈一七九八〉、京都・万屋九兵衛、著屋儀兵衛版）は、「三世因果の現然たる」を示すために「万事の奇談をあつめ」（序文）た書物であると言い、四十歳頃までは「儒見」に酔っていたが、宝暦末年から明和にかけて知多郡古布村に住んだ折、幽霊話を多く実見したことが三世因果に目を開くきっかけになったと述べている（巻二の一）。一方で仏者の説は半信半疑だとも述べているのは、特定の思想に泥まない健全な態度に見える。同書巻四「無名奇怪」には、世間の奇怪な事は狐のしわざが多いとし、それ以外には神仏の霊験、天狗、幽霊、あるいは狸、猫魔などすべて年を経た精霊などの仕業だが、そのほかに「何とも正体のわからないもの」があることを具体的に列挙している。不明の領域はペンディングにして解釈を控える不可知論的態度（「不可知論」については次節で詳述する）である。また巻五「広瀬甚九郎」は運命の不条理を示す話である。尾張岩倉の雑物店広瀬屋甚九郎は、店を優秀な手代吉兵衛に任せ、道楽三昧に暮らしていたが、商売は繁盛、店も大きくなる。その後吉兵衛に百金を与えて独立させるが、吉兵衛の跡を継いだ番頭は愚鈍ながら店はますます栄える。一方の吉兵衛は商売がうまく行かず、その都度甚九郎が資金をサポートしたが、損失を繰り返したという話である。かかる運命観は、地道で堅実な努力を勧奨する町人の道徳、常識を否定しかねないものであり、そのような通俗道徳には回収されない怪談の見られる点も同書の特徴だろう。

【四】……荻生徂徠の不可知論と上田秋成の怪談

近世中期以降の怪異肯定論に多く見られるのは、「文字のかたはらを窺、道の悟《さとり》だてする輩は、霊怪の事を聞て、其見ざる所をはかり、さは有るまじ、斯《かく》やは有べきなど理をもて評論するも片腹いたし。おのが器の狭《せまき》をしらで是を世界に及ぼすは、誠に蠡《ひさご》をもてわだつ海をはかるとやいふべき」（宝暦二年〈一七五二〉刊『新編奇怪談』序）といった、人間の理性と見識の限界性を説くロジックである。この種の言説には、当時流行を見た徂徠学の影響がうかがわれる。

総じて風雲雷雨は天地の妙用にて、殊に雷には発生之徳備り候事に候（略）古より陰陽之気共申し、或は鬼神之所為共申し、或は獣之類共申し候。畢竟天地は活物にて神妙不測なる物に候を、人の限ある智にて思計り候故、右のごとくの諸説御座候得共、皆推量之沙汰にて手にとり候様なる事は無御座候（略）風雲雷雨に限らず、天地の妙用は人智の及ばざる所に候。草木の花さきみのり、水の流れ山の峙《そばだ》ち候より、鳥のとび獣のはしり、人の立居物をいふまでも、いかなるからくりといふ事をしらず候。理学者の申候筋は、僅に陰陽五行などと申し候名目に便りて、おしあてに義理をつけたる迄に而、それをしりたればとて誠に知ると申物にては之れ無く候。（略）神妙不測なる天地の上は、もと知られぬ事に候間、雷は雷にて差し置かるべく候。

（『徂来先生答問書』享保十年〈一七二五〉序）

傍線部の通り、荻生徂徠は朱子学の陰陽五行的な世界解釈を牽強付会なものと退け、世界の不測なること、人知の限界性を強調する。その不可知論は「鬼神を敬してこれを遠ざく」（『論語』雍也篇）儒家の世界観を論理化するものであり【注15】、以後都賀庭鐘や本居宣長といった文人、学者たちの神秘思想に多大な影響を与えたことが、先学によって指摘されている（注11、15など）。

『古事記』を聖典化した本居宣長は、「神代の事をとかく理をつけて論ずるは大なる誤なり。奇異の事あるを見て、今日凡夫の智恵を以てこれを臆量してあるまじき事と思ふよりして、彼れ此れと今日の常理を以てこれを論じ、説を設けて義理をつくる事、心得ぬ事ども也。すべて神は神妙不測なる物なれば、奇異ある事は固《もとよ》り其の処也」（『本居宣長随筆』十一【注16】）と「不可知論」に拠って神話の「奇異」を肯定した。平田篤胤や中村乗高など、国学者に実録的な怪談収集家が多いのも、「今の世の奇異を以て、古昔の奇異をもむかへて知らしめん」（中村乗高『事実証談』「附言」）ためであり、彼らにとって怪談はその国学的世界像（コスモロジー）の傍証となるものであった（第二部五章参照）。

しかしながら、不可知論が国学者にもたらした物として重要なのは、それが彼らを反理性主義的な人間観へと導き、その発展上に上田秋成の『雨月物語』（安永五年〈一七七六〉刊）のような作品が成立したことであろう。秋成は真淵国学を媒介にして、欲望や執着をむしろ「生」の本質と捉えるような人間観を形成し、それを表現する様式として怪談（『雨月物語』）というジャンルを必然的に選んだ【注17】。「青頭巾」や「吉備津の釜」のような話が仏教説話の型を踏まえながらも、仏教的「執着譚」に落着することがないのはこのためである。また、よく指摘されることであるが、秋成は神や狐狸といった存在を「我によきは守り、我にあしきは祟る也」（『胆大小心録』）と述べる通り、人間の道徳的規範（善悪邪正）の埒外にあるものと捉えていた【注18】。そのため、秋成は近世怪談の病いともいうべき教訓主義からも比較的自由でいられたのである。

おわりに――「工夫しての幽霊」

近世の、怪異についての相対する立場について縷々述べてきたが、要するに近世においては、怪異や俗信に懐疑的な思潮の普及したことが、かえって人々の怪異への関心を喚起した。また、否定論が盛んになれば、肯定論も対抗上それだけ強化されて行く。怪異否定の思想とその反動としての怪異肯定論がせめぎ合いながら、近世人の怪異観を深化させて行ったのであり、それは当然怪談の内容にも影響を与えた。十八世紀半ばの、怪談書というよりはそのパロディのような談義本であるが、怪談が語られるシーンの描写をとりあげてみたい。

「六部様、国々でさぞ不思議、奇妙を見さしやつたで御座ろ」と云ふに、早速「あい」とはいはで。「いへ〳〵、私は終に終に是が怪しいと申す目にはあひませぬ。化物と申すは人で御座る。世の中に幽霊、化ものと申すはござらぬ」というて正直な六部じやと思ひ込せ、其上で「されども、たつた一度、替つた目に逢ひました」と咄出した虚偽《うそ》は、誠に人が請とる物と、工夫しての幽霊。

（伊藤単朴作『銭湯新話』（宝暦四年〈一七五四〉刊）巻三「野狐売僧《のぎつねまいす》を欺きし話」）

六部（行脚聖）が招かれた家で怪談を語る場面描写であるが、右のやりとりにもうかがわれるように、当時の大衆にとって、「世の中に幽霊、化ものと申すはござらぬ」という程度の常識は、ある程度共有されていたであろう。

もっとも懐徳堂の学者たちのように思想的信念に基づいているわけでもないので、「不可思議」の可能性が全否定されてはいない。このような半信半疑【注19】の風潮の下、人々の怪異を実感する感受性のハードルは上がり、怪談にもよりリアルなものが求められるようになっていく。右の六部の語りには、怪異に否定的な立場を偽装することで、語り手の信用度を高め、聞き手の興味を惹きつける工夫が見られるが、怪異を語るにもそのような技術が必要になってきたということである。この時期、ノンフィクションを謳う実録実記系の怪談書が流行ったこと【注20】もかかる脈絡から理解されようが、表現力で怪異のリアリティをカバーしているフィクションも見られる。いずれにしても、近世の怪談は怪異への懐疑という逆境に耐え、むしろそれに鍛えられながら、しぶとく生き続けたのである。

【注】

1 泉鏡花、岡本綺堂の怪談の近代性（脱近世性）については、清水潤『鏡花と妖怪』（青弓社、二〇一八年）を参照のこと。

2 太刀川清『近世怪異小説研究』一章「百物語怪談会と怪異小説」など。

3 飯倉洋一「奇談から読本へ」（『日本の近世　十二』中央公論新社、一九九三年）。

4 木場貴俊「「こわいもの見たさ」の近世文化史」（安井眞奈美、エルナンデス・アルバロ編『身体の大衆文化：描く・着る・歌う』KADOKAWA、二〇二一年三月）。

5 特に、上方怪談に合理主義的傾向が強いことについて、高田衛の論究がある。第一部五章四節を参照のこと。

6 佐伯孝弘「近世に怪談が流行ったのはなぜか」（『古典文学の常識を疑う』勉誠出版、二〇一七年）。近世における怪談流行の背景として「夜咄の会の盛行」、「地方への関心の高まりと情報の流入」、「類書や博物学の流行」等、複数の要因を指摘する。

7 堤邦彦「江戸時代人は何を怖れたか」（『江戸の怪異譚』三部三章）。

8 木場貴俊『怪異をつくる』第六章「民衆の怪異認識」（文学通信、二〇二〇年）。なお、仏教にも「心妖一元説」（『江戸の怪異譚』三部三章Ⅰ-三）のあったことは堤邦彦の指摘する通りであり、縄を見て蛇と思い込む喩えなどがよく引かれる(「夫仏経に於縄疑蛇覚《おじょうぎじゃかく》といふことあり」『怪談春雨夜話』初編巻之中)。

9　ただし、朱子学的自然観に基づきながら、「理外之理」(道理を超えた不可知の存在)を認める立場などもあったことを木場貴俊が紹介している(第一部二章注13を参照)。

10　源了圓『徳川合理思想の系譜』第三部「洋学受容と儒教」(中公叢書、一九七二年)。

11　日野龍夫「怪異を信じたがった人々―説話の終焉と再生―」(『説話論集　第四集』清文堂出版、一九九五年)。

12　「不思議」「不可思議」の思想については、宍戸道子「「不思議」の展開―近世的世界観の一端」(木越治・勝又基編『怪異を読む・書く』国書刊行会、二〇一八年)を参照のこと。

13　堤邦彦『近世仏教説話の研究―唱導と文芸』(翰林書房、一九九六年)、後小路薫『勧化本の研究』(和泉書院、二〇一〇年)など。

14　近世初期の黄檗僧で、三教一致の立場から怪異現象を論じている人に妙幢浄慧がある。妙幢は人智を超えた「不可思議の法」を認め、「仮象の存在として、すべてを許容する。そして諸現象を諸現象たらしめている働きを、神の云為、陰陽、衆生の業感というふうに、神道、儒教、仏教の立場から説明するのである」(西田耕三「妙幢浄慧の想像力」『人は万物の霊―日本近世文学の条件』森話社、二〇〇七年)。その思想の詳細については西田論文を参照されたい。

15　佐藤深雪「都賀庭鐘の鬼神論」(『日本文学』三一巻七号、一九八二年七月)。

16　『本居宣長全集　第十三巻』(筑摩書房、一九七一年)所載。

17　秋成は真淵国学の影響下に、人間の「生」の本能を重視する「生命主義」ともいうべき思想を形成していた(高田衛『上田秋成研究序説』二編Ⅰ「怪談の思想」)。

18　中村博保「上田秋成の神秘思想」(『上田秋成の研究』〈ぺりかん社、一九九九年〉Ⅳの一。初出は一九六二年)など。

19　佐伯孝弘「江戸時代の人々は怪異を信じていたのか」(『古典文学の常識を疑うⅡ』勉誠出版、二〇一九年)では、近世人の怪異観について、「怪異を信じるか否か、怖れるか否か、一概にどちらと言い切れない「揺れ」の中にいた」と述べており、筆者もこれに賛成である。

20　太刀川清「宝暦期読本の傾向」(『国語国文研究』三七、一九六七年六月)の指摘。

二章

儒者の妖怪退治

近世怪談と儒家思想

はじめに

近世怪談の思想的背景については、仏教思想との関連から述べられることが多い。高田衛は、つとに近世怪談の主要なテーマを「御寺の管轄」（柳田国男『妖怪談義』）たる「幽霊ばなし」に見ているし【注1】、堤邦彦は近世怪談とその背景にある仏教諸宗派による唱導活動の関係を数多く究明してきた（第一部一章注7、注13の堤著書など）。では、徳川時代の中心的教学であった儒教、儒学と怪談との関係についてはどうか。

百川敬仁は江戸時代の儒教と「異界」との関わりについて、「じつは儒教については、あまり言うべきことはない。というのも儒教は「怪力乱神を語らず」あるいは「生を知らず、いずくんぞ死を知らん」というたぐいの孔子の言行をたてに、現世だけを問題とする態度をとったからである。中国はさておき、少なくとも日本の場合、儒教はこのために思想として根本的資格を問われざるを得なかった」（『物語としての異界』「異界の国学─平田篤胤と柳田国男にふれて」砂子屋書房、一九九〇年）と述べる。しかし、近世儒学が異界をまったく問題にしなかったわけではない。新井白石や佐藤直方ほか、少なからぬ儒者（特に朱子学者）の鬼神論、怪異弁断書において異界の問題が検討されているし、それらは必ずしも異界の存在に否定的ではない。無鬼論をとる懐徳堂のような学派もあるが、鬼神の存在を否定しきる儒者はむしろ稀で、白石や直方の如き朱子学的思弁は、怪異現象に合理的論拠を与えていた面がある。横山泰子は、そのような知識人の怪異についての知的、合理的な言説の中に、むしろ怪異を語ることを楽しむ、娯楽的な姿勢が看取されることを指摘しており（『江戸東京の怪談文化の成立と変遷―十九世紀を中心に』風間書房、一九九七年）、堤邦彦は、怪異弁断の潮流が近世怪談に怪異の内面化をもたらす機縁となり、また怪談の「弁惑もの」のような新分野を生み出していくことを明らかにしている（『江戸の怪異譚』）。本稿では、儒家の怪異思想が本当に「合理的」であるかどうかは問題としない（おそらく今日的な意味で言うなら、合理的とは言えないだろうが）。むしろ儒者が怪異を合理化、論理化できるものとして、そのコントロール下に置いたと言うことが当面の問題である。

本章では、近世怪談における儒家思想の影響について、「妖は徳に勝たず」という成句や儒者の妖怪退治譚の説話類型を手がかりに考察して行きたい。

【一】……「妖は徳に勝たず」と儒者の妖怪退治譚

近世の怪談書にはしばしば「妖は徳に勝たず」という成句が引かれるが、そもそもこの句は『史記』に見える次の故事を出典とする。

帝太戊《ていたいぼう》立ち、伊陟《いちよく》相と為る。亳《はく》に祥有り、桑穀共に朝に生じ、一暮にして大いさ拱《きよう》なり。帝太戊懼《おそ》れて、伊陟に問ふ。伊陟曰く、「臣聞く、妖は徳に勝たず、と。帝の政《まつりごと》其れ闕《か》くること有らんか。帝其れ徳を修めよ」と。太戊之に従ふ。而して祥桑枯死して去る。（『殷本紀第三』）【注2】

殷代、宮廷に桑の木と穀《こうぞ》とが抱き合って生え、その日のうちに巨木となった。帝太戊がこれを恐れ、大臣伊陟に問うと、伊陟は「私は、妖異のことも徳に勝つことはできないと聞いております。君の政治に落ち度があるのでしょうか。君は徳を修めるべきです」と勧めた。天子がこれに従ったところ、木は枯れ、怪異は去ったという話である。

この説話には「天人相関」を主張する災異思想の影響が明らかであろう。君主の政治が天の瑞祥災異を招来するとみる災異思想は、前漢の儒者董仲舒の説が有名であるが、「妖は徳に勝たず」は「妖孽《ようげつ》は善政に勝たず、悪夢は善行に勝たず」（『説苑』「君道」）、「妖は禍の先なる者なり。妖を見て善を為せば則ち禍至らず」（『呂氏春秋』「制楽」）、「災妖は善政に勝たず。寤夢は善行に勝たず」（『孔子家語』「五儀解」）などの類似表現に同じく、本来災異思想に基づき、善政ないし善行を勧める成句であったと言える【注3】。これは徳治主義の根拠として儒家の文脈に引き継がれていくが、「妖は徳にかたず、仁は百禍を除くなどいへり」（『十訓抄』巻六）、「災妖不レ勝二善政一、夢怪不レ勝二善行一と申事侍ば、只先非を悔させ給ひ、人民に恵を施し、政務に私あらじと思召ば、天下は忽に君の御代に立返」（『源平盛衰記』巻第十二）、「風モ不レ吹ニ、瑞籬ノ前ナル大イナル松一本中ヨリ折レテ、南ニ向テ倒レニケリ。勅使驚テ子細ヲ奏聞シケレバ、伝奏吉田ノ中納言宗房卿、妖ハ不レ勝レ徳ト宣テ、サマデモ驚キ給ハズ」（『太平記』巻三）などの用例に見えるように、諺として本邦でも古くから定着していた。

しかるにこの諺は、近世日本の怪談書においては、政治的な文脈を離れて、怪異の説として引かれている。次に近世の浮世草子、読本等の短編怪談集より用例を挙げる。

①怪を見てあやしまざれば其怪おのづから壊る。徳にかつ事あたわざる也。（宝暦五年〈一七五五〉刊『雉鼎会談《ちていかいだん》』序）

②古語に妖は徳にかたずといへるは、道徳けんごなれば、邪神もたゝりをなさず。鬼魅もなやますことあたはずといへども、もし徳なふしてみだりに鬼神をあなどりかろしむれば、かへつてわざわひの身におよぶ。

（明和八年〈一七七一〉刊『名槌古今説』巻二「山神の復執」）

③もとよりだいたんふてきの柿本すこしもどうてんせず、「君子の徳はようくはいかつ事あたはず。なんじやうこれしきの穢物おそるゝにたらず」

（明和九年〈一七七二〉刊『西行諸国噺』巻四「地中古戸」）

④誰かいふ、世間に下戸と妖物《ばけもの》なしとは。当代下戸有、妖物あり。往昔とても亦然り。古人も妖は徳に勝ずといふはこれ化物の事にあらずや。然といへどもその性質の強実なるは邪魅も妖をなす事能わず。

（安永九年〈一七八〇〉刊『怪談見聞実記』序）

②には「道徳堅固」であれば邪神や鬼魅に害されることはないとの説が見える。③は、剛胆な性格の登場人物の台詞であるが、「君子の徳」に妖怪が勝つことはあり得ないのだから、これしきの事恐れるに足りない、という発言である。①と④では、怪異を見ても、怪しまず、恐れない「強実なる」性質の重要性が説かれており、必ずしも聖人君子の徳が求められていたわけではない。しかし例えば、怪異の弁妄書である『怪談弁妄録』（桃渓山人著・寛政十二年〈一八〇〇〉京　秋田屋藤兵衛、吉野屋仁兵衛、西村屋吉兵衛刊）には、古義学の開祖伊藤仁斎とその子東涯について、「仁斎先生父子席にあれば、妖術者もその術をほどこす事を得ず。是多くの人の口碑にありてしる所なり。東涯先生丹州山道の妖怪すめるやしきに宿せしこと閑散余録にいだせり。妖は徳にかたずといへる事をしるべし」（巻一「書生為鬼見殺《しよせいきのためにころさる》」）とあり、ここには、徳の備わった儒者は怪異に害されないという思想が見える。そして、実はこのような思想を象徴化した「儒者が妖怪を撃退する」説話が近世には少なくない【注4】。それらは怪異を制する儒家思想の効用を喧伝するものであったといえる。例えば、仁斎については次のような逸話がある。

人有り、狐に魅せらる。諸術辟《さ》くること能はず。適々《たまたま》仁斎の徳、能く妖を服すと聞き、之れを招請す。仁斎至る。口、未だ一言を吐かざるに、狐慴服《しゅうふく》し罪を謝して去る。

（原念斎著、文化十三年〈一八一六〉刊『先哲叢談』巻四）【注5】

狐憑きの話は数多くあるが、一般にこういう憑き物を落とすのは僧、山伏、陰陽師の類と相場が決まっている。しかし、そういった「諸術」でも効果のなかったしぶとい狐が、仁斎が来ただけでコロリと落ち、謝って逃げ去ったというのである。これは確かに儒者の「徳能く妖を服す」話であった。マジカルな力ではなく、「徳」の力で落とすのであり、まさに「徳」が「妖」に勝っている点に注意したい。実のところ儒者が「狐狸の怪」を駆逐した逸話は少なくなく、儒者の略伝記集である『先哲叢談』を瞥見しただけでも、三宅尚斎、成島錦江、原雙桂、長阪円陵などに類話が看取される。そこには、「ばくるは狐の術、ばかされぬは哲人の徳なり」（巻二『百物語評判』「狐の沙汰」）と言った考え方があったと思われるが、来訪しただけで狐を落としたという仁斎の話は、とりわけ効験あらたか（?）である【注6】。一方、先の『怪談弁妄録』にも引かれていた仁斎の子東涯の話（明和七年〈一七七〇〉成『閑散余録』）は次のようなものである【注7】。

丹波の山中に天狗の道と云伝へたる処往々あり。もし其処に家を搆《たつ》れば、さまぐ\の祟をなし、或夜に入てその家を鳴動せしむと、古来よりいひ習し。たまく\よき土地有ても避て閑地とす。丹州は仁斎、東涯の門人の殊に多き国なりしに、一門人あり。その人年少客気の漢にて、天狗何ぞ恐るゝに足んと言て、その地に家を建たり。果して夜々鳴動をなして一日も居ることを得ず。終に空宅となる。年を経て東涯丹州に之《ゆ》く。相応の寓居の地もなかりければ、東涯にはその由を語らずして、かの空宅に僑居せしむ。然れども其夜より天狗曾て害をなさず。何事も怪異なかりしとなり。東涯は質行篤実の君子なれば、予《あらかじ》め其事を語らば、必其家に寓すべからず。けやけき行をなして名を求る人に非ず。然れどもその心湛然として客気なきを以て、妖鬼も害をなすことを得ざるなり。

（『閑散余録』巻之二）【注8】

東涯が天狗の道筋にあたる凶宅に住んだが、「その心湛然として客気なきを以て」害がなかった、という話である。よくある、豪傑が化け物屋敷に挑む話の類と異なるのは、「東涯にはその由を語らずして」とある通り、東涯が図らずして凶宅に宿している点であり、これは、君子危うきに近寄るような行動が、質行篤実の儒者としてふさわしくないからであろう。例えば、次の三宅尚斎（丹治）の話例などは、同様の凶宅譚でもやや批判的に記録せられている。

京師に妖怪宅地《ばけものやしき》あり。価を賤しふして人に借《かせ》ども、五日或は十日を経れば、必妖怪あらはるゝを以て、其人恐れて住むことを得ず。一書生あり。剛強の気を負て請てかの家に移る。妖鬼も其気象に辟易しけるにや。二三月も害をなさず。彼書生の想へるは、吾鉄石の心には果して妖性も怖れたりと。是よりやゝ驕惰の心ありしに、ある日夙に起て手水盤《てふづばち》に向ひけるに、盤の内より毛多く肥たくましき隻手《かたて》忽然として現出す。是より書生も恐怖の念を生じて終に居を移しけり。其後久しく空宅となりしを、三宅丹治是を聞て、その家に移る。丹治が僑居せる内は怪異もなかりしとなり。仲尼は已甚《はなはだしき》を為ざる人なり。たとひ虚説にもせよ。左様の処には君子の近づくべきに非ず。丹治謂つべし。中行に過たりと。

（『閑散余録』巻之一）

京都の化け物屋敷に書生が入居した。当初は妖怪も書生の剛強の気に圧されて害をなさなかったが、やがて彼に慢心からスキが生じたため、怪異が起こり、結局書生は逃げ出した。その後三宅尚斎がこの噂を聞いて引っ越してきたが、彼が住んでいる間は何事もなかった。しかし、そもそも君子が自らこのような場所に近寄るというのは、中行に過ぎた行いであると著者はみている。ただし、仁斎父子の徳には及ばぬとしても、本話も「儒者能く怪異を撃退する説話」の類には相違ない。本話については、三宅尚斎と並んで崎門三傑の一人と称された佐藤直方の門下である稲葉黙斎の『鬼神集説三箚《さつ》講義』（寛政五年〈一七九三〉序）に、「三宅先生（三宅尚斎）、ばけものやしきに居られたと云こと今ある書物にあるが、大かた牢から出られた当座に店賃がやすいから借りたで有ふ」と見えている。尚斎は、宝永四年（一七〇七）から宝永六年まで武州忍《おし》藩で幽囚されたが、出獄した翌年（宝永七年）十一月、京都に居を構えており、その折の話ということになるだろう【注9】。また、先に引いた『怪談弁妄録』巻一「書生為鬼見殺」にも、この尚斎の凶宅譚を脚色した話が見える。怪しい腕が現れる点は同じだが、『弁妄録』では、書生はその腕によって砥石に打ちつけられ死んでしまうのであり、妖怪の凶悪性が増している。『閑散余録』では、その後尚斎がこの屋敷に移住してからの展開はほとんどないのだが、『怪談弁妄録』の方では、まず尚斎と妖怪との間で詩と和歌の応酬があり、その後尚斎が剣を振るって妖怪を退治し、妖怪の正体は狸であったというオチになる。すなわち、豪傑の妖怪退治譚風になってしまっているわけだが、『怪談弁妄録』は弁妄書と言っても読本として出版されたものであるから、読み物化、通俗化されたものと言えるだろう。

尚斎の師闇斎を初め、崎門の朱子学者はおおむね朱子の鬼神論に従って（限定的な）有鬼論の立場をとり、ことに尚斎に「雨を祈りて雨降り、晴を祈りて晴る。便ちこれ鬼神来格す。北辰に誓願するもまたこの理あり。誠の至れば必ず応ずるあり」と言う如き「鬼神来格思想」のあったことは平重直の所論に詳しい（『文化紀要』第6集「三宅尚斎の神道批判と鬼神来格思想」一九六〇年一二月）。そのせいか、この学統には怪異の論や怪談めいた逸話が少なくなく、例えば尚斎の門弟味池《あじいけ》義平（号修居。一六八九〜一七四五年）にも、次のような話が伝わる。

　ある儒者の話に、唐津の城うしろの壕に、妖怪ありて、これにあふもの、気をうしなひ、仰ぎみるものなければ、其かたちいかなりと知る事なし。土井侯、唐津にいませし時、三宅尚斎先生の高弟、味池義兵衛といへる人を、儒臣にめされてつかへしに、かの妖の事をきゝ、まさしく君侯のましますに城の壕に、妖怪をすましめん事、深く恥べき事なりとて、ある時たゞ一人、かの壕にいたりてみるに、げにも人家遠くへだゝり、もとより妖怪におそれてや、行かふ人もなく、白昼なれども、いとものすごき所なり。味地、其ほとりをたちやすらふに、忽ち壕の中より妖怪あらはれいづ。面の色藍より青く、眼大に、光人を射て、かたち高く大なるが、義兵衛をにらみて水上にたつ。義兵衛少しもおそれず、そのまへに端座し、眼を見はりて相対し、数刻をうつすに、かの妖怪、氷の日にとくるがごとく、漸々にきえて、つひに跡なくなりぬ。それより後は、妖怪いづる事、たえてなかりしとなり。嗚呼、これらをこそ、まことの学者といふべけれ。こひねがふべき人ならずや。

（『思斉漫録』巻之一）【注10】

『思斉漫録』（文政十三年〈一八三〇〉序・天保三年〈一八三二〉刊）は京都の朱子学者中村新斎の著した随筆集である。味池義平は史実として享保十三年より一年だけ唐津藩に伺候しており、本話はその折の怪談ということになる。妖怪を退治したということが、「まことの学者」として賞賛されているのである。

さて、崎門学も古義学も上方より起こった学であるが、近世中期の江戸に起こり、諸方面に絶大な影響を与えた徂徠学にまつわる妖怪退治譚も存在する。浮世草子怪談集『西海奇談』（荻坊奥路著・明和八年〈一七七一〉大坂　吉文字屋市兵衛、江戸　吉文字屋次郎兵衛刊）に見える「儒生妖《じゅせいよう》を圧《お》す」（巻之一）という話であり、次に梗概を示す。

長門の国の曾我伴佐《ばんすけ》という儒者は朱子学は古くさいといって、徂徠先生の道義を慕ってもっぱら江戸学を好み、「かはらけ色の表紙にむてんをひねくり、向上の一路に遊んでひげのとこしなへなるは関羽がをとし子かとあやしまれ、びんに油けのなきは仙人のすだちとや云ん」といったありさまであったが、ある夕、伴佐の部屋に忽然と怪しい老翁が顕れる。老翁は、明日が雨天であることを知っているか、古の聖人は月が畢《ひつ》に入ると雨が降る（宿曜術による。畢は二十八宿の一つ）と知って雨装いをなさしめたものだが（孔子が雨を予測して弟子に雨具の準備をさせた話は『史記』〔巻六十七、列伝第七、仲尼弟子〕などに見える）、腐れ儒者はこんなことも知らぬのか、などと悪態をつく。しかし伴佐が、「昨日、徂徠先生の座右にお前のように雨天の予測をする者が現れたが、「巣居知風《そうきよかぜをしり》　穴居知雨《けつきよあめをしる》」と叱られて逃げ失せたそうだ。さだめしおまえも狐か狸だろう。青松葉で燻されないうちにとっとと出て行け」と罵ると、赤面して逃げ失せる。翌日果たして雨が降り、夜になると件の化け物が今度は巨大な腕となって天井より付き出し、伴佐の読書を邪魔する。伴佐がその手首に朱筆で「元来古入道《ぐはんらいふるにうだう》　妖様不知新《ばけようあたらしきをしらず》　骨折昨今夜《ほねをりゆふべこんや》　痩腕与老人《やせうでとおいぼれと》」と詩を書き付けると、腕は大いに慌てて、元通り洗い落とせ、さもなくばお前に災いが起こるぞと脅す。伴佐がこれを無視すると、化け物腕の愚痴が五六夜も続いたので、伴佐は「おまえみたいな文盲の動物にもわかり易く書き直してやる」と言って詩を拭い消し、今度は「さだまりの高入道には化をらで　いらぬ手出してらく書にあふ」と書き付けて、床柱に括り付ける。これには化け物もついに降参し謝ったので、伴佐は狂歌を洗い落とし、縄もほどいてやった。化け物は三拝九拝して、腹鼓を打って帰っていったので、やはり正体は狸と見える。

本作の著者荻坊奥路は大坂の人であり、冒頭の主人公の設定には、徂徠学の中国趣味とも言われる風儀をから調子もあるが、物語の展開上は、伴佐も徂徠も怪異を撃退し得る儒者として描かれている。前半の、天候予測の話から狸の正体を見破るくだりは、『捜神記』巻十八に見える前漢の儒者董仲舒の説話、後半の巨大な腕に字を書いて封じる話は、明代の『皇明通記』に見える文人鄒智《すうち》の説話が典拠と思しい。後者は『百物語評判』（貞享三年〈一六八六〉刊）巻の二「狸の事」に引かれており、さらに言えば「狸の事」は『一夜舟』（正徳二年〈一七一二〉刊）巻第一「花の一字の東山」にも翻案されている（太刀川清「怪談会から怪異小説へ」『国語国文研究』二四号、一九六三年二月。長谷川強『浮世草子の研究』四章三節、一九六九年）。原話にせよ『一夜船』にせよ、怪物の腕に書き付けるのは「花」

という一文字なのだが、これを漢詩に改め、さらに和歌との二段構えにしたところが奥路の工夫であろう。

荻生徂徠その人を主人公に据えた怪談もある。読本怪談集『怪談破几帳《やれきちょう》』（流霞窓広住著・寛政十二年〈一八〇〇〉江戸　上総屋利兵衛刊）の巻之一「古寺」であるが、次に原文を抄出する。

徂来先生はその名天下に知られたる博識広才の人にて、世の人の知る処なり。実に一とせ物茂卿《もけい》先生、京師に遊ばれしが、大和廻りの序《ついで》紀の路へ用事有つて立越られしに、日暮前より大雨霰《あられ》まじりに篠《しの》をつくが如く降。殊におりならず雷《いかづち》はためき山路の屈曲歩みかねられしに、いとゞさへ心細き旅のならひ何方にも泊求んと思はれけれども、一向里はなれにて、あたりに家なし。忙然として歩まれしに、とある山際の松柏生ひ茂れる中に朽《くち》やぶれたる大門あり。是よき幸ひなり、一夜をたのまんと内へ入つて見れば大門より奥まで三町余も行ば一つの本堂あつて戸帳落《とちやうおち》、軒端朽《のきばくち》、まことに霧ふたんの香をしめる斗りなる堂の掾に腰うちかけ、亭坊《ていぼう》やあると、内を見れば、蔀《しとみ》遣戸朽倒《くちたふ》れ人住景色《すむけしき》さらになし。いかゞはせんと立出られしが、さるにても雨強く、殊に黄昏《たそがれ》に及びしまゝ、よしや此雨に行先知らずたどらむよりは、此寺に一夜を越明さんと、門人朱夕《しゆせき》と僕一人、先生ともに三人、堂内に入木賃《きちん》心にて少々貯へたる白米を風呂敷包よりとり出し、あたりの木の葉なんど取集め、是も一興と三人焚火して用意の鍋にて飯をこしらへ居られしが、いとゞさへ冬の夜の物淋しき古寺の雨しきりに降つゞき、遠寺の鐘かう〳〵と聞へ更行く侭に、焚火もとぎれければ、三人ことばには出さねども、唯心中に何となく物凄く、殊に頻りに家鳴震動《やなりしんどう》し、惣身《そうみ》すくみしごとくに成、咄しも絶《たへ》、三人忙然として居たりしに、雨は少々晴たるとおぼしくて、軒もる月白日のごとし。先生心をしずめ、ずんと立て掾《えん》の戸を押明け空のけしきを見られしに、夜も実深更《しんこう》とおぼしく、むら〳〵立たる黒雲《こくうん》のはれ間より、瑳《みがき》出せるごとく月明らかにもの冷《すさま》じき気色なるに、時に応じ、先生風与《ふと》心に古詩を思はれしまゝ、「猛虎一声山月高《まうこいつせいさんげつたかし》」と高らかに吟じられければ、ふしぎや惣身のも直り、心快然《くはいぜん》として爽《さはやか》なりければ、夫より心よく夜を明し、払暁《ふつぎやう》に旅立れしとなん（以下略）。

以下の展開は、人里に下りた一行が茶店に立ち寄り、店の亭主から、この寺は怪物が住むと噂されており、住持が横死するので廃寺となっている。そこにやどって無事であったのは運がよいといった話を聞かされ、さてこそと思い当たる、といったものである（さらにこの寺の過去の怪事件について亭主が話す後編（其二）もあるのだが、徂徠とは関係ない話なので、ここではとりあげない）。本編の怪異の正体ははっきりしないが、やはり儒者の妖怪退治譚の一つであると言えよう。妖怪撃退の手段として詩文が用いられている点は「儒生妖を圧す」と同じである。徂徠の話ということが興味を引いたのか、本話は『諸国奇談集』（写本・東洋大学図書館蔵）、『絵本小夜時雨』（享和元年〈一八〇一〉刊）巻一などにも採られており、後者では結論として「是先生（徂徠）の道徳の尊きに鬼もおかす事能わざりしにや」と述べられている。

【二】……「怪異」の制御

新井白石の『鬼神論』（上巻）【注11】では「妖は人によりて起る」（出典『春秋左伝』「荘公十四年」）という諺を解説して、「我こゝろいむ所有て、或はうたがひ、或は怖るゝがゆゑに、かの妖を感じ招けるものなり」と述べる。そして、ある婆羅門僧が傅奕《ふえき》（唐初の官僚で、廃仏論者）を呪詛するも効果無く、あべこべに自分が頓死したという唐の故事を挙げ、「是邪は正にかつ事を得ず。われ正しからんには、かの邪いかでか行なはるべき」と説く。先に見た「怪を見てあやしまざれば其怪おのづから壊る」（『雉鼎会談』序）の説もこれに通ずると言えよう。また前述の『鬼神集説三箚講義』にも、「妖怪のことはこちのちそう次第で霊がつよくなるとよはるとの違いがある。相手の魂がよはいからつけこまれてよはりたが《（ママ）》（略）妖は不勝徳じゃ（略）此方のあしらいにあることとなり。（略）薛文靖でも尚翁でも、はや妖のせん（先）をとるぞ。これで不正の鬼神は、人が正ければ頭は上らぬ也」と述べられる。ここに「魂」の強弱を言うのは、前掲『怪談見聞実記』に、「精魂実する其人には邪魅も近付事を得ず。虚弱なる生得には狐狸も妖をなす物なり」（『怪談見聞実記』跋）とあるのと、大体同じ事を言っていると見てよかろう。また、怪異についての朱子学的分析で知られる『百物語評判』にも「たゞ此方の一心さへたゞしければ、わざはひにあふべからず」（巻の二「狸の事」）、「孔子の説には、怪力乱神は元よりあらざる所なれば箇様の類に似たる沙汰も候はねど、たゞ人道を治むれば其の怪しき事もおのづから消え失するにこそ侍れ」（巻の三「天狗の沙汰付浅間嶽求聞持の事」）と、やはり同じような見解が示されている【注12】。これらを要するに、倫理的な正しさや精神的な強靭さが備われば、（高名な儒者に限らずとも）怪異は恐るるに足りないという考え方が儒家によって説かれていたわけである。彼らは怪異の問題を「敬して遠ざけて」いたというより、むしろその世界観の中にとりこみ、統御せんとしているように見える。一般に儒学は合理的な学問であると言われることが多いが、近世の儒家思想は必ずしも怪異を非合理的なものとして否定していたわけではない。むしろ、その存在を合理化することで、その神秘性、超越性を否定しようとしたと見るべきだろう【注13】。そのような思想を通俗的に普及していたのが「妖は徳に勝たず」の諺や説話であったと言える。儒家の思想において、「徳」は「妖」に優越し、論理をはみ出そうとするノイズは抑圧され、怪異が封建秩序を揺るがすことはなくなる。写本怪談集『聖城怪談録』（寛政十一年〈一七九九〉序）末尾に付された次のような話は象徴的ではないか。

春の夜の徒然なるまゝに君、宿衛の士に宣ふには、「古より百物語りとて、妖怪の話を百語り尽くせば、必ず妖怪あらはるゝとなん聞きし。今宵いざや語りてんや」と宣ふ。宿衛の士とりぐに御物語せしに、百に満なんとする頃、短か夜のはや丑みつの頃にもなり侍るに、御庭に何となくすさまじきものおとしければ、「すはや妖怪のいで来れるならん」と、ますらをのいさましげに、「いざや組とめん」などよみて、燭もていでければ、軒端につもる臘雪のいとなみ残せしが、春けき風にとけて落ちけるにてぞありける。

（『聖城怪談録』憨々翁跋）【注14】

これに続けて跋者（大聖寺藩士と見られる）は「いかさま妖怪は積邪のなす所。雪も又積陰のむすぶ所なれば、彼の妖怪も君の仁風にて此雪の春風に解くるごとくに失せぬべし。実に妖は徳に勝たずとも聞えし」と述べている。これは怪談書の末尾にふさわしい祝言的文辞ではあろうが、「君の仁風」が妖怪を払うというのである。

神沢貞幹の随筆『翁草』巻五十六には次のような話がある。

有徳院殿御代の側衆小笠原石見守家来末の老に狐付て退かず、御次にて、その沙汰有を聞しめされ、石見守をめして、其狐に我申付る間、早々退けよと申せと上意なり。石見守畏て、急ぎ退出せられ、上意の趣述されければ、忽狐のきて正気と成る、則登城して其由言上に被及候。其筈の事と御意なり。石州重て被申上は、畜生の儀に候へば、自然上意を背く間敷物に非ず、若し然る時は、如何仰付られ候やと被申候へば、夫こそ易き事よ、江戸中狐狩して、一疋も置ぬなりと被仰しとかや。【注15】

有徳院（徳川吉宗）の「上意」の威光が狐を落としたというのである。ここでは、異界の存在が現実の秩序に組み込まれ、統御されていると言ってよい。このようなストーリーの前提にあるのは、「妖は徳に勝たず」の発想にほかならない。繰り返しになるようだが、これは狐が高僧に祓われたりするのとは意味合いが異なる。僧侶と狐の対決ならば、それはマジカルな次元の対決であり、現実の秩序に対する反世界としての異界の秩序は侵されない。お上や儒教理念の象徴たる儒者が狐妖を圧倒するという時、それは現実の秩序による異界の支配を意味する。

怪談には伝統的に、「因果応報」のような、仏教の思想的影響が濃厚であるが、見てきたように儒家思想が色濃くなってきたのは近世怪談の特徴であると言ってよい。怪談は元来、封建体制下において被害者的立場に立たされた民衆の（ネガティブな形ではあるが）抵抗の文学としての側面がある。すなわち、現実において体制に逆らえない弱者が、死んで化けて出てきて復讐を遂げる、例えば主人に手討ちにあった下女の幽霊が、その主人を取り殺すといったように。こういった場合、幽霊の反秩序的な力は僧や修験者の法力で一応は統御されるのであるが、幽霊を成仏させたり、祓ったりする主体である神仏は超越的な存在であるし、僧侶、修験者といった呪術者もまた半ばマジカルな世界に所属しているわけで、幽霊が現世秩序の論理に屈したわけではない。そのような異界の超現実的な力に対し、これに枷《かせ》をはめんとする意志が、「妖は徳に勝たず」の怪異譚には表れている。これらにおいて、「妖」の、秩序を越えるはずの力は、秩序の枠内に組み込まれることになる。「妖は徳に勝たず」の論理は、悪人や悪政といった「不徳」を誡めることになるから、これは被支配層にとっても有益な思想ではあった。しかしながらその本質は、問題の原因を儒教倫理からの逸脱と捉えることで、秩序そのものは堅持せんとする体制思想にほかならない。近世怪談の中にこのような思想的保守性と、怪談という文学の危険性の芽を摘み取り、これを飼い馴らさんとする意志が潜む点に注意を払いたい。異界の超越性は、支配者層にとってはやはり脅威であった。それは当時の民衆蜂起を妖怪に喩える感覚（実録『天草騒動』や「源頼光館土蜘作妖怪図」【注16】など）にも表れているのだが、これはまた大きな問題であるので、稿を改めて論じたいと思う。

【注】

1　高田衛「怪談の構造　上」(『古典遺産』六号、一九五九年七月)。

2　『史記』の訓読文は『新釈漢文大系三八　史記　一(本紀)』(明治書院、一九七三年)による。

3　「陰は陽に勝たず」(『郁離子』巻上、等)、「邪は正を犯さず」(『隋唐嘉話』巻中、等)などの類似表現にもうかがわれるように、「妖は徳に勝たず」の根底にあるのは陰陽思想である。陰陽思想において本来「陰」と「陽」は相対的な関係にあるが、董仲舒の陰陽刑徳論(自然界の春から夏への生意と、秋から冬への殺意とを「徳」と「刑」に引き当てる)には、すでに陰陽に価値的な優劣が生じている(金谷治「董仲舒の天人相関思想―自然観の展開として」『中国古代の自然観と人間観』平河出版社、一九九七年)。

4　高田衛は、儒者が怪物を退散させる話例(『万世百物語』巻一「丹州に変化玉章　附時ならぬ踊興行」)を挙げ、「(近世怪談において)しまいには幽霊を退散させるのは、陰陽師や高僧の専売特許ではなくなる」ことをつとに指摘している(「怪談の構造　上」)。

また、儒者の妖怪退治譚が多く伝わることは、儒者が怪談を意外に好んだという事実(高橋明彦「昌平黌の怪談仲間」〈『江戸文学』一二号、一九九四年七月〉、高橋昌彦「唐橋君山の文事」〈『近世文芸』六五号、一九九七年一月〉などに指摘がある)とも無関係ではなかろう。

5　『先哲叢談』の引用は東洋文庫五七四『先哲叢談』(平凡社、一九九四年)による。

6　皮肉にも、学術的には伊藤仁斎はむしろ無鬼論的立場の儒者として知られる。仁斎の無鬼論的立場については、子安宣邦「「鬼神」と「人情」」(『鬼神論―神と祭祀のディスクール』、白澤社、二〇〇二年)、源了圓「近世儒者の死生観と霊魂観」(『日本における生と死の思想』有斐閣、一九七七年)等の論がある。

7　この話は『近世畸人伝』にも次のように引かれている。「或年妖怪ある家と知ながら居を卜しに、其妖止みたりとぞ。厚腸おもふべし。たゞし妖怪ある家と知ながら住しは中行に過たり。孔夫子の已甚《はなはだしき》をしたまはぬをこそ法則とはすべけれと、閑散余録に評せるは宜なり」。

8　『閑散余録』は伊勢の儒者南川金鶏が有名な儒者とその門流に関する記事を録した随筆。本論文に於ける同書の引用は、すべて『日本随筆大成』第二期第二〇巻(吉川弘文館、一九九五年)所収の翻刻に拠るが、原文の片仮名を平仮名に改めた。

9　三宅尚斎の事跡については吉田健舟・海老田輝巳著『叢書・日本の思想家　一二　佐藤直方　三宅尚斎』(明徳出版社、一九九〇年)に拠るところが大きい。

10　『思斎漫録』の引用は『日本随筆大成』第二期第二四巻(吉川弘文館、一九九五年)所収の翻刻による。

11　『鬼神論』の引用は、寛政十二年刊本を底本とする浅野三平『鬼神論・鬼神新論』（笠間書院、二〇一二年）によった。

12 ただし、著者山岡元隣は仏学、国学にも通じ、本書に於ける思想的立場も儒家に偏るものではない。

13 ただし、儒者でも、怪異を合理的分析対象とするのは朱子学者の傾向であり、前章で触れた不可知論の立場をとる徂徠など、学派によって温度差が存する。本草図鑑である『日東本草図纂』（神田玄紀原著、堤子明編輯、上田寛満画。安永九年〈一七八〇〉序）は、本草書の多くがそうであるように、基本的には朱子学的な自然観に基づき解説されているが、その中には（「為徳」なる人物の発言として）「理外之理」（道理を超えた不可知の存在）を認める言説が見えることを、木場貴俊が紹介している（「所化」と「理外之理」―『日東本草図纂』巻之十二をめぐって―」、『雅俗』十七号、二〇一八年七月）。

14 『聖城怪談録』の引用は、太田敬太郎編『大聖寺藩史談』（石川県図書館協会、一九三七年）所収の翻刻による。

なお、『聖城怪談録』の異本『聖城妖怪奇談』の金沢市立玉川図書館近世史料館加越能文庫蔵本、石川県立図書館森田文庫蔵本の跋文署名には「臣四遍居士」とある。

15 『翁草』の引用は、『日本随筆大成』第三期第二〇巻（吉川弘文館、一九九六年）所収の翻刻に拠る。

16 近世に於ける民衆の妖怪視については、ひろたまさき「近世の成熟と近代」（『日本の近世』十六巻、中央公論社、一九九四年）に以下のような論述がある。「歌川国芳「源頼光館土蜘作妖怪図」（一八四三年）は天保改革に対する批判だとたちまち噂されたが、民衆が妖怪の大群となって権力をとりまく図である。このように民衆が妖怪視されるのは、当時の都市に滞留する膨大な極貧層の存在がつねに社会不安をかもしだす源泉であり、一揆・打ちこわしは文字文化の世界にあった知識人には理解しがたい恐怖の対象となったためであろう。一揆・打ちこわしに関する当時の知識人の記述には、民衆への理解を示したものでさえも集団的な行動に対して「此奴原の顔付、働く悪魔・悪鬼の如し」といったたぐいの表現が多いのである」。

三章

往生際の悪い死体

執着譚と蘇生譚の境界

はじめに

一口に「蘇生《よみがえり》」と言ってもさまざまなパターンがあるが、本章で問題にしたいのは、エドガー・アラン・ポーの「早すぎた埋葬（The Premature Burial）」（一八四四年）で扱われているような、仮死状態からの蘇りである。「魂呼ばい」の習俗などにもうかがわれるように、日本には古来、死の直後の魂は不安定な状態にあり、いわゆる「四十九日」の間はこの世とあの世の間を彷徨うとの観念もあった。実際に死亡と誤認された人間が、埋葬される以前、ときには以後に息を吹き返す事例は古くからあったと思われる。だが、近世にはそれらが必ずしも「蘇り」と見なされるとは限らないということ、そして仮名草子や浮世草子などの近世文芸において、そのことが生命倫理上の問題として浮上していることについて、若干の私見を述べてみたい。

【一】……実録的「蘇り譚」

近世の随筆類には「息絶えた」はずの者が蘇生した実録的記事が少なからず見いだされる。例えば、根岸鎮衛の『耳嚢』巻五「蘇生の人の事」には、こんな話が見える。寛政六年（一七九四）の頃、芝あたりの日雇い生活の男が頓死。埋葬されたが、「一両日立て塚の内にてうなる声しけるが次第に高く成りし故、寺僧も驚きて「掘らがち見ん」迚《とて》、施主へ申遣はし為掘《ほらせ》けるが、活《いき》てあるに違ひなければ寺社奉行えも寺より訴へ、其節の町奉行小田切土佐守方へ町方より右蘇生人引取候よし相届」【注1】、本人は徐々に体調が戻ったので、事情を聞いたところ、京大坂を旅した夢を見ていたことなどを語ったという。本話の末尾は、「夢の中に冥官も獄卒も出てこないところが正直者だと、（この話の語り手と、聞き手の根岸鎮衛は）感笑した」と締めくくられる。

『耳嚢』には巻八、九、十にも同様の蘇生談が見えるが、いずれも宗教性は希薄で、「怪異」というよりも現実に起こった珍しい事件の話、すなわち「奇談」として扱われている。武藤致和《むねかず》の『南路志』巻三十六「長浜村三平蘇生」（文化十年〈一八一三〉序）では、土佐長浜に住む横田某家の召仕三平が、傷寒（高熱を伴う疾患。腸チフスの類）を患って死亡し、長浜の砂原に葬られる。夜更てから三平が家に戻ってきたので、「幽霊だ」と家内は騒ぎになったが、それは「実に蘇生したるもの」であった。いったん熱のせいで息が絶えたが、砂に埋められたせいで熱が冷めて蘇生したという。医学的な死亡認定の精密でない時代【注2】には、実際にこうした事件は今日以上に起こりやすかったのかもしれない。

【二】……「是よみがへるにはあらざる事」

ところが、死体が動き出しても「蘇り」とは見なされないケースもあり【注3】、その中でも本章で問題にしたいのは、次のような仏教的解釈がとられる場合である。仏教説話系の怪談書として知られる『因果物語』（鈴木正三著。寛文元年〈一六六一〉刊）の下巻二十一話「慳貪者《ケンドンシャ》、生ナガラ餓鬼ノ報ヲ受事　付種々ノ苦ヲ受事」では、死体が動く怪談が、「蘇り」ならぬ「往生」の失敗談として語られている。越前敦賀の富裕だが貪欲な者が、寛永二十年六月末に難病を得る。金銀を積んで治療延命を願うが、ついに悶死する。その後「又活返、徘回《ハヒマワ》リケルヲ。敲ケドモ死セズ。為方無、終、切殺ス也」。この事件は死者の復活として祝福されるケースではなく、己が生に執着した、醜く、文字通り「往生際の悪い」例なのであり、富人は結局斬り殺されてしまう。仏教の文脈では、これは「殺人」ではなく、いささか過激ではあるが「臨終行儀」（後述）の一つのありようであり、いわば成仏のための荒療治ということになる。

また『奇異雑談集』（天正元年〈一五七三〉頃成）巻四「下総の国にて、死人棺より出でて霊供《りょうぐ》の飯をつかみくひて又棺に入る、是よみがへるにはあらざる事」には、次のような話が見える。下総の山中で、行脚僧が一夜の宿を借りると、その家は死人が出たところだった。僧が棺のそばで休んでいると、棺の蓋を開け、死人が出てくる。僧は「是は物怪《もっけ》かな」と思いながらも黙って見ていると、「死人また我をひとめ見て、霊供の飯を右手につかんで、大ぐちにこれを食ふ」。その後死人は棺に戻って自分で蓋も閉めた。僧が家内の者を呼び起こし、見たままを述べると、一同「生きかへるや」と喜んで棺の蓋を開けたが、死体は冷たく動かず、右手に飯粒だけがたくさんついていた。本話も表題で「是よみがへるにはあらざる事」と強調している通り、「蘇り」ではなく、「往生際の悪い」事例と言える。すなわち、食＝生への執着から往生に失敗した妄執談であり、こうなってはいけないと教えるための説話なのである。ただし、家内の者が「生きかへるや」といったんは喜んでいることからもわかるように、現象だけを見れば「蘇り」と区別がつかないことに注意したい。

さらに一例、苗村松軒の『御伽人形』（宝永二年〈一七〇五〉刊）巻五「嵯峨野の原あだしのゝ露枕」のケースを見てみよう。久蔵という馬方が「俄に気あいあしく成、ふら〳〵として眩《めくらめ》ば「やれ子供ども、目がまふは」といひしなたをれ、脈あがり」、そのまま気付けを呑ましたり、針を打ったりしても蘇生しなかったので、あだしのに土葬される。が、七日後に家族が墓参りに行くと「うづみをきし死骸土中より出て有。おどろき、是は狼のほりおこしたるにてやあらんかとよく〳〵みれば疵《きず》もなし」。そこで遺体を埋め戻したが、翌日行ってみるとまた墓から出ている。もう一度埋め戻したが、その後は裸で町をさまよい歩く姿が目撃されるようになり、檀那寺の僧が「七日〳〵のとぶらひおこたるゆへ、中うにまよひあるくとをぼへたり」と判じて、その後五十日の間、村民を寺へ集めて百万遍の供養をしたところ、現れなくなった。本話の本文は「誠に仏法の御利益ありがたかりし事也」と締めくくられる。

現代の読者は、土中から、一度ならず二度までも出ていたものを埋め戻したという本話の展開を不審に思うかもしれない。久蔵は生きていたのでは？。死に方が原因不明の頓死であるのも、むしろ蘇生談に多いパターンである。しかし、仏教説話のフレームは、これに対して百万遍供養という宗教的解決を図るのである。

【三】……臨終行儀書の姿勢

近世には、医師は患者の生死にはあずからないという考え方があり、今日のいわゆるターミナルケアは、医療よりも宗教の領分であった。前節に述べた「臨終行儀」とは仏教の用語で、死を迎える際の作法を言うが、これをマニュアル化した「臨終行儀書」においては、死を迎える者、看取る者の心構えや注意事項が記される。臨終行儀書の編集が盛んになるのは中世以降であるが、野田隆生によれば、「江戸時代になると、十七世紀半ばから善導の『臨終正念訣』の注釈や、中世の臨終行儀書の校訂編集・出版が行われるようになり、さらにそれらをふまえて新たな臨終行儀書が出版されていった」【注4】。

臨終行儀書では、（宗派によるニュアンスの違いはあるが）臨終にあたって積極的に「死」を受け入れるための心構えが説かれる。「死」への恐怖を克服するには、ときに「生」を前提とするこの世の常識を覆すことが必要となる。弁阿の『臨終用心抄』（寛文十年〈一六七〇〉刊、浄土宗系）には「命まさに終らんとせば、まづ愛するところの妻子眷属をすつべし（略）臨終の善悪は愛執の有無によるなり、西方の行者二心をもつてこれを治すべし。二心というのは厭離穢土《おんりえど》の心と、欣求浄土《ごんぐじょうど》【注5】の心なり」とあるように、現世と愛情の否定によって浄土への門が開かれる。これは臨終者を看取る側にも同様の覚悟を迫るものであり、頓宮咲月『家内用心集』（享保十五年〈一七三〇〉刊）は、このような臨終思想を反映した啓蒙書であるが、そこには「もし病重く成て。医者も辞退し。附添人々も。治しがたく思はゞ。必薬を用る事なかれ。病症にあはざる薬は。病とたたかひて。却てくるしむゆへ。正念もみだるゝ物也。只心しづかに。本心にて終るこそ第一也。外聞を思ひて。しゐて薬を用る人は。不忠不孝也。無慈悲の至なり」（巻上「看病人用心之事」）といった過激な発言も見られる。ここに「正念」というのは、心静かに乱れないこと。特に、一心に阿彌陀仏を念じて極楽往生を願うことであり、それが臨終に際して肝要なることは、つとに源信の『往生要集』に「至臨終、正念不乱、不堕悪処」と説かれる通りである。浄土真宗僧侶の浅井了意が著した仮名草子怪談集『狗張子』（元禄五年〈一六九二〉刊）には、人の臨終を、「あるじの法師も、それより四年ののち七日ばかりやまひせしを、あたりちかき村人、かはるぐ〵きたりてかんびやうせしに、さのみにくるしき色もなく後世の事物語りいたして、つひにりんじふめでたく、念仏の息もろ友に正念に往生す」（巻二「交野《かたの》忠次郎発心」）と記した話があるが、このような最期こそ、仏教においては理想的な逝き方、往生際のよさであった。

先に見た『因果物語』や『御伽人形』の話例のように、（擬似）蘇り現象が、忌むべきもの、往生に失敗したケースとして説話化される背景には、このような仏教思想に基づく臨終観があった【注6】。現実的な「蘇生」のケースがあったとしても、仏教的な思考の枠組みからは、穢土（この世）に執着を留めた悪例として捉えられる。当人の生物学的な生死とは無関係に、それが第三者の「解釈」に委ねられていることの問題、すなわち「死」の決定権の問題がここにはある。

【四】……蘇生者の殺害――『伽婢子』と『雪窓夜話』

同じ「死体が動き出す」現象であっても、それをどのように解釈するのか。解釈の仕方によって「蘇生談」にも「執着談」にもなり得る。両者の境界は曖昧だが、それは人の命に関わる深刻な問題であった。

前述の通り、唱導僧だった浅井了意の怪談は概して仏教色が濃厚であるが、彼は『伽婢子』（寛文六年〈一六六六〉刊）巻四「入棺の尸《しかばね》、甦怪《よみがへる》」では、案外常識的にこの問題を論じている。

いにしへより今につたへて世にいふ、をよそ人死して棺におさめ、野辺にをくりて後に、あるひはうづむべき塚の前によみがへり、あるひは火葬する火の中よりよみがへるものあり。みな家にかへさず打ころす事、若《もし》は病おもくして絶死するもの、若《もし》は気のはづみて息のふさがりしもの、あるひは故ありて迷塗《めいど》をみるものあり。これらは定業《でうごう》天年いまだ尽ず、命籍《みやうじやく》いまだ削《けづら》ざるものなれども、本朝の風俗は死するとひとしく、かばねをおさめ、棺に入て葬礼をいそぐ故に、たとひよみがへるとても、葬場にて生たるをばもどさずして、打ころす。誠に残りおほし。されば異国にしては、人死すればまづ殯《かりもがり》といふ事をして直《すぐ》に葬送はせず。此ゆへに書典の中に、死して三日、七日、十日、十日ばかりの後によみがへり、迷途の事共かたりけるためしをおほく記せり。それも十日以後はまたよみがへるべき子細もなし。頓死・魘死《おびえじに》などは心すべし。されば又、葬礼の場にてよみがへりしをば、家にはもどさず打ころすもの也といひつたふる事も、故ありといふ。京房が易伝に、至陰為レ陽《しいゐんなりやうと》、下人為レ上《かじんなるかみと》、厥妖人死復生《それようじんしせりまたよみがへる》といへり。死人久しくありて後によみがへる事は、これ下剋上の先兆なりといふ。このゆへによみがへりてもうちころす事なりときこゆ。【注7】

了意が、葬場で蘇りを打ち殺すという習俗を、「誠に残りおほし」と蘇生者に同情的に批判しているのは、蘇りを「執着」と切り捨てる仏教説話の姿勢とは一線を画する。了意は本邦での死亡から埋葬までの期間の短さを問題視し、頓死、魘《えん》死者の処理の際の注意を促しているが、これは『医心方《いしんぽう》』のような漢方医書の蘇生法が説くところとも合致する。了意が蘇生者を殺す習俗の説明に引いているのが、仏教ではなく京房の易伝、すなわち儒教のロジックである点も興味深い。

ところで、この「入棺の尸、甦怪」は後述する井原西鶴『西鶴諸国ばなし』巻三「面影《おもかげ》の焼残《やけのこ》り」（貞享二年〈一六八五〉刊）の典拠とされ、特に「蘇りを打ち殺す」習俗の存在を示す資料として先行研究に引かれてきたものだが、杉本好伸は、別の類話として、写本説話集『雪窓夜話』（上野忠親著。宝暦年間成）の記事を指摘している【注8】。同書巻七には墓場での遺体蘇生談が複数掲載されており、杉本はそのうち特に二つの話に見える事件が「面影の焼残り」と関わる可能性を示唆しているが、ここでそのうちの一話である「火葬人の話」をとりあげてみたい。著者が在京の折、家僕半助から聞いた話で、元禄十二年（一六九九）の冬、寒念仏で五三昧《さんまい》（京の五カ所の火葬場）をまわった折の体験談であるという。

或深夜、最勝河原（五三昧の一つ）を通る時に遠く見れば、今夜も死人の有けるにや、火の光り物凄く（略）火屋《ひや》に近付寄て、暫らく立て念仏して居たる所に。火の廻る頃に成て、臥《ふし》たる死人ぐらりと臥がへりをして起上る気色に見へたり。行人《ゆくひと》絶たる広き野原に、寒夜深更唯一人亡者と指向ひ居ての事なれば。其れを見ると身の毛よだち恐しく（略）御坊《おんぼう》（江戸時代、死者の火葬・埋葬に携わり、墓守を業とした人）が家の内に入て右の様子を語りて、「亡者の蘇生したるやも知がたし。いざや一刻も早く火屋迄連立行べし」と誘引したりしに。御坊少も驚きたる気色もなくて云けるは、「此死人は壮年の人なれば、成程左様の事も候べし。老人の死せるには稀の事なり。死人に火の廻る時に臥がへりする事は多くあり。されど誠に蘇生したるには非ず。（略）死人にはむくと起上り、火屋の内に立て両脚を踏揃へ、左右を見廻して後に又べつたりと倒れるもあり。火屋の外へ二間も三間も走り出て倒れるもあり。追付て死人を舁起して見るに全身冷めたく、少も気息ある人にあらざれば。元の火屋の内に持来て火を掛くるに、少も身の動きもなく焼るなり。人に語ても得心すまじき事なれども実際有事なり。又千人万人の中には、実に蘇生して火屋を逃て出る亡者もあるものなりと。（略）我（御坊）等の同類に船岡山の御坊を仕る者あり。十年許り以前の咄に、一人左様の死人ありたるといふことを聞たるなり」

【注9】

本話は特に「火葬」からの蘇りである点が、「面影の焼残り」と接点をもつ。そしてそういったケースがほとんどの場合「誠に蘇生したるには非ず」と見なされてきたという証言は、『伽婢子』がいう、蘇りをうち殺す習俗に通ずるといえよう。杉本は『鹿苑日録』の記述や雑俳（「有事じや二十四時は待つものじや」、『軽口頓作』宝永六年〈一七〇九〉刊）などを引きながら、『伽婢子』に言われるほど本邦の風習が埋葬を急ぐ物ではなかったはずであることを説きながらも、一方で「今の世は実すくなく親の死せると云ても二十四刻は待事なく、末の者は用意だにも調ひぬれば、葬送する事とする也」（『雪窓夜話』）とあることに着目している。遺体を屋内に留めることは、今日のようなエンバーミング（遺体保存）技術のない時代であるということもあるだろうが、やはり精神的にも、生活空間に死にまつわるものをおくことが忌まれたのだろう。家内に保存していた妻ないし夫の遺体が、連れ合いや来客を追いかける怪談（『近代百物語』巻三「磨ぎぬいた鏡屋が引導」など）は昔話としても分布しているが（『日本昔話大成』大成番号四〇一）、この種のはなしの基層にも、死体を家内に留めることを忌避する心性が働いていると思しい。

【五】……西鶴の「蘇れない」蘇生談

「入棺の尸、甦怪」や「火葬人の話」に胚胎されていた「蘇生」をめぐる問題をデフォルメ（奇談化）して見せたのが、西鶴の「面影の焼残り」であった。次に梗概を示す。

京上長者町の裕福な人の美しい娘が、十四歳で病死し、船岡山で火葬になる。娘の乳母の夫が明け方火葬場に行ってみると、「何とも見分けがたき形、足元へ踏み当て、これはとおどろき、燃さしをあげて見れば、死人はうたがひなし。いかなる亡者《まうじゃ》ぞと、念仏申し、さて娘御の火葬を見るに、早桶たきぎの外へ、こけて出けるに、気をつけ、かの死人を見れば髪頭は焼けても、風情《ふぜい》は変はらず。いまだ幽《かす》かに、息づかひのあれば、木の葉の雫《しずく》を口にそそぎ、我が一重《ひとえ》をぬぎて、着まゐらせ、跡へはよその歯骨《はっこつ》を入れ置きて、それより負ひたてまつり」、娘を知人の屋敷に運び、「夜明けて見るに、惣身黒木《そうみくろぎ》のごとし。二度《ふたたび》人間にはなりがたきありさまなれども、脈にたのみあれば」、かかりつけの医者を呼びにやり、こっそりと薬を与えると、だんだんに目を開け、手足を動かし、焼けて醜くなっていたところも回復した。

半年も過ぎて、身体の様子を娘に尋ねたが、全くものを言わないので、正気を失った人に会っているようなありさまであった。これは医者にも理由がわからず、安部の何某という占い師を呼んで娘を見せた所、「この人はどんなに薬を飲ませても、けっしてききません。そのわけは、親類中で、この人がこの世にない者として法事をなさっているからです」と言う。そこで、これ以上隠しておくわけにもいかないと、男が娘の両親に事情を打ち明けると、両親は、「仮に姿はどうなっていようとも、生命さえこの世にありますならば、これ以上のうれしいことはありません」と、仏壇に祀ってあった娘の位牌をこわし、仏事をやめて、食事も精進を魚類に変えて、喜び勇めば、たちまちその日から娘はものを言いだした。娘は尼になろうと決心し、その後は親にも一門の人々にも会わなかった。三年が過ぎ、娘は昔と同じような美しい女となって、願っていたとおりに十七歳の十月から、身に墨染の衣をまとって、嵐山近くの村に一つの庵を結び、来世を願う身となった。これは「またためしもなきよみがへり」である。【注10】

『西鶴諸国ばなし』では、さまざまな形で説話類型からの脱却が試みられているが、本話について言えば、一つには土葬ならぬ「火葬」からの蘇りという趣向があるだろう。さきに見た通り、了意は火葬からの蘇りに言及しているし、『雪窓夜話』のような話例もないわけではないが、やはり蘇り説話のほとんどは土葬の話である。本話のように、黒焦げになりながらも「火葬」から表題通り「焼け残」ったというのは新機軸で、ブラックユーモアを感じさせるものだが、それは火葬という葬法が抱える大きな問題――仮死者が蘇生し得ないという欠陥――を突いてもいる。あるいは、西鶴の念頭には、近世に主に儒家によって行われていた火葬批判の論議（熊沢蕃山『葬祭弁論』（寛文七年〈一六六七〉刊）、安井真祐『非火葬論』（貞享二年〈一六八五〉序）など）があったかもしれない。

さらに本話が「蘇り談」としてユニークであるのは、これがむしろ「蘇れない」話だということである。娘は「乳母の夫」の私情によって生かされるが、親族に死者と思われているせいで、完全には復活できない。「生」でも「死」でもない宙ぶらりんの状態（正気を失った状態）になってしまう。これは「生」を重視する現実的な死生観と「死」を受け入れる仏教的な死生観との膠着状態とみることができる。両親が「命さへ世にあらば」と仏事を中断して娘を復活せしめているので、仏教的な死生観を乗り越えた蘇生談に向かいそうであるが、西鶴は楽天的現世主義でもなかった。娘は三年かけて元の美しさを取り戻しながら、結局「出家」して生者のコミュニティにも戻らなかったというのがオチである。娘の生死は周辺の人々（乳母の夫、親類、両親）の思惑によって転変しており、本話では蘇生奇談の形で人の「死」をめぐる問題――己の「死」の判断が他者に委ねられているという問題――が、取り出されている。

おわりに

見てきたように、仏教には遺体が動き出してもそれを「蘇り」とは捉えない考え方があった。極言するならば、六道輪廻を脱して往生せんとする仏教的な死生観が支配的である時、そこに「往生際の悪い死体」はあっても「蘇生者」は存在しない。しかしながら次第にそのような死生観が相対化され、「蘇り」の問題が浮上したのが、近世という時代だった。それは言い換えれば、生と死の断絶性が強まり、死と分離したものとして個人の「生」が重みを持つようになった時代だということである。その結果、個人の生死の判断（生きているかどうか、あるいは生かすべきかどうかの判断）は深刻なテーマとなった。これを「蘇りを打ち殺す」という極端な事例によって顕在化し、「誠に残りおほし」と明快に批判したのが仮名草子『伽婢子』の啓蒙的スタンスだとすれば、人が自己の死の判断から疎外されているという問題を奇談的趣向によって描いてみせたのが西鶴の浮世草子だった。

人の「生死」は生物学的なそれとは必ずしも一致せず、常に他者の判断に委ねられ、当人はたいていの場合その判断から疎外されている。しかもその判断には揺れがある。法的、医学的に「死」が管理されている現代とは異なり、江戸時代には「揺れ」は今日以上に大きく、それに伴うトラブルも少なくなかったかもしれない。が、いわゆる脳死問題などを考えてみれば「揺れ」は今日なお存在するし、問題の本質は変わっていないのではないだろうか。

【注】

1　長谷川強校注・岩波文庫『耳嚢　中』（岩波書店、一九九一年〈カリフォルニア大学バークレー校東アジア図書館蔵本を底本とする〉）による。

2　新村拓によれば、「前近代の社会、特に中世以前においては、臨終に医師が付き添うことは少なかった（略）臨終の場に残るのは、家族や友人・知人であり、僧・山伏・修験者・巫女らであった（略）明治を迎えると、臨終の場の様相は変わってくる。それは死の確認にあたって医師による判定と、それを証明する死亡診断書が求められるようになったからである」（『医療化社会の文化誌』第十一章「死の判定と死後の処置」法政大学出版局、一九九八年）。近世社会でも、医師が臨終の現場に立ち会うとは限らない。例えば『馬琴日記』十一月六日の条（馬琴の孫、太郎の筆）は、馬琴の臨終前後の様子を克明に伝えるが、「今朝寅ノ上刻、御息絶被成候」となると、「早速、御床北向ニ相直し、御香花、其外とも奉備」と、すぐに葬儀の支度にかかっている。そのあと親類知人に連絡する中には、主治医だった草間宗仙の名も見えるが（宗仙は五日にも往診に来訪している）、逆に言えばその到着を待たずに家族によって死亡が認定されているのであり、こういった例は肥前島原藩橋津氏文書『法要帳』に見える大庄屋本多金十郎正興死去のケースなどにも確認できる（後藤重巳「江戸末期の「法要帳」に見る葬儀」『大分県地方史』第一二七号、一九八七年一〇月）。「呼吸が停止する、瞳孔が開く、心臓が停止する、というのが古くからの死の判定基準」（板橋春夫「看取りと臨終」『生死―看取りと臨終の民俗／ゆらぐ伝統的生命観』〈叢書いのちの民俗学」第三巻〉社会評論社、二〇一〇年）であったが、本間棗軒《そうけん》の医書『内科秘録』（元治元年〈一八六四〉刊）巻十「凍死」に「已ニ死スルニ似タレドモ、尚牙関緊急シテ鼻中ヨリ気息髣髴《ほうふつ》トシテ出ルモノハ、一旦ノ閉塞ニテ真ニ死スルニ非ズ」（『近世漢方医学書集成　二十一』名著出版、一九七九年）、覚鑁《かくばん》の臨終行儀書『一期大要秘密集』（保延六年〈一一四〇〉頃成、真言宗系）に「人死する作法は必ず出息に終る」などとあるように、とりわけ「気息」が重視されていたようである。

3　例えば、猫が死体を操るという俗信はよく知られていようが（『今昔雑冥談』巻三「猫死人の骸《からだ》に入事」〈宝暦十三年〈一七六三〉刊〉、『怪談春雨夜話』初編巻之上〈安政三年〈一八五六〉序〉などに話例が見られる）、動物や妖怪変化の類が死体を操り、動かしているという解釈もあった。

4　野田隆生「近世における臨終行儀書ならびに『往生伝』の伝播とその意義―今日的ターミナル・ケアへの指標」（『華頂社会福祉学』第三号、華頂短期大学社会福祉学科、二〇〇七年三月）。

5　本来「厭離穢土、欣求浄土」は中世的な観念であり、近世には仏教も現世利益的な性格が強くなってくるが、一方で「穢土」の思想は浄土宗の文脈を中心に近世にも引き継がれている。

6 仏教が「蘇り」という現象を認めていないわけではない。むしろあの世の体験談という形で、地獄の実在を証言し、因果応報の恐ろしさを説く仏教系の蘇り談（『狗張子』巻一「北条甚五郎出家」など）も多く、『耳嚢』に「冥官や獄卒」云々というのも、この種の話を揶揄したものである。これらにおいては「蘇り」は唱導のための趣向であり、主人公が蘇ることができるのも生前の善行の応報であることが多い。

7 松田修・渡辺守邦・花田富二夫校注『伽婢子』（『新日本古典文学大系』第七十五巻、岩波書店、二〇〇一年）による。

8 杉本好伸「〈西鶴雑考〉『雪窓夜話』と西鶴をめぐって」（蔵野嗣久編『日本文学語学論考』〈溪水社、一九九三年〉所収）。

9 因伯叢書『雪窓夜話抄』（底本『雪窓夜話』鳥取県立図書館本、因伯叢書発行所、一九一五年）による。

10 『西鶴諸国ばなし』引用部分の本文および現代語訳は、宗政五十緒ほか校注・訳『井原西鶴集』第二巻（『新編日本古典文学全集』第六十七巻、小学館、一九九六年）を利用した。

四章

鷺水の時間意識

『御伽百物語』の「過去」と「現在」

はじめに

京都の俳人青木鷺水《ろすい》の著した浮世草子短編怪談集『御伽百物語』（宝永三年〈一七〇六〉刊、京都　菱屋治兵衛版）の外題角書等に見える「近代」の意味に着目したのは藤川雅恵である【注1】。藤川は本作における翻案と情報（時事的題材）という二つの要素の関係を論じて、後者、すなわち鷺水にとって「今」を書くことこそ本意であったと述べている。肯うべき見解であると思うが、本章では本作の「今」にしばしば「過去」が内在する点に注目してみたい。当時話題の事物・事件について、その知られざる物語（過去）を虚構するのが、鷺水の創作の基本的なパターンであり、そこには作者の思惑を詮索したくなる話も少なくない。以下、一、二の話例を挙げて論じて行く。

【二】……名井の由緒異伝

「桶町の譲《ゆづり》の井　付タリ　鬼女人を惑はす」（巻二の五）は江戸の草創期、桶町を「開きて住み初めける（略）桶屋太郎作」という善良な男の話である【注2】。太郎作の家には名水の井戸があり、日頃からその水を他家に分け与え、道行く人を接待したりしていたが、ある日太郎作の次男が腹痛に苦しむ娘を助け連れ帰る。それが縁となって娘は長男の嫁となるが、初夜に鬼と変じ、長男を食い殺して逃げ去る。実は太郎作の父は狩人で山賊であり、その悪報が長男に降りかかったのだった。

本話の冒頭部では、「草より出でて草に入りしと聞く、名にしあふ武蔵野の月も、（今では）破風より出でて破風に傾き、出でさ入りさも立てこづみたる繁花のころは」云々と、現在（本作が執筆された元禄・宝永頃）の都市江戸の背後に、往古の草深い武蔵野が幻視されているが、本話の舞台となった江戸日本橋桶町は、江戸の開発初期に形成された職人町の一つであり、本話はまさにその草分けの世代の話ということになる。話の大筋は、典拠である唐の奇談随筆『酉陽雑俎《ゆうようざっそ》』続集巻二「支諾皐記中」所載の「王申」の説話（東洋文庫〈平凡社〉版『酉陽雑俎』通し番号八九二）の通りであり、水の接待も、原話の「常ニ漿水ヲ行人ニ饋ル」という設定を踏まえたものだが、鷺水はこれを江戸日本橋桶町に実在した名井「譲の井」に附会し、井戸の情報は鷺水の時代の地誌『江戸鹿子』（貞享四年〈一六八七〉刊）巻一の記事に拠っている【注3】。すなわち、「桶町にあり。かくれなき冷水なり。日本橋より初《はじめ》新橋のあたりまで、夏月の炎暑のおりは此井を汲て、茶碗一つを青銅壹銭に替て商売する者多し。中頃富家の主堀抜の井を穿て酢水の人（近藤注　酒屋であろう）に売り、是を以て子孫に譲る故に世の人称して譲りの井といふ」というものだが、鷺水はこの名井の伝承を裏返した「異伝」として、本作を構想したと考えられる。

つまりかつて桶町に、文字通りの「水商売」で得た財産を子孫に譲り与えたモデル（「中頃（の）富家の主」）があったわけだが、鷺水はこれを忌まわしき因果が子孫に「譲」られる物語へと作り替えた（中国典拠には因果応報譚の要素はない）。子孫が譲り受けるものを、伝承とは真逆の「禍」へと転じたところが、この話のアイロニーなのである。

【二】……大蔵流宗家の神話

「亀嶋七郎が奇病　付タリ　堺に隠れもなき白蔵主《はくざうす》といふ狐ある事」（巻二の四）は、大坂大念仏寺の僧契宗の兄が狐に憑依され、契宗が祈禱などによってこれを退ける話で、典拠はやはり『酉陽雑俎』続集巻二「支諾皐記中」にみえる「狐魅」の話（通し番号八九二）である。本話も原話をほぼ忠実になぞっているが、原話の狐を泉州少林寺塔頭耕雲庵の「白蔵主」の寺伝に附会し、狂言方大蔵流宗家の成立にまつわる次のような説を狐に語らせているのは鷺水のアイディアである。

「狂言師にて名高かりける金春座大蔵弥太郎といひしは、伊賀の国青野の城主嶋岡弾正が一子にて、北畠殿の旗本なりけるが、この家没落已後、大倉方へ養ひとり、四郎次郎が子とす。この弥太郎宇治に居住しけるころ、不図《ふと》我を見初め、信をおこしけるより、彼が家の秘事とする釣狐、こんくわいの狂言に妙を得させ、大倉流にて宇治の弥太郎と言はせしも我なるぞかし」。

大蔵流は、近世期は鷺流とともに幕府御用を勤めた狂言の流派であり、鷺水の当時は十六世虎純が宗家を担っていた。右の大蔵弥太郎の出自についての記事は、大蔵流の家系譜類に説かれる通りであり、大蔵流宗家九世弥太郎政信は、金春座狂言方として大蔵流の基礎を確立した人物に位置づけられる【注4】。狐が「釣狐」は自分が教えてやったと言っているのは、大蔵某が「釣狐」の狂言を作った折、狐より「野狐の骨髄動《はたらき》」を口伝されたという、地誌『堺鑑』（貞享元年〈一六八四〉刊）中巻「釣狐寺」の記事に拠っている【注5】。「彼が家の秘事とする」ともあるように、『釣狐』は大蔵流宗家において、十三世虎明の頃より重視されて行く演目であり、例えば虎明の『わらんべ草』巻五には、台徳院より鷺宗玄、道倫、長命徳右衛門に『釣狐』上演のリクエストがあった折、大蔵流宗家十二世の道倫（虎清）のみがこれを伝えていた点を強調している。

しかるに鷺流の狂言伝書には、「飛羽河内が家の狂言京流の祖也。『釣狐』は彼家の狂言なるを、当流大蔵の家に盗とつて家の習とする物なりとぞ」（『宝暦名女川本』）といった言説も見える。このような説に対して、大蔵流宗家が芸を狐から伝授されたとする伝承（上野忠親『雪窓夜話』下巻「大蔵弥太郎白狐に狂言を学びし事」などにも見える）は宗家を神秘化し、権威化する「物語」だったと言えるだろう。「亀嶋七郎が奇病」の狐の弁もそのような幻想を踏まえたものだが、本作の狐は典拠のキャラクターを引き継いだせいもあるが、かなり有害なので、大蔵流宗家のルーツにそのような性悪狐の物語を附会した鷺水の真意を勘ぐりたくなる話ではある。

【三】……両足院開祖秘話

ルーツを語るということでは、「奈良饅頭　付タリ　塩瀬の祖浄因の事」（巻三の四）は、副題の通り、京都「饅頭屋町」の町名の由来ともなり、鷺水の時代にはすでに老舗の饅頭屋として知られた「烏丸塩瀬」の遠祖林浄因《りんじょういん》（宋の詩人林和靖の後裔。十四世紀に来朝）にまつわる話である。浄因が病で死にかかった時、師僧である竜山禅師が冥官にかけあって延命させたというもので、本話についてはこれまで典拠が指摘されていないが、『酉陽雑俎』の巻二「壺史」に見える、唐代の道士「邢和璞《けいかはく》」の逸話（通し番号八〇）の前半部に拠っている。

邢和璞の友人崔司馬は長年病臥していたが、ある日部屋の北壁に大穴が空き、穴の向こう側の異空間に輿に乗った邢が現れた。邢は崔の命数を一紀（十二年）延長させた由を告げ、果たして十日後、崔の病は快復した、というのが原話である。「奈良饅頭」はこの大筋はそのままに、「崔司馬」を「林浄因」に、「邢和璞」を京都建仁寺二世「竜山禅師」に置き換えたものである。両者の師弟関係――竜山禅師入宗の後、これに帰依した浄因が、師の帰朝について奈良二条村に住したいきさつなど――については、地誌『雍州府志』（黒川道祐著・貞享三年（一六八六）刊）巻六の記事を利用している。

ただし、典拠にない脚色として注目されるのは、死期を感じた浄因が、竜山を思いながら、「我このたびの病を治し、命算を延べたまらはば、吾が本朝において儲けたる子の内、一人を弟子に参らすべし」と祈願している点であろう。その結果、延命のかなった浄因が、「三人ありける子の内一人を具して都に登り、竜山の弟子となしぬ。すなはち今の建仁寺の内、両足院《れうそくいん》といへるの開祖、無等以倫《むとういりん》なりとかや」というのが本話のオチになっている。浄因の子が両足院開祖無等以倫であるというのは史実（『雍州府志』に拠る）を踏まえているが、その背景には林家当主の命と引き換えに結ばれた、ひそやかな約束があった、というのが本話のフィクションなのであった。

五十嵐金三郎は、両足院と林家との関係について、「単に師檀の間柄のみならず、初期の歴代住持は、多くは竜山徳見の法を継ぐ林家出身の僧によって占められている。即ち、無等以倫、文杯寿郁、空回東余坐，和仲東靖、梅仙東通、利峯東鋭等で、江戸初期まで林家の色彩が濃厚で、さながら当院と林家とは一家の如き関係であった」【注6】と述べている。本話の背景には、そのような両足院における林家の権力に対する幻想があったと言えるだろう。

【四】……京都の浮世草子

私は以前、仮名草子怪談の『伽婢子』（浅井了意作・寛文六年〈一六六六〉刊）が（物語の舞台を過去に設定した）時代小説として構想されているのに対し、その追随作である『御伽百物語』が舞台を同時代に設定し、いわば現代小説として書いていている点が、本作の「浮世草子」たるゆえんである、ということを述べた【注7】。しかしながら右の話例に見てきたように、鷺水の「近代」は、ただ目先の話題をとりあげるだけのものではなく、脈々と続く時の重みの上に「今」を捉えるものである。日常的には忘れられている「過去」も、「現在」の一部を成している――時間に対するこのような認識は、鷺水が古都・京の人であったことと無関係ではないように思われる。『御伽百物語』の巻頭に置かれた「剪刀師《はさみし》竜宮に入る　付タリ　北野八百五十年忌」（巻一の一）も、本作のそのような性格を象徴する篇ではないだろうか。その梗概は次の通り。

元禄の春、北野天満宮の改修工事も済み、遷宮の神輿ふりが行われる日、見物に来ていた一条堀川の糸剪刀《いとはさみ》の鍛冶国重《くにしげ》は、一人の社僧の案内で社の中に招き入れられ、上臈から、広沢の池の竜王に手紙の使いを頼まれる。広沢の池の岸辺にある榊の大木を叩くと案内の男が現れ、国重はしばし目を閉じるうちに水中の宮殿楼閣に到達する。国重は手紙の返事と白銀の笄《こうがい》、金の匙《さじ》を渡され、水難に遭ったら笄を水に投げ、匙を首に懸ければ家も命も助かると教えられる。国重は亀に送られて北野に戻り、返事を神人に渡し、遷宮を拝謁して帰宅する。その年の六月、洛中に「雷の災」――九十八箇所に落雷――があり、賀茂川桂川から一条堀川まで洪水となった。国重の家も流されそうになるが、くだんの笄を使って難を逃れた。

本話については、中国典拠として「柳毅伝」や『剪燈新話』「水宮慶会録」「竜堂霊会録」、またこれらを翻案した『伽婢子』「竜宮の上棟《むねあげ》」などとの関連が指摘されてきたが、主要な典拠とみるべきは、閻小妹の指摘する『酉陽雑俎』巻十四「諾皐記上」の、邵敬伯《しょうけいはく》の話（通し番号五四五）だろう【注8】。南燕の太上の時、邵敬伯が呉江の神の使いに頼まれて、済伯（水神）に手紙を届けるというもので、その褒美にもらった刀のおかげで後に水難を逃れるという展開まで、「剪刀師竜宮に入る」がこれに拠ったことは間違いない。一方、『伽婢子』の巻頭に置かれ、同じく竜宮を題材にした「竜宮の上棟」が意識されていたことも確からしく、「剪刀師竜宮に入る」の主人公の特異な職業設定である「剪刀師」もおそらくは「剪燈新話」にこじつけたものであり、そこには「竜宮の上棟」とその典拠へのオマージュが読み取れるように思う。

しかしながら、「竜宮の上棟」が「上棟の慶事を明るくにぎやかに述べて冒頭を飾る一話」（新大系『伽婢子』脚注）であるに対し、「剪刀師竜宮に入る」は正反対の不吉な展開をとり、最後はカタストロフ（洪水）が都を襲う。使いの手紙の内容は示されていないが、北野天満宮より竜王に宛てられた洪水の依頼文書であり、主人公が知らぬうちに大災害のメッセンジャーを担わされていた、という読みが暗示されよう。藤川雅恵も指摘しているが（三弥井古典文庫『御伽百物語』注解）、本話は元禄十四年（一七〇一）の北野御修理と同年六月の京都洪水の史実を踏まえたものであり、後者は「洛中大雨洪水、大雷九十八ケ所ニ落ル。河水大ニ漂レ人民多死ス」（『続日本王代一覧』巻五）という相当の災害であった。その被害は『御伽百物語』発刊当時の京都の読者にとってはまだ拭い去れぬリアルな記憶だったはずである。そして問題は、この凶事が北野御修理に伴う遷宮といったためでたきイベントへの（神の）反応と解釈される点であろう。藤川は、この時期徳川の促進した寺社の改修工事や祭礼の再興が、「五代将軍徳川綱吉の威光を示す政策として施行された物」（前掲書）であった点に着目しており、北野御修理もその一つと言える。それは古都の荒ぶる神への新政権（徳川）の配慮であったかもしれないが、世の祝賀ムードとは裏腹に、天神はこれを怒り、災害を以て答えた、ということになるだろう。それは八百年の歴史を経て、今なお王都に在る神（に託した都人鷺水）のプライドの表現だったのではないか。

なお、『西陽雑俎』の原話では、神の手紙の内容は、時の王朝の交替を予告したものとされている。鷺水はさすがにこれは自作に採らなかったが、「剪刀師竜宮に入る」にはかくも危うい要素が潜在していたわけである。「堯舜の昔にも超えて四つの海静かに」というステレオタイプな書き出しからして、本話は「竜宮の上棟」同様の祝言的説話を装うが、実はその真逆を行く毒を秘めた篇なのである。

【注】

1 藤川雅恵「鷺水の〈近代〉―『御伽百物語』論―」(『日本文学』四七巻六号、一九九八年六月)。

2 『御伽百物語』については、拙稿「『御伽百物語』試論」(『都大論究』二九号、一九九二年六月)で典拠『酉陽雑俎』の指摘を踏まえて論じたことがあり、「桶町の譲の井」についても言及している。

3 『江戸鹿子』が「桶町の譲の井」の典拠であることについては、拙稿「鷺水怪談の同時代性」(『信州日本近世文学研究会会誌『御伽百物語』を読む』二号、一九九五年五月)で論じたことがある。以下同論文より要点のみ引用する。

「『江戸鹿子』(小形横本六巻六冊・藤田利兵衛編・貞享四・江戸小林太郎兵衛版)は、江戸の地誌的節用集である。本書は江戸市中の便覧として好評であったらしく、元禄三年には構成を若干組み替え挿絵を加えた『江戸惣鹿子』(江戸中野三四郎版)、寛延四年には『惣鹿子』を増訂した『再版増補江戸惣鹿子』(奥村玉華子編・江戸藤木久市版)が出版されている。また、大阪でも『ゑ入江戸鹿子』(松月堂不角編・書林市兵衛版)という異版が元禄二年(元禄四年、元禄六年、正徳三年後印本あり)に出されている。(略)この『江戸鹿子』の巻一は、坂、堀、池、滝など江戸の地物の諸部類を立て、その著名なものを列挙しているが、その「井」の項目を、鷺水は「桶町」の冒頭部分でそっくり利用しているのである。ただし、右に記した四種の版のうち、鷺水が直接どれに拠ったかを確定するのは難しい。『御伽百物語』より刊行の遅い寛延四年版は論外となるが、元禄三年版は初版とほぼ同版であり、版の異なる大坂版も文面的には殆ど異ならないからである。(略)今確認しておきたいのは、鷺水が江戸の話を書くにあたって、当時最新のものとして行われていたであろうガイドブックを利用していたという事実である」。

4 小林責『狂言史研究』「狂言大蔵流の成立」(わんや書店、一九七四年)参照。

5 閻小妹「地誌『堺鑑』との関連について」(『御伽百物語』を読む』二号、一九九五年五月)。

6 五十嵐金三郎「両足院(建仁寺派)の収蔵資料について」(国立国会図書館『参考書誌研究』一三、一九七六年八月)。

7 拙稿「三弥井古典文庫『御伽百物語』書評」(『図書新聞』三三三一号、二〇一七年一二月)。

8 閻小妹「竜宮伝書との関連について」(『御伽百物語』を読む』創刊号、一九九四年五月)。

五章

「滑稽怪談」の潮流

草双紙に於ける浮世草子『怪談御伽桜』の享受

はじめに――『怪談御伽桜』と江戸の草双紙

『怪談御伽桜《おとぎざくら》』は大本五巻五冊、各巻三話づつ、十五話から成る短編怪談説話集であり、文学史上は末期の浮世草子に分類される。作者は京の俳人都塵舎雲峰《とじんしゃうんぽう》（一六七八～一七四八。京の俳人。雲鼓門）。京のめど木屋（蓍屋）勘兵衛の単独板行であり【注1】、刊年の記載はないが、元文二年頃の刊行と推定される（後述）。『割印帳』、『大坂出版書籍目録』を見る限り、江戸・大坂で刊行された形跡はない。『怪談御伽桜』を調査・分析した宮本祐規子は、本作に初期読本や咄本等に通ずる要素を指摘し、「後続の文学ジャンルへつながっていく先見性を持っていた」作としてこれを評価する【注2】。本章で注目したいのは、この『怪談御伽桜』が、江戸の草双紙に典拠として繰り返し用いられているという事実であり、それを一覧したのが次の表である。『模文画今怪談』、『御存之化物』は短編集であるので、当該説話の丁数を付記した。「挿絵の利用」の欄は、当該作の絵に典拠挿絵の図案の利用が認められる物を「○」、認められない物を「×」、典拠に挿絵がない（つまり新たに絵を案出している）ものを「ナシ」としている。

以下、作品ごとに、その絵本化の様相について説明していきたい。

『怪談御伽桜』を典拠とする草双紙	典拠となった『怪談御伽桜』の説話	挿絵の利用
『しやうのばけ』上巻	三之巻・第三「丹波の山猿」	○
『しやうのばけ』下巻	三之巻・第二「古寺の小娘」	○
『模文画今怪談』六丁裏・七丁表	二之巻・第三「松浦山の大蛇」	○
『模文画今怪談』七丁裏・八丁表	三之巻・第二「古寺の小娘」	○
『模文画今怪談』十六丁裏・十七丁表	三之巻・第一「猫の色里」	×
『御存之化物』九丁裏・十丁表	三之巻・第二「古寺の小娘」	○
『御存之化物』十一丁裏～十三丁表	一之巻・第三「車屋町の雪女」	ナシ
『御存之化物』十三丁裏～十五丁表	四之巻・第一「狐の菊合せ」	○

【一】……『しやうのばけ』

『しやうのばけ』（二巻二冊十丁。作者不明、鳥居清満画〈巻末署名に拠る〉。刊年不明。江戸　鱗形屋孫兵板）は怪談物の草双紙であり、国文学研究資料館の「国書データベース」に拠れば、東京都立中央図書館加賀文庫にのみ所蔵が確認される。この本の題簽は剥離して現存しないが、柱題には「しやうのはけ」とあり、『改訂日本小説書目年表』「黒本」の項にも、『しやうのばけ』の書名で登載される。話柄としては化物屋敷譚であるのだが、単純な勇士の化物退治ではなく、むしろそのパロディとも言うべき展開を見せる。全体に摩滅した箇所が多いため、ストーリーに一部不明瞭な点もあるのだが、未翻刻であまり知られていない作故、次にその梗概をやや詳しく掲げておく（括弧は全て近藤による注解）。

太平記の昔、丹波大江山のふもといもがせ村の百姓しば平には、力自慢の兄作六、大あほうの弟（名は不明【注3】）の、二人の息子があった。同国かまだ村の「さいせうじ」という古寺に老猿の化け物が住むと聞いた作六は、これを生け捕りにして京都、大坂へ見世物に売ろうと考える。作六は、「われまづさるのかたちにてともない、かのばけ物をいけどらん」と計略を巡らし、猿の皮を身に纏《まと》い、顔に紅を塗って猿に化ける。その姿で件の化物寺に行き化物の出現を待つと、はや四つ過ぎと思う頃、台所の方から大法師が現れ、作六のニセ猿を不思議そうに何度もすかし見ていたが、やがて元いた方に戻ってゆく。其後、今度は、年のほど四十ばかりで異様な厚化粧の妖しい女が、片手に盃、片手に死んだ猫をひっさげて現れる。女は、この里近くの山に住む後家であると言って作六に酒を勧める。これを化物と見た作六は、自分も猿の化物の振りをして女に調子を合わせ、酒を酌み交わす。作六が女に言い寄る振りをして捕らえようと近づくと、その足下の床が落ち、穴に落ちる。そのとたん女の「さあ〱村のしゆ、であへ〱」の声を合図に在所の者たちが現れ、作六を縛り上げる。作六は大声で自分は化物ではないと弁解するが、信じてもらえず、「くさりを付、たんばの国かまだ村のばけ物代はわづか三文。（摩耗によって数文字欠落）未聞のはなしのたね。さあ〱ぜにはもどり〱」と見世物に売られてしまう。　（以上、上巻【注4】）

やわた山の南の観音堂には化物があったが、それは、その昔金を貯め込んだために盗人に殺された「かいにん」という住僧の妄念であるという。伝長という不敵の僧がここに住むことになるが、十一月末のある夜、縁の下より醤油樽くらいの「女のによろ〱首」が出て伝長を睨む。伝長が煙管の雁首をその首の額に当てると、首は退散してその後は何も出なくなった。伝長は、我が勇気に怖れて化物は退散したと自慢していたが、ある家の七回忌の法事の席に招かれ、高座に上がると聴衆がどっと笑う。不審に思った伝長が鏡を見ると、いつの間にか顔に悪戯描きが施され、かま鬚（近藤注・鼻の下から左右へ、鎌を逆さまにした形にはね上げたひげ）を生やした剃下奴《そりさげやっこ》のような風貌であった。この事件の噂が広がり、ついに伝長もこの寺を逃げ出す。丹波の穴太《あなお》辺の「てつもん」と言う禅僧がこの寺の話を伝え聞き、「くうくはん」を遣わそうと言う。この「くうくはん」は例のしば平の下の息子が出家したもので、「もとよりあほうなれば、ぢぎ（辞儀）する事もなくかしこまりて行、すみわびたる寺をあづかりける」。ある雨風凄まじい夜、丈八尺ほどで。目鼻の無い大入道が現れ、毛だらけの手でくうくはんを撫でる。くうくはんは阿呆なのでこれを怖れず、「せなかをかいてくれよ」と大入道に注文する。化け物はこれに驚いて消えてしまう。また別の夜、十七、八歳の美女が現れ、くうくはんの夜着に入って誘惑するが、くうくはんは構わず大鼾。その様子を見た娘は僧形に変じ、「いかなれば此そう（くうくはんの事）かくまで大道心かな」と感心し、くうくはんに手紙を残し、三度礼拝して消える。くうくはんが置き手紙をてつもんに見せると、その文面には、自分はかつてのこの寺で殺された「かいにん」であり、庫裏の下に三千両を埋蔵してあるから、それで寺を再興して我が跡を弔えとしたためてあった。てつもんが言うには、くうくはんはもとより「くうこん（空魂）にしてむ一もつ（無一物）」であるが、「我常守口接意身莫犯《われつねにしゆこうさついしんまくぼん》。如是行者得度世《によぜぎようじやとくどせ》【注5】」の十六字の教えを愚直に守っていたおかげで、この幸いを得たのだと。くうくはんはこの寺の中興開山となって栄えた。てつもんが、「まことにわざはいも三ねんとやらん。たゝぬものもやくにたつ事有。われなんぢ（くうくはん）をつかはせしはよみとうた（読と詩。計算通りである、の意）。『あほうにゐ（絵）のつく【注6】』とは此事ならん」と言ったという話も、むかし昔の物語。

（以上、下巻）

このように、本作は丹波国の百姓の二人の息子が、それぞれ化物退治を試みる話で、上巻が力自慢の兄の失敗談、下巻が「大あほう」の弟の成功譚という二部構成になっている。このうち下巻については、浮世草子の『武道伝来記』（貞享四年〈一六八七〉刊）巻三の二「按摩とらする化物屋敷」、『一夜舟』（正徳二年〈一七一二〉刊）巻三の四「御慇懃《いんぎん》なる幽霊」が典拠として指摘されていたが（山下琢巳「鳥居清倍・清満と『一夜船』―浮世草子の受容について―」『近世文芸』四三号、一九八五年一一月）、実は『しやうのばけ』が直接拠っていたのは、『怪談御伽桜』であると考えられる。『しやうのばけ』と『怪談御伽桜』とは、主要な固有名詞のほとんどが一致し、同文性も高く、両者の関係性は明白である。次に『怪談御伽桜』の「丹波の山猿」、「古寺の小娘」の本文末尾の一部を例示する。

鎖《くさり》を付丹波の国鎌田村《かまだむら》の化物《ばけもの》纔《わづか》三文で前代未聞《ぜんだいみもん》の咄《はなし》の種《たね》さあ〳〵銭ハ戻《もどり》〳〵　（「丹波の山猿」）

誠《まこと》に禍《わざわい》も三年とやらんたらぬものも役《やく》に立つ事有我汝《われなんぢ》をつかハせしはよミと哥。あほうに絵《ゑ》がつくとハ此事《こと》になん　（「古寺の小娘」）

これらを右の『しやうのばけ』梗概の傍線を付した原文引用箇所（ただし、引用文中の句読点と鈎括弧、濁点の一部は筆者が補っている）と対照すれば、同文性は明白であろう。そこで両者の先後関係が問題となるが、『しやうのばけ』は刊記がなく、『怪談御伽桜』も奥付に刊年の記載がない。ただし、『怪談御伽桜』の奥付広告に『渡世伝授車』（元文二年十一月刊）の近刊予告が見えることから、長谷川強『浮世草子考証年表―宝永以降』（青裳堂書店、一九八四年）は、『怪談御伽桜』を「本年（元文二年）夏秋頃までの刊か」と推定する。また、蓍屋勘兵衛の刊行年表を整理した宮本祐規子は、蓍屋が享保二十一年までは「四条京極之西」に住していること、また『怪談御伽桜』刊記の蓍屋の住所（四条通御幸町西へ入町）が、元文二年蓍屋板『惶根草』刊記の住所と同所であることから、『怪談御伽桜』の刊行時期を「享保二十一年（一七三六）以降元文二年（一七三七）『渡世伝授車』以前」【注7】と推定する。肯うべき見解であり、『しやうのばけ』の画者鳥居清満は享保二十年の出生であるから（『鳥居画系譜』）、『怪談御伽桜』が『しやうのばけ』

に先行することは疑いなく、前者を後者の典拠と見てよいことになる。すなわち、『しやうのばけ』上・下巻は、『怪談御伽桜』三之巻の第三話「丹波の山猿」と第二話「古寺の小娘」を兄弟の話に仕組んだものと言ってよい。原本の収載順ではむしろ前に位置する「古寺の小娘」の方を下巻にもってきているのは、本話が化け物を退治して富貴となる内容だからで、草双紙らしくめでたく本を締めくくるための構成であったと考えられる。

また、『しやうのばけ』は原拠の挿絵をも上・下巻それぞれの図案に利用しており、これらの関係性も一目瞭然であろう［図1・図2・図3］。図1の通り、『怪談御伽桜』は三之巻第二話と第三話の挿絵を見開き一図として描いており、この二話を組み合わせる『しやうのばけ』の発想のヒントはこの辺にあったかもしれない。原拠の二つの説話は構成上は並んで配置されており、「化物屋敷譚」というモチーフで繋がってはいるが、内容的にはまったく別の話である。

『怪談御伽桜』「丹波の山猿」は、秋山金内という貧しい武士が、丹波国かまだ村の化物屋敷に老猿の化物が住むと聞き、猿に扮して乗り込むが、村人に捕らえられ見世物に売られるという話で、『しやうのばけ』上巻はこれの丸取りと言ってよい。原話の化物屋敷（かつては足利高〈尊〉氏の家臣が住んだという空屋敷）を化物寺に改め、兄弟の兄「作六」を原話の「金内」に当てはめただけで、ストーリーはほぼ原拠の通りであり、文辞も原拠をそのまま利用した箇所が多い。ちなみにこのことから、『しやうのばけ』の摩滅による欠落箇所が、『怪談御伽桜』本文によって補えるということがある。例えば、『しやうのばけ』上巻に登場する、大坊主と妖しい四十女の正体については、五丁表に「何とぞ（化物を）たいぢせんと、しなのゝくにのぢう人大ぼうず、大坂の金とき□」とあり、「ぢう人」とあるからには、少なくとも前者は人間と思しいが、後者については、□の部分以下が破損してなくなってしまっている。これは『怪談御伽桜』「丹波の山猿」本文に即けば、「しなのゝ国の。大坊主をよびよせて頼み。先に様子を窺ひ。是なるは大坂に隠れなき。児買の金時ばゝを頼ミ智略をめぐらし。生捕たり」とあり、「大坂の金とき」は稚児買として知られた「金時ばゝ」なる人物（あるいは伝承的人物かもしれないが）を当て込んでいたこと、村

図 1 『怪談御伽桜』三之巻第二・第三挿絵（二十一丁裏・二十二丁表）

図 2 『しやうのばけ』上巻（二丁裏・三丁表）

図3 『しやうのばけ』下巻（八丁裏）

人たちがニセの化物を囮にして化物を捕縛する計略であったことがわかる。

『怪談御伽桜』「古寺の小娘」は八幡山の南、観音寺という化物寺に、伝長という勇僧が挑んで失敗し、その後鉄門の弟子で愚か者と評判の「空観」が妖怪に動じず、例の十六文字の教えを愚直に守っていたおかげで、この寺の中興開山となって栄えた、という話で、『しやうのばけ』下巻はやはり、原話の「空観」を件の兄弟の弟に設定しただけで、大筋は原話を丸取りしている。ただし、原話には、伝長の居間の行灯の中に梅林が生じ、そこに丈三寸ほどの老僧が小僧、小姓を従えて現れ、『古今集』巻第一・春歌上・十五番歌（在原棟梁）についての代々の注解を難じたり、連句を詠んだりする怪異を描いた下りがあるのだが、『しやうのばけ』はこれらをすべてカットし、代わりに縁の下から現れた蛇形の女の首を伝長が撃退するエピソードを追加している。原話の雅趣よりも、通俗的な妖怪の趣向が採られたということであろう。

また『しやうのばけ』の画中の台詞の書き入れに、当世の江戸風俗を折り込んだ擽りが見えるのも、草双紙らしい追加要素と言える。例えば二丁表では、鏡を見ながら猿の扮装をする作六の台詞に、「なんでもばけ印をぶつちめて、金をしてやつて、中三やかうし（昼三や格子）と出かけ、山や（吉原の豆腐の名店）のとうふとでよふ」。六丁裏で、奴のような風貌になった伝長を聴衆がからかって言う台詞には、「とんとおしやう様のあたまはよしはらたんぜんときた。これはたまらぬ。ハヽ〱〱。まへから見れば中村ぶくはく（舞鶴。二代目中村伝九郎【注8】）があさいなときてゐる。はゝア〱〱」などといった類であり、これらの書き入れにも作者の諧謔的な姿勢がみて取れよう。

【二】……『模《も》文《もん》画《が》今《こん》怪《かい》談《だん》』

『模文画今怪談』（五巻五冊二十五丁。唐来山人《とうらいさんじん》作、鳥文斎栄之《ちょうぶんさいえいし》画。天明八年〈一七八八〉、江戸蔦屋重三郎板）は全二十九話から成る怪談物の黄表紙だが、黄表紙としては、比較的オーソドックスな怪談を集めている。そのうちの三話が『怪談御伽桜』を典拠としていることについては、かつて拙著（『百鬼繚乱—江戸怪談・妖怪絵本集成』〈国書刊行会、二〇〇二年〉所載『模文画今怪談』当該説話解説）で述べたことがあるが、他に、『怪談登志男』（寛延三年〈一七五〇〉刊）、『怪談国土産』（明和五年〈一七六八〉刊）、『耵《てい》聹《ねい》私《し》記《き》』（明和九年〈一七七二〉刊）などの怪談集も種本に用いられている。これは『怪談御伽桜』を原拠とする場合に限らぬが、『模文画今怪談』の絵本化の方法は、基本的には見開き一面ないし片面の絵の余白に収まるように原話を編集するものであり、特筆すべき創意工夫はあまり見られない。『模文画今怪談』六丁裏・七丁表は、大蛇に呑み込まれた男が腹を破って逃げ出す話であり、原話『怪談御伽桜』二之巻第三「松浦山の大蛇」では、その後男が阿蘭陀船に救われ、北極玄丸国《げんがんこく》に至るという漂流奇談的展開が続くのであるが、本作ではこれらはすべてカットされている。『模文画今怪談』十六丁裏・十七丁表は、『怪談御伽桜』三之巻第一「猫の色里」を典拠としており、石山寺参詣に出かけた男が謎の色町に迷い込み、傾城を買うが、女は寝床で猫と化し、命からがら逃げ帰るという話である【注9】。これも原話の粗筋というに過ぎぬが、原拠の挿絵（客が揚屋に引き入れられ、もてなしを受ける場面を描く）とは異なる、化け猫から逃げる男の図を案じているのは、怪談らしい図案にしたものであろう。『しやうのばけ』下巻と同じ「古寺の小娘」に拠った七丁裏・八丁表では、原話の伝長の下りはすべて削除し、主人公の「僧侶」という設定も捨て（単に「をろかなる某といへる人」とする）、話を単純化している。ただ

図４　『模文画今怪談』（七丁裏・八丁表）

図５　『御存之化物』（九丁裏・十丁表）

し絵の方は、阿呆らしい薄笑いを浮かべる男と狼狽する妖怪の表情を対照的に描いて、原話の滑稽味を活かしていると言えるのではないだろうか［図4］。男の着物の柄の「鼻毛」には愚か者の意があり、男のそのようなキャラクターを表すものになっている。

【三】……『御存之化物《ごぞんじのばけもの》』

『御存之化物』（三巻三冊十五丁。桜川慈悲成《じひなり》作、歌川豊国画か【注10】。寛政四年〈一七九二〉、江戸西村与八板）は、半丁～二丁分の短編説話を集めた怪談集形態の黄表紙である。後（寛政五年以降）に、同じ西村より、寛政五年（一七九三）刊『変化物春遊《ばけものはるあそび》』（二巻二冊。桜川慈悲成作。歌川豊国画。西村与八板）と合成し、五巻五冊本（一～三巻を寛政四年板『御存之化物』、四～五巻を『変化物春遊』で構成）として『御存之化物』の名で改訂再出版されている【注11】。以下本稿でとりあげる『御存之化物』は、寛政四年の三冊本を意味するが、後印本も内容的には寛政四年板をそのまま引き継いでいる。『御存之化物』は十四の怪談説話を収めるが、そのうち六話は滑稽味のある話であり、本作の一つのトーンになっている。

『御存之化物』九丁裏・十丁表の典拠は『しやうのばけ』下巻、『模文画今怪談』七丁裏・八丁表でも用いられた「古寺の小娘」であり、ここでも『御伽桜』の挿絵の図案を利用している［図5］。なお、『しやうのばけ』、『模文画今怪談』は、『御存之化物』の先行作であるから、『御存之化物』の本話が、これらに拠った可能性も一応は考えられるわけだが、表の通り、『御存之化物』には他にも『御伽桜』の作が複数利用されており、かつそれらは『しやうのばけ』、『模文画今怪談』には利用されていない話であるから、『御存之化物』の作者が見ていたのは『御伽桜』であると認定できる。原話の「空観」を「ぼくしん」と改めるが、八幡山や観音寺の設定等は原話のまま、その粗筋を記した

図６　『御存之化物』（一十一丁裏・一十二丁表）

物と言ってよい。

『怪談御伽桜』「車屋町の雪女」は人間を雪女と見誤る怪異誤認譚だが、挿絵が無く、『御存之化物』では、見開き二面二丁（十二丁裏～十三丁表）の図が描き下ろされている。話の骨子は典拠の通りであるが、細部において改めている点も多く、原話の舞台である京の「車屋町」を「さかひのまち」に、登場人物の「雁《かり》金屋《がねや》鍵八《かぎはち》」を「しらいもん八」へと改めるが、これは白井権八のもじりであろう。原話で鍵八が夜道に出くわすのは「六尺余りの男共女共わかぬ者来り。目も鼻も見へず。耳もなく口もなく。ぬつほりのおまんといふ」得体の知れぬものであり、「雪女は是ならぬ」と思った鍵八は、これに木履をぶつけて逃げる。『御存之化物』も下駄をぶつけて逃げる点は同じだが、相手は「しろきものをきたる女」とされ、図6のように描かれる。その後判明する雪女の正体は、原話では、傘がないので雪よけに帷子《かたびら》を被って酒を買いに出た老婆としているのに対し、『御存之化物』では、白い浴衣を着て豆腐を買いに出た女房へと改めている。これは筋の単純化であると同時に、雪女の図案［図6］を優

図７　『御存之化物』（一十三丁裏・一十四丁表）

図８　『怪談御伽桜』四之巻第一挿絵（三丁裏）

先した結果、正体も「女房」に変更した方が自然であるとの判断が働いたものではないか。「鍵八びっくりしながら。そらさぬ貌して。扨も世の中に。おなごほど。臆病な者はござらぬ」と、とぼける鍵八の台詞が原話の結句であるが、『御存之化物』もこの味を活かして、「もん八そらしらぬていにして、にくきやつがあるものかな。つかまへてうちころしてやればよいとは、なんとおつなこと」と結んでいる。

『怪談御伽桜』「狐の菊合せ」は、化物寺に一宿した善入《ぜんにゅう》という六部の話で、狐が次々に現す妖怪・まぼろしを、そんな手は古いと揶揄するうちに夜が明ける。さあ旅立とうと六部が戸外に出ると未だ真夜中で、茫然としていると狐の声で「何とあたらしかろがな」と聞こえたという話。本話に拠った『御存之化物』十三丁裏〜十五丁表は、紙幅の都合で原拠の細かい趣向を大幅にカットしているが、粗筋はやはり原話通りで、主人公の名も同じ「ぜんにう」とする。見開き二面二丁の絵のうち、一図［図7］は『御伽桜』の挿絵の図案［図8］を踏まえるが、琵琶法師の妖怪は黄表紙らしくデフォルメされ、愛嬌のある化物に様変わりしている。

【四】……上方怪談の好笑性

表に挙げた三作品八例が『怪談御伽桜』を典拠とすることは、見てきた通り明白である。これらの草双紙はすべて板元も異なるのだが、『怪談御伽桜』がこのように繰り返し江戸の草双紙に利用されているのは、本作がそれだけ草双紙作者ないし制作者の目に留まる何かを備えていたということではないか。そこにはさまざまな要因があったと思われるが、少なくともその一つは、本作の「笑い」の要素であったと考えられる。すなわち、草双紙の好笑性が、『怪談御伽桜』のもつ可笑しみに着目したと言うことである。

実は『怪談御伽桜』に、「怪異小説の一異体」としていち早く注目したのは、近世怪異小説研究の嚆矢とも言うべき、山口剛の「怪異小説研究」（『山口剛著作集　第二』所収。初出は一九二八年）であった。山口は『御伽桜』の怪談のパロディ的ストーリーや、地口などの台詞で本編に「オチ」をつけるスタイルを評して、「『御伽桜』の一瞥は少なからず西鶴の怪談物を想ひ出させる。或は二者の間に直接の交渉があるかとも思はせられる。雲峰は西鶴を模して怪異の間に多少の諧謔を寄せようとする、たゞ技量の乏しさが西鶴の辛辣を移し得ないで、わづかに結句の洒落を得たに過ぎないかとも思はせられる」と述べ、これを西鶴怪談の亜流とした。また山口が「かういふ連想（近藤注・西鶴の怪談物を連想すること）は『御伽桜』の外、をり〳〵浮世草子型の怪異小説に於いて起される」とも指摘する通り、浮世草子には怪談の滑稽化、パロディ化の傾向が認められる。

例えば、悪事を働いて地獄に堕ちる話を描き、だから悪事を働くべからずと訓戒するのが仏教系怪談の教導的スタンスだとすれば、今現在が助かるならば、「末の世には蛇になる事もかまふべきか。増《まし》て蛭の地獄など恐ろしからず」（『日本永代蔵』巻三の五「紙子身袋の破れ時」）という生活者のホンネを描き出して見せるのが、西鶴浮世草子の現世主義的なスタンスであり、このような精神の前では、オーソドックスな怪談は成立し難くなってくる。『好色二代男』（貞享元年〈一六八四〉刊）巻二の五「百物語に恨が出づる」の、幽霊が勘定の未払いを請われると消えたという話や、『西鶴名残の友』（元禄十二年〈一六九九〉刊）巻三の五「幽霊の足よは車」の幽霊が祟りに失敗する話などは、西鶴らしい怪談ばなしとしてよく引かれる物であろう。どちらも幽霊を無力化し、怪談話を破綻させることで笑いを生み出している。

また、『昼夜用心記』（宝永四年〈一七〇七〉刊）、『儻偶用心記《てれんようじんき》』（宝永六年〈一七〇九〉刊）などに代表される浮世草子の儻偶《てれん》物（詐術小説）には、怪異を詐欺談として合理化、現実化した話例が少なくない。例えば、『昼夜用心記』巻二の五「駿河に沙汰ある娘」は、いわゆる「片袖幽霊」譚を利用して遺族から金を騙し取る詐欺談、『鎌倉諸芸袖日記』（寛保三年〈一七四三〉刊）巻三の二「陰陽師の律義は見物の妨」は化物の腕を切ったという、これもよくある怪談を利用した香具師の話。『世間化物気質《せけんばけものかたぎ》』（明和八年〈一七七一〉刊）巻一の一「角屋敷をのみこんだ妖怪《ばけもの》の計《はかりごと》」は化物屋敷の噂を利用して不動産価格を操作する話であり、そのような人間の奸智が「化物」に見立てられている。儻偶物の発想は「怪異」現象の背後に人間の作為を穿《うが》ってみるのであるが、さらに先に見た『怪談御伽桜』「丹波の山猿」や、同書巻五の三「恋慕の遠眼鏡」などに至っては、人が化物を欺いて見世物に売り飛ばそうとしたり、人が狐に憑依するといった話であり、人と化物の力関係の逆転が見られる。「恋慕の遠眼鏡」に拠った浮世草子『弁舌《べんぜつ》叩《たたき》次第《しだい》』（明和九年〈一七七二〉刊）巻二「小狐の物怪」の主人公の台詞に、「さてはようくはいのわれにつかれたるといふはしゆかうとあたらしい」とあるように、このような怪談のひねり方は浮世草子の趣向主義の産物であったとも言えるだろう。

　このような怪談の「浮世草子風」（現実主義的態度や滑稽性）には、これを育んだ大坂の風土が深く関わっていると考えられる。これについては、高田衛が「大坂怪談」という形で問題をまとめている。

　大坂怪談は、西鶴がそうであったように、主たる関心を、人間とその不思議さに向けたものが多い。人間の不思議さとは、人間によって成り立っている共同体や社会の奇妙さでもある。そういうものを、あらためて驚異としてとらえ、笑いの中で受容してゆくのが大坂の文化の特徴であった。だから大坂では、一方では霊の存在を徹底的に否定する現実主義（山片蟠桃の無鬼論がこれを代表する）が発達する反面で、上田秋成のような天才的な怪異小説の作者があらわれるのである。（略）その住民のほとんどが町人で構成されている大坂では、暴君化してゆく武士の主人と、その犠牲となって殺される侍女の怨念といった話題（近藤注・これは江戸怪談の典型的話柄である）は、発展しなかった。尼崎にも皿屋敷譚はあったが、それほど有名ではない。逆に諸国で著名な皿屋敷を、こざかしい呪術師が関与した、宝物略取の詐欺譚という新しい怪談に仕立て直したりするのである（本書の「絶間池の演義」の章参照）。同じ怪談でも、血みどろな江戸の話にたいして、大坂の話はへんに合理主義的なところがある。

（高田衛『大坂怪談集』解説、和泉書院、一九九九年）

同じ上方でも、京都と大坂では気風も異なるが、文芸のレベルで言うならば、京都の浮世草子が大坂のそれの影響下に成立することは、西鶴本と西村本、八文字屋本との関係等について今さら贅言を要するまい。怪談物に関して一例を挙げれば、『当世化物大評判』（天明二年、京　吉野屋勘兵衛板）は怪異誤認譚（枯れ尾花を幽霊と見誤る類）や怪異偽造譚（怪異現象をでっち上げる話）を多く含み、パロディ性の強い短編怪談集であるが、作者一文字壽正が、巻一「化物智を売」で、人を欺く人間を「何と化物であらふがの」と観じているケースなど、例の「人はばけもの」（貞享二年〈一六八五〉刊『西鶴諸国ばなし』序）観の波及を示すものにほかなるまい。前述の通り、山口剛も京都版の『怪談御伽桜』に西鶴の影響を仮想していたが、例えば、前掲山下論文において『しやうのばけ』下巻の典拠として指摘されていた『武道伝来記』巻三の二「按摩とらする化物屋敷」は、むしろ『怪談御伽桜』三之巻第二「古寺の小娘」の典拠であった可能性が高い【注12】。また、同話中、僧伝長が幽霊の悪戯で、奴《やっこ》のような風体にされて聴衆の前で恥を掻くのは、『西鶴諸国ばなし』巻三「お霜月の作り髭」の鬚の悪戯と同趣向であり、特に一中にもすぐれて、おかしきは、御坊の上髭ぞかし」（「お霜月の作り髭」）とあるのは「古寺の小娘」のヒントになったかもしれない。これらは山口の仮説を傍証するものと言えるだろう。

【五】……滑稽怪談の潮流

江戸の草双紙における化物パロディの様相については、アダム・カバットの一連の研究に詳しい。例えばカバットは草双紙の化物の滑稽性が、百鬼夜行絵巻の化物の滑稽性を引き継いでいることを指摘している（『江戸滑稽化物尽くし』第一章「滑稽な化物たち」講談社、二〇〇三年）。また、草双紙において、赤本から黄表紙時代にかけて、化物の零落と滑稽化の徐々に進行していくことについては加藤康子の論究もある（「〈翻刻〉「是ハ御ぞんじのばけ物にて御座候」について」『叢　草双紙の翻刻と研究』二、一九七九年一一月）。その滑稽化の精神と方法の由来するところを一系的に説明することはできないが、本稿でとりあげた化物・怪談草双紙に関して言えば、その滑稽性の根底にあるのは上方の浮世草子のそれであると言えるだろう。本稿に見た草双紙は、『模文画今怪談』の六丁裏・七丁表、十六丁裏・十七丁表のケースを除いては、おおむね原拠『怪談御伽桜』の、ストーリーの滑稽味や文体の諧謔調を活かした絵本化が行われていると言える。『怪談御伽桜』はまさにそのような性格の故に、江戸の草双紙作者ないし制作者の着目するところとなったのではないか。同時期の江戸では、旧態で正統的な怪談物も、読本を中心に行われていくのだが、『怪談御伽桜』は、むしろ化物の滑稽化路線を押し進めていった草双紙文芸の方に受容されたわけである。見てきた通り、『怪談御伽桜』「古寺の小娘」の素材については、『武道伝来記』・『西鶴諸国ばなし』→『怪談御伽桜』→『しやうのばけ』という流れが見いだされるのであり、大坂の浮世草子怪談の好笑性が、江戸の化物草双紙へと引き継がれて行くことが確認される【注13】。

【注】

1　ただし、諸本には菊屋利兵衛（京）による後印本、無刊記本がある。右記を含め、書誌・諸本については宮本論文（注2）に詳細である。

2　宮本祐規子『時代物浮世草子論　江島其磧とその周縁』第三章第四節「其磧没後の浮世草子―『怪談御伽桜』とその周辺―」（笠間書院、二〇一六年。論文初出は二〇一四年一月）。

3　一丁表の絵の弟の衣裳に「八」とあるので、弟の名（出家前の）も設定されていたと思しいが、底本本文の範囲では不明。あるいは摩滅欠損した箇所に記載があったか。

4　『しやうのばけ』には題簽がなく、柱にも巻立ての表記（上・下、巻一、二等）がないが、本稿では便宜的に第一冊を上巻、第二冊を下巻としておく。

5　愚者槃特（釈尊の十大弟子の一人）に釈尊が「守口摂意身莫犯。如是行者得度世（口を守り、意を摂《おさ》め、身《みずか》ら犯すこと莫かれ。是の如く行ずる者は世を度るを得べし）」という十四文字の偈を授与したという故事（『沙石集』巻二等に所見）を踏まえる。ただしこの下りはすべて原話（『御伽桜』）の剽窃である。

6　「絵が付く」は幸運が巡ってくるの意。『鬼一法眼三略巻』（享保十六年〈一七三一〉初演）四段目、作り阿呆一条大蔵卿の台詞「阿呆に絵のつく長成が命に懸けて預かつたり」を踏まえる。ただしこの文辞も原話（『御伽桜』）の剽窃である。

7　宮本祐規子「蓍屋勘兵衛の出版活動」（『日本女子大学大学院文学研究科紀要』一八、二〇一二年三月）。なお、元文二年（一七三七）頃の刊行と推定される『怪談御伽桜』の広告に、享保二十年（一七三五）三月の初版（東北大学狩野文庫蔵本など）刊記をもつ『築山庭造伝』が「追付出し申候」として載るのは不審であるが、『築山庭造伝』は実質的には、元文四年の二月に割印を受けている（『割印帳』）。本書はおそらく、初版完成直後に何らかの問題が生じて刊行延期となったが、刊記は変更せずに（『割印帳』でも本書の刊年の記載は「享保乙卯（二十年）弥生」になっている）元文四年以降に版行されたのではないか。右広告に「追付出し申候」とあるのは、そのような事情によるものと考えられる。

8　ここは延享三年（一七四六）「富士雪年貢曾我」の朝比奈役で好評を博した二代目中村伝九郎をイメージしていると思しいが、朝比奈は初代伝九郎の当たり役でもある。

9　『怪談御伽桜』「猫の色里」の類話とも言うべき黄表紙に『花見帰鳴呼怪哉《はなみがえりああやしいかな》』（二巻二冊十丁。深川錦鱗作。恋川春町画。安永六年〈一七七七〉、江戸　鱗形屋孫兵衛板）がある。本作は民話の「猫又屋敷」の戯作化という点で「猫の色里」と着想を同じくするが、同文性等いくつかの要素から判断して、「猫の色里」を本作の典拠と認めることはできない。ただし、本作は『しやうのばけ』と同じ鱗形屋板でもあり、作者深川錦鱗が板元などから「猫の色里」の情報を知り、構想のヒントを得た可能性も否定し得ない。

10　寛政四年刊『御存之化物』に作者画工の署名はなく、『増補青本年表』他諸年表類が本作を「慈悲成作、豊国画」とするのは、改訂後印本『御存之化物』巻末（つまり『変化物春遊』最終丁裏面）にある作者・画工署名に拠った可能性のあることが指摘されている（棚橋正博『黄表紙総覧　中編』青裳堂書店、一九八九年）。

11 『御存之化物』、『変化物春遊』、およびこれらの合成本の関係については、アダム・カバット『江戸化物の研究―草双紙に描かれた創作化物の誕生と展開』第四章第二節「『御存之化物』『変化物春遊』の合成本の事例」（岩波書店、二〇一七年）で詳論されている。

　なお、『変化物春遊』下巻八ウ・九オの図案は合巻『怪談梅草紙』（文化四年〈一八〇七〉刊。関亭伝笑作・歌川国長画）に、『御存之化物』中巻六ウ・七オ、九ウ・十オ、下巻十三ウ・十四オ、十四ウ、十五オは絵巻の化物づくし（湯本B本。国書刊行会『続妖怪図巻』所収）の図案に利用されている。

12 つまり、山下論文は『しやうのばけ』の素材源を指摘していたことになる。また「古寺の小娘」と「按摩とらする化物屋敷」の関係性については、宮本祐規子「『怪談御伽桜』とその周辺」（平成十九年度近世文学会春季大会発表レジュメ〈二〇〇七年六月〉）においても指摘がなされている。

13 草双紙が浮世草子に取材する事例については少なからぬ指摘があり、有働裕「浮世草子と黒本・青本　西鶴作品と鳥居清経画草双紙との関連を中心に」（『黒本・青本の研究と用語索引』国書刊行会、一九九二年）に研究史のまとめが備わる。

【挿図出典・所蔵】

図1・8　早稲田大学図書館蔵本（へ一三―〇三五一九）。
図2・3・4・5・6・7　東京都立中央図書館加賀文庫蔵本。

六章

鐘撞《かねつき》の娘轆轤首《むすめろくろくび》

近世的妖怪とその小説

はじめに

石町《こくちょう》は江戸を寝せたり起したり

（『川柳評万句合《まんくあわせ》』宝暦九年〈一七五九〉・義）

と詠まれた「石町の鐘」は、日本橋本石町三丁目新道の北側（現在の日本橋室町四丁目五番地、さくら室町ビルの南側）に在った。京間二間（三・九四メートル）四方、高さ三尺（九一センチ）の石垣の上に京間二間四方、高さ京間四間（七・八八メートル）の三階建ての鐘楼が建てられていた（大田南畝『竹橋余筆別集』「本石町三町目鐘撞堂入用帳」による【注1】）。石町の鐘は十七世紀初頭、御府内に初めて設置された時鐘であり、この鐘を撞くのは「御鐘役」の職務であった。さて、宝暦年間、この御鐘役の娘が轆轤首であるという奇妙な風聞が広まり、それは当時の文芸にも少なからず跡を留めている。本章ではこの事例に即して、個人についての「噂」という形で「妖怪」を作り出す都市住民の心性と、それを出版メディアが通俗化し、拡散してゆく江戸文化の営みを瞥見《べっけん》する。特に近世社会における「妖怪」の機能についての考察を踏まえて、これを題材にした「読本」という小説ジャンルの文芸性に着目したいと思う。

【一】……鐘撞の巷説の背景

「鐘撞の娘轆轤首」の巷説を、最も当代的にナマの形で伝えていると考えられるのが、写本の実録巷談集である『当世武野俗談《とうせいぶやぞくだん》』（宝暦七年〈一七五七〉序／馬場文耕《ばばぶんこう》著）の「本石町鐘撞の娘轆轤首」というテキストである。次にその全文を掲げる。

世に不祥《ふしょう》の名を取る事、古今ためし有。つれ〴〵草にも、栗のみ喰て殻の類を喰《くわ》ざる娘有と書《かけ》り。今、本石町の鐘撞の娘、生れ甚美敷《はなはだうつくしく》、され共《ども》、幼少の時分より世間にて云《いい》けるは「此娘はろくろ首なり」と誰いふ共《とも》なく申出したり。十一、十二の頃より、子ども連立《つれだち》て手習に通ひける。是、もと至極きれいに色白くして、ぬき衣紋《えもん》に着なしあるきし故、首筋長きやうに見へたり。金吹町《かなふきちょう》手習《てならい》指南《しなん》馬場条助《くめすけ》方へ通ひけり。名はおつよと云けり。嫁入頃に成て、人のいふ所「凡《およそ》鐘撞といふ者は至て罪深き者にて、自然と人の恨を請《うく》るなり。仍《よっ》て其女轆轤首たり。いか程も金付べし抔《など》いへども、貰《もらは》んと云人なし」と江戸中に取沙汰するといへども、其証なし。是皆空事《そらごと》なり。以前入聟を取しに、二人寝の新枕過て夜更《よふけ》人静まりて、おつよが寝姿うるはしく、聟は目を覚し見とれて、燈火をかき立たりしに、おつよが首自然とぬけ出て、六尺屏風の上へ其首上りける、と云ふらして、貰はんと云人もなく成しが、時節有て、去年戌四月、神田白壁町山口丈庵と云医師、活気者にて、「ろくろ首にても苦《くるし》からず、貰ふべし」とて婦妻とす。随分おつよ女業かけたる事なく、夫婦中むつまじく、当三月一子をもふけたり。轆轤首も時節有て平愈するものか。但《ただし》、医師丈庵が匕先の宜する所か。今は目出度《めでたく》いもせの枝葉栄へて居たりけり。【注2】

実録である本話は創作性の稀薄なテキストであり、この一件の事実関係を推測させるものである。この巷説が文芸化されてゆく以前の問題として、このような噂が生じ、巷説化してゆく背景について少しく述べておきたい。

おつよに轆轤首の噂がたった直接のきっかけは、彼女が「ぬき衣紋（襟を後ろに押し下げて襟足を広く出す）に着なしあるきし故、首筋長きやうに見へた」からであった。しかし、ぬき衣紋にしていれば誰にでもそのような噂が生じるわけもなく、彼女に限って噂が生じたのには、それなりの理由があったはずである。ここで「凡鐘撞といふ者は至て罪深き者にて、自然と人の恨を請るなり、仍て其女轆轤首たり」という記述が注意される。『遊歴雑記《ゆうれきざっき》』（釈敬順著。文化十一年〈一八一四〉成）三編巻之上五八「石町鐘撞堂の応報」に、次のような記事が見られる。

（略）鐘撞堂の側に住居する人は耳元に鐘あるがゆへに何となく一切の事にこゝろ堰《せか》れて、今や五ッの鐘を撞やらん、今や九ッの時を撞やらんと気閙《きぜ》はしく、別して店〳〵の仕事の遅速、裏住居のものは路次の〆《しま》らん事を憂ひ、屋敷は門限の切《きれ》ん事を恨みて、今や〳〵と鐘の鳴事を待て心堰るゝ人気の思ひによりて、大勢の念慮自然と凝滞するがゆへに、出生の子に報ひ不仁を産む事とぞ。（略）

（『江戸叢書』巻五所収本による）

どうやらここには奇妙な俗信があったらしい。三田村鳶魚はつとに鐘撞の巷説に着目しているが、やはりその背景にこのような俗信のあったことを示唆している。

「奇体に鐘撞堂をやると、片輪の子が生まれるという言い慣わしがある。俗謡にも「人を助ける身を持ちながらアノ坊さんは何故か夜明の鐘をつく」というのがありますが、鐘を撞くと人の恨みを受ける。『道成寺』にも「鐘にうらみは数々ござる」とあるやつで、耳のそばで鐘を撞かれるとワクワクする。その思いで出来る子供に祟るのだ、と言い習しております。（略）その後轆轤首ではありませんが、やはり、鐘撞堂の娘で鼻が動くというのがあった（略）これは文化頃の話になりますが、書いた物にあるのではありません、私は祖母の話で聞いたのです。祖母なども、鐘を撞くと人の恨みを受けるから、こういう変った子が生れるのだ、と言っておりました。事実はどうか知りませんが、子供に祟るということは、皆が信じていたらしいのです。」

（「江戸の生活と風俗」『三田村鳶魚全集　第七巻』中央公論社、一九七五年）

加えておつよの場合、最初の結婚（入婿）の失敗した一件が、轆轤首の噂を助長していた可能性がある。実際に婿がおつよの事を轆轤首であると「云ふらし」たかどうかはさておき、結婚生活が頓挫したという事実だけでも、世人の好奇心を刺激するには十分だったのではないか。昔話にも、良縁に恵まれぬ美女の説話類型がある（『日本昔話大成』「ぼっこ食い娘」大成番号一二三）。この型の話例の多くは、娘が婿をとるたびに逃げられるという導入部を持つ。婿たちが逃げ出していたのは、夜中に娘が赤子を食べているのを目撃したからだが、実は赤子は菓子でできた人形で、これは婿の勇気を試そうとする娘の演技であり、恐れなかった主人公が娘と晴れて結婚する、というのがこの昔話のパターンである。この話例では娘は実際には異常を持たないのだが、婿がことごとく初夜に死亡する話で、実は娘の性器に歯が生えていたというようなバリエーション（『耳嚢』巻一「金精神の事」）も存在する。いずれにせよ、この種の説話は、結婚しない美女の存在より発想されていると思われ、おつよのケースも、このような民俗社会の幻想の類型に一致していたわけである。

文耕が「不祥の名を取る事」「其証なし、是皆空事なり」と書いているように、必ずしも轆轤首の噂を聴く者がこれを真に受けていたわけではないだろう。だが、この話がまったくリアリティを欠いたものであれば、ここまで噂として育ちはしない。『奇疾便覧』（下津寿泉著。正徳五年〈一七一五〉刊）という奇病を収集した医書には「飛頭蛮ノ事」（巻三）が見え、『類聚名物考』（巻三三八雑部一二）にも「轆轤首は本邦の俗説にいふ所は奇病支離にして、人毎に有りしにあらず」とある。『閑田耕筆』（寛政十一年〈一七九九〉刊）にも「世に轆轤首といふは一種の奇病とす」（巻二）とあり、『北窓瑣談』（文政八年〈一八二五〉刊）は轆轤首を「離魂病の類なるべし」（巻四）としている。これらからうかがわれる通り、近世には轆轤首を一種の病とする近世流の合理的解釈があり、それが轆轤首のリアリティを補強していた。おつよが医者と結婚したことも、「医師丈庵が匕先の宜する所か」と書かれている通り、期せずして辻褄の合った展開になってしまったわけである。

【二】………カネの恨み

ここで視点を変えて、おつよの家業、すなわち石町の鐘撞役であった辻家について説明しておきたい。この役職の由緒や実態については、享保十年（一七二五）に辻源七より提出された書上（『御府内備考』所載）や、文化十二年（一八一五）に御鐘役であった辻直次郎より御番所へ提出された書上【注3】に詳しい。それらによれば、この役職は辻家の世襲であり、この時報のサービスは有料であった。すなわち鐘撞役は、鐘の音が届く範囲四百十町の町方の家持より、鐘役銭を徴収していたという。

鐘楼銭之儀、先規御定は、古来家持一軒役に付一月に永楽銭壹文づゝ、当鐚にて四文づゝ、十二月に四拾八文づゝ（略）鐘役銭受取申候町、大町小町横町ともに町数合四百拾町御座候（享保十年〈一七二五〉六月源七書上）

ひと月鐚《びた》銭四文というのは安価にも見えるが、銭相場の変動に応じて徴収額の値上げが行われることもあったようで、また四百十町分の世帯数であるからそれなりの収益があったと見るべきだろう。時の鐘についての研究をまとめた浦井祥子は、『享保撰要類集』に見える元文三年時の石町時鐘の年間入用金（四十一両二分）と鐘撞銭の徴収額の合計九十両の差額に着目し、「本石町の時の鐘には、他に上納金などを納める相手もなかったように思われる。仮に、この差額が全て鐘撞人の所得となっているとすれば、確かに鐘撞人とは実入りのよい職業であったと言える」と述べる（『江戸の時刻と時の鐘』岩田書院、二〇〇二年）。また、同資料に「鐘撞五人給金　金拾七両弐分」とあることに触れて、「一人頭単純に平均すれば三両二分弱という計算になろう。この雇人の賃金も、当時の相場からすれば、決して安い額ではなかったと考えられる」とも述べている。世間にそのような辻家の内情などわかろうはずもないが、問題は傍目にも富裕に見えたということだろう。例えば『遊歴雑記』には、石町鐘撞堂について、「家内の暮し豊にて昼夜更り〳〵、鐘撞男をはじめ上下七八人活計に世に送れり」とある。また後述する鐘撞きの巷説を利用した諸作品で、「かねつきどうのほとりにかさはりのゆうぜんといふてうじや（長者）ありしが」（『狂言末広栄』）、「鐘楼を守を職とせり。かるが故に世の人鐘撞と云あへり。家富栄、従者あまた有て」（『玉婦伝』）などとあるように、辻をモデルとする人物はおおむね富裕なイメージで描かれている。

「石町で出しても同じ鐘のわり」　　（『誹風柳多留拾遺』九篇第十九「雑　上　宝暦中」）

「石町は遠ひとくゐをもつて居る」　　（『誹風柳多留』九篇二十五。出典は「明和八年万句合」）

これらの川柳には、うっすらとではあるが、銭を出す側の辻家に対する羨望や不満が垣間見える。今日でも公共料金引き上げの適正性がしばしば取り沙汰されるが、近世の鐘役銭についても、徴収される側には釈然としない思いがあったかもしれない。実際、鐘役銭の滞納問題が発生しており、明和二年には町奉行から滞納する町々に対する支払い命令が発令された記録も残る【注4】。

ところで、四章一節でとりあげた『御伽百物語』「桶町の譲の井」は、江戸日本橋に実在した「譲の井」の旧聞（『江戸鹿子』）――かつて富家の主が堀抜の井戸を掘って水を酒屋に売って子孫に財を残したという――に取材するが、かかる伝承が世人に語られる時、そこにはやはり水という利益率の高い商品で蓄財をなした「水商売」に対する羨望や反感があったのではないだろうか。「桶町の譲の井」の主人公桶屋太郎作が無償の水接待をするような、まったく慈善的な人物に設定されているのは、そのことの裏返しであるように思われる。ましてや「音」を鳴らすだけの鐘撞役は、傍目には甚だボロい商売に見えたかもしれない（実際には、人件費等それなりにコストもかかっていたのだが）。辻家の撞く鐘の音は四百十町におよび、道成寺ではないが、それだけ多くの「カネ（銭）のうらみ」をも集め得る商売だった。『遊歴雑記』が言う、時刻に対する人々の愁いが結集し、「轆轤首」が生じたというのは俗信であるが、世人が鐘撞に対する妬みや反感から、例の俗信などを根拠に「轆轤首」の噂をたて、あるいはそのような噂が立った時にこれを歓迎し、広めたということは、共同体の心性としてあり得るように思われる。

つまり江戸のような大都市にあって、不特定多数の住民の「悪意」を引き寄せ、そこから生まれた娘轆轤首の怪談は、まさに近世的な都市怪談であった。また、そのように造られた「娘轆轤首」は、近世社会に実在した――否、させられた「妖怪」であった。

【三】……戯作に見る鐘撞の巷説

江戸時代の随筆類には、おつよの一件に類する轆轤首娘の話が少なくない。例えば、『耳嚢』巻五には遠州の富農の一人娘、『甲子夜話』巻八には渡り奉公の女中、『甲子夜話続編』巻二十二には常陸谷田辺村の百姓の娘、『北窓瑣談』巻四には越前敦賀の下婢の轆轤首の話（同じ話が『反古風呂敷』、『諸国奇談集』にも見られる）などが伝わっている【注5】。また、これは浮世草子であるが、『好色敗毒散』（元禄十六年〈一七〇三〉刊）の巻五「奇妙不思議」には、大阪新町の万世という端女郎の轆轤首の話が見える。遊女の轆轤首の話は『近世百物語』巻二などにも見えるが、よく引かれるのが『閑田耕筆』巻二の話で、新吉原の美妓が、睡眠中に首が一尺ばかり延びていた、というものである。これは俳諧師一音《いっとん》の「正しく見たる話」であるというが、実はこんな例は珍しいのであって、この種の話の大半はむしろ「正しく見ていない」話である。例えば『渡辺幸庵対話』を例にとると、

駿州（所の名失念）此麓に山伏あり（名失念）。一人の娘を持、是ろくろ首也。一子故に婿を取、家を継がせるべしと婿を迎ける所に、一夜二夜彼娘に添て其儘逃て再び帰らず。之に依りてろくろ首の事露顕す。後かの娘流浪して江戸へ下りて十七にして死けると云々。予其茶を持運び出るを見たり。此時は十四のよし。容儀すぐれたる娘也。首のぬけたるは見ずと語られける。（宝永六年〈一七〇九〉八月九日対話【注6】）

話者幸庵はこの娘を「ろくろ首也」と断定しつつも、「首のぬけたるは見ず」と言う。この種の話はおおむねこんなものであり、これらに見える「轆轤首」が、正確に言えば、「轆轤首視された者」であることに注意したい。民俗社会における轆轤首とは、要するに個人についての「噂」として成立する妖怪であった。このような噂が特定の人物に生じる要因はさまざまであったろうが、いずれにしても当人にしてみれば不本意な汚名であったことに変わりはない。

しかるに、戯作文芸はそのような事情には無頓着であり、おつよの一件についても、轆轤首ダネの格好の材料として利用してゆく。鐘撞の巷説にきわめてタイムリーに反応している作品に、黒本『思ひの撞鐘《つきがね》』（宝暦末〜明和頃／観水亭丈阿作・鳥居清満画）がある。この話は怪談と言ってよく、作者はヒロインを正真正銘の轆轤首に仕立てあ

げている。

時鐘の請合孫左衛門は家貧しからず、その娘おやつは美人の評判が高かったが、何人婿を迎えても、夜半必ず逃げ出してしまう。これを聞いた弥左衛門という剛気な青年が婿となることを名のり出、孫右衛門も喜んで養子に迎え入れる。さて、初夜の八つ時（午前三時前後）になると、おやつは果たして蛇体に変じ、その首は欄間《らんま》の上を越え弥左衛門を見て笑う。が、稀代の勇者である弥左衛門は恐れずに夜を明し、ついにこの家の婿となることが決まる。ところが、後日浅草観音へ参詣した弥左衛門は、暴漢に襲われていた糸屋の娘およりを助け、恋せられてしまう。丁度その場に居合わせた番随長兵衛は、およりを弥左衛門に娶せようとする。弥左衛門は妻帯を理由にこれを辞するが、おやつと実際上の夫婦関係は成立していなかったので、強いて勧められると結局これを承諾してしまう。糸屋方で婚礼の相談がなされていると、どこから現れたか一匹の蛇がおよりに襲いかかり、長兵衛に頭を叩き潰される。すると同時刻鐘撞の家ではおやつが頭から出血し死亡してしまう。後日、弥左衛門とおよりの婚礼が行われたが、八つの鐘の鳴る頃、鬼相となったおやつが鐘の下に現れる。だが最後には、彼女は下谷のかんずい上人の念仏によって解脱する。

筋立てとしては『四谷雑談集』などにも通ずるものがある。しかし鐘撞の美しい娘に婿が居付かないという設定は、やはり近時の話題であった鐘撞の巷説に乗ったものだろう。右の梗概には「蛇体」と書いたが、これは絵でみると、髪が翼となってはばたき、首が蛇身となって延びている［図版参照］。弥左衛門の台詞にも「かのおそろしいのあやしいのとひやうばんするは此事か。おちやたうにもならぬ。なんのこった。くびのぬけるといふげいもふるいものだ」とある通り、轆轤首のバリエーションと見るべきだろう。ここに「蛇」のイメージが濃厚であるのは、本話が基本的には女人愛執の解脱物語（表題は「思いの尽き兼ね」という洒落である）だからであり、初夜の晩に花嫁が蛇

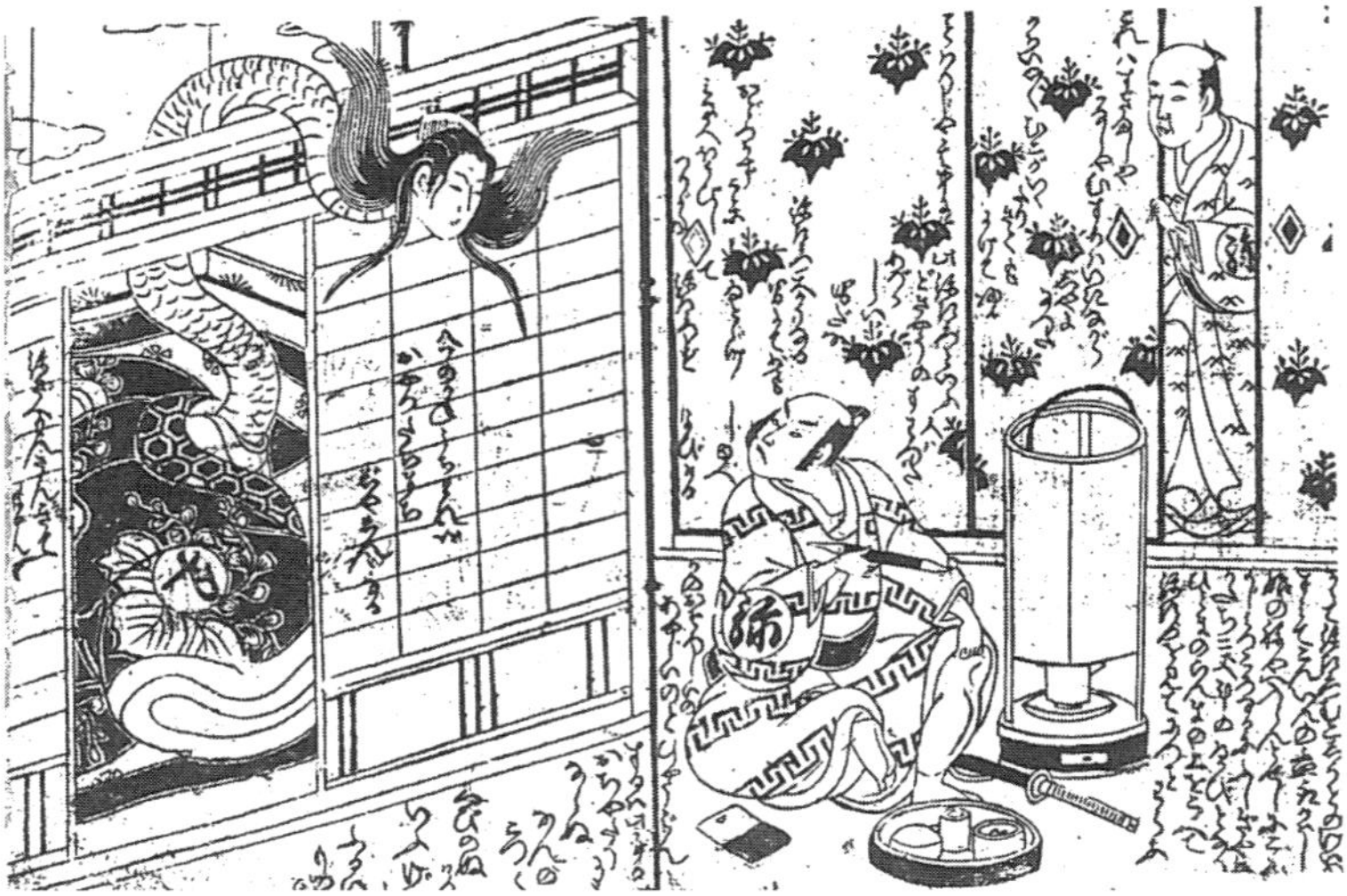

黒本『思ひの撞鐘』上巻　四丁裏・五丁表（部分）

形に変ずる話や、動物に変じた魂の被害が肉体に伝わる話は、いずれも片仮名本『因果物語』（寛文元年〈一六六一〉刊）の「愛執深女人、忽蛇体ト成事付夫婦蛇ノ事」（上巻八【注7】）、「女ノ魂蛇ト成、夫ヲ守ル事付餅鮎ヲ守事」（下巻十八）など、仏教系の怪異小説に類型のあるものである。解脱物語と鐘撞の巷説とを結んだのはおそらく「鐘」の連想であり、その意味で本話は安珍清姫の系譜にあると言ってもよい。

『思ひの撞鐘』とは対照的に、轆轤首をパロディ化しているのが、黄表紙『狂言末広栄《きょうげんすえひろのさかえ》』（天明八年〈一七八八〉刊／山東京伝作・歌麿画）である。京伝の轆轤首種には、他に『会談三ツ組盃』（文化十一年〈一八一四〉刊・勝川春扇画）などもあり、彼はこの妖怪を好んで趣向に用いたが、ここではそれが鐘撞の巷説に付会されている。それは本書の末尾に「中むかしのころ、こく町かねつきどうにろくろくびの女ありしとひやうばんせしは、この事なり」と明記されている。以下、梗概を示す。

江戸鐘撞堂の辺に住む傘張り長者祐善のひとり娘お六は、要の介という婿を迎え幸せに暮らしていた。ところが風流道楽の要の介は、ある夜書き置きを残し、京都へ歌道の修行に赴いてしまう。残されたお六は夫恋しさに耐えず、毎日二階へ上り上方を眺めやっている。すると、不思議やお六の首は体から抜け出し、夫の跡を慕って京都まで延びてゆく。首は京都でかつての使用人であった雨助に再会するが、雨助はまずは常の姿に戻るべしとこれを説得し、首は結局雨助に伴われて江戸へ戻ることになる。お六は轆轤首の治療に、当時評判の奇病の専門医大坂平庵にかかることになる。平庵の治療はお六の髪に笄を挿し、身体の後ろに磁石を置くという奇抜なもの。が、見事首と胴とは引き合って元通り、ほど無く要の介も帰宅してめでたし、めでたし。

本話の趣向については森銑三『続黄表紙解題』（中央公論社、一九七四年）に解説されている【注8】ので、ここでは詳述しないが、「傘張り」は「轆轤」（傘の柄の装置）の縁であり、「要の介」は、石町に出店のあった御影堂（京都新善光寺）の扇に因んだものであろう（扇の要）。この話に描かれた轆轤首のイメージ、キャラクターは、化物絵本には類型的な物であり、首が延びるという轆轤首の性質を活かしてナンセンスな笑いを生んでいる。「お六」という名も、化物絵本にはお決まりのものである。また、本作と同年刊の京伝作黄表紙『扮接銀煙管《そぎつぎぎんぎせる》』の趣向とをないまぜにした作に、式亭三馬の『嬲訓歌字尽《なぶるもよみとうたじづくし》』（文化二年〈一八〇五〉刊）があるよし、『黄表紙総覧　前編』（青裳堂書店、一九八六年）に指摘されている。

ほかにも江戸の怪異巷談集『近代東怪談《きんだいあずまかいだん》』（寛政五年〈一七九三〉序・写本）に「石町鐘撞堂の飛頭蛮」という話がみえる。これは頓兵衛という男が、夜中鐘撞堂付近で女の首の飛行するのを目撃し、ほど無く死亡したという話である。おつよの一件とは内容的な関わりは薄いが、このような話が派生してくるほど、すでに「石町鐘撞堂」は轆轤首を連想する土地として知られていたということだろう。また、十返舎一九の怪談絵本『列国怪談聞書帖』（享和二年〈一八〇二〉刊・巻下）「ろくろくび」では殺された女が轆轤首に生まれ変わり、加害者を責めさいなむが、この女の「およつ」という名前も、鐘撞の巷説の「おつよ」との関連をうかがわせる。

【四】……轆轤首詐欺譚の系譜

近世は文芸が妖怪の普及を促進した時代であり、「轆轤首」もメディアの中で多用されるうちに人気を得た妖怪である【注9】。轆轤首は『画図百鬼夜行』（安永五年〈一七七六〉刊）や『狂歌百鬼夜狂』（天明五年〈一七八五〉刊）、『狂歌百物語』（嘉永六年〈一八五三〉刊）などの妖怪図鑑・名鑑にはほとんど顔を出しているし、前述の通り化物草双紙の類でも「轆轤首のお六」は定番のお化けであった。轆轤首の滑稽化は咄本や落語にもみられ、「長い首は長い間味を楽しめて羨ましい」「そのかわり薬を飲む時は長い間苦い」（落語「三十石」）といったような、笑いのタネにもなっている。また文化十年〈一八一三〉六月（森田座）、鶴屋南北らの作で、尾上松緑演じる轆轤首の芝居「尾上松緑洗濯噺」の大当りが記録されている（『豊芥子日記』、『尾上松緑百物語』序文〈文政九年〈一八二六〉刊〉）。轆轤首の所作は「深山桜及兼樹振《みやまのはなとどかぬえだぶり》」（文政元年〈一八一八〉初演）、「重扇栄松朝《かさねおうぎさかえのまつわか》」（天保二年〈一八三一〉初演）などに引き継がれ、好評を博した後者の「綱蔵住家の場」（腰元おつるの轆轤首）は錦絵に多く描かれている。

このように轆轤首は、その異様な形状、容姿のインパクトによって、主に草双紙や歌舞伎などの視覚的なメディアを通じて、特に近世中期以降大衆化していった。その意味で鐘撞の巷説が『思ひの撞鐘』、『狂言末広栄』という二つの草双紙へと案じられたことも、自然な成り行きであったと言える。怪異談としての性格が強い前者と、滑稽を主眼とする後者とは、性格的には相反するものだが、いずれも轆轤首という妖怪の趣向に寄りかかった作品である点は共通する。

これに対して、読本や講談といった「読み」のジャンルには、轆轤首という妖怪を趣向にしながらも、化物としてこれを出す「怪談」ではなく、妖怪という「幻想（俗信）」を利用した「詐欺」譚として取り扱う、現実的な奇談の系譜があった。高田衛が古く「都市生活は幽霊ばなしとその反対の極の非怪談とを育ててゆく」（「怪談の構造（下）」『古典遺産』七、一九六〇年四月）と指摘するように、非怪談（怪談のパロディ、弁惑物読本など）、すなわち「変格」

的な怪談が増えてくるのも近世の傾向であり、その背景に怪異に対する懐疑的な思潮があったことは一章に述べた通りである。

作り手の発想としては、化物ばなしの興味が薄れてきた時、その正体にオチを付けて笑い話として再生する、という方向性があった。それには「怪異誤認譚」（怪異であると誤認する話。臆病者の笑話など）と「怪異偽造譚」（怪異を故意に偽造する話。狡智譚、詐欺談など）という二つの系統があるが、轆轤首（ないしそれに類する妖怪、病など）の汚名を着せて婚姻を妨害する怪異偽造の説話類型が、近世中期以降の文芸に確認される。ここではまず、この説話類型の中で年代の確定できるものとしては最も古い、談義本『医者談義』（糞得斎《ふんとくさい》作。宝暦九年〈一七五九〉京都小田九郎右衛門・林宗兵衛／加州金沢安江町能登屋治助刊）巻の七「医者發不レ發《はやりはやらざる》之談義」を掲げる（「談義本」は滑稽の中に教誡や世相風刺を込めた読み物であり、表現・内容の両面で怪談書と接点の多いジャンルである）。ヤブ医者に矛先を向ける談義本は少なくないが、本話も悪徳医師の話例として作られたものである。

天文の頃であったか、江戸本丁筋の裏屋に住む浪人者に、大変美しい一人娘があった。家主はこの娘に思いをかけ妻にしようと思っていたが、彼女と芝筋の薬種屋の富家との間の縁談がまとまってしまう。家主はその妨害を親しい医者に相談し、医者は金子二十両でこれを引きうける。さて、医者はかの薬種屋の店に行き、「べいさらばさら」なる薬を買い求める。薬種屋の手代達が、この薬は渡来したばかりでまだ効能がよくわからないと、その用途を医者に尋ねると、医者は轆轤首の治療に用いるものであると答える。手代達が驚き問うには、異国に轆轤首島というものがあるとは聞いているが、我が国にもあるものかと。医者は、例の娘に治療を依頼されている旨を告げる。これによって、薬種屋は媒を介して浪人に婚約の破棄を申しでるが、浪人の方では納得が行かず、破棄の理由を追及したところ、かの医者の一件が明らかになる。さらにはこの医者と家主との繋がりが判明すると、浪人は家主の所為なることに思い至り、これを沙汰所へ訴訟する。吟味の結果、家主と医者とは白状に及び、それぞれ罰せられる。

この話の大筋は、講談『大岡政談』の「小西屋一件」【注10】に一致するが、「小西屋一件」では、薬はヒロインの病（轆轤首ではない）を治すための「テレメンテーナ」であり、婚姻を妨害した仇をヒロイン自ら刺殺するが、大岡裁きにてお構いなし、という展開をとる。成立時期が確定できないが、これに拠った歌舞伎に「てれめん」（天保八年〈一八三七〉初演「けいせい玉手綱」、文久三年〈一八六三〉初演「傘轆轤浮名濡衣」ほか同趣向の脚本数種あり）のあることが指摘されている。

なお類話に、振鷺亭の咄本『会談《かいだん》興唔《おとしばなし》叺《もん》雅《が》話《わ》』（寛政十二年〈一八〇〇〉刊）第二話「飛頭蛮の嫁入鼠に笑はるゝ話」【注11】や、写本実録『実談耳底記』（十巻二冊。国会図書館蔵）の巻六「浪人の娘汚名の仇を討事」がある。『会談興唔叺雅話』は珍しい噺本仕立ての怪談物で、書名に「興唔（おとしばなし）」を謳う通り、先に述べた「オチを付けて笑話化する」路線を行ったものである。浪人平岡右内の娘と薬種屋福屋富右衛門の息子の縁組みを、娘に横恋慕する武士小栗軍兵衛が薬種屋の悪手代らと共謀し、轆轤首の奸計をもって破談にする展開は、一連の類話に一致する。が、京都の話になっており、婚姻の支度金百両を悪手代が平岡宅に取り返しに行って揉め事になったり、軍兵衛と右内は元同家中の因縁があったりと芝居がかった筋書になっている。また破談になったところで本編は終わりで、以下は「来年の後編」に続くとなっているが、後編が出た形跡はない。『実談耳底記』はこれまで未指摘の類話であるが、時は元文の頃、青山町の浪人の娘と芝の薬種屋との縁談という設定で、大筋は（薬種屋の所在を「芝」にする点も）『医者談義』に同じだが、娘が大家を殺害する点は「小西屋一件」に近い。ただし本書も年記がなく、成立時期は確定できない。

【五】……前期読本『奇談玉婦伝』、『奇伝新話』

さて、この轆轤首詐欺譚のバリエーションに、件の「鐘撞の巷説」の要素を加えた前期読本が二作確認できる。一つは江戸の俳諧師飛花窓文母《ひかそうぶんぼ》の著した『奇談玉婦伝』【注12】（安永四年〈一七七五〉刊、京都西村市郎右衛門、大坂柏原屋清右衛門、江戸西村源六・小林半蔵相板。主板元は江戸の西村）巻一「轆轤首争レ婚《ろくろくびにこんをあらそふ》」である。次に梗概を示す。

今は昔、吾妻の片田舎に泰の新宮司氏雄という長者があったが、鐘楼を守る職をしていたので、世の人からは鐘撞と呼ばれていた。その家の娘香蘭《からん》は十七歳、才色兼美の美女と評判だったが、さる男性との縁談が突如先方から断られ、破談となる。その後も同様の婚約破棄が続き、ついには縁談もなくなる。父は大いに弱り、香蘭も外聞を恥じ恐れ、傷心の余り寝込んでしまう。下女槌と下男権東六が香蘭を慰め、香蘭もやがて快復。ある夜、槌が密かに香蘭の深閨を訪れ、権東六からの艶書を取り次ぐ。槌の口添えもあり、香蘭も東六を憎からず思っていたが、近々伯父が進めている縁組があったので、香蘭は東六に会って求愛を断る。すると、東六は今度の縁組も決して調わないから心配ないと言う。不審に思った香蘭が、言葉巧みに東六の腹の中を探ると、東六は口を滑らせ、香蘭の縁談を妨害するために、彼女が轆轤首であるとの噂を流布していたことを喋ってしまう。怒った香蘭は東六を刺して重傷を負わせ、事の次第を両親に告白する。ことは公になり、取り調べの役人に対しても香蘭は悪びれることなく事情を説明した。役官の追及で、権東六と槌は、もともとこの家の娘を犯し、主を亡き者にして家を乗っとる企みであったことを白状したので、両人は重刑に処せられ、香蘭は智勇兼備の美女として名を挙げる。かつて破談となった男たちから縁談の申し込みが再び殺到するが、香蘭はそれをはねつけ、西国の大守の若殿に嫁ぎ、後には「哥仙の前」と号す簾中の人となった。

傍線部の通り、読者に鐘撞の巷説をイメージさせながらも、時代、場所、登場人物名などを架空にして、物語のスタイルで書かれている。大筋が轆轤首詐欺譚の趣向によることは明白であろう。「玉婦伝」の書名の通り、本作は女性の美徳をテーマとする説話集であり、本話では、自ら危難を退けた香蘭の智勇が賞美されている。詐欺はそのような主人公の美徳を描き出すための趣向である。「玉婦」にフォーカスした本作では、香蘭の心理描写などなかなか生き生きと書かれている。プロットも巧みで、例えば権東六が香蘭に追及されて口を滑らせてしまうところでは、事件の真相を読者には明かさぬまま、場面を香蘭の部屋から氏雄夫婦の部屋へと転ずる。そこに香蘭が現れ、東六を刺したことを告げる衝撃の展開となる。サスペンスを高める巧みな構成であると言えよう。

続けて、同じく江戸出来の前期読本である『奇伝新話』(蜉蝣子《ふゆうし》原作。愛窓軒著。天明七年〈一七八七〉、江戸山崎金兵衛版)を見てみたい【注13】。曲亭馬琴の『近世物之本江戸作者部類』(読本作者部)では、『奇伝新話』について「当時の街談をとり直して綴りたりと見ゆるもありて」と述べられているが、巻四「能除㆓邪悪㆒貞烈処女全㆓婚事㆒《よくじゃあくをのぞいてていれつのしょじょこんじをまっとうす》」はその一つ、すなわち鐘撞の巷説を踏まえた妖怪(ただし「轆轤首」ではない)詐欺譚である。次に梗概を示す。

京都足利義教の治世、先年主家(小山永賢)が断絶となった稲津左衛門は鎌倉に浪宅を構え、娘雪《せつ》と暮らしていた。同じ街に雨具を商う彦四郎の姪は雪と姉妹のように仲良く、好色の彦四郎は左衛門に雪との縁談を申し込むが、断られる。鎌倉雪の下の薬種屋助右衛門の息子助九郎は商家に珍しき志士、偶然稲津父娘の危難を救った縁で知り合い、助右衛門家が左衛門家の遠縁にあたることもわかり、助九郎と雪の縁談がまとまる。この件を聞いた彦四郎は破談を画策し、知人の悪医師吉田伝隆【注14】(元浪士の吉田要人《かなめ》)がこれを請け合う。伝隆は薬種屋を訪れ、稲津家の娘の治療のための薬種を求めるついでに、かの娘には「異病」があり、背中に白毛、股に鱗が生じて、「其やうだいまことに妖怪のごとし」などと吹聴する。これを聞いた助右衛門親子は驚きつつも、慎重な助右衛門は雪に執心する者の謀略であることを見抜き、売買の証文をとって伝隆を帰す。一方、彦四郎の姪は雪を訪れ、叔父彦四郎に破談の謀略あることを知らせる。その翌日、雪は彦四郎を呼び出し、長刀でその首を打ち落とす。雪は町の司に直ちに出頭して事情を説明し、助右衛門も例の証文をもって訴え出たので吉田伝隆は捕らわれる。稲津親子と併せて取り調べの結果、鎌倉執事上杉憲実は稲津親子はお構いなし、伝隆は磔に処す、助九郎は雪を妻とすること、との裁きを下す。諸人は雪の勇操を美談として言い伝えた。

本話は足利時代に舞台を設定し、鎌倉の話にするなど、史伝物風に粉飾されている点は『玉婦伝』に似るが、悪医師が薬種屋を騙す構造など、『玉婦伝』以上に轆轤首詐欺譚の類型に近いと言える。「轆轤首」でなく「異病」とする点はむしろ「小西屋一件」に近いが、本話にも「鐘撞の娘轆轤首」の巷説との接点をうかがわせる要素（傍線部）がある。一つは彦四郎が雨具商とされている点であり、これは『狂言末広栄』にも「傘張り長者」という設定が見られたが、要するに傘の機構である「轆轤」（すなわち轆轤首）を暗示するものである。また、医師伝隆の旧名が要人《かなめ》とされているが、これも『狂言末広栄』の「要の介」に同じく、石町の扇店御影堂に因む命名で、つまりは石町鐘撞堂を暗示するものであったと考えられる。

「能除邪悪貞烈処女全婚事」の特徴的な点は、「異病」の話を縁談相手の助右衛門方がまったく信じず、ヒロインに悪い噂が立ってはいない点であろう。『奇伝新話』は、巻末広告に「勇士烈婦めづらしき怪談」と謳う通り、勇士・烈婦のあるべき姿勢を示そうとする士分のイデオロギーが濃厚である。この場面も、怪談めいた噂を信じて婚約を変改するようなことは、本話の「勇士」たる助九郎の父助右衛門の態度として相応しからぬため、右のような筋にしたものだろう。もっともそのせいで、実質的にはさほどの被害を被っていない雪が、いきなり彦四郎を討ち取るという、いささか乱暴な展開になってしまっている。しかし、これを烈婦たるものの行為として賞賛する点は『玉婦伝』と同様で、要するにこれら読本二作は儒教的な女性の美徳の観念の結晶ともいうべきヒロインを造形している。これは今日から見れば、観念的な人物造形ではあるが、作品に思想を盛り込み、それを表現するために奇談的趣向が利用されている点は、単なる趣向主義の詐欺譚とは区別されてしかるべきであろう。

一方「轆轤首争婚」は、裁きの後、以下のような後日談のある点も注意される。

香蘭の一件が知れ渡ると、「よくも悪くも世の人のことのは種《ぐさ》と成りてその名高かり」という次第で、香蘭は一転、自ら汚名をそそいだ智勇兼備の美女として話題の的となる。かつて婚約を破棄した男たちが後悔して、再び媒をおくってきたので、氏雄の家は媒の行列となった。氏雄も持て余し、ついには、ある媒の提案で神頼みで婿を選ぼうと、籤引きが行われることになる。この事態を聞いた当人の香蘭は呆れ、自分の口上を侍女の小菊に言い伝える（以下原文を引用する）。

広間《ひろま》せばしと媒介《ばいかい》ども片唾《かたづ》を呑《のん》で待ける所へ、瓢《ひやう》々然《ぜん》として小菊立出、礼終《れいをはり》「扨、娘香蘭申述《のぶる》一通御聞あれ」と云て小庭《には》に指《ゆびさし》、「あれ御覧《らん》ぜ。今を盛《さかり》と咲《さき》乱たる草花は紫陽花《あぢさい》と申もの。又七化草とも申よし。此花の心をたとゆれば、此度《たび》の聟《むこ》方の心にひとし。さま〴〵に変《へん》じて旦夕に色替る、心のつたなき紫陽花《あぢさい》を生界《せうがい》の花と詠《ながむ》る主人香蘭にては侍はず。蘭の花と此紫陽花とは中々つりあはぬ花競《くらべ》にて侍ふ。浅々敷隅言《ぐうげん》に惑《まどひ》、真偽《しんぎ》も糺《ただ》さず約《やく》を変る臆病《へんずをくびやう》にて、轆轤首《ろくろくび》の妻《つま》をむかへんとは片腹痛《かたはらいたし》。恐《おそろ》しき妖《ばけもの》にて候へば、御無用にこそ侍へ。自《みづから》もさら〳〵心はなく候間、御縁の事は此度は又こなたよりいなみ申なり」と歯《は》に衣きせず蘭《らん》女の口上、妼《こしもと》小菊が糸口の筋《すじ》をみださず述《のべ》けるに、各《をの〳〵》面《をもて》を見合忙《ばう》々然と惘惑《まうわく》しけるが、つく〴〵慮《をもんばかる》に、得心《とくしん》なきを押《をし》て云べきの法なし、云つのるほど虚気者《うつけもの》の沙汰《さた》なりと、初悟《はじめてさとり》をひらき、暇《いとま》も告《つげ》ず頭《かしら》を抱《かゝへ》、鼠の逃《にげる》がごとくみな〳〵立《たち》去けるとなん。

ここに至って、香蘭の矛先は、噂を捏造した犯人から、「浅々敷隅言に惑、真偽も糺ず約を変る」人々へと転じている。これは作者が、この一件に加害者（権東六）と被害者（香蘭）だけではなく、本文に「よくも悪くも世の人のことのは種《ぐさ》と成りて」ともあるように、噂を無責任に信じ、広めていく自覚なき共犯者の存在を捉えているということであろう。すなわち詐欺の加害者とは別に、デマを成り立たせる世間（コミュニティ）の問題を見ているということである。作者はこの時、モデルとなった巷説の「おつよ」の姿をヒロイン香蘭に重ねていたのではなかろうか。宝暦前後には、「惣じて昔も今も、何者の、何の所得ありてか、そら言を作り出し、言い触らす事か（略）年々色をかへたる、流言の妄説」（宝暦二年〈一七五二〉刊『当世下手談義』巻四）と言われるような流言蜚語のはやる世相があったが、「おつよ」のケースのように、それは時に人を「妖怪」に仕立てることもあったわけである。「恐しき妖《ばけもの》にて候へば、御無用にこそ侍へ」という痛烈なしっぺ返しの台詞は、「妖怪視された者」の感情を代弁するものだろう。ここにはこの種の噂を翫ぶ無責任な世間への揶揄も込められているのではないか。男たちを「虚気者」に描くことによって、対比的に強調されているのは、香蘭の凛然たる態度である。作者はこのような意地のある女性を「玉婦」としているので、それは『奇伝新話』の「烈婦」とは少しニュアンスが異なる。香蘭は泣く演技をみせて権東六の口を割らせるしたたかさをみせるかと思えば、痛快な台詞でプライドのない男たちを退散せしめる。なかなか魅力的な「玉婦」なのである。

おわりに――妖怪は人が作る

近世中期に噂が広まった石町鐘撞堂の「轆轤首娘」は、いわば個人に着せられた汚名としての妖怪、世間によって作られた妖怪であった。この巷説に取材した草双紙が轆轤首の「化物ばなし」にこれを仕立てたのとは対照的に、読本や講談といった小説性の高いジャンルは、妖怪を利用した詐欺譚、すなわち現実的な奇談を構想した。また、前期読本の二作が、詐欺の趣向に止まることなく、危難に立ち向かうヒロインの行動を問題にし、婦道（女のあるべき姿）を主題化している点は、やはり寓意を重視するこのジャンルの特徴を感じさせるものである。

とりわけ、『玉婦伝』には、妖怪を作り出す「世間」への問題意識がうかがわれ、近世妖怪小説の異色として注意される。例えば同じ読本ジャンルであっても、十返舎一九の『怪物与論』（享和三年〈一八〇三〉刊）巻四「轆轤《ろくろく》首《びの》稀念却報福話《きねんかえってさいわいをむくうはなし》」のように、完全に轆轤首の化物の趣向に寄りかかった作柄もある。『玉婦伝』はこれとは対照的に、近世都市民が「妖怪」を作り出す仕組みやそのようなコミュニティの病理を暴いた「妖怪小説」を、期せずして作ってしまったということである。

【注】

1 『竹橋余筆別集』所載「本石町三町目鐘撞堂入用帳」については、坂内誠一『江戸最初の時の鐘物語』（流通経済大学出版会、一九九九年）を参照した。

2 『当世武野俗談』の伝本には二系統があり、本稿は宝暦七年の序を持つ『燕石十種』所収本に拠ったが、引用は底本（『燕石十種　第四巻』中央公論社、一九七九年）の表記を一部改めた。

3 「本石町時鐘役起立」（『撰要集』起立之部〔『古事類苑』「方技部六暦道下」所引〕）。

4 「正宝録続」明和二年十一月三日（『東京市史稿　産業篇二一』）。

5 『反古風呂敷』の話は『広文庫』（「ろくろくび」項）に載るが、原本不明。『諸国奇談集』は江戸末期編集の写本で、東北大学附属図書館狩野文庫の所蔵（狩・四・二八六七六）。

6 『三十輻　第四』（国書刊行会、一九一七年）所収本による。

7 婚礼の晩に花嫁の蛇身を見て婿が逃げ帰る話が、『好色百物語』（元禄十四年〈一七〇一〉刊）巻四「婚姻の夜女の蛇身を見て聟逃帰る事」に見える。

8 『狂言末広栄』と『当世武野俗談』が同じ巷説に拠ることは、『続黄表紙解題』などに指摘がある。

9 轆轤首は近世に普及した妖怪であるが、その起源となるのは、中国渡来の「飛頭蛮」と、日本古来の「遊離魂」の観念であると考えられる。

10 本稿における「小西屋一件」についての論述は、『大岡政談』（帝国文庫四十三篇）所収のテキストに基づく。

11 「てれめん」・『小西屋一件』・『会談興唔閄雅話』の類似性については、飯塚友一郎『歌舞伎細見』（第一書房、一九二六年）に指摘がある。同書や帝国文庫『大岡政談』の解説は、「小西屋一件」を中国種であると推測しているが、具体的な典拠の指摘はこれまでないようである。
『化物判取帳』（宝暦五年〈一七五五〉刊）巻三「轆轤首姫」には、轆轤首の濡れぎぬを逆手にとった詐取の話が見える。すなわち轆轤首を装って夫を怯えさせ、離縁の際に妻が慰謝料をとるというもの。また、為永春水の合巻『敵討轆轤首嬢』（文化四年〈一八〇七〉刊）にも、轆轤首が原因で婚約が破談になる筋が見られるが、これは汚名ではなくヒロインは本物の轆轤首として設定されている。

12 『奇談玉婦伝』は『諸国奇談集』（勝又基・木越俊介校訂代表、国書刊行会、二〇一九年）に翻刻が備わる。

13 『奇伝新話』は『初期江戸読本怪談集』（大高洋司・近藤瑞木編、国書刊行会、二〇〇〇年）に翻刻が備わる。併せて、拙稿「『奇伝新話』と『奇伝余話』」（『読本研究新集』第三巻、二〇〇一年十月）も参照されたい。

14 ちなみに、吉田伝隆という作中人物には、富豪の盲人「鳥峯検校」と申し合わせてあくどい高利貸しを働き、検校は悪事露見して牢死、吉田は追放されたという過去の設定があるのだが、このエピソードは、盲人高利貸しで、妓女瀬川を身請けしたことで知られる「鳥山検校」の実説を踏まえたものと見られる。安永七年〈一七七八〉の鳥山検校処罰の一件は、『譚海』巻二「検校勾当放逸に付御仕置の事」によれば、「同七年（安永七年）十月盲人検校勾当の輩高利金子貸し候て、証文には廿両壱歩《ぼ》の書付を取《とり》、内々にて厳敷《きびしく》返金をはたりし事露顕し、盲人数輩入牢に処せられ（略）浪人のるい高利金子かし候ものまで連及《れんきふ》し、召《めし》とられ究問《きうもん》あり。八丁堀住居吉田主税《ちから》、神田佐久間町住居細川下野などいふ浪人も入牢せられたり」云々とある。この「吉田主税」が吉田伝隆のモデルと見てよかろう。

付記 石町鐘撞堂の巷説をとりこんだ戯作に黒本『恋紅染《こいのべにぞめ》』（宝暦十二年〈一七六二〉刊。和祥作・鳥居清満画）がある。同作は鐘撞の巷説に「京橋中橋おまんが紅」の俗謡をないまぜた一種の妬婦物であり、京橋おまんの一念がたくさんの巨大な首となって石町へ飛んでゆく怪異の趣向などが見られる。「つりがね弥左衛門」、浅草の「あんずい上人」などの登場人物名の類似から、三節で触れた『思ひの撞鐘』との関連がうかがわれる。

【挿図出典・所蔵】
公益財団法人東洋文庫蔵本。

七章

茶碗児の化物

興福寺七不思議

はじめに

今日、すっかり忘却されてしまったようだが、奈良興福寺には、七不思議とも言うべき妖怪の伝承があったらしい。江戸時代の浮世草子怪談集『咡《ささやき》千《せん》里《り》新語《しんご》』（宝暦十二年〈一七六二〉刊。松木主膳著。古典文庫第六六三冊に活字翻刻あり）巻三「茶碗児《ちゃわんちご》の化物」には、「南都興福寺にいろいろの化物あり」とあって、「東花坊《とうかぼう》のからかさ小僧。無量寿院のちゃわん児《ちご》ぬれ髪。南大門の高坊主《たかぼうず》。大鳥居の朱盆《しゅぼん》。水屋の小豆とぎ。元興寺《がんこうじ》には今もなを鬼出るとや。光林院《こうりんいん》のちゃわん児は、とりわけ世上に名だかき化物なり」と七種の妖怪を挙げている。本来神聖なる領域のそこここに妖怪が巣くっているというのも面白い。

ここには妖怪名称の文献上の記録として、古く、珍しい用例がまとめて見られ、妖怪好きにはそれなりに価値ある資料だと思う。古くは藤沢衛彦がこの説話を『妖怪画談全集　上』（中央美術社、一九二九年）で採り上げているので、同書を引く村上健司の『妖怪事典』（毎日新聞社、二〇〇〇年）などには、「茶碗児」が立項されている。が、原典に即してこの七妖怪がかえりみられたことはあまりないようなので、今回「茶碗児」を中心に若干の解説を加え、この資料の意義を確認しておきたい。

【一】……東花坊のからかさ小僧

俗に、からかさ（唐傘）小僧とか傘化けなどと呼ばれる、傘に手足（一本足）が生えて一つ目で舌を出す、といった傘妖怪のイメージは、水木マンガや大映のお化け映画などの影響で、今日ではかなりメジャーなものだと思うが、実は江戸時代には意外なほどこの妖怪の「説話」がない。村上健司の『妖怪事典』の「カラカサオバケ」の項を見ても、「よく知られた妖怪のわりには戯画などに見えるくらいで、実際に現れたなどの記録はないようである」とある。「怪異・妖怪画像データベース」（国際日本文化研究センター）で検索すると、幕末歌川芳盛画『しん板化物尽し』には「からかさのおばけ」が見え、他にも『大新板化物飛巡双六』や『妖怪かるた』（東京国立博物館所蔵本〈「さ」の絵札〉など）などのおもちゃ絵にも一本足で舌を出すからかさ妖怪が見られる（ただし目は二つ）。少し遡って、草双紙の化物尽くしには

図１　『化物天目山』二ウ・三オ（部分）
「からかさひょこひょことびありく」

「器物」系の化物も多く、例えば『化物義経記』(寛延三年〈一七五〇〉刊)では、平宗盛に「傘」の化物が割り当てられているし、『妖相生《ばけものあいおい》の盃』(宝暦十二年刊)には見越し入道の軍勢に蛇の目傘の化物が見える。また『化物天目山』、『絵本妖物語《ばけものがたり》』といった上方子供絵本の化物本にも一本足の傘妖怪が散見するが、顔の部分は髭を生やした親父風に描かれたものが多い[図1]。唐傘妖怪は元来古道具の妖怪の一種であろうから、ルーツを遡れば『百鬼夜行絵巻』に見える傘の器物怪あたりに行き着くと思しいが、その「小僧風」のイメージは、意外に新しい——つまり、江戸時代中期以降に雨と縁のある小僧系の妖怪——河童、豆腐小僧、雨降り小僧など——が混同、融合されていく中より派生してきたのではないかとも思っていたのだが、そのような憶測に留保を促すのが「東花坊のからかさ小僧」である。その実態は不明だが、この記述はそのような伝承の存在を示唆する物であり、「からかさ小僧」の名の登場する文献資料の古例として注目される。

【二】……大鳥居の朱盆

「朱(首)の盆」も元来はマイナーな妖怪だが、やはりアニメの鬼太郎でキャラクター化されたりしたおかげで、昨今はだいぶ有名になった。近世の図像については、『怪』の三二号(角川書店、二〇一一年三月)に、新発見の肉筆画が掲載されたが、草双紙(安永五年〈一七七六〉刊『御伽百物語』中巻十丁裏)に絵のあることについてはかつて書いたことがある(拙稿「黄表紙怪談集の諸相」、本書第三部二章に所収)。朱の盆の絵は他書にもあるので、詳細については同章を参照されたい。説話としては、同図の元ネタでもある『諸国百物語』、『老媼茶話』くらいしかないので、「大鳥居の朱盆」はこの妖怪の成り立ちを考える上で貴重な資料と言える。ここに言う「大鳥居」は、興福寺の鎮守である春日大社の一の鳥居のことで(これが現状のように、近世期に朱塗りだったかどうか未確認だが)、朱盆の「朱」は鳥居の朱塗りと関わるのだろうか。

【三】……水屋の小豆とぎ

「小豆とぎ」ないし「小豆洗い」と言われる妖怪は、『絵本百物語』（桃山人作・竹原春泉画、天保十二年〈一八四一〉刊）巻五「小豆あらひ」のイメージが水木しげる作品を介して普及したこともあり、今日メジャーな妖怪の一つになっている。「小豆とぎ」という妖怪名は『日本国語大辞典』にも立項されているが、文献の用例はない（しかし、その説明に「貉《むじな》の交尾期の音を誤認したもの」と言い切っているのは凄い）。アズキ系妖怪の文献記録としては、「小豆はかり」を載せる『怪談老の杖』（宝暦四年〈一七五四〉成か）が古いが、『咡千里新語』はこれに次ぐものと言える。ここに言う水屋とは春日大社の水屋社（祭神牛頭天王）のことと思しい。

【四】……元興寺の鬼

元興寺《がごぜ》（元興神）の類のことは、『妖怪談義』などで古くから論議があり、『化物尽くし』、『画図百鬼夜行』などに描かれ、これも鬼太郎でキャラクター化されたことで、今日よく知られていよう。ここでは、お化けの総称としてのガゴゼ、ガゴジのことはさておき、伝承としての「元興寺《がんこうじ》の鬼」に絞って考えたいのだが、周知の通り、元興寺の鐘楼に住む鬼を童子（後の道場法師）が退治したという話は、古くから『日本霊異記』ほか諸書に見えるし、江戸時代には画題として絵本類などによく採られるものでもあった（宝暦三年刊『卜翁新画』巻二「元興寺童子」など）。

ただ、『咡千里新語』の興味深いのは「今もなを鬼出るとや」と、この話を過去のものとしてではなく、今なおリアルなものとして記していることである。千年近く時を経て都市伝説が命脈を保つのは、やはり悠久の古都ならではであろうか。

【五】……光林院の茶碗児

そして、七つのうち当時最も世上に名高かったという「光林院のちゃわん児」の話として、『咡千里新語』に見えているのは、次のような皿屋敷の稚児版とも言うべき怨霊譚である。筒井家は代々続いた大和の国の名家だが、定慶《さだよし》の代に断絶。ただしその妾腹の子菊丸《きくまる》は、光林院（興福寺境内南東、現在の鷺池の南に位置した子院）で稚児になっていた。菊丸は十五の歳、菊丸にふられた若狭という僧に、寺宝の茶器「飛火野《とぶひの》」を割った濡れ衣をきせられ、院主に不当に折檻され、彼らを怨みながら舌を食いきって果てる。菊丸の兄分（男色関係）であった僧観良《かんりょう》は、菊丸の仇である若狭を討ち自決する。が、菊丸の恨みの念は晴れず、悪霊となり、「さもすさまじき裸形の児、まなこ大にして一つかしらにちゃわんをいただき」、毎晩現れて

図２　『咡千里新語』「茶碗児の化物」挿絵
宙空を舞う茶碗児におびえる僧侶たち
茶碗児「おれにつらかりしむくいをしらそぞ、うぬめら」

ついに院主をとり殺す。さらには、寺の者を残らず滅ぼして廃寺にしてしまった、という凄まじい結末で、僧の話でありながら、まったく成仏に向かう気配がない。興味深いのは、ここに筒井定慶(順慶の養子)や興福寺光林院といった実在の名称が出てくることであり、どこまで依拠するものがあるのかわからないが、筒井家は興福寺衆徒の棟梁であったから、この話はそれなりにリアリティをもってしまうところがある。本書の出版された当時、大名としての筒井家はすでに消滅していたが、興福寺の関係者が読めばやはり眉をひそめそうな話ではある。が、宗教的解決など放棄して、(あくまでフィクションの上でだが)腐敗した寺僧や寺院を容赦なく叩き潰してしまうのが、本作の過激さであり、面白さだろう〔図2〕。

無量寿院(興福寺境内東北にあった子院)のぬれ髪、南大門(興福寺南大門)の高坊主も気になるが、いずれも詳細は不明なので、識者の御教示を待ちたい。

【注】

「東花坊のからかさ小僧」「無量寿院のぬれ髪」については、拙稿「妖怪伝承データベースの成果と課題―からかさ小僧を例にして」(小松和彦・安井眞奈美・南郷晃子編『妖怪文化研究の新時代』、せりか書房、二〇二二年)でも触れているので参照されたい。

【挿図出典・所蔵】

図1　香川大学図書館神原文庫蔵本(中野三敏・肥田晧三『近世子どもの絵本集〔2〕上方篇』岩波書店、一九八五年)より転載。

図2　東京大学附属図書館霞亭文庫蔵本。

第二部

怪談仲間とハナシの共同体

一章

玉華子と静観房
怪談・談義本作者たちの交流

はじめに

十八世紀初頭よりのいわゆる文運東漸《ぶんうんとうぜん》の潮流の中、江戸では幕府の民衆教化政策に呼応して庶民向けの実用書や教訓読み物等が盛んに出版されるようになり、やがて江戸戯作の母胎となる談義本が生み出される。この時期怪談ものの流行も認められるが、それらは中野三敏が「当該期の奇怪談はやはり教訓読本の一種として把握したほうがよい性格を持っている」（『戯作研究』「談義本―その精神と場」中央公論社、一九八一年）と評する通りであり、後に談義本で著名となる静観房《じょうかんぼう》好阿《こうあ》も、教訓色濃厚な怪談の著作から、そのキャリアをスタートさせていた。この時期の江戸の読み物作者の活動については未だ不明な点が多いが、三田村鳶魚はつとに「民間に起った談義物の作者連中の一団は、相当に連絡を取っていたものらしくみえるのであります」（「教化と江戸文学」【注1】）といった推測をしている。本章では、静観房好阿の江戸人説を前提に、好阿・奥村玉華子・橋本静話といった、当時の怪談・談義本作者たちの交流や、彼らの協同的な述作方法について論述する。

【二】……好阿江戸人説について

静観房好阿の伝記研究は、古く好阿を上方出身の浄土僧とみる上方人説（鈴木行三、三田村鳶魚）と、江戸両国の山本善五郎とみる江戸人説（水谷不倒）が提示されてより、おおむねこの二つの路線で進められてきたと言える。前者は主に『教訓続下手談義』、『評判当風辻談義《いまようつじだんぎ》』、『戯作評判千石篩《せんごくどおし》【注2】』などの記事に拠り、特に『評判当風辻談義』は「彼下手談義の作者静観坊といふは（略）実は大坂さつま堀の、名ある医者じや（略）彼者生れ落から、浄家の沙門となり、後に故ありて旧里に帰り、父祖の跡を続、医を業とし（略）今は大坂の、無為庵といふ草のいほりに、念仏三昧で居るを知れり。」（巻四）、「近い比大坂の医者徳孤《とくこ》子が。静観房と替名して。東武の旅宿で。町人の身持を説。題名を下手談義とやらいふて。世に弘めしを（略）彼積慶堂《しやくけいどう》の主人は。仁術たる医を業とし。其間は下化衆生の下手談義。」（巻五）と、好阿を大坂の医者積慶堂徳孤子《しやくけいどうとくこし》であるとする。浅野三平が「静観房好阿」（『近世中期小説の研究』桜楓社、一九七一年）で諸説の総まとめを試みて以来、好阿の伝記についてはこの上方人説が有力であったといえる。

その影に比較的軽視されてきたのが、後者の好阿江戸人説（山本善五郎説）である。これは平秩東作《へずつとうさく》の『莘野茗談《しんやめいだん》』に見られる「下手談義といふ草紙、静観房と作者あれども、両国橋もと淡雪豆腐を売りし日野屋、株をば人に譲りて、隣に山本善五郎とて、手習屋をして居たる男の作なり」という記事を根拠とし、『近代名家著述目録』に「山本好阿　称善五郎」の項があることなどを傍証とする。また、積慶堂徳孤子説をとる鈴木行三が否定的に引いている記事ではあるが、『武江年表』宝暦年間の項にも「山本静観房【注3】といふ者『下手談義』といふ草紙をあらはして世に行はる。載するところ戯文なれども、教戒の意を用ふ。此の人の著書十三部程あり（「著述目録」に出たり。墳墓は回向院に在り）」と見えている。

その後、この山本善五郎説に関する有力な裏付けが報告された。すなわち浅野三平によって『竹馬警策《いさめのむち》』（写本）なる新資料が紹介され、同書に「明和六巳丑春三月／七十二翁浄観好阿謹書於病床」という好阿の序があること。同書にみえる尚白亭思斎老人の文に「静観房好阿は山本氏の産（略）曽て名を沙門に仮て下手談義等を著し、世に教へを垂るゝ事普く人の知る所なり。此序を書て後廿日はかり過て四月二日安然として命終せり。法名を瑞誉了夢居士。回向院の後に石碑あり云々」とあることなどが報告されたのである（「好阿・綾足・籬島など―『近世中期小説の研究』補訂―」『国文目白』三〇号、一九九〇年一二月【注4】）。中野三敏はこれを重視して「今後は大阪の積慶堂徳孤子説よりは、この山本善五郎説を中心に、その伝の追求がなされてしかるべきかと思う【注5】」と研究の方向性を示唆している。

そこで好阿作『御伽空穂猿《おとぎうつぼざる》』（元文五年〈一七四〇〉刊）の巻末の説話「稲荷の神感によつて富を得る事」に注目してみたい。これは両国の日野屋という淡雪豆腐の名店が稲荷の神感を得て富み栄えたという霊験譚である。

> 東武両国橋の東に日野屋東次郎といふものあり（略）さいつごろ神名月《かみなつき》中の五日のころ（略）したしき友《とも》をまねき火鉢《ひばち》取廻して雑談《ざうたん》刻をうつし（略）人々家居に帰る中に軒《のき》近き伊勢屋金三郎と云おとこ庭《には》に立止《とゞま》り。いと不思議《しぎ》さふ成体《てい》にてかへりもやらず詠入《ながめいり》たるさま（略）何事にやと立て見るほどに（略）表《おもて》の方に立たる障《せう》子《じ》の破《やぶ》れたるひまよりともしびの。かげのもれ来て奥に立置たる戸にうつる影《かげ》白狐《こ》のひざまづきたるすがたあり〳〵と見えて絵書《えかけ》るがごとし（略）伊勢屋すなはち筆を染て其かげの移りしまゝに少しも心を加《くわ》へず写《うつ》し取て見るにかしらより手足の勢い、尾の形勢名ある画工の心をつくして書たり共。かばかりにはと思ふ程《ほど》なり（略）明る晨《あさ》となりの主に此事告《つげ》んと語り出るに隣家《りんか》の山本何某《がし》一幅の絵像をたづさへ来り、是は我主君に奉る稲荷《いなり》

の神像《しんぞう》なりとて（略）爰におゐて日野やが家内ふたゝび奇特《きどく》の思ひをなし、只今夫《それ》へ参りて夜前《やぜん》の次第《しだい》をも語りうつりし白狐の影《かげ》をも。見せ参らせんと申居たる所に此神像を持参《じさん》し給ふことの不思議《ふしぎ》さよ。偏《ひとへ》になりの影向《えうがう》し給ふなりと悦《よろこ》び敬《うやま》ふ事大かたならず。此白狐の影像《えうぞう》を則神体《しんたい》と崇《あが》め祭《まつ》りて、家内に勧請《くわんぜう》しける。かく有て後商《のちあきな》ひ日々《ひゞ》に繁盛《はんぜう》して今に江府《がうふ》町中に。もてはやす泡雪豆腐《あわゆきどうふ》と云は。この家の産業《さんげう》なり（略）日野《ひの》屋は日に増《ま》して栄え行事《ゆくこと》誠に稲荷《いなり》の神慮《しんりよ》に叶《かな》ひぬるゆえ行末《ゆくすへ》目出度春秋《しゆんじう》を送《おく》りける。

（国会図書館蔵『御伽空穂猿』元文五年板本より抄出）

『御伽空穂猿』巻五の四挿絵・回向院前の賑わい。右上に「あわゆき　ひのや」が見える。

本話に見える「日野屋東次郎」とその隣人「山本何某」が『莘野茗談』の記事に符合するということは、古くから指摘されていたことである。そしてこの話に登場する人物は、すべて東両国界隈に実在したことが次の通り地誌『続江戸砂子温故名跡志』（菊岡沾涼著・享保二十年〈一七三五〉刊）によって確認できる【注6】。

「○花饅頭　回向院前　伊勢屋金三郎」（巻之一「江府名産」）

「○淡雪とうふ（略）両国はし　日野屋藤次郎」（巻之一「江府名産」）

「○円通丸一名達磨丸▲食しやう　りひやう　おこり　口中一切のわつらひ其他并ニ如神丸▲さんせんさんこに

第一よし　難産にきめう　きうつめまい　立くらみ　つつう　手負ちどめ等婦人の神薬也　服部観荷斎製。両国橋ひかし　山本善五郎」（巻之五「薬品衆方」）

ここに特に「山本善五郎」の名が見えているのは、この人物の実在を裏付ける資料として注目されよう。『莘野茗談』には「手習屋をして居たる」とあったが、右の記事の時点には薬の販売もしていたことがわかる（「服部観荷斎」については未詳）。右に挙げた人物がすべて実名で登場している「稲荷の神感によつて富を得る事」は日野屋の宣伝を兼ねた実話として喧伝されたもののようである。それは古く朝倉無声が本話に関して引く次の『観水堂雑記』（写本）の記事からも察し得る。

山本の静観房は、白狐の御影を感得してより、あわ雪の店日に増し繁昌して、富栄る身とはなりぬ、近頃教訓草紙を多く著し、普く世に行はれ侍べる、元より仏学に達したれば、行脚の僧に一宿を許して問答するに、いづれも云ひ破られぬはなし。

（朝倉無声「江戸名物志」【注7】）

この記事は好阿と同時代の黒本作者である観水堂丈阿によるものだが、従来の好阿の伝記研究においては看過されがちであった。しかるに、好阿をやはり「山本の静観房」と呼び、「あわ雪の店」（日野屋）や「仏学」との関連を示唆している点が注意されよう。

さらに改めて好阿の著作を見直して見ると、東両国界隈の、特に日野屋や回向院《えこういん》関係の記事が少なくないことに気づく。

『当世《いまよう》下《へ》手《た》談義《だんぎ》』巻五「都路無字大夫江の嶋参詣の事」には、「此比も回向院の開帳参りに乗うつりて、両国橋の辺を徘徊して見れば、三ツ口の淡雪が二階で、若党ぐらゐの侍が、たつた六文が物喰ながら」と日野屋の淡雪豆腐の記事が見える。また『教訓続下手談義』にも「近くは両国の無縁寺へ這入角に、淡雪の見世がある」（巻一「八王子の臍翁《さいをう》手代への説法」）、「淡雪豆腐の一膳なんどで、能は頼まれて飛込事ぞと」（巻四「三囲通夜物語」）などと見えている。また『万載狂歌集』（天明三年〈一七八三〉刊）巻十三には「両国橋のほとりなる淡雪豆腐をくひ／静観房」として「両国の橋から富士の山かけてあは雪白く見えわたるかな」の歌が載る。

「両国の無縁寺（近藤注・国豊山無縁寺回向院）へ這入角《はいるかど》に、淡雪の見世がある」と言われるように、日野屋は回向院の参拝客などを相手に繁盛していた店らしい。回向院も好阿の著作には頻繁に登場しており、『御伽空穂猿』には同院の一言《ひとこと》観音の利生説話が見える（巻四「一言観音利生の事」）。『当世下手談義』巻三「娯足斎園茗小栗の亡魂に出逢ふ事」には「此の十年ばかり已前に、江都の回向院にて、あられもない木像を、我等夫婦が像じゃとて、開帳せしが」といった記事が見え、同書巻五「都路無字大夫江の嶋参詣の事」でも回向院の開帳や藁づとの弁天などに触れている。

ところで両国で淡雪豆腐を売る店は日野屋だけではなく、「両国の明石屋日野屋が、光を争ふ朝日影、いづれ本家とうたかたの、淡雪の風味さへよくば」（安永九年〈一七八〇〉刊『古朽木』巻二）とあるように、明石屋というライバル店があった。また『御伽空穂猿』「稲荷の神感によつて富を得る事」には「今江府町中にもてはやす淡雪豆腐と云は、この家（近藤注・日野屋）の産業なり、其繁栄をうらやみ、贋徒軒をならべて欺き売れども」ともあるので、類似品を売る店はいくつかあったらしい。そこで好阿は「稲荷の…」では「神明の冥助にて、人よく其真贋をわきまへ、似せ物はおのづから蛍火の太陽のひかりとあらそへるがごとく、日野屋は日に増し栄え行」といった結末を用意し、『教訓続下手談義』巻一「八王子の臍翁《さいおう》手代への説法」でも「類商売の近所に多いは、伴つぶれになるならひ。近くは両国の無縁寺へ這入角に、淡雪の見世がある。あれも右か左かどちらぞ。隣のうれるに心うごき、義理も批判もかまはずに、出したものと見ゆるが、あれも跡から出す方の、御家主のとめられそふな事と思ふが」と、淡雪豆腐の類似店を皮肉っている。『莘野茗談』や『観水堂雑記』は日野屋がもともと好阿の店であるように書いているが、右のように好阿が日野屋の宣伝、売り込みに熱心であることを考え合わせると、やはり好阿と日野屋とは深い縁故があったように思われる。

　このように見てくると、好阿はやはり山本善五郎であり、江戸で少なくとも『続江戸砂子温故名跡志』にその名の見える享保二十年前後の時期には両国橋東に住んでいたとみてよいように思われる。また『竹馬警策』や『武江年表』で好阿の墓所を回向院とするのも信憑性が高いと考えられる【注8】。

【二】……玉華子と静話

『再訂江戸惣鹿子《そうがのこ》新増大全』の著者として知られる奥村玉華子《ぎょくかし》は、同書巻四上で「予は元来。本所の産也」と述べており、江戸本所の生まれである（花咲一男の指摘【注9】）。その著述と認められるものには、

『分間江戸大絵図』（奥村玉華子書。石川流宣画・江戸　万屋清兵衛・山口屋与兵衛板。延享五年〈一七四八〉刊・後修板あり）

『再訂江戸惣鹿子新増大全』（市中散人奥村玉華子編纂。寛延四年〈一七五一〉江戸藤木久市板）

『女万葉世継車』（奥村玉華作。寛延四年江戸奥村喜兵衛板。『割印帳』による）

がある。中野三敏の推測する通り、右の『女万葉世継車』の板元奥村喜兵衛が「（奥村玉華子と）同一人か、少くとも所縁のある人物【注10】」であるとすれば、宝暦八年刊『泯江節用集』（玉花子作。江戸　小川彦九郎・奥村喜兵衛板。『割印帳』による）なども奥村玉華子の作と考えてよかろう。また江戸絵図『万代江戸図鑑分間』（寛延元年刊）や『女千載和国文』（宝暦二年刊）、『袖玉ちんかうき』（宝暦二年刊）などの実用書、『軽口福徳利』（『軽口野鉄砲』の改題本・宝暦三年刊）、『軽

口噺鶏』（『御伽咄かす市頓作』の改題本・宝暦三年刊）といった咄本の改題本等【注11】を、もっぱら吉文字屋次（治）郎兵衛（江戸日本橋通三丁目【注12】）より出版している「故応斎玉華子」は、名前・活動期・著作傾向の一致することから同人と思しい。玉華子の伝記は明らかではないが、その著作は大衆向けの実用書・教育書（女訓書、重宝記）の類が多く、自らを「予がごとき市人」（『江戸総鹿子』巻七）などと称する通り、市井の知識人であったと思われる【注13】。

さて、『再訂江戸惣鹿子』の自序に「静観房が勧を力に。再び世上にひけらかし侍る」と見えることは、つとに三田村鳶魚（「教化と江戸文学」）などによって指摘されていた。本所生まれの玉華子は「彼の辺（近藤注・本所）には知る人も少なからず」（『再訂江戸惣鹿子』巻四上）と言っているが、好阿の住んだ東両国は本所の西南部にあたる。『再訂江戸惣鹿子』には「近世印行の。うつほ猿と云。草子にもくわしく記せり」（巻四上・回向院、一言観音の項）、「近世印行の草子。空穂猿にも。此事くわしく注せり」（巻四下・観音霊場、一言観音の項）、「静観堂がうつほ猿といふ。物語の草紙に委し。」（巻七・江府名物、淡雪豆腐の項）といったように、繰り返し好阿作の『御伽空穂猿』が引かれ宣伝されており、好阿と玉華子との交友をうかがわせるものである。また『再訂江戸惣鹿子』巻六下には「今の豊後ぶしの人の心をとろかし婬乱不義の媒となるは心ある人。眉をひそめざるはなし。」といった『当世下手談義』の先を行くような豊後節批判も見られる。さらに例の淡雪豆腐の記事も見えており（巻七・江府名物の項）、玉華子はそこで『御伽空穂猿』の説話を紹介し、「夫をうらやみ隣の明石屋と云土船屋。かんばん暖簾。万の道具まで。紛はしく拵《こしらえ》根元本家など。知らぬ人をあざふく。貪欲にくむべし。」と、明石屋の実名を挙げて非難している。これは友人として好阿に同調したものとみえる。

『再訂江戸惣鹿子』は「並木の藤屋は江戸寄合茶屋の根元とかや、玉華子が惣鹿子に記したる名題程有て」（伊藤単朴『教訓雑長持』巻三）、「名所、旧蹟、江戸鹿子と引合せて」（単朴『銭湯新話』巻四）、「江都の内は凡百五十ケか、総鹿子に漏た小社迄参りて」（嫌阿『当風辻談義』）など、同時代の談義本によく引かれており、三田村鳶魚はこれについて、「何か少しの縁があれば、直ちに『江戸惣鹿子』を持ち出して、褒めたり吹聴したりしているところをみますと、この奥村玉華子もまた、教化運動中の一人ではないか」（「教化と江戸文学」）と推測している。そして「玉華子が江戸鹿子を見るに、鉄砲洲、つく田島、八左衛門殿島、西本願寺の辺は、江都の東南海辺の致景」（『怪談登志男』巻二「亡魂の舞踏」）とある通り、『再訂江戸惣鹿子』は橋本静話の編集した怪談集『怪談登志男』にも引かれている。

橋本静話はまた静話房と名のり（『疱瘡禁厭秘伝集《ほうそうまじないひでんしゅう》』序）、好阿に関連してしばしば名前の見える人物である。その関与した作を挙げると次の通りになる。

『疱瘡禁厭秘伝集』【注14】好阿原著、跋。橋本静話序（寛延三年〈一七五〇〉江戸辻村五兵衛板）
『諸州奇事談』好阿著。静話跋（寛延三年江戸須原屋平左衛門板）
『怪談登志男』慙雪舎素及子著。好阿序。静話編、後序（寛延三年江戸須原屋太兵衛板）
『怪談百千鳥』静話著（刊年未詳。宝暦四年板『新増書籍目録』による）

『怪談登志男』の初板は寛延三年で、これは『再訂江戸惣鹿子』の初板の寛延四年よりも早いことになる。『再訂江戸惣鹿子』が世に出る前に静話がその情報を得ているということは、著者とごく近しい関係にあったことが考えられる。『疱瘡禁厭秘伝集』の序に「吾師。静観老人」とあり、『怪談登志男』の後序には「好阿門人静話房」とあるから、静話は好阿の門人であったらしく、そうすると玉華子とも知り合いであった可能性が高い。また『怪談登志男』の後序に「扇橋の草庵」で綴ったとあることから、静話は深川扇橋町の住人であったことがわかる。ここに玉華子、好阿、静話房など、本所深川近辺を地縁とする作者たちの交流の在ったことが想像されるわけである。

さて、中野三敏は『再訂江戸惣鹿子』が『近代名家著述目録』で「山本好阿」の項に載ることに触れ、『江戸鹿子』は単に静観房の勧めというのみならず、その述作過程に静観房が大きく関わった【注15】可能性を示唆している。

例えば『再訂江戸惣鹿子』巻六下には「或人難じて云。三昧ハ名所旧跡と云にもあらず。此処にしるさずとも有なん。削去て可ならんと。予が曰。しからず（略）」などとあるが、本書の草稿段階で玉華子にこのように意見する人々がいたのであり、好阿はその中心的アドバイザーだったのではなかろうか。序に名前を出しているということは、それだけ本書の成稿に貢献があったと見てよいと思う。先に挙げた淡雪豆腐や豊後節批判の記事等を見ても、本書には好阿の影響が少なからずうかがわれ、あるいは好阿自身が直接これらの執筆に携わった可能性も考えられよう。

先の『疱瘡禁厭秘伝集』にも、「僕（近藤注・好阿）此書を編と聞て。世人の為なり。秘して何かせんと。文の中に書て送りこしける（略）」（伊藤半右衛門の項）と、遠隔地の知人である伊藤単朴が好阿へ情報を提供したいきさつを見ることができるが、好阿の周辺の作者たちの間ではこのような協同的な述作態度がしばしば認められる。ここで彼らの述作態度をうかがう資料として、『花実《かじつ》御《お》伽《とぎ》硯《すずり》』（明和五年〈一七六八〉刊）という怪異小説に着目したい。

【三】………『花実御伽硯』と『諸州奇事談』――兄弟関係にある怪談書

『花実御伽硯』は伝本が稀であり、私が閲覧することができたのは、石川武美記念図書館成簣堂文庫蔵本である。同本は「国書データベース」には改題本「怪談御伽硯」の書名で登載されるが、この書名は巻一の題簽にしか認められず、巻二、五の外題は「花実御伽硯」（ただし巻五は題簽なく打付書。巻三、四は題簽剥離）、内題尾題も「花実御伽硯」のままであり、柱題は「おときすずり」とある。また刊記は「明和五年子正月吉日／書林京都寺町松原下ル町梅村市兵衛、浪花心斎橋順慶町渋川与市、江府日本橋南弐丁目山崎金兵衛、鱗形屋孫兵衛板」とあり、これは『花実御伽硯』の刊行について、『割印帳』明和四年十二月廿二日の項に「同（明和）五子正月…板元売出山崎金兵衛」とあるのに符合する。すなわち、成簣堂文庫蔵本は題簽を張り替えただけの改題本と思しいので、以下同書を『花実御伽硯』として以下の論述の底本とする。同書は全五巻を合冊しており、序が一丁、巻頭目録が各巻一丁づつ計五丁、本文が全巻で七十三丁、刊記が半丁といった構成で、都合三十七話の怪談説話を収めている。

さて、『花実御伽硯』の作者は『割印帳』に「半月庵」と記載される通り、本書の序で半月庵主人と名乗る人物である。この人の事跡については、宝暦九年刊『源氏双六』（板元売出しは江戸の須原屋茂兵衛。『割印帳』による）の著作があることのほか知るところがない。が、ここでは半月庵よりも、その自序の中に「玉華子」が登場していることに注目したい。

（略）其實虚の間《あいだ》に孕《はらま》れて生れ出たる物を奇怪《きくわひ》の奴《やつこ》と号《がう》し、世人甚《はなは》だ忌嫌《いみきら》ふを、玉華子と共に昔《むかし》く真赤《まつか》なるを、言葉に花をかざりて毫《ふで》に実《み》をいれてひとつふたつ書《かき》とむれば五巻となる。書林のなにがし桜《さくら》木に写《うつ》し永《なが》き春の翫《もてあそび》にせむとすゝめられ、花実御伽硯《くわじつおとぎすゞり》と題《だい》して需《もとめ》に応《おう》ずるものならし。

（『花実御伽硯』自序）

ここであえて玉華子の存在に触れていることは、この人物がそれだけ本書の成立に深く携わっていることを想像させる。『花実御伽硯』の成立と奥村玉華子の文筆活動が時代的に近接していること、奥村玉華子が江戸の人であり『花実御伽硯』も江戸板で、また江戸およびその近辺の説話が多いこと、そして次に述べるように玉華子と交際のあった好阿の怪談集と本書とに共通の粉本が見いだされることから、右の序に見える玉華子は奥村玉華子と見てよいと思う。

私はかつて好阿の『諸州奇事談』（五巻五冊。全四十一話）の粉本となった怪談集で【注16】、麻布の住人中村満重の著した『向燈賭話《こうとうとわ》』（東洋大学図書館哲学堂蔵。写本一冊。元文四年〈一七三九〉序。目録には四十六話を載せるが、本文が伝わるのは二十話のみ）の改題異本『秉燭奇談《へいしょくきだん》』（写本二冊。東北大学附属図書館狩野文庫蔵。全六十八話）の存在を報告し、三書に重複する説話の整理を試みたことがある【注17】。すなわち、『向燈賭話』の総目録に見える四十六話のうち三十一話が『秉燭奇談』のほぼ全巻にわたって見いだされ、『諸州奇事談』の十話の典拠が『向燈賭話』ないし『秉燭奇談』に確認されたのだが、実は『花実御伽硯』にもこの『向燈賭話』(『秉燭奇談』)が部分的に粉本として利用されている。『向燈賭話』、『秉燭奇談』、『諸州奇事談』と『花実御伽硯』との所収説話の重複(=で表す)を整理すると次のようになる。

①『花実御伽硯』巻二「上総国蟒塚」=『諸州奇事談』巻二「市原の大蛇」
②『花実御伽硯』巻三「備中国吉備津宮美女」=『諸州奇事談』巻三「花中の鬼女」
③『花実御伽硯』巻三「猫の怪異」=『秉燭奇談』巻四「猫の怪異」
④『花実御伽硯』巻三「老鼠妖」=『向燈賭話』巻一「老鼠の怪」
=『秉燭奇談』巻四「老鼠の怪」
=『諸州奇事談』巻四「老鼠の妖怪」
⑤『花実御伽硯』巻五「箱根の貂」=『諸州奇事談』巻三「温泉の妖怪」

『花実御伽硯』と同話であることを確認し得るのは右の五例のみだが、『向燈賭話』と『秉燭奇談』に収められる説話は合わせても九十六種であり、好阿の見ていた『向燈賭話』流布本が「談は数百条」(『諸州奇事談』跋文)を有するものであったとすれば、同書より採ったものがまだあるのかもしれない。①②⑤は『向燈賭話』および『秉燭奇談』には見られないが、『諸州奇事談』に有るということは、もともと『向燈賭話』の収録説話であったと推測される【注18】。また、右のうち③は『諸州奇事談』に見られないから、『花実御伽硯』は『諸州奇事談』ではなく『向燈賭話』を利用したものとわかる。

『花実御伽硯』の粉本の利用方法は原話のほぼ丸写しと言ってよいものであり【注19】、右の④の冒頭部分によって例示すると次の通りである（比較対照のため、おおむね原文通りの表記で翻刻する）。

「老鼠の怪」（『秉燭奇談』【注20】巻四）

同じ家の奥方局なりける女夜に入用事ありて端女に手燭提させて長局へ行小袖箪笥を開て其内を捜し求めける端女箪笥の上へ手燭さしかさし持居たるかしたひに此燭下りてすてに箪笥の内へ落んとしける故局端女を叱り名をよへとこたへなし（略）

「老鼠妖《ろうそのはけもの》」（『花実御伽硯』巻三）

去おくがたの局《つぼね》なりける女中夜に入用事ありて端女《はした》に手燭提《さげ》させて長つほねへ行小袖箪笥《だんす》をひらき其中をさがし求《もとむ》るに端女ハ箪笥の上へ手しよくをさしかざし持居たりしが次第に此手燭《てしよく》さがりて既に箪笥の中へ落んとするゆへ彼端女をしかり名をよべともこたへず（略）

そして次に掲げるのは好阿の『諸州奇事談』所収の当該説話だが、同典拠によることは明らかだろう。

「老鼠の妖怪」（『諸州奇事談』巻四）

人毎《こと》に猫《ねこ》の化《はく》る事を語れど。いまた鼠《ねづミ》には油断《ゆたん》するなり。甚年《はなハだとし》を経たるハ。鼠も妖怪《ばけもの》の部に入べし。近き頃去《さ》る武家の奥方《おくかた》にて。局《つぼね》なりける老《らう》女。夜に入用事ありて。半女《はした》に手燭《てしよく》もたせて。納戸《なんど》へ行。小袖箪笥《こそてたんす》をあけ。入用の衣服《いふく》を取出しけるに。次第に此燈《ともしひ》下りて。すでにたんすの中に落んとしけるゆへ。局《つぼね》はしたを叱《しか》り名をよべといらゑもせで（略）

好阿の怪談集と、その友人玉華子が編集に関わった怪談集とで同じ粉本が用いられているという事実は、彼らの間で素材提供がなされていたことを暗示しよう。特に怪談集のように話数を必要とするもので、かつ似たような作品が多く出回っているとなると、粉本に使えるものの情報は貴重であり、それが仲間うちでとり交わされることも十分あり得ただろう。『向燈賭話』は「これまでの好阿の作品に収められずに漏れていたものを、誰かが拾い集めて売らんかなと、明和九年になって上梓した【注21】」作と見られる『怪談御伽童』にも一話（『怪談御伽童』巻三「安房国浪人横難を遁るゝ事」）を採られており、本書が好阿周辺の人脈で使い回されていたことも想像される。

もう一つ同様の例を挙げる。『怪談登志男』は同書中に「素及子の。撰置れし実妖録の。其所此所を拾ひ。さら〳〵と五冊につゞりし。静話房が例の筆まめ」（好阿の序）、「怪談実妖録は素及子の著す所（略）こゝかしこの要を摘で。扇橋の草庵綴り」（静話の後序）と記す通り、慙雪舎素及子の著した『怪談実妖録【注22】』を静話が編集して世に出したものである。例えば本書の巻末は「慙雪舎の閑窓に筆をなげてやすみぬ」と結んでいるから、この部分などは素及子の草稿をそのまま使っているように見える。しかし次に掲げる「本所の孝婦」（巻三）は、静話が師の好阿の提供した話を新たに本編に加えたものなのである。

　国豊山《こくぶざん》回向院《ゑかういん》は。念仏《ねんぶつ》三味《まい》一向専修《いつかうせんしゆ》の道場《どうじやう》。その地甚だ繁花《はんくは》にして。（略）爰に此寺の門前に年久しく住居する。焼餅《やきもち》屋の甚五郎といふものあり。（略）父は五兵衛といひし。遠州向坂《さきさか》とかやいふ所のものにて。まづしき百性の子なり。若《わか》き時江戸にくだり。いろ〳〵とかせぎけれど。極めて貧賤《ひんせん》にして。（略）やう〳〵。両国はじの東にうら店《たな》住ゐ。子ども五人まて持しが。（略）何《いづ》れの子にもかゝらず。末子の甚五郎が。中にもやつ〳〵しき住家に起臥《おきふし》しけるが。次第に年より。足手もおもふ儘《まゝ》につかゐがたく。世渡る業《わざ》も勤る事あたはざりしを。甚五郎様々とかせぎて。父を養《やしな》ひける。所の者共斯《かく》てもあられじとて。甚五郎に妻《つま》をむかへさせたり。此女甚五郎が父に仕へて孝《かう》なる事。筆にも言葉にもおよばず。（略）此甚五郎が女房は。今存生にてしかも其所の人。善人《よき》は随分《ずい》ほめ。悪人《あしきひと》も。さすかに恥《はぢ》てあしくはいはず。去年寛延辰《きよねんくはんゑんたつ》の夏《なつ》。所の人あつまり。傾《かたぶ》き倒《たおれ》し家をこぼち。新《あらた》に建《たて》てあたへしも。夫婦が孝《かう》を感じてぞ。各《おの〳〵》ちからをあはせける。（略）回向院参詣《ゑかういんさんけい》の人々。今川焼よりさもしくとも。此孝女が焼餅をかふて。娵《よめ》の土産《みやげ》にし給はゞ。あやかりて孝行になるべし。ばゞさま達。必かふてやり給へと。息筋《いきすじ》はるも世の人に。孝をすゝめ。孝婦《かうふ》が名をも。永き世にとゞめんとつぶさに書付。此怪談《くはいだん》の中にくはへ。隅田川の流《なが》れのすへにも。かかる渚《なぎさ》の玉やあると。都人に我《が》をらせんと。師《し》の房《ばう》が命《めい》にまかせ。篇中《へんちう》に書いれ侍れば。素及子《そぎうし》の霊も。見ゆるし給ふべし

（国会図書館蔵『怪談登志男』寛延三年板本より抄出）

本話は回向院門前の焼餅屋の話であるから、背後に同地に住んでいた好阿の存在が感じられよう。話中「此甚五郎が女房は。今存生にて」「去年寛延辰（元年）の夏」には近所のものたちがこの甚五郎夫婦の傾いた家を建て直してやったなどと述べているから、これは近時の話題（『怪談登志男』の序の年記は「寛延二年節分の日」とある）であったらしい。この巷談を『怪談登志男』に急ぎ加えたのが好阿の勧めであることは、結びで「師の房が命にまかせ。篇中に書いれ侍れば。素及子の霊も。見ゆるし給ふべし」とことわる静話房の弁からも明らかである。

見てきたように、好阿、玉華子、静話らの作品には述作協力の跡が少なからず認められる。彼らは著述を成すにあたって情報・材料・意見を交換し合い、時には知人の書物の制作に大きく手を貸すこともあったと推測される。序跋で「静観房が勧めを力に」「玉華子と共に」などと名を出すのは、そういった成立事情を背景とする謝辞のようにも見える。文運東漸期の江戸俗文壇を支えた一つのファクターとして、このような作者たちによる述作の「輪」があったことに留意すべきだろう。

【注】

1 『三田村鳶魚全集』第二三巻(中央公論社、一九七七年)所載。

2 『戯作評判千石篩』に好阿の伝が見えることは、浜田義一郎「『戯作評判千石篩』解説—宝暦四年の文芸界」(『文学論藻』第三二号、一九六五年一一月)に指摘がある。

3 以下傍線はすべて近藤による。

4 浅野三平『近世文学続攷』(おうふう、二〇〇五年)に収載。

5 中野三敏「静観房好阿」(『解釈と鑑賞』七五九号、一九九四年八月)。

6 尚板本の挿絵(図版参照)には日野屋の店頭に「川口屋」なる飴屋の露店が見えるが、この飴屋も実在し、『江戸砂子』(巻之五)、『続江戸砂子』(巻之一)に登載される。

7 朝倉無声著・川添裕編『見世物研究姉妹編』(平凡社、一九九二年)より引用。

8 『御伽空穂猿』(元文五年刊)に始まる好阿の出版活動の拠点は江戸にあり(十三部中十部が江戸板)、好阿の生前最後の出版となった『怪談楸笊』(明和四年刊)も江戸板であること。『竹馬警策』の好阿の序に、同書を好阿のもとに持参したのが「むさし野あたりの沙門」であると言い、また墓所が回向院にあったという説などを勘案すると、好阿は没するまで主として江戸に在ったように思われる。また水谷不倒が指摘するように、『当世下手談義』巻四「鵜殿退卜徒然草講談の事」および『御伽空穂猿』巻四に見える元禄十六年の江戸大地震の記事を好阿の実体験に基づくものと見れば、好阿はかなり幼少の頃(浅野三平は没年から逆算して大地震の年好阿六歳と算定している)から江戸に在ったらしく思われる。ただし、好阿の上方での生活歴や僧侶のキャリアについてはなお未詳とせざるを得ない。

9 花咲一男『再板増補江戸惣鹿子名所大全』(渡辺書店、一九七三年)解説。

10 注5に同じ。

11 これらが改題本であることは、宮尾しげを『近世笑話本集』(古典文庫、一九五五年)解題および「笑話本目録(前期)」の指摘による。

12 吉文字屋次(治)郎兵衛はもともと、大坂の怪談書出版の一拠点とも言うべき書肆吉文字屋市兵衛の江戸出店である。その蔵板書目(書誌書目シリーズ一一『近世出版広告集成第二巻』所載)には、玉華子の著作のほかに、好阿の『御伽空穂猿』、また中野三敏によって好阿との関係が指摘される建部綾足の『片歌百夜問答』『片歌東風流』、春帳子の『三界一心記』『苅萱行帖記』『隅田川鏡池伝』、綾足作で好阿校閲の『秩父縁起霊験円通伝』、談義本『教訓不弁舌』(一応亭染子著)、『教訓差出口』(伊藤単朴著)などが見える。談義本作者たちの交渉の接点として書肆を考える時、注目される本屋である。

13 中野三敏は奥村玉華子を『古今諸家人物志』の著者万釈庵時釈長十意語(五極軒奥村意語)と同一人物とする(→注5)。また財部健次は「静観房の著作『御伽空穂猿、元文五年刊』の跋を書いている奥村似嘯は玉華子と同一人か」(『東京都公文書館所蔵地誌解題　総集編』東京都公文書館、一九九一年）と述べている。

14 『疱瘡禁厭秘伝集』は「国書データベース」では序者の「橋本静話」を著者としているが、『割印帳』（寛延三年十月二日）では「浄観作」、すなわち「静観房」の作とされる。序・跋に示された成立事情を総合するに、情報収集して草稿を作成したのは好阿であり、刊行にあたって浄書したのが弟子静話であったと見るべきだろう。

15 注5に同じ。

16 『諸州奇事談』が『向燈賭話』を粉本とすることは「此書はもと向燈賭話と号して。東都の隠士中村氏の集めおかれて（略）」と『諸州奇事談』の静話による跋に明記されている。

17 拙稿「写本から刊本へ」（『都大論究』三二号、一九九五年六月）。以下、参考として同論文より、好阿の怪談制作の態度について述べた部分を引用しておく（一部改変）。

　『諸州奇事談』の典拠の判明した十話を原話と対照してみると、いずれの話も『向燈賭話』（『秉燭奇談』）の原話の筋をほぼ忠実になぞり、行文も大幅に利用している。しかし、跋文に「繁きを芟《かり》。欠たるを補ひ」とあった通り、好阿が原話に手を入れていることも確かで、そこには好阿の原話解釈に基づく補綴・潤色が認められる。

　「猫か獄のうはゝみ」（『秉燭奇談』巻九）は、木樵りたちが山で大蛇に襲われたが、突如現れた大鷲がこの大蛇に襲いかかったため命拾いしたという話である。好阿は「猫か獄の大蛇」（『諸州奇事談』巻四）に於いて、この筋自体はまったく変えていないが、話の終わりに次のような評文を付け加えている。「此鷲ハ。このものどもの。生土神《うぶすな》の。御はからひなるべし」。好阿は原話をこのように解釈したのであり、この一文によって、彼は単なる奇談に過ぎない原話に、霊験談としての意味を与えたのである。

　また「湖水のうはゝみ」（『秉燭奇談』巻四）は次のような話である。琵琶湖近くの村にて、毎年出没する大蛇が田畑を荒らすため地域の農民が迷惑していたが、ある年ついに地元の兵庫という浪人者にその退治を依頼する。兵庫はこれをやす受けあいして、退治に出掛けるものの、ほどなく帰り、あの蛇はほとんど龍のようなものであるから自分の手に及ぶものではないと、百姓たちに言い訳をする。これを傍らで聞いていた兵庫の弟は、兄を腑甲斐無く思い、武士たるもの約束を変改すべきでないと兄を諭す。そして兄弟そろって工夫を以てこの大蛇を退治し、兵庫は国中にその名を高めることになる。

　この話に拠った「江州の大蛇」（『諸州奇事談』巻一）には、浪人の名を「中井兵蔵」とし、その弟にも「兵吉」という名を与えている点などに好阿の工夫が見られるが、基本的なストーリーはやはり原話に則っている。ただし、本話も末尾には次のような評文が付けられている。「あはれ兵吉無りせば。兵蔵ハ臆病の名をとり。蛟蝎《うはばみ》の災も除まじきに。弟が勇気たくましかりし故にぞ。武名を書にも残し。武の愁も除けると」。好阿はこの武勇の高名が兄のものになってしまっている原話の結末を道理に合わぬと思ったのであろう。そこでその点をフォローするために、このような説明を補ったのである。（略）

好阿は主として原話を教戒的に解釈しているが、「千葉の猛夫《ますらを》」（『諸州奇事談』巻四）のような例もある。原話「千葉の狸」（『秉燭奇談』巻十三）は、一言で言ってしまえば、表題通り「狸の話」である。それに対して、好阿は主人公が「不敵強勢の者」であるという原話の設定に着目し、これを主題化した。そのために、表題を「千葉の猛夫」と改め、主人公も原話の「小十」から、より勇ましく「小十郎」へと改名した。さらに、話の枕として次のような説明を加えている。「下総の千葉といふ所ハ。いにしへ常胤（近藤注・千葉常胤。鎌倉時代初期の武将。千葉家発展の基礎を築いた）居住の処にて其子孫相続して。近世永禄の頃ハ。殊に武名大にふるひ。家臣原式武ハ。同国臼井の城にあり。高城治部ハ小金にありて。ともに威武関東にかゝやきける。其ちなみにや。今も此辺の百姓にハ心剛なるものおほかる中に。小十郎といへる者あり」。主人公の勇猛さに内実を与えることにより、リアリティも増してくる。効果的な導入部であると言えよう。

また、好阿は本話の大入道が登場する場面をかなり書き変えている。この部分のテキストを原話「千葉の狸」と比較してみよう。

「千葉の狸」（『秉燭奇談』巻十三）

うしろより一丈はかりの法師四斗樽程在し頭を前へのひ越してくわつとにらみたる眼さしのすさましさに流石の小十たましゐをうはゝれあつと倒れ伏しうちいつかたへ行けんやらん姿みへすなりぬ

「千葉の猛夫《ますらを》」（『諸州奇事談』巻四）

後《うしろ》より法師の首。大さ四斗樽《とたる》程ありしが。小十郎を見越して指覗《さしのぞ》きたる。目はひたひに只一ツありて舌《した》を出したるさま。童《わらべ》の玩《もてあそぶ》妖怪草紙《ばけものそうし》に。開巻《かいくわん》第一義とする見越《みこし》入道なりけり。小十郎から〳〵と打わらひ扨〳〵古格《ふるかく》な化物《ばけ》どの。ある図《づ》な事ではいかぬ奴《やつ》也。出直《でなを》し給へとあざわらひ。猶畑をうち居たるに妖怪《ようくわい》も肩《かた》を越《こし》てや。

好阿は、このくらいのことで気絶するのは「猛夫《ますらを》」にはふさわしくないと考えたのだろう。小十郎の反応はまったく対照的なものに改められた。それと相俟って、妖怪についての描写も詳細になっているが、恐怖感はむしろ矮小化している。「見越入道」は絵草紙の妖怪物には定番のお化けであり、ここではその通俗なイメージが逆用され、この妖怪の陳腐さ＝狸の失敗が強調されている。そして話の末尾には、「妖怪よりおそろしきおのこなりけり」という評文が付加されている。好阿のモチーフが「猛夫」を描くことにあったことがわかるであろう。

　このように「千葉の猛夫」には、好阿の意図に沿った潤色も見られるわけだが、全体の大筋はやはり原話に即している。これは写本の『義残後覚』に拠った好阿の『花鳥百談』もそうであるが、粉本に依存した『諸州奇事談』は、説話を組み立てる構想力を要するものではなかった。好阿はただ粉本を自己流に読み、語っているのであり、枕や評文には、語り手（好阿）の顔が露出している。その意味ではかつて太刀川清が好阿の創作態度を「談義僧」に喩えたのが的を射ている（「静観房好阿の怪異小説」『国語国文研究』六八、一九八二年八月）。本文中に粉本の書名をはばからずに明記し、原著者の存在に言及したりするのも、好阿のそのような述作意識を示すと思われる。（引用以上）

18 これらの推測の正しかったことが、その後畑中千晶の研究によって明らかにされた（付記を参照）。①②⑤はすべて畑中の発見した『続向燈吐話』の所載説話に見いだせる。

19 ただし、刊本化するにあたって原話に見える家名人名（「老鼠の怪」冒頭の「同し家」とは前話に見える米倉丹後守の家中を指す）を伏せる処置が見られる。また、『花実御伽硯』の序文が『続向燈吐話』のそれを大きく利用していることなど、畑中論文に報告がある。

20 『向燈賭話』哲学堂本巻一「老鼠の怪」は目録に表題を残すものの本文がないので、ここでは『秉燭奇談』の本文に拠った。

21 浅野三平「静観房好阿」（『近世中期小説の研究』桜楓社、一九七五年）。

22 『怪談実妖録』は現在伝わらないが、同書の実在は『怪談御伽猿』（明和四年刊）の序に「了意坊が伽婢子素及子が実妖録も彦作が詞の花と散り」と見えることからもまず疑いなかろう。

付記　本稿の論文初出は一九九七年であるが、その後畑中千晶によって『向燈賭話』の続編と見られる『続向燈吐話』の発見報告がなされ（日本近世文学会平成二十八年度春季大会）、『向燈賭話』の諸本研究および『諸州奇事談』、『花実御伽硯』の典拠研究に大きな進展が見られた。詳細については、これをまとめている畑中の「『花実御伽硯』の粉本：写本『続向燈吐話』の利用について」（『敬愛大学国際研究』三二、二〇一九年三月。『西鶴『男色大鑑』から考える古典の伝え方』〈畑中千晶、文学通信、二〇二一年〉に加筆掲載）につかれたいが、同稿では、『花実御伽硯』の所載説話（全三十七篇）中の三十篇、『諸州奇事談』所載説話（全四十一篇）中の十九篇が『続向燈吐話』に見いだされることなどが報告されている。畑中稿は、好阿と玉華子による粉本の共用という拙稿の推論を補強するものと考える。

また『向燈賭話』、『続向燈吐話』は、『江戸怪談文芸名作選　第五巻　諸国奇談集』（国書刊行会、二〇一九年）に翻刻、解説（勝又基による）が収載されており、勝又にはこれらの作の「点取り怪談」としての特性に着目した「都市文化としての写本怪談」（『怪異を読む・書く』国書刊行会、二〇一八年）の論もある。

【挿図出典・所蔵】
国立国会図書館蔵本。

二章

町奉行と講釈師

東随舎栗原幸十郎の活動

はじめに

「東随舎《とうずいしゃ》」なる人物については、『大人名辞典』（平凡社、一九五三年）に「徳川中期の狂歌師、戯作者。別号は二流間主、青雲軒主人、松寿館老人など。江戸の狂歌師たることは彼の著書に四方山人、朱楽菅江などの序跋あることによって推定せられる。天明より文化頃までの人。著作に『閑栖劇話』（天明三年）、『聞書雨夜友』（文化二年）の読本がある」と紹介される。また古くは水谷不倒（『草双紙と読本の研究』、『選択古書解題』）や森銑三（『随筆辞典　巻五　解題編』東京堂、一九七九年）に、若干の言及があるが、その素姓については長らく詳らかでなかった。『国書総目録』「著者別索引」には「東随舎（栗原・幸十郎）」とあるが、栗原幸十郎と言えば、根岸鎮衛の雑談集『耳嚢』に「軍書を読て世の中を咄し歩行栗原幸十郎」（『耳嚢』巻四）としてたびたび見える人物であり、鈴木棠三（『日本庶民生活資料集成　第十六巻』「耳嚢」注、三一書房、一九七〇年）や長谷川強（『耳嚢』解説、岩波書店、一九九一年）は、『耳嚢』の情報提供者の一人としてその存在に着目していた。倉員正江は、東随舎と栗原幸十郎の関係に言及して『国書総目録』ではこの栗原と東随舎を同一人物とするが、根拠不明であり、後考を俟つ」【注1】と述べる。そこで本章では資料の分析から両者の同一性を確認し、講釈師出身の読本作者としてその述作活動に注目したい。

【一】……東随舎と栗原幸十郎

「国書データベース」には、東随舎の著作として、次の七点が挙げられている。鉤括弧で示したのは、その書の中に確認できる著者名の表記である（成立年は近藤による）。

1、『古今奇談閑栖劇話』「（巻首題下）二流間主東随舎著」（天明三年〈一七八三〉刊）
2、『古今奇談聞書雨夜友』「（巻首題下）二流間主東随舎著」（文化二年〈一八〇五〉刊）
3、『古今雑談憎まれ口』「（巻首題下）東随舎著」（写本・文化四年〈一八〇七〉序）
4、『古今雑談思出草紙』「（序文）牛門西隅　東随舎誌」（写本・享和元年〈一八〇一〉序）
5、『古今奇談落葉集』「（序文）牛門西隅　東随舎誌」（写本・文化三年〈一八〇六〉序）
6、『誠感集』「（序文）牛門西隅　東随舎誌」（写本・文化三年序）
7、『いらぬ世話』「（巻首題下）東随舎著」（写本・文化四年序）

このうち6は4『思出草紙』の異本（ただし『思出草紙』に含まれない説話六十七条を含む【注2】）であることが、前掲倉員論文に報告されている。刊本の1、2は短編の奇談集（ただし巻談物が多い）であり、4もそれに近いが、角書に「雑談」と称する通り、やや随筆がかった、雑多な内容になっている。5はその序文によれば4の続編として編まれたもので、『古今奇談雨夜友』（内閣文庫蔵無名叢書、請求記号二一七・三八）なる改題本も存在する。3は啓蒙的な随筆で、思想的には神道色が強い（後述）。なお、7は『憎まれ口』の異本であることを、三宅宏幸が報告している（注2を参照）。これらは基本的には通俗的な読み物であり、貸本屋等を通じて流布したものである。

ここで、東随舎の『思出草紙』巻九【注3】「夢に三つの発句を得し事」に着目してみたい。東随舎が夢の中で異人より三幅対（三軸一組の掛け軸）を授かったという奇談であり、次に全文を掲げる。

夢は五臓の煩《わずら》ひにして、思ふ事を見る事多し。五夢の内にして、其縁にふるゝ事を見るものなりとかや。寛政三年三月三日、予雛祭れる家に招かれて、饗応に刻を移したるまゝ、夜に入りて帰宅なしたる其夜の夢に、その人はそれとさだかに知らざるが、予に向ていへるは、「此掛物を与へるなり」とて、側の壁に掛たり。是をみれば、三幅也。左之通。

中は桜の花咲みだれたる木のもとに、きびしく垣ゆひ廻したる画にて、其上の讃、
折られての跡で垣ゆふ桜哉
左は上下着たる壮士の威義正し、坐したる画上に同じく、
色かへぬ松にも花のほまれかな
右はいかにも古風に、西川などいへる大和絵師が模たる如き、傾城の立姿の絵にして、上に同じく、
余の色にさかぬみさほや女郎花
右の画讃夢のうちに見て、其意わからず。「いかなる心なるや、わかち兼たり」と尋るに、彼ものゝ言は、「是社仙台萩といへる、世の人の普く知れる記録の心を書たる也。中の桜は陸奥守綱正也。左の上下着たる健士は、松前鉄之助重光にして、右の画は傾城が高尾也」といふかと思へば、夜の鐘の声響と共に有し夢さめて後其見

たる趣、よく覚たるまゝ、忘れざる内と書留つゝ、此三句もし古き前にしりしを忘れ居て夢見し事もやと、普く誹道を好める人、また宗匠などに広く尋れど知れずといふ。不思議の夢にぞ有ける。またその夢みし通り、画師に頼みて生模写しにかゝせ軸物となして、其上の讃を南畝に頼み書せぬるに、前書を添て画の上に書。其前書、

　寛政三年三月三日、三幅対三つの発句を夢見し人はたそや。栗原のあねはの松のそれならで、仙台萩の古きもの語なり、

と認たり。思ひよらざる夢にこそ。

東随舎は夢の中で画と讃の意味がわからず、異人に尋ねると、この三幅対の画題は芝居の「伽羅仙台萩《めいぼくせんだいはぎ》」で、三幅は主要登場人物の三人、すなわち中の桜は伊達陸奥守（仙台藩主）を表し、左は松前鉄之助（伊達家忠臣）、右は傾城高尾（陸奥守が溺れた吉原の遊女）を描いたものと教えられる。東随舎は、もしかしたら以前見聞きしたまま忘れていた句が、夢の中に出てきたのではないかと推測。そこでこれらの句について「俳道を好める人、また宗匠など」に広く尋ね回ったが、ついに知る人はいなかったという。夢中の掛け軸は現実には存在しないので、東随舎は画師に依頼して掛け軸を再現し、大田南畝に讃を求めたのだった。

　引用中の傍線部（近藤による）に「栗原」とあるのは、旧版『日本随筆大成　第三期第二巻』（日本随筆大成刊行会、一九二九年）収載の『思出草紙』の凡例が作者を「栗原東随舎」とするのに符合するが、倉員も指摘する通り、管見の範囲では東随舎の著作に「栗原幸十郎」の署名の見えるものはない。また水野稔も洒落本『卯地臭意《うじしゅうい》』の解説の中で「末尾に『閑栖劇話』売出しの広告があるが、この書は二流間主、東随舎なる者の奇談集で、天明三年、東都書肆神田岩井町川村喜右衛門、神田富山町中邑《なかむら》善二板である。…東随舎は栗原幸十郎、江戸牛込住の狂歌師、戯作者という。あるいは本作品の作者または序跋者のいずれかがその人かとも思われるが、その著『古今雑談思出草紙』

中の安永、天明期草双紙、洒落本に触れた記述ぶりなどから見ても、本作（近藤注・『卯地臭意』のこと）のような軽妙洒脱な洒落本の制作とは無縁のようである」（『洒落本大成　十二巻』「卯地臭意」解説、中央公論社、一九八一年）と東随舎を栗原幸十郎と同定するが、その根拠は示されていない。

「栗原幸十郎」については、鈴木棠三・長谷川強らによる『耳嚢』の研究において、著者根岸鎮衛への情報提供者の一人として紹介されてきた。

「（栗原幸十郎について）このような屋敷廻りの講釈で身過ぎをするセミプロがいたこと、蜀山人などとも親しかったことが知られる」（鈴木棠三『日本庶民生活資料集成　十六巻』「耳嚢」巻五註、三一書房、一九七〇年）

「ここで注目されるのが根岸家に出入して話題を提供する事の多い浪人栗原幸十郎の存在である。彼は人相見（巻五）、軍書講釈に諸家の夜閑を慰める（同）という人物である。」（長谷川強『耳嚢』解説）

「この栗原幸十郎という浪人は『耳嚢』の筆者根岸肥前守宅へ時々訪れたようで…寛政に至っても、戦国時代の御伽衆のような人物が存在していたのである。」（服部仁「特集・読本研究の現況と提言・7享受、ア近世」『読本研究』第九輯、渓水社、一九九五年）

右のように注目されてきた人物であるが、その伝記については明らかでなかった。旧版の岩波文庫『耳嚢』（柳田国男・尾崎恒雄校訂）に付載された人名索引は栗原幸十郎の登場記事として八話を指摘している。この旧版岩波文庫本『耳嚢』は六巻本であるが、改めて完本（十巻本【注4】）について調べてみると、十二話を指摘できる（後述）。そしてこのうちの一話によって、栗原幸十郎と東随舎の同一が確認できる。次にその全文を掲げる。

軍書講談をなして諸家の夜閑を慰する栗原何某、寛政三年三月三日に不思議の夢を見しは、誰共名前・顔色をも不覚しが、「御身は軍書など講ずるなれば、相応の掛けものを与ふべし」迚《とて》、中は桜、右は侍、左りは傾城を書し三幅対なれば、「忝し」と請て是を見るに、桜の上に、

誤つて改られし花の垣

又右の侍の賛には、

色替へぬ松にも花の手がらかな

亦左の傾城の上には、

世の色に咲ぬ操やをみなへし

かくありし故、「是は仙台萩の、桜は陸奥守綱宗、侍は松前七之助か、傾城は高尾にもあるらん」と、夢覚て枕の元を捜せど嘗て一物もなし。さるにても誹諧発句等を常に心に留し事もなきに、三句共しかと覚へける故、宗匠などに、「此句は如何」と尋問ふに、拙き句共言はざれば、早速蘭香先生を頼みて夢の通りの絵を認め貰ひ、寝惚先生と其頃狂歌など詠じて名高き者に、右の賛を認め貰ひしと、右掛ものを携へ来りて見せしなり。

（『耳嚢』巻五「其職に随ひ奇夢を見し事」）

この記事が先の『思出草紙』にみえる「東随舎」の体験談の内容に合致することは一目瞭然であろう（賛の言葉には若干の異同がある）。またこの記事によって『思出草紙』の言う「画師」が「蘭香先生」すなわち江戸牛込の画家吉田蘭香であったことがわかる（鈴木棠三・長谷川強注による）。夢想の句の掛け軸を再現した栗原幸十郎は、これを披露しに根岸家を訪れたのである。

ここで『耳嚢』に見える栗原幸十郎の登場記事について整理しておく（記事中に年記の見えるものについては括弧でこれを示した）。

巻四「疱瘡神狆《ちん》に恐れし事」
巻五「麸踏《ふふみ》万引を見出す事」
巻五「在方の者心得違に人の害を引出さんとせし事【注5】」
巻五「幽霊なきとも難申事」
巻五「相学的中の事」
巻五「其職に随ひ奇夢を見し事」（寛政三年〈一七九一〉三月三日の記事）
巻六「相人木面を得て幸ひありし事」（寛政五年〈一七九三〉二月二十八日の記事）
巻六「孝傑女の事」（享和三年〈一八〇三〉の記事）
巻六「賤商其器量ある事」（文化元年〈一八〇四〉の記事）
巻七「打身くじきの妙薬の事」
巻七「溺死の者を助くる奇薬の事」
巻七「金銀を賤き者に見せまじき事」

右のうち巻五「相人木面を得て幸ひありし事」は「予（根岸鎮衛）が許へ来れる某は相学を好み家業のいとま相をみる事を」していたが、駒込光源寺の境内の稲荷で拾った木面を持ち帰り、神棚に祀ったところ門人が増えて栄えた、というものである。この話に登場する「某」を栗原幸十郎とみなしうるのは、同じ話が、『思出草紙』巻九「不思議の霊夢を蒙りし事」で著者（東随舎）の体験として語られていることによる。同話で東随舎は、この木面について「今、我家の守護神として尊敬なしぬ」と述べている。

『耳嚢』全十巻の成立は、鈴木棠三の考証によれば「鎮衛が佐渡奉行在勤中（天明四年〜同七年）に起筆、巻一・二を書き上げ、巻三は帰府後に執筆したものの如くであり、巻四・五は間をおいて寛政後半に、巻六は文化初年に、巻七は前巻につづく一両年中の執筆、巻八は文化五、六年ごろに成ったと見られる。巻九は同六―八年、巻十は没する前年の文化十一年に掉尾の勇を奮って完結した」（『日本古典文学大辞典』岩波書店、一九八三年）とまとめられる。右の通り『耳嚢』の栗原幸十郎登場記事は巻四から巻七までに集中しており、その中で記事の年記の明らかなものについてみると、上限が寛政三年で下限は文化元年である。よって、栗原幸十郎と根岸鎮衛はおおむね寛政〜文化頃に交流をもっていたとみることができよう。

【二】……東随舎の事跡

1　講釈と相学

栗原幸十郎のことは、池田定常の随想『思ひ出草』（天保三年〈一八三二〉成）巻四、『南蘭草《ならんそう》』巻上にも見えており、前者には「栗原忠雄は江戸の人、幸十郎と称せし。人を相する事に長じ、傍ら古戦の実をよく諳じ人に説ける故、知ぬ人は其を以業とすと思へり」（『随筆百花苑　第七巻』〈中央公論新社、一九八〇年〉翻刻による）云々とあって、彼の諱《いみな》が「忠雄」であったことがわかる（倉員正江の示教による）。

東随舎の『思出草紙』は今日、『日本随筆大成』（吉川弘文館、一九七七年）に収載された活字本が最も普及していると思しく、北川博邦は同書の解題で「自序は天保十一年のものであり、その頃に成ったものらしく、時に著者は六十余歳であった」と述べる。この活字本（底本所在不明）によって、『思出草紙』の成立を天保十一年としている先行研究が散見するが、この年記はおそらくその写本の転写時点に合わせて書き改められたもので、実際の成立はもっと遡れる。「思ひ出草紙と名付て前後十まきになして先に著せし残りたるを得書集侍りて」（『古今奇談落葉集』序）と述べる『思出草紙』の続編『落葉集【注6】』が文化三年（同序による）に成立しており、東京国立博物館蔵本『思出草紙』には「享和二年〈一八〇二〉壬丑孟春」の年記が見られる。森銑三は「成ったのは享和元年で、時に著者の六十余歳だったことが、序文によって知られる」（『随筆辞典　巻五　解題編』）と述べており、伝存未詳ながら享和元年の序をもつ一本があったらしい。『思出草紙』の「本文中、年記のある話のもっとも新しいものは享和元年のことである」（『日本随筆大成』解題）ので、この頃の成立と見てよかろう。六十年あまりを遡ると元文（一七四〇年代）頃が東随舎の生年ということになる。生地については不明だが、『思出草紙』の自序では「天下たる鄙に育ちたる身の」と述べている。東随舎の住所について、水谷不倒は「牛込に住し」（『選択古書解題』「閑栖劇話」）とするが、『耳嚢』には「（東随舎は）小日向に住居して」（巻五「幽霊なきとも難申事」）ともある。『思出草紙』『落葉集』の序に「牛門西隅」（牛門は牛込門）とあり、『古今雑談憎まれ口』の序にも「武陽牛門隠士」とあるので、享和〜文化頃は、江戸牛込に住んでいたと見てよかろう。

『閑栖劇話』に付された蘇門烏子なる人物の序には「東随舎主人は市隠の士なり。跡を江河の上に逃れ流俗に混ぜず。志を丘壑《がく》の幽に置きて惟だ書す。是孰《たれ》か世事に孜々たらず、名利に汲々たらず、質行茲の如くならんや。是を以て世と樽鑿《ぜいさく》相入れず、逢迎する所も亦た其の人なり。実に隠心と謂ふべきならんや」（原漢文【注7】）とある。『耳嚢』巻四「疱瘡神狆に恐れし事」に「栗原幸十郎と云る浪人」とあるから、東随舎は浪人であったらしく、「妻は五十に近くして」ともあることから、妻帯していたことが知れる。同話には、「軍書を読て世の中を咄し歩行栗原幸十郎」とあり、また「予が許へ来る栗原某といへる者、小日向に住居して近隣の御旗本へ常に立入しが、わけて懇意に奥まで行しが」（同書巻五「幽霊なきとも難申事」）、「軍書講談をなして諸家の夜閑を慰する栗原某」（同書巻五「其職に随ひ奇夢を見し事」）ともあるから、主に屋敷廻りの軍書講釈【注8】をなりわいにしていたと思しい。

また、東随舎について、「人を相する事に長じ」（『思ひ出草』巻四）、「予が許《もと》へ来れる某（近藤注・東随舎を指す）

は相学を好み、家業のいとま相をみる事をなせしが」（『耳嚢』巻五「相人木面を得て幸ひありし事」）といった記事もあり、東随舎は相学者でもあった【注9】。それも『耳嚢』は巻によってニュアンスの違いがみられ、巻五（記事の下限寛政九年春）の段階では、「家業のいとま相をみる」、または「栗原某は相術を心掛しが」（「相学的中の事」）、といった程度の記述だが、巻六になると、「相学に名ある栗原某を呼びて」（「孝傑女の事」享和三年の記事）、「我等が許へも来る相学者栗原老人、其相を見しに」（「賤商其器量ある事」文化元年の記事）と、幾分調子が変わっている。これは先にも見た通り、駒込大観音の面の霊験によって相学の門人が増え、「世渡りも安く暮」すようになった（『耳嚢』巻五「相人木面を得て幸ひありし事」、『思出草紙』巻九「不思議の霊夢を蒙りし事」）という事件があったのであり、それは『思出草紙』によれば寛政五年二月の出来事であったという。勿論、霊験談のどこまでを信じ得るかは問題があるが、とにかくこの頃を境に東随舎は相学者としても名を馳せるようになったようであり、そちらを本業化させていったのかもしれない。彼の著作には相学に関する記事が散見し（『思出草紙』巻九「老尼陰陽の理を弁ずる事」、『憎まれ口』巻一「迷の道」、『聞書雨夜友』巻一「陰徳にて顕長寿之相語」）、『相法太意論』なる自著もあったらしい（『憎まれ口』巻一、『落葉集』巻三）。

2 東随舎の交友と情報収集

『聞書雨夜友』の跋を書いている鐘木庵主人（本所入江町の人）は東随舎の「旧友」であり（『聞書雨夜友』跋）、この人が著した洒落本『卯地臭意』は東随舎の著述活動の拠点であった貸本屋中村瑶池堂《ようちどう》（後述）より刊行されている。また、『閑栖劇話』は、狂歌三大人の四方山人（南畝）と朱楽菅江が序・跋を寄せるが、南畝（牛込中御徒町）も菅江（市ヶ谷二十騎町）も、牛込内山椿軒門下であり、牛込に住んだ東随舎とは地縁がある。南畝に関しては、前述の夢想の掛け軸の逸話の他に、大坂新町扇屋の雛治太夫が南畝に作ってもらった唱歌の流行した話（「綱手船といふ唄の事」）が、東随舎の『誠感集』弐編巻十九に見えている。また『思出草紙』巻六「中橋稲荷霊験の事」は、稲荷の霊験によって悪霊が退散したという話だが、「此談は飯田町中坂小松屋三右衛門といえる薬種商人有。其老父隠居して百亀とて、健の老人ありしが見聞せしとて物語りぬ。この百亀、今は此世になき人となれり」と、情報ソースとして小松百亀の名が見える。薬屋を家業とした百亀（小松屋三右衛門）は艶本、春画、咄本などの作者である。ことに小咄の愛好家グループを組織して咄本『聞上手』シリーズを制作したことで知られ、『聞書雨夜友』巻三「老女欲心より損をせし話」の元ネタが、『聞上手　二編』（小松百亀の作・画）に見られる事（後述）なども注意されよう。

一節に見た通り、『耳嚢』には東随舎がたびたび根岸家を訪れ、さまざまな話題を提供している様子がうかがわれる。東随舎の作品と『耳嚢』には記事の重複が見られ、それらは両者の間で情報のやりとりがあったことを示唆する。次に重複する記事の対照表を掲げる。

【『耳嚢』】		【東随舎作品】
巻一		
1、「相学奇談の事」	—	『聞書雨夜友』巻一「陰徳にて顕長寿之相話《ちようじゆのそうをあらわすわ》」
2、「観世新九郎修業自然の事」	—	『落葉集』巻一「観世新九郎并宝生権兵衛物語之事」
3、「近星の事」	—	『落葉集』巻四「星多く飛事」
4、「山事の手段も人の非に乗《じょうず》る事」	—	『聞書雨夜友』巻二「僧堕落而赴南駅話《そうだらくしてなんえきにおもむくこと》　附《つけた》り於吉夫を訪《たぶらか》す事」「男達《おとこだて》市兵衛捨身を介《たすけ》る話」
巻二		
5、「傾城奸計の事」	—	『思出草紙』巻九「傾城の薄情欺き偽る事」

6、「非人に賢者ある事」 ―『聞書雨夜友』巻一「無宿の義心を感ぜし話」
『落葉集』巻一「乞食穢多を打擲の事」（右の類話）

7、「茶事物語の事」 ―『思出草紙』巻七「竹原の隠居夢休が事」

巻四

8、「亀戸村道心者身の上の事」 ―『聞書雨夜友』巻二「僧堕落而赴南駅話　附り於吉夫を訪す事」
「男達市兵衛捨身を介る話」

9、「景清の塚の事」 ―『思出草紙』巻三「景清が亡霊出て歌よむ事」

10、「異獣も其才不足事」 ―『思出草紙』巻一「狐のうた読し事」

11、「賊心の子を知る親の事」 ―『思出草紙』巻一「賊心、性質に備る事」

巻五

12、「閻魔頓死狂言の事」 ―『落葉集』巻五「甲府にてかたり顕るゝ事」

13、「其職に随ひ奇夢を見し事」 ―『思出草紙』巻九「夢に三つの発句を得し事」

14、「相人木面を得て幸ひありし事」 ―『思出草紙』巻九「不思議の霊夢を蒙りし事」

15、「不思議に人の情を得し事」 ―『思出草紙』巻十「世に稀なる陰徳者有事」

16、「怪尼奇談の事」
17、「陰凝て衰へるといふ事」 ―『思出草紙』巻八「老尼、陰陽の理を弁ずる事」

巻六

18、「夢想にて石仏を得し事」――『落葉集』巻一「霊夢に依て石仏を掘出事」
19、「陰徳危難を遁し事」――『思出草紙』巻四「陰徳陽報の事」
巻八
20、「霜幸大明神《そうこう》の事」――『落葉集』巻一「霊魂一社の神となる事」
巻九
21、「不思《おもわず》両夫を持し女の事」――『落葉集』巻四「材木屋思わす隠居せし事」

これらは内容的には同一であるが（細かい情報の食い違いはある）、文辞上の一致は見られず、テキストを引き写したものではない（一節に全文を引用した、右の13の事例を参照）。従って、右の全ての情報が根岸鎮衛と東随舎との間で取り交わされたものとは限らない。例えば3などは当時話題になった事件の記事であり、たまたま両人がその著作に記したということも考えられるが、13や14のような東随舎の個人的体験談は、東随舎から根岸鎮衛へ伝達されたことが明らかなものと言えるだろう。

もう一つ例を挙げると、18は信州坂本の角兵衛（『落葉集』では信濃国榊宿の門兵衛）という農夫が繰り返し夢の告げをうけ、石仏を掘り出したという話である。『耳嚢』にはその後のいきさつについて「支配の御代官蓑笠之助故訴へ、同人より御勘定奉行へも中立一旦江戸へも取寄に成りし」云々とあるが、この蓑笠之助は鈴木棠三の『耳嚢』注（『日本庶民生活史料集成　第十六巻』）によれば「豊昌。天明四年御勘定、同年御代官に転じ、五年遺跡相続。寛政三年武鑑に石見の代官とある」という。蓑笠之助は『耳嚢』には名が見えるだけだが、東随舎は個人的に知り合いであったらしく「石像は簑氏へ差戻しと成、其節予簑氏へ至りて右の石像を見たり。なる程古物にて幾世経にけるにや、更に近代の作にあらず」（「霊夢に依て石仏を掘出事」）云々と述べている。つまり、これは東随舎が旅の途中簑氏より聞き得た話を、根岸鎮衛に伝えたものと推測される。また11の末尾では、東随舎は「我京都の逗留のせつ、遠き事にあらず、此の事を聞けり。名も聞しが忘れたり。うきたる事にあらず」と述べている。すなわち18同様、東随舎が地方の話を江戸に持ち帰り（鎮衛などに）伝えるという構造が見えてくる【注10】。

「栗原幸十郎」が『耳嚢』に現れるのが巻四（寛政後半執筆）以降であること、その記事中には寛政三年より以前の年記の見られぬこと、また天明三年刊行の『閑栖劇話』には『耳嚢』との説話の重複が見られないことなどから、東随舎と根岸鎮衛との交流は、鎮衛が佐渡在勤中であった『耳嚢』巻一・二の時点ではまだ始まっていなかった可能性が高い。にもかかわらず、右表の通り『耳嚢』巻一・二にも、東随舎作品との重複が認められる。これは（巻一・巻二の重複記事がすべてそうだというわけではないが）逆に根岸鎮衛から東随舎へ情報が提供されるケースのあったことを推測させる。根岸鎮衛は東随舎に限らず、安藤霜臺や曲淵甲斐守など多くの話し相手を持つ話の収集家であった。舌耕を生業とする東随舎にとっても貴重なニュースソースだったはずであり、彼がそこからネタを仕入れることもあったと考える方が自然であろう。

【三】……東随舎の作品

1　中村瑶池堂

東随舎の活動拠点となった本屋について述べておく。『閑栖劇話』の刊記には「天明三癸卯歳孟春／東都書肆・

神田岩井町川村喜右衛門・神田富山町中邑善二・板」(諸本いずれも同じ)とある。『聞書雨夜友』の諸本には刊記に出版年の入ったものを見いだし得ないが、見返しおよび巻末の蔵書目録「瑶池堂蔵書目録」(半丁)によれば、江戸神田通新石町の中村屋善蔵(瑶池堂)の板行である。瑶池堂中村は『外題作者画工書肆名目集』に「貸本屋世利本渡世の者にて手広にいたし候者」として挙げられた者の中に見える(高木元の教示)。瑶池堂蔵書目録に『聞書雨夜友』も見え、「丑春出来」とあるから、本書は序文の年記と同じ文化二年(一八〇五)の刊行であろう。同目録には『閑栖劇話』や『俗僻反正録』(平景尚著・天明六年〈一七八六〉刊・刊記には「神田白壁町石崎孫七、神田富山町中邑善二」とある)といった、中邑善二刊行の書名が見えるので、中邑善二と中村屋善蔵は同族の店で、活動時期が重ならない(善二が天明期で、善蔵が寛政以降)のであるいは同一店の世代交代かとも思われる。中邑善二には他に洒落本『西国一覧卯地臭意』(鐘木庵主人著・天明三序)、書道の指南書『筆道和訓抄』(天明七年刊。他書肆との相板)、中村屋善蔵には、洒落本『格子戯語』(寛政二年刊)、戯作評判記『戯作評判花折紙』(享和二年刊)、滑稽本『奇談白痴聞集』(文化二年刊)、読本『復讐奇語双名伝』(文化五年刊。蔦屋重三郎との相板)、医書『瘡家示訓』(文化七年刊。須原屋文五郎との相板)などの出版がある。中邑善二・中村屋善蔵ともに『割印帳』にはまったく記載がなく、出版業は小規模であったようだ。

『憎まれ口』『思出草紙』『落葉集』など、東随舎の著作には写本で伝わるものがあり、伝本の数も少なくない。その中には貸本屋本だったものも散見され、森銑三の「東随舎はこの種の雑書を拵えては貸本屋へ廻していた売文家だったらしい」(『随筆辞典』)という推測は正しく思われる。『閑栖劇話』には「教訓憎まれ口全五冊近刻」の広告が付され、写本で伝わる『憎まれ口』には、瑶池堂から出版の計画があったことがわかる(実際に出版されたかどうかは定かではない)。まずは写本で貸本として世に出してみて、好評なものについては出版する、ということがあったのではないだろうか。なお、『聞書雨夜友』の見返に「青雲軒主人編」とある通り東随舎には「青雲軒主人」の号があったが、「瑶池堂蔵書目録」には「都久津句志二冊　青雲軒主人編集　来寅出来」「報讐奇談倭歌　二冊　臥竜

亭折枝著　青雲軒主人校」といった著作も見え、瑶池堂にとって東随舎は特に関わりの深い作者であったことがうかがわれる。

2　舌耕的題材

武藤禎夫は、落語「井戸の茶碗」（講談「茶碗屋敷」）の類話が東随舎の『思出草紙』巻七「茶碗屋敷の事」に見えることをつとに指摘している（『落語三百題―落語の戸籍調べ手帳』東京堂出版、一九六九年）。また、倉員正江は、『聞書雨夜友』巻一「陰徳にて顕長寿之相話」を落語（人情噺）「文七元結」の典拠と推定している【注11】（前掲倉員論文）。このように、東随舎の作には後の講談、落語に伝わる話柄が散見される。それらを一覧したのが次の表【注12】である（右以外に先行研究の指摘のあるものについては注記した）。

東随舎作品	講談・落語	典拠・類話等
1、『閑栖劇話』巻四「慈計談話」	講談「天保六花撰（松江侯玄関先の場）」	浄瑠璃「男作五雁金【注13】」寛保二年（一七四二）初演
2、『思出草紙』巻二「狐に贋て欺き、狐の為に死する事」	落語「紋三郎稲荷」【注14】	
3、『思出草紙』巻四「陰徳陽報之事」	講談「出世の富籤」 落語「佃祭」	『耳嚢』巻六「陰徳危難を遁し事」、『老の長咄』「陰徳陽報」、『譚海』巻六、『むかしばなし』巻五など類話多し【注15】
4、『思出草紙』巻七「茶碗屋敷の事」	講談「茶碗屋敷」 落語「井戸の茶碗」	『新鑑草』（宝永八年〈一七一一〉序）巻四「楊白之金を還して福を得たる事【注16】」

5、『聞書雨夜友』巻一「陰徳にて顕長寿之相話」	落語「文七元結」 落語「ちきり伊勢屋」	『新鑑草』巻一「王秀人の命を救ひ禍変じて福と成事【注17】」
6、『聞書雨夜友』巻三「老女欲心より損をせし話」	落語「茗荷宿」	『聞上手二編』（安永二年〈一七七三〉刊）「茗荷【注18】」
7、『聞書雨夜友』巻四「一子に異名をつけて後悔せし話」	落語「寿限無」	『軽口御前男』（元禄十六年〈一七〇三〉刊）巻二「よくから沈む淵」【注19】
8、『聞書雨夜友』巻五「狸身成自在話」	落語「狸の釜」「狸の札」	『軽口東方朔』（宝暦十四年〈一七六四〉刊）巻五「猟人仏事【注20】」
9、『落葉集』巻二「智を以て立身出世せし事」	講談「河村瑞賢」	
10、『落葉集』巻四「材木屋思わず隠居せし事」	講談「小間物屋四郎兵衛（別題「万両婿」）」 落語「小間物屋政談」	『耳嚢』巻九「不思両夫を持し女の事【注21】」
11、『落葉集』巻五「江戸の浪人上総へ婿に行し事」	落語「いが栗」（「五光」）【注22】	

右の1、3、4、5、9、10は、落語の人情噺や世話講談の原型というべきものである。これらが、寛政度の講釈師の書いた読本の中にまとまってあるという事実は、舌耕文芸の発達史を考える上で注目されよう。この時期の講釈の展開について、三田村鳶魚は「寛政度に森川馬谷が読物をおおよそ備え得た時に、二代の石井宗叔が続き話を始めたということは、講談の将来を何か暗示しているようにも思われます。それから後、講談はだんだんに硬いところ、ぎこちないところが抜けて、端物といわれた世話物がだんだん勢力を得てくる。落語の方では、人情噺が盛んになって、どうもこれに圧倒されるような気味がある」（「講釈の移替り」『三田村鳶魚全集　第十巻』中央公論社、一九七五年）と、その世話物への傾斜について述べている。東随舎の場合、「軍書を読て世の中を咄《はな》し歩行《あるく》」「軍

書講談をなして諸家の夜閑を慰する」（いずれも『耳嚢』）といった記事から察するに、その演目は軍書や御家騒動物（『耳嚢』巻五「其職に随ひ奇夢を見し事」に「仙台萩」の記事が見える）が主だったようだが、読本種には巷談ものが多い。すなわち鳶魚の言うように、この頃、世間ばなしを聞き集めていた東随舎のような舌耕の徒によって、世話講談の先駆けともいうべき物の作られていく動きがあったのではないだろうか【注23】。右に挙げた六点の話を東随舎が講釈として演じた確証はないが、これらがいまに講談や落語の演目として伝わっているという事実は、そのような想像をかきたてるものである。

3　巷説から読本へ

最後に、右に述べた、世間ばなしから世話講談への過渡的なテキストと見られる東随舎の読本作品『聞書雨夜友』【注24】巻二「僧堕落而赴南駅話《そうだらくしてなんえきにおもむくこと》　附り於吉《おきち》夫を誑《たぶらか》す事」（前編）、「男達《おとこだて》市兵衛捨身を介《たすけ》る話」（後編）をとりあげ、これを『耳嚢』に収載される同根の説話と比較することで、巷説的なテキスト（『耳嚢』）がどのように「小説」化されているかを検討したい。本作（前・後編を通して一話）は今日講談として伝わっているわけではないが、「侠客物」の一種と言うべく、人情を描いて道義を説く世話講談的な小説【注25】と言ってよいと思う。その粗筋は次のようなものである。

甲州郡内村の僧が訴訟のために江戸へ出た折、品川大金屋の女郎小吉《こきち》になじみ、故郷の村人をだまして調達した金でこれを請け出し、還俗して伊兵衛と名乗り、小吉もお吉と改め、二人で本所に世帯を構えた（以上「僧堕落而赴南駅話」）。ある日伊兵衛が帰宅すると、金銀衣類がお吉に持ち逃げされており、女の企みに気づいて嘆くが仏罰と諦め、身投げしようと出かける（以上「於吉夫を誑す事」）。駒形の観音堂で、伊兵衛の様子を不審に思った本庄横網の男伊達、向水市《むこうみず》兵衛が声をかけ、事情を聴いて伊兵衛を自宅に連れ帰る。伊兵衛は市兵衛の世話で飴売りに扮してお吉を探索するようになり、ついに西のくぼの酒屋の女将《おかみ》になっているのを発見する。市兵衛は伊兵衛と子分を連れて酒屋へ乗り込みお吉を取り押さえ、その亭主や世話役とも談判し、四十両で示談が決まる。その三日後、伊兵衛は市兵衛から蓑輪の七兵衛を訪ねるよう指示され、蓑輪に向かう。伊兵衛は七兵衛から、市兵衛が伊兵衛のために買っておいてくれた居宅と用心金三両を受け取り、僧に戻って安楽に暮らした。その後男伊達市兵衛が旧悪のせいでお仕置きになると、伊兵衛は悲しんで懇ろに弔ったという。（以上「男達市兵衛捨身を介る話」）

二節の2で示した通り、この話は『耳嚢』巻四「亀戸村道心者身の上の事」がほぼ同じ筋書であり、また、鈴木棠三が指摘する通り（『日本庶民生活資料集成　第十六巻』注釈）、『耳嚢』巻一「山事の手段も人の非に乗《じょうず》る事」の内容も酷似する。三者（以下、『雨夜友』巻二、「亀戸村」、「山事」と略す）は、元遊女の妻に財産を持ち逃げされた亭主が侠客風の男の助けで飴売りに変装して妻を見つけ、財産を取り返すという大筋が一致するが、これらの要点の異同を比較したのが、次の表である（できる限り原文通りの表現で抜き出した）。

	『聞書雨夜友』巻二「僧堕落」「男達」	『耳嚢』巻四「亀戸村道心者身の上の事」	『耳嚢』巻一「山事の手段も人の非に乗る事」
①主人公の設定	甲州郡内村の一寺の住職。還俗後「伊兵衛」	甲州の産。山梨郡東禅寺住職	上総辺一寺の住職
②妻の出自	品川大金屋抱えの遊女小吉《こきち》	品川なる三星屋遊女梅	江戸の傾城

③主人公の救済者	横網の向水市兵衛《むかふみずいちべえ》	横あみ辺に住ける向ふみずの五郎八	並木辺の「医師やうの男」
④救済者と出会う場所	駒形堂	駒形堂	田町の正直蕎麦
⑤妻を見つける場所	西のくぼの酒屋	麻布市兵衛丁の煮売酒屋	麻布六本木の酒屋
⑥示談金額（主人公の受取額）	四十両（三両と蓑輪の寮、家財）	五拾両程（亀井戸の地面）	百両（拾両）
⑦主人公の結末	「世を安楽に行ひ済してくらしける」	「一身の生業苦しからず」	「花川戸辺を徘徊して托鉢いたし居候由」

右表の、ことに①②③④の項目の通り、『雨夜友』巻二と「亀戸村」は一致点が多く、ことに③の「向水」のような固有名詞の類似性も認められるので、両テキストには直接的な関係性があるように思われる。

他方「山事」は他の二作に比べ、物語の中に「飴売」についての筆者の考証が挿入されるなど随筆的な書きぶりで、小説的結構が弱い。他の二作との最も大きな相違点は、鈴木棠三が「助けた男が善玉と悪玉の相違がある」と指摘する通り、主人公が悪漢に九拾両（⑥の項を参照）を騙し取られる「山事（詐欺）」の話として記されている点であり、これは『雨夜友』巻二、「亀戸村」が、男達《おとこだて》の活躍を描いた話になっているのとは百八十度趣が異なる。「山事」の③に当たる「医師やうの男」は、最終的に、自分の檀那寺の僧を招いて主人公を出家させ、「扨此度汝が女房を奪取たる者より誤《あやまり》の申訳に金子差出し候へ共、此間右に付段々骨折し者へ差遣し、此度御寺へも金子廿両差遣間、彼が罪障消滅をなし給はるべし。汝にも金子拾両遣間得度《とくど》の入用ともすべし。残りは汝が食料其外入用に此方に留置也」といった調子で金を巻き上げるのであり、「人の非に乗ずる」という表題通り、かなりタチが悪い。結末（⑦）も『雨夜友』巻二、「亀戸村」はハッピーエンドだが、「山事」はバッドエンドと言ってよい。

一作（『耳嚢』）の中に類話が同居している「山事」と「亀戸村」の関係をどう理解するかであるが、「飴売り」のような特徴的な要素まで一致する以上、両者のソースが別のものとは考え難い。『耳嚢』巻一（天明四年〜同七年頃成）の推定される成立年代が巻四（寛政後半成）よりも古いことや、「山事」にテキストとして粗い点が目立つ点を勘案するに、おそらく「山事」の方が巷説の原型に近く、「亀戸村」はこれを主人公（僧）の懺悔ばなしのスタイルで、小説風に書き直したものと思われる。

そしてその小説化には、東随舎の手の入っている可能性が考えられる。つまり、『耳嚢』巻四がまとめられた寛政後半頃、根岸鎮衛より提供された「山事」を元に東随舎がリライトしたのが「亀戸村」であり、それが『耳嚢』巻四に収載され、その後（文化二年）東随舎が自作（『聞書雨夜友』）にも転用したという考え方である。これは、一つの本（『耳嚢』）に、巻を隔てて同根の説話が二バージョン収載された理由の説明にもなるだろう。そしてその場合、卑劣な山師を庶民のヒーローへ、実録的詐欺譚を通俗的任侠譚へと変換したのは東随舎の発想ということになる。以上の仮説は、『耳嚢』に東随舎提供の説話が少なからず含まれている事実と、「亀戸村」とほぼ同内容の作（『雨夜友』巻二）を東随舎が自作として公表していること、そして通俗的・大衆的発想に長けた講釈師の資質などを勘案すればあり得ることと思う。

また、「亀戸村」と『雨夜友』巻二は、前述の通り兄弟関係にあるテキストと思われるが、詳細に比較すると、『雨夜友』巻二にはさらに小説としての成長——具体的には、筋書（ストーリー）の描写化・場面化、登場人物の肉付け、寓意（教訓性）の付与、など——が認められ、これらは東随舎によるものと考えて問題ない。以下、これら三点について例を挙げて説明する。

まず筋書の描写化・場面化であるが、例えば物語の前半部、主人公の僧が遊女に金をつぎ込み、横領を犯す展開について、「亀戸村」は「与風《ふと》遊所へ通ひ、品川なる三星屋梅と申女に深く契りて路用を遣ひ切、村方へは路用・雑用のよし偽て多く金子を掠取《かすめとり》、彼遊女の残れる年季を金を出し請出し」云々と大筋を記すだけであるが、『雨夜友』巻二はこの展開に四丁半を割く。すなわち、訴訟目的で江戸に出てきた僧が、長引く訴訟の退屈しのぎに御殿山の紅葉見物に出かけ、酔った勢いで大金屋に乗り込み、その座敷をたまたま小吉が勤め…といったように、ふとしたきっかけから主人公が遊女にはまり身を持ち崩していく過程を丁寧に描いている。僧が小吉と将来を言い交わす会話や、身請け金のために郷里の村人をだます台詞など、次のように、すべて場面として描写されている。

和尚申けるは、「扠此度の論事《くじ》、各方にも御存知の通り、是悲〳〵申勝ねば拙僧も無拠《よりどころなく》、此寺をひらかねばなり申さず候。然所大底十の物九ツは拙僧勝公事《かちくじ》と存じられ候へども、今少しにて手間取候也。此節内々袖の下と云妙薬あらば、速に勝論事なるべしと存られ候。それに付、各方へ折入て御相談申さん為、俄に帰寺いたしたり。何卒此寺に先住より段々の譲物も御坐候事、且《かつ》又山を切出し候ても二三十は出来申べく、かた〳〵何とぞ各方の御了簡《りようけん》を以、此節金子七八十右引当《ひきあて》にて才覚してたびてんや。誠に久しき御馴染の事、ひとへに頼存ずるなり」と尤らしく申ければ、元より実体なる田舎生れのことなれば、誠と心え皆申けるは、「金銀の事にて御勝論事になることならば、いかやふにも働き申べし。殊更大金と申せば申ものゝ、御勝論事になることならばいかやふにも相談いたし、村中惣無尽にてもいたし候はゞ、七八十のことはいと安きことなるべし」と請合ければ、和尚仕済《しすま》したりと大きに歓びけり。

（『雨夜友』巻二）

このように粗筋でしかなかったものが、生き生きとした場面描写によって立体化、「小説」化されている。またこのような描写は、登場人物の肉付けをも促す。すなわち登場人物のキャラも必然的に立ち上がるのであり、右の会話場面では主人公の和尚の「悪」が強調されることになる。登場人物の造形についてもう一つ例を挙げると、「亀戸村」は僧の妻の出奔について、「或る日外へ出し留守に、彼受出せし女房残る金子を持て行衛不知《しれず》成ぬ」と記すだけだが、『雨夜友』巻二には、伏線として、お吉が伊兵衛を籠絡して、重ね箪笥の鍵をとりあげる次のような場面が仕込まれている。

或時、伊兵衛朝湯に行て帰りしに、お吉は何か物おもひの体にて襟に半分貌《かお》を入て、物をもいわず居たりければ、伊兵衛申けるは、「持病の積《しやく》にても発りしや、おしてやらん」と側へよりしに、お吉伊兵衛が手をとりて、「あの古歌にも、いへばえにいはねば胸にさはがれて心ゝ一ツに思ひぬるがな、とはどふいふ心ならん」。伊兵衛申は、「夫はいゝたいことを遠慮していはぬから胸くるしいと云事なり」。「さればわたしもその歌のとをり、聊《いささか》積の痛にても候はず。かくそなたさまとふしぎの御縁にて夫婦とはなりさむらへど、ぬしさまには今に私に御心をゆるし給はず。せまき女の心からは只行末が思はれ、いとかなしく候也」と申。伊兵衛申けるは、「夫はそなたの愚知といふものなり。一寺をもすてゝ夫婦となるも過にし因縁ならめ。何しにそなたをうたがひもふすべしや」と申ければ、「さやうの給へども、今に御腰の鍵だに私には御預けなく、ちよと湯にお出なさるにも其やうに腰に付て御出なさるゝ事、何とやら御心の底にものの有やふにて、女の愚知な心からは胸にせまり候也」と申ければ、伊兵衛もその理につまり、「是は此方の心得違なり。斯《かく》二世も三世もと申かはせし女房に心付ぬ業なり」とて腰なる鍵を渡し、「必々疑を晴し、云たいことは心置なく、只むつましくこそ。一ツは見世の為なり」と夕べの残り燗《かん》させて、昼寝に夢をぞ結びけり。扨又その翌日も用の事ありて、朝とく出てかれ是と用を足し宿へ帰り、裏口より這入《はいり》見しに、お吉いづ方へ行しや見へず（以下略）

伊兵衛がお吉の手管《てくだ》にまんまとしてやられる場面であり、これによってお吉の性悪なキャラが立ってくるが、なかなか巧みな話術であり、小説として面白い場面になっている。また、キャラクターという事では、男達《おとこだて》（向水市兵衛）のキャラも、『雨夜友』巻二ではなかなか魅力的に描かれている。男達が主人公と初めて出逢う場面は、「亀戸村」では、「（五郎八が）通り掛りて尋ける故、有の儘に（主人公が）語りければ、「仕方こそ有べし。我方へ来るべし」とて連帰り」とあるのみだが、『雨夜友』では次のような描写になっている。

（向水市兵衛は）余り不審さにづか〳〵と彼《かの》もの（主人公・伊兵衛）ゝ側によりて申けるは、「そこもと先よりそこに居られ候が、何か物あんじの体と見請《みうけ》候。我等は男立の市兵衛とて、人の難義と承ることは、命にかけて引請《ひきうけ》世話いたす事が癖にて、誰いふとなく向水〳〵と異名を呼ばれ候ものなり。其元ものあんじの体《てい》何とも不審なり。つゝまずわれらに咄し申されよ。あしくは計ひ申まじ」と念頃に問かけける。伊兵衛坊主もふしけるは、「御志ざしは千万 忝《かたじけな》く候へども、ちと子細ありてかくの体なり。必御かまひ下されな」と申。市兵衛一円得心せず。「一旦我等申出し候うへは、是か非かならずしては相済ず。兎角に打明し申されよ」と押かへしおし返し申にぞ、是非なく始終のわけあらましにさゝやぎければ、さこそあらんと、「何れさやうの訳ある人ならんと見請候ゆへ、尋ね申たり。我等承はる上は、能《よき》に計《はから》ひ進ずべし。かならず短気出されず、我等方へ参られよ。いざ同道いたさん」とて伴ひ我家へ帰りけり。

芝居の一場面のような男達市兵衛の名乗りがあり、親分肌で面倒見のよい人物像が台詞からもうかがわれよう。また、この男達《おとこだて》の最期について、「亀戸村」では、「其後五郎八も身まかりければ」とあるだけだが、『雨夜友』巻二では「か役を勤しが、段々の旧悪にて御仕置にあいければ」と、男達らしい死にざまが用意されている。悪漢小説的な「山事」に対し、「亀戸村」の男達はいささか美化されすぎているが、『雨夜友』の「刑死」の要素は、男達の負（悪）の側面をも押さえたものであり、市兵衛という人物の陰影を深くしている。

三点目に作品の寓意であるが、『雨夜友』巻二の場合、冒頭に「外面《げめん》似《に》菩薩《ぼさつ》内心《ないしん》如《によ》夜叉《やしや》と、おもてに白粉をよそおひし皮の一重こそ、国を傾るの基なるべし。一休禅師の歌にも、世の中は一重の皮に迷ふなりひんめぐり見よ美女も悪女もとわらはれしも亦むべなり」という警句を置き、前編の結びに「実におそるべきは色欲なり。若き人必ずしも一重の皮に迷ふ事なかれ」と説き、後編の結びでもう一度「誠におそるべきは色欲なり。わかき人四文屋に四角な鶏卵は有とも、女に心免るし給ふな。がてんか〱」と同様の訓戒を繰り返している。

このように東随舎の読本には要所で語り手が教導する――その内容は談義本作者のような、常識的、道義的なもの【注26】である――姿勢が顕著であり、かかる姿勢は、その講釈師としての資質に由来する部分が大きいと思われる。当時の江戸において講釈師は、大衆に娯楽を提供しつつ、人倫道徳について教導する役割をも担っていたが、「(東随舎は)もとより解事漢にして、人を相するに必ず教を寓し」(『思ひ出草』巻四)といった評も見られる通り、それは相学者の性格でもあっただろう。東随舎の教導家的資質は、その随筆『憎まれ口』(『閑栖劇話』の広告には「教訓憎まれ口」とある)によくあらわれている。同書は「神国の有難きを述る事、予神職にあらざれども神の国に生れて其国恩をおもふが故に、神慮の有難きを説」く神道的立場からの啓蒙書であるが、書き手の意識は、学問的探究というより大衆啓蒙に向いており、議論の範囲も神道的な話題に限らない。僧の堕落、家督相続の在り方、上手者、庸医、流行神、浄瑠璃、両部習合、狩猟、火葬、乳母の堕落等が批判され、驕奢、美食、慢心を戒め、節制を進め、分度論を説く。

もっとも『雨夜友』巻二の内容で「色欲を慎め」というのは、いささか牽強付会な説教であり、結末部で「市兵衛事全体東《あづま》の男達《をとこだて》成し」と述べる通り、本話は庶民のヒーローである男伊達の、知恵と人情味のある取り裁きを描いたものとして面白く読まれていたのが実情であろう。巷説の詐欺譚を任侠譚の方向性に発展させたのが、講釈師東随舎の通俗的、大衆的想像力であると言えるかどうかはわからないが、少なくとも任侠譚を任侠小説へと昇華させたのが東随舎であることはすでに述べた。

おわりに

見てきたように、東随舎は講釈師を業としながら、同時に相学者であり、さらに「彼栗原は施薬をもなしけるゆへ」（『耳嚢』巻五「相学的中の事」）とあるように、医者の素養もあったようだ。講釈師にせよ、相学者にせよ、医者にせよ、他家に入り込んでその内情を観察する機会に恵まれた職種であり、さまざまな人間模様を目の当たりにし、また人づてに聞くことも多かったであろう。作家としては、そうした経験が巷談ものを書く上での肥やしになったと思われる。東随舎は都市と地方を往来し、宿所（『思出草紙』巻八「岡崎宿の煙草屋歌読む事」に「此駅中の者に聞けり」とある）や結社の会合（『思出草紙』巻二「匹夫にも義と恥をしる者ある事」に、「是則ち社中の物語りに聞く所なり」とある）など、情報の拠点を巡り歩き、話を運搬した。当時の江戸の情報流通を考える時、このように地域や身分を越えてボーダレスに情報を持ち運んだ媒介者の役割が注目されよう。東随舎にとって、根岸鎮衛もその情報源の一つであったと思われるが、かたや浪人者の講釈師、かたや「鹿政談」等の講談・落語に名判官（史実としては寛政十年江戸南町奉行就任）として伝えられる人物であることを思う時、両者の関係は一際興味をひくのである。

【注】

1　倉員正江「陰徳延命説話の展開―中国説話と浮世草子・舌耕文芸の影響関係に及ぶ―」（長谷川強編『近世文学俯瞰』〈汲古書院、一九九七年〉所載）。なお、『国書人名辞典　第三巻』（岩波書店、一九九六年）「東随舎」の項目にも、「栗原氏。通称、幸十郎」とあり、参考として『日本小説年表』『大人名事典』を掲げるが、両書に東随舎・栗原幸十郎同一人物説の根拠となる記述は見られない。

2　本稿で検討対象とした東随舎の著作には、神宮文庫蔵『誠感集』のみに伝わる六十七条（ただし、うち二十四条は表題のみ伝わる）の説話が（太田南畝の記事に言及した一カ所を除いて）含まれていないことをお断りしておく。これは論文初出時点で『誠感集』を未調査だったためであり、その後、科学研究費課題研究「江戸の講釈師東随舎栗原幸十郎の読本に関する調査研究」（二〇〇二年、二〇〇三年）において同書の調査を実施した結果、実績報告書では右の六十七条の存在に言及したが、詳細については論文化に至っていなかった。近年、右の内容不明だった二十四条を収載する『続思出草紙』（文化三丙寅年仲夏、牛門西隅東随舎（序）／ひのへ寅五月五日、清龍斉黄虎（跋））が三宅宏幸によって発見され、『思出草紙』および『誠感集』の成立に関わる詳細な研究報告が行われた（「東随舎の写本随筆『続思出草紙』について」『同志社国文学』九八号、二〇二三年三月）。三宅は『思出草紙』の正編、続編（右の六十七条に相当）および『誠感集』諸本の収載説話を整理・分析した結果、『思出草紙』正・続編を後年再編集したものが『誠感集』であると推定している。詳細については同論文を参照されたい。

3　写本で伝わる『思出草紙』には、十巻十冊（無窮会図書館蔵本）、十二巻三冊（国立国会図書館蔵本）、五巻五冊（東京国立博物館蔵本）など、編成の異なる諸本が存在する（これらの収録説話数および本文にはわずかながら異同が認められる）。本論文における『思出草紙』の編成（全十巻）は、現在同書の活字本として最も普及している『日本随筆大成　第三期四巻』（吉川弘文館、一九七七年）所収本に拠った。ただし、「夢に三つの発句を得し事」の引用の底本には、管見の限り最も祖本に近い年記を序に持つ東京国立博物館蔵本を用いた。

4　本章における『耳嚢』全十巻の巻序は、これを成立順に正した森銑三説（「耳袋の逸巻の発見」『森銑三著作集　第十一巻』中央公論社、一九八九年）、鈴木棠三説（『日本庶民生活史料集成　第十六巻』「耳嚢」解題）に基づく。ただし引用にあたっては、唯一現存する完本（十巻本）である、カリフォルニア大学バークレー校東アジア図書館蔵旧三井文庫本を底本とする岩波文庫本を用いた。

5　本話において、底本（旧三井文庫本）には「桑原」とあるところが、東北大学図書館蔵狩野文庫本では「栗原」となっており、旧版岩波文庫も「栗原」としている。ここでは一応栗原幸十郎の説話として本話を挙げるも、存疑としておく。

6　『落葉集』の諸本には、東洋大学図書館蔵哲学堂本（五巻五冊）、国立公文書館内閣文庫蔵本（五巻五冊）、大洲市立図書館矢野玄道文庫本（十巻十冊）、東京大学蔵本（十巻五冊）が存在する。また、内閣文庫には本書の改題本『古今奇談雨夜友』（五巻五冊）も存在する。本論文における『落葉集』の巻数・引用は東洋大学図書館蔵哲学堂本に基づいた。

7　『閑栖劇話』序文は、江戸怪談文芸名作選第五巻『諸国奇談集』（国書刊行会、二〇一九年）所載の丸井貴史の訓読文を引用した。

8　東随舎の読本『閑栖劇話』では、すべて説話の末尾に一字下げで、作者による教訓的な説話解説が付され、『聞書雨夜友』にも「評に曰」として同様の評言を備えた篇が多い。かかる様式は、講談のテキストを思わせるところがある。また、その評言の中には、「わかき人四文屋に四角な鶏卵は有とも女に心免るし給ふな。がてんか〳〵」（巻二「男達市兵衛捨身を介る話」）、「衆童しう必まよひ給ふ事なかれ。穴賢〳〵」（巻四「僕が一念報家族話」）といった呼びかけ調が見られ、講釈師が聴衆に語りかける口吻が感じられる。

9　近世怪談書の作者層として、相学や易のような「占い」の系脈を考えることができる。『怪談見聞実記』の作者中西敬房は京の暦算家で、その怪談書には合理主義的な言説も目につくが、『百怪占法夢卜輯要指南』（安永十年刊）、『夢合早占大成』（寛政七年刊）などの夢占の著作がある。怪異に関わる記事も多い考証随筆『牛馬問』の著作で知られる新井白蛾は朱子学者であるが、京に出て易学で名を成し、『古易対問』（宝暦六年刊）ほかその道の著書が多い。その易の弟子には『煙霞綺談』の著者西村白烏や『三州奇談』で知られる堀麦水などがあった。

10　東随舎の著作には旅先の話が少なくない。重ねて例を挙げておく。

「泉州堺の町に年頃念頃にかたろふ和泉屋喜兵衛（近藤注　和泉屋喜兵衛のことは『耳嚢』巻六「陰徳子孫に及びしやの事」にも見える）なる者の方にしばらく逗留なし、河内紀州の名所など見物せしに、同所に墨屋伝右衛門といふもの有。これは大坂に名高き淡々といへる俳人の門弟にて風雅いとやん事なく俳名を可三といふ。逗留中懇意に物語ぬるが（略）」（『落葉集』巻一「蛇化して蛸と成事」）

「花に名だゝる吉野山に至りしに（略）宿の主、齢七旬になん〳〵たるが（略）能物語ぬるまゝ、宵の程雑談刻を移す折から（略）跡にて聞ば、（近藤注・宿の主は）草舞とて、其道には名をしられたる者とかや」（『思出草紙』巻八「風雅、貴賤によらざる事」）

東随舎は「風雅、貴賤によらざる」（『思出草紙』巻八第二話）、「人情、其形ちによらざる」（『思出草紙』巻九第四話）といった信条を持ち、さまざまな階層の人々と交わり、話を聞いている。このような旅先での雑談は、東随舎にとって地方奇談を収集するよい機会であり、また逆に、地方の人々にとって東随舎は江戸の最新情報をもたらす来訪者であったろう。

11　ただし「陰徳にて顕長寿之相話」の、陰徳によって延命するという要素は「文七元結」にはなく、むしろ落語の「ちきり伊勢屋」に近い。「ちきり伊勢屋」と先行の陰徳延命説話との関係については、田中伸「都の錦『新鑑草』をめぐって」（『近世小説論攷』桜楓社、一九八五年）、前掲注1倉員論文に言及がある。

12　本表における講談の作品名は、吉澤英明『講談作品事典』（「講談作品事典」刊行会、二〇〇八年）に拠った。

13　『閑栖劇話』「慈計談話」の評では、本作のもとになった巷説を翻案した浄瑠璃に「男作五雁金」があることに言及している。講釈の「河内山」と「男作五雁金」との類似は旧く関根黙庵に指摘されているが、実録『河内山実伝』との関連を含めて、梅崎史子「「天衣紛上野初花」小考」（神田伯龍・河竹登志夫・関山和夫編『世話講談　黙阿弥物の展開』〈三一書房、一九八二年〉所載）に詳しい。

14　延広真治「落語「紋三郎稲荷」考」（『朱』五三号、二〇一〇年三月）の指摘。

15　本話の類話に『老の長咄』「陰徳陽報」のあることは三田村鳶魚の指摘（「最初の落語」『三田村鳶魚全集　第十巻』中央公論社、一九七五年）。柴田宵曲編『随筆辞典4　奇談異聞編』（東京堂出版、一九六六年）に『耳嚢』の話例を挙げ、「『其昔談』に大体これと同じき話あり。宋の『輟耕録』に基づくものの如し。『思出草紙』巻四に出たるは遥かに長けれども、話の眼目は全く同じ」とする。ここに言及される『輟耕録』巻八「飛雲渡」については、注1の倉員論文にも言及がある。また『譚海』巻六、『むかしばなし』巻五に類話のみられることは、長谷川強の指摘（岩波文庫『耳嚢』解説）。

16　都の錦の浮世草子『新鑑草』の本話が落語「井戸の茶碗」とモチーフを同じくすることは、田中伸の指摘（前掲注11田中論文）。また、倉員正江は『思出草紙』巻七「茶碗屋敷の事」が本話に拠るとする（「浮世草子と街談巷説についての一考察―『中村雑記』を素材として―」（『国語と国文学』第七三巻五号、一九九六年五月）。

17　倉員正江は「陰徳にて顕長寿之相話」の典拠として、『新鑑草』巻一「王秀人の命を救ひ禍変じて福と成事」を指摘する（前掲注1倉員論文）。

18　落語「茗荷宿」の類話が『聞上手二編』に見られることは武藤禎夫の指摘（『江戸小咄辞典』東京堂出版、一九六五年）。

19　落語「寿限無」の類話が『軽口御前男』に見られることは武藤禎夫の指摘（『江戸小咄辞典』）。

20　落語「狸の釜」の類話に『軽口東方朔』の本話のあることは武藤禎夫の指摘（『落語三百題〈上〉』東京堂出版、一九六九年）。

21　三村竹清は本話について大岡政談に類話ありと指摘する（『日本芸林叢書　第十巻』「耳嚢」頭注、六合館、一九二八年）。本話と講談の「万両婿」が類話であることは鈴木棠三の指摘（東洋文庫二〇八『耳袋2』注、平凡社、一九七二年）。落語「小間物屋政談」が同話であることは長谷川強の指摘（岩波文庫『耳嚢』解説）。

22　「いが栗」と「五光」は類話であるが、一説には、「五光」を二代目円馬の改作したものが「いが栗」であるという（東大落語会編『増補落語辞典』青蛙房、一九七三年）。「いが栗」については『雨月物語』「青頭巾」が影響作と推定されていたが（今村信雄『落語事典』青蛙房、一九六〇年）、『落葉集』の本話の大筋は、ほぼ現行の「いが栗」に一致する。

23　ただし、倉員正江が東随舎の著作に浮世草子（『新鑑草』）が用いられている可能性を指摘しているように（前掲注1、注16倉員論文）、東随舎の説話には先行文献を利用したものもある。例えば『落葉集』巻二の「宇治川先陣田舎士江戸にて喰違事」は、『西鶴名残の友』（元禄十二年〈一六九九〉刊）巻二「今の世の佐々木三郎」を用いていると思われる。「今の世の佐々木三郎」は明良洪範続編・二が典拠であると考証されているが（『新日本古典文学大系 77』〈岩波書店、一九八九年〉井上敏幸の『西鶴名残の友』注による）、本文を対照した限り、東随舎は『西鶴名残の友』の方を見ていた可能性が高い。また『落葉集』巻四「乞食に潔志有事」は『駿台雑話』（寛延元年〈一七四八〉刊）より引いたことを文中で断っている。

24 『聞書雨夜友』は大高洋司・近藤瑞木編『初期江戸読本怪談集』（国書刊行会、二〇〇〇年）に、近藤による翻刻と解説が備わる。

25 倉員正江は、近世の陰徳延命説話の系譜を辿る中で、東随舎の『聞書雨夜友』巻一「陰徳にて顕長寿之相話」（人情噺「文七元結」の類話）に触れて、主人公が娘を犠牲にした金を、赤の他人に押しつけるように遣ってしまうという「人情話最大の山場」が、本話以外の、陰徳延命説話の系譜には見られないことを指摘する。そして同作の「（近藤注・主人公徳介の旧主が）徳介の死相を悟りながら、さすがに事が事とて、口出しせずにもてなしやる心遣い、徳介の所持金の出所を知って、受け取りを躊躇する手代に、後を見ずに金を投げて行く徳介、大文字屋へ出向き、身売りした娘の身元から、徳介の住所を捜す伊勢屋の主人など、個々の人物描写に委曲を尽くす」（注1倉員論文）点を評価している。この指摘の通り、東随舎の読本は単に講談・落語の題材を用いているというだけでなく、「人情」描写に優れているという点でも、人情噺・世話講談のルーツに位置づけられるように思う。

26 例えば『聞書雨夜友』巻四「僕が一念報家族話」の本編は、井元才八郎という武士に手討ちになった下僕五助が主家に長く祟りをなした話で、仏者であれば因果応報を説きそうなところであるが、「評に曰、才八郎が短慮より五助を手うちしける其怨念生を引ことおそるべし。世のたとへにもいわずや。高かろふよかろふ、安かろふわるかろふとて、一寸と木綿を買にさへ高ははゞも広く地合もよく、安きは地合あしきゆへに長持せず。万物皆しかなり。人間にはけつく高録頂戴の輩、身持放埒より御咎を蒙り、遠嶋改易にあふ人まゝ有は、壱年三両の奴は安からふの類ひなれば、猶更のこと也とおもひかへし侍らば、手討ざたにも及ぶまじき。之畢竟下臈たるものを自身に叱りのゝしるが故なり。あの僕は気に入たりと頼むゆへ、腹立も又一倍なり」云々と、下僕を雇う者の心構えといった「処世訓」が付会される。

三章

捏造される物語
噂ばなしと近世中期小説

はじめに

「近年はなき事咄し替道具　御役御免と俄《にわか》評定」（宝暦二年〈一七五二〉）という落首に象徴されるように、宝暦前後の江戸の世相として、流言や噂ばなしの流行があった（三田村鳶魚「教化と江戸文学・記録化された流言蜚語」『三田村鳶魚全集　第廿三巻』中央公論社、一九七七年）。かかる世相については、時勢に敏感な談義本などにも、「惣じて昔も今も、何者の、何の所得ありてか、そら言を作り出し、言い触らす事か（略）年々色をかへたる、流言の妄説」（宝暦二年刊『当世下手談義』巻四）、「当時は怪虚説を賞美する人々おふし」（宝暦五年〈一七五五〉刊『舌耕夜話』巻四）などと記されている。流言蜚語の中身は、「本所の徳山五兵衛の中間《ちゅうげん》の尻へ犬の尾が生えたの、番町の金田弥七の家には七十一になる老婆が産んだ鬼子がいるの、阿波大明神が向島へ飛んで来られたのという嘘話」（「記録化された流言蜚語」）の類から、「惣《すべ》て此客人が癖で、珍説〳〵と風聞を聞たがり、楽首の類を書写して（略）惣て楽首と云もの、古へ今、貴人高位の御うはさが間々有もの」（『教訓続下手談義』巻三）といった貴人に関わる風聞までさまざまであるが、本章ではこれらを「噂ばなし」と総称する。

「是を聞たる下女はしたが。御新造へ追従《ついしょう》に。針売が怖咄《こわい》しをいたしましたと。尾に尾を附ての虚《きょ》が実《じつ》となり。それ御家老の臍内《へそない》殿へも知らせよ。番町の奥様へも。御存かしらねど。申上まいらせ候と。文をかくやら。面々の宿へ書付て送るやら」（『当世下手談義』巻四）、「跡かたもない流言の虚《うそ》の皮を聞や否、かき写して持歩行《もちあるき》、見て来たやうに云触す」（『教訓衆方規矩』宝暦十二年〈一七六二〉刊）などとあるように、三田村鳶魚は、噂ばなしが文書化されて記録となると同時に通信によって広がり、さらには実録、講談などへと発展していく文芸化の道筋を示している。本章では、当時の噂ばなしと文芸の関係について、これとは正反対のパターンについて述べてみようと思う。それは一言で言えば、噂が文芸化するのではなく、文芸の力を借りて噂を広める、という営みである。それは自然に「広まる」のではなく、故意に「広める」ために作られた「物語」であり、「捏造」と題するゆえんである。

【一】……見世物と捏造怪談

近世中期における噂ばなしと文芸との関係においては、噂が生じると、それを文芸が吸収し、その文芸（ことに出版メディア）の力でさらに噂ばなしが拡散していく、という循環があったのであり、この事情は江戸も上方も変わらない。一部六章でとりあげた「鐘撞の娘轆轤首」のケースなどはその格好の例と言えるだろう。宝暦頃、江戸石町の鐘撞き役の娘おつよに生じた、轆轤首の噂はなし（宝暦六年〈一七五六〉成『当世武野俗談』）が、黒本（『思ひの撞鐘』）、黄表紙（『狂言末広栄』）、読本（『奇談玉婦伝』『奇伝新話』）などの文芸作品の中に多様に展開していったことは、同章で述べた通りである。

そしてこのような「噂」は、時に人為的に作られるケースがあったのではないか。次の話は天明二年（一七八二）に京で出板された読本にあるもので、江戸の話ではなくかつ創作であろうが、それでも当時の噂ばなしをめぐる事情について示唆するところがある。

（略）昔々播磨国室《はりまのくにむろ》の津《つ》に、ほの〲太夫とて、名うての全盛《ぜんせい》有。ふと船待《ふなまち》の客に馴《なれ》なじみけるが、此大臣郡方より九州へ、よき絹商《きぬあきない》に下るよしして、仮《か》りに契《ちぎ》り遊びける。物ごし風俗《ふうぞく》やさしく物数いわぬおとなしきに、太夫も打込、誠に勤《つとめ》ならぬ逢瀬《あふせ》。此大尽《じん》どふした事にや、夏冬《なつふゆ》ともに頭巾《づきん》をふか〲と着て、いかな座敷にてもとらず。太夫も馴染重《なじみかさな》りぬれば、ある時ね所にて此頭巾の事を尋ければ、客いふ様、「我生れ付てつむりに風があたると、頭痛《づつう》してたへがたく、夫故ついくせと成、夏もとらぬ」との事故、つい夫なりになじみ居けるが、とかくねざめに此頭巾の事心にかゝり、或夜《あるよ》大酒して前後しらず伏したるを幸ひに、かの頭巾をそつとぬがせければ、ひたいの真中《まんなか》に一眼《がん》有て、以上三眼《がん》なり。常《つね》の二の目はふさがり、中の一眼《がん》は、につともせずににらみ付たる有様に、ハツトたへ入音《おと》に、客も目覚《めさま》し、ゑいもさめて頭《かしら》を見れば頭巾ぬげたり。「南無《なむ》三宝《ぼう》見付られたり」と、やがて頭巾ふか〲と着《き》て二階《かい》より屋根越《やねごし》ににげ延《のび》、便船《びんせん》こふて九州へ逃《にげ》下りける。此物音に驚《おどろ》きて、下より亭主花車《ていしゅくわしゃ》などかけ上りみれば、客は居ずして、太夫はぜつ死したり。ヤレ茶よ水よとさわぎ立、様々介抱《かいはう》なしければ、漸々《やふ〱》正気に成り、有し次第の物語、「扠は狐狸《きつねたぬき》の業《わざ》ならんか。併《しか》し此噂《うはさ》世間へ聞へては全盛《ぜんせい》の太夫のさまたげ、必さたばしするな。客は九州か都へ上りたるにして、とかく家内の者にも沙汰《さた》なし」とひそ〱いふ程、世間に聞知りて、西国四国迄も此評判高く、名にしほの〲太夫も、客は朝ぎりと成にける。「殊に花代揚《あげ》代も払《はら》わず嶋かくれ行大尽《じん》の行すへ、手を廻してたづねん。ほの〲太夫、京浪花《なには》の方へ仕かへにやらん」と相談最中《さうだんさいちう》、旅《たび》芝居してあるく並木《なみき》が、手代引連入来り、亭主《ていしゅ》にあふていふ様、「ほの〲太夫を請《うけ》出したし。身《み》の代いか程」との事に、「仕替《しかへ》にやらんと思ふやからへの身請、そんじよいか程」

と相談とげ、「すぐ様根引《ねびき》してつれ帰らん」と身《み》の代《しろ》の外に又壱包、「是は祝義」とずつしりしたさばきに、客も近付の並木《なみき》なれば、「貴様請出してかこふて置のか。但し頼れての事か」と亭主が尋に、並木いふ様、「外なれば咄さぬけれど、なじみの貴様、事打明て咄します。過し京下りの絹商人《きぬあきんど》と見せて太夫になじませ、頭巾《づきん》かぶらせてうたがわせ、とらせて見せて三ツ目と思わせ二階より逃《にげ》帰りし客は、わしがかゝへの玉沢妻之丞と云女形。永々しつ病《やみ》て、其上みけんに口明き直りし所、ほつかりとほじくつた様な穴《あな》出来、一向何にもならぬ面《めん》ていより、ふと思ひ付き、京の玉眼師《ぎよくがんし》に頼、其疵《きづ》の跡へ入眼《いれめ》させ、三目《もく》と見せて、全盛《ぜんせい》のほの〴〵様になづませ、驚《おどろか》せしゆへ、其評判西国九州の果《はて》迄も、化物と契《ちぎ》りをこめしと、噂高ふさせて、其化物生捕《ばけものいけどり》しと、宮嶋市より九州所々にて見世物に出ししかば、何が評判《ひやうばん》の事ゆへ、いづくへいても大当りにて殊の外大金をもふけし故、「恩《おん》の有太夫どの、請出しくれよ」と妻之丞が頼みゆへ、かくの仕合、さい前の一包の金はいつぞやの揚代」といちぶ始終《しじう》の物語りに、さすが山師のする事はかく別、すたる人間で銀《かね》もふけとは背《せ》筋のはげた芝居師と、くるわ町中の噂成けらし

（『当世化物大評判』巻五「三つ目《め》の穴を探《さぐる》」）

三つ目の客の事件は芝居師が仕組んだ狂言であったというオチがつき、本話は浮世草子などにも見られる、てれん物の説話（詐欺譚）として読むことができる。が、このオチさえなければ、本話の事件は「三つ目の客」という怪談として成り立つ内容を備えている。「並木」は歌舞伎作者を連想させる名だが、「玉沢妻之丞」とともに、架空の人物と思しい。文脈によれば旅芝居の座頭のようであり、それが座員の湿病（しつやみ。梅毒のこと）の跡から、見世物興行を思いついたという話である。この話の典拠は不明だが、本話には少なくとも話としてのリアリティは備わっており、こういった事件が実際に風聞として広まると言うこともあり得たであろう。ここで重要なのは、この怪談は狂言であり、人為的に作られたものであること、「怪談」という物語の力が商業目的の宣伝に利用されていること、そして、この一件に「見世物」文化の関わりが示唆されることである。

「三つ目の穴を探」は西国の話になっているが、見世物興行は巨大な盛り場（江戸の浅草両国、大坂の道頓堀、京の四条河原など）があった三都それぞれで盛んであった。比留間尚の指摘する通り、「江戸の見世物興行は開帳の歴史とともに発達し」（『江戸の開帳』吉川弘文館、一九八〇年）たが、江戸では宝暦頃より開帳の流行とともに、山師の画策によってかなりいかがわしい霊宝が捏造され、怪しげな見世物興行も行われていた。『当世下手談義』巻三「娯足斎園茗小栗の亡魂に出逢ふ事」は、「関東筋の名もなき小寺の開帳は、みな是山師のふづくり物（略）近年の開帳は、山売の丸薬に、金箔の衣を織るごとく、根がつくろひ物で甲斐ない故に、荘厳の金襴、紫幕の紋で、虎の威をかる狐開帳。開帳前に尾の出るも知らず」と、当世の開帳を揶揄している。大阪でも『明和雑録』巻六には、あみだ池の開帳で、「ぶんぶく茶釜」が出ることになり、諸人群集したが「跡より来る」というばかりでついに来なかった事件を記し、「惣じて此の開帳の世話方の内、山師とやらいふ者有り。最初よりの事共実事少くして只もくろみし事故（略）」云々と述べている。『怪談国土産』（明和五年〈一七六八〉刊。江戸版）巻五「夜鳥の種類」には、ある屋敷に出現した「鵺《ぬえ》」の妖怪が、見世物の親方が大猫のつらの毛を抜き、尾に蛇の日干しをはめて製造したイカモノであったという説話が見えるが、このような笑い話も開帳流行りの世相を映したものであろう。『太平弁惑金集談』（宝暦九年〈一七五九〉刊）にみえる次の話も、ありそうなことではないだろうか。

（略）先年小豆嶋戸《と》の庄の漁人、網を挙《あげ》て壱つの怪《あや》しき枯骨《ここつ》を得たり。大さ一かゝへ程有て、絵《ゑ》に書《かき》たる大蛇の形《かたち》に似《に》たり。魚《うを》の骨《ほね》にて有しや。大蛇の頭《かしら》にて有しや。誰《たれ》も智者なし。其所に弥惣左右衛門とて小才覚《こさいかく》成者有しが、是を銭壱貫文に買取、金瘡《きんそう》（左訓・きりきづ）などに少し削《けづり》て附試《つけこゝろみ》しに、早速《さつそく》に平癒《へいゆう》す。是を蛇骨《じやこつ》と号《がう》し、取持しけるに、其頃讃州志渡寺《さんしうしとじ》の観音《くわんおん》江戸・京・大坂等開帳《かいちやう》有し。彼寺の縁記《ゑんぎ》に、昔当観《たうくわん》・甫当《ほたう》といへる二人の漁父《ぎよふ》有しが、故有て、其一人は大蛇《じや》に成たりと云事有。是を幸として彼蛇骨《じやこつ》を借用《しやくよう》し、「当観《とうくわん》が頭《かしら》也」とて江戸・京など持廻《もちめぐ》りけり。其後彼《かの》蛇骨を京都の官医《くわんゐ》松下某に見せしかば、「是寿龍骨《じゆりやうこつ》と云物也」とて、其記《き》を書て遣はしければ、夫よりは彼記を証《しやう》とし、「寿龍骨」とて普《あまね》く世に売弘《うりひろ》めけり。かゝるもの珍《めづら》しきを思ふに、元文《げんぶん》の頃同国雌木嶋にも異類《ゐるい》の骨《ほね》を得たり。絵に書所《かく》の竜《りやう》に似たり。疫神《やくじん》の恐《おそ》るゝ物なりとて、漁人の戸口に常に立て有。宝暦《ほうれき》四年の春西浦《にしうら》にも其ごとくの骨有。是は形大にして画《ゑが》く所の鬼《おに》に似《に》たり。是等《ら》は皆海中《かいちう》に生ずる所の鰐鰐《しひわに》等の類の死して後久しく其骨斗《ばかり》のこりたる物と覚へたり

（『太平弁惑金集談』巻四「舟越氏伝二大蛇頭一事《おろちのかしらをつたふること》」）

『金集談』は讃州の知識人河田孤松《こしょう》（正矩《まさのり》）の撰であり、戯作ではなく怪談の弁妄書であるから、その記述内容にはそれなりの信憑性がある。この話の面白いのは、海女の玉取り伝説で知られる讃岐志度寺が、本尊の十一面観音の出開帳にあたり、その縁起の証拠品として件の蛇骨を借り受け、これを利用していることである。同時にこれは薬の拡大販売を目論む弥惣左右衛門にとっても、格好の宣伝になったであろう（さらには官医のお墨付きなども利用した薬品販売も行ったようである）。見世物はその「物」だけでなく、物に付随した物語（幻想）と、見物人を「騙《かた》る」ための語りの能力が重要である。志度寺も弥惣左右衛門も、それぞれの利益のために物語の力を利用し、鮫の類の骨を大蛇のそれに仕立て上げたのだった【注1】。

このように捏造された物語が意図的に宣伝され、広められるというプロセスが、近世における噂ばなし流布のパターンとしてあったのではないか。見世物興行はその契機の一つであり、同様の捏造の疑われるケースが少なくない。安永七年（一七七八）、平賀源内の「名号牛《みょうごうぎゅう》」の一件は有名であろう【注2】。『鳩渓遺事《きゅうけいいじ》』（『平賀実記』下巻附録）には次のような話が残る。

両国回向院にてありし時、焉馬（烏亭焉馬《うていえんば》）鳩渓（源内）に向ひて、「此度善光寺開帳大に行わる。何ぞ工夫して利を獲る計もや有ん」。鳩渓答ふ「我一計あり。小さき黒牛を買来れ」とて、一疋《ぴき》を得、源内家に牽引《ひき》て

一、二夜過て牽《ひき》来るを見れば背筋に「南無阿弥陀仏」の字黒毛中に白く現然と見ゆ。焉馬悦《よろこび》に不堪《たえず》、事々敷《ことごとしき》縁起を偽り作りて、両国観物場に出し、看者如堵《とのごとく》にして、焉馬許多の利を得、富商となれり。

この物語のベースにあるのは、動物への転生の因果譚であり、聖痕としての文字が身体に浮き出るモチーフも、因果話には少なくない（片仮名本『因果物語』（寛文元年〈一六六一〉刊）下巻「生ナガラ、牛ト成僧ノ事」「死後、馬ト成、人ノ事」、『諸国因果物語』（宝永四年〈一七〇七〉刊）巻五「貪欲のもの人魚にむまるゝ事」など）。源内はそのような共同体の幻想を踏まえて、この見世物を仕掛けたのであった。ぶんぶく茶釜、猫を粉飾した鵺、名号牛、いずれも共同体の幻想に依拠して、物語を捏造せんとする見世物的想像力の産物である。あるいは、まがいもの作りの想像力といってもよいが、このような発想を促している「場」の問題を考えるべきであろう。すなわち、これらはすべて盛り場的な空気の中に生まれたものである。近世の盛り場は常設されたものではあるが、むしろ日常的な論理や秩序を侵犯することで解放感を得るための祝祭的な「場」でもあった。鵜飼正樹は見世物小屋の「コマし」（客騙し）について、小屋と客との間に「だまし」「だまされ」つつも互いにそれを了解し合う、不思議な共犯的関係の成り立っていることを指摘しているが（「「コマす」装置―見世物小屋の構造と論理」『見世物小屋の文化誌』新宿書房、一九九九年）、そこには「ウソ」や「騙し」といった非道徳的な行為が許され、時には積極的に楽しまれる価値の逆転が起こっている【注3】。名号牛の一件は源内のアイディアマンぶりを語る上で引かれることの多いエピソードであるが、その前提としてこのような見世物文化の精神性があったことを思うべきだろう。

【二】……怪談による広告

さらに興味深いのは、捏造された物語が、出版メディアを利用して拡散するケースである。『御伽空穂猿』（元文五年〈一七四〇〉刊）は『当世下手談義』の作者でもある静観房好阿の著した怪談集であるが、その巻末の説話「稲荷の神感によつて富を得る事」は、両国の淡雪豆腐の名店日野屋が稲荷の神感を得て富み栄えたという霊験談である（本文については第二部一章〔一三三頁〕を参照されたい）。

結論から言うならば、この説話は捏造された霊験談であると考えられる。つまりこれは古く水谷不倒が指摘している通り（『草双紙と読本の研究』「御伽空穂猿」奥川書房、一九三四年）、日野屋の宣伝を意図する話であり、その宣伝媒体として怪談もの読本が利用されている事例といえよう。本話に見える「日野屋東次郎」「伊勢屋金三郎」が両国に実在した店であり、隣人「山本何某」が山本善五郎こと好阿その人と目されることについては、一章に見た通りである。好阿はことあるごとにこの日野屋を自作において宣伝しており、「もと淡雪豆腐を売りし日野屋、株をば人に譲りて、隣に山本善五郎とて、手習屋をして居たる男」（『莘野茗談』）ともいうから、日野屋が好阿と所縁のある店だったことは確からしい。また玉華子編の江戸案内書『再訂江戸惣鹿子新増大全』（寛延四年〈一七五一〉刊）は序文に「静観房が勧を力に」とあることからも、好阿の息のかかった本であると推察されるが、その「江府名物、淡雪豆腐」（巻七）の項にも「静観堂がうつほ猿といふ。物語の草紙に委し」と見える。当時のガイドブックにもこの話の存在が示されているわけだから、これはかなりの宣伝効果があったであろう。好阿の同時代人である観水堂丈阿の著した『観水堂雑記』にも、「山本の静観房は、白狐の御影を感得してより、あわ雪の店日に増し繁昌して、富栄る身とはなりぬ」（傍点は引用者）とあるから、このような噂をふりまくことで、どれほど評判を得たかということを思うべきである。この白狐の絵像が日野屋店内で「開帳」され、集客に貢献していたことも想像に難くない。

山東京伝の「読書丸」や式亭三馬の「江戸の水」など、戯作本文上に広告が提示されるケース、あるいは『京橋

中橋　於満紅《おまんがべに》』（宝暦十二年〈一七六二〉刊）、『三升増鱗祖《みますますうろこのはじめ》』（安永六年〈一七七七〉刊）などのように、広告を目的として戯作が制作されるといったケースの有ることはよく知られている。ただ、これらは単に出版メディアを宣伝に利用したものであるが、右の『空穂猿』のケースは「霊験談」であることがポイントなのであり、それは出版物として広まると同時に、不思議な話として噂になり、拡散することになる。すなわち、物語の力で広まるのである。当時流行の怪談・奇談集の中に、一般的な怪談と並べてこのような「似非」怪談【注4】が紛れ込んでいることは注意を要する。

好阿に関連して、同様の例をもう一つ指摘できる。好阿の弟子静話の著した『怪談登志男』（寛延三年〈一七五〇〉刊）の、巻三「本所の孝婦」は、やはり回向院前で焼き餅屋を営む甚五郎夫婦の孝行美談である。本文中に「師の房が命にまかせ。篇中に書いれ侍れば」とあるので、本話の編集にも好阿の意志が介在したようで、これもやはりこの焼き餅屋の宣伝を意図していたことは、「回向院参詣の人々。今川焼よりさもしくとも。此孝女が焼餅をかふて。娵《よめ》の土産にし給はゞ。あやかりて孝行になるべし。ばゞさま達。必かふてやり給へと」という本文に露骨に現れている。本話はただ息子が病んで短気な父を養い、嫁も舅に孝を尽したという現実的な話であるから、「捏造」というにはあたらないかもしれないが、単なる広告ではなく、やはり美談的な「物語」が作られているという点では同じである。

そして、好阿のこのような「捏造」的想像力については、彼が出開帳や見世物のメッカとも言うべき両国回向院前の住人だったこととの関連を思わずにはいられない。先に見た「名号牛」の一件も、回向院前の善光寺開帳を当て込んだ物であったが、『当世下手談義』巻三「娯足斎園茗小栗の亡魂に出逢ふ事」には「此の十年ばかり已前に、江都の回向院にて、あられもない木像を、我等夫婦が像じゃとて、開帳せしが」といった記事も見え、同書巻五「都路無字大夫江の嶋参詣の事」もやはり回向院の開帳に触れている【注5】。開帳は庶民にとって行楽の対象であり、両国界隈が江戸最大の盛り場として賑わいをみせたことは、地誌『紫のゆかり』（山岡浚明著・宝暦八・九年頃）に「ふた国の橋といふあたりは、常に人多く集りて賑ひ（略）様々の見物あるを、その姿いかめしう画き、戸口に高く掛けて、こゝかしこに名のりはやす」とある通りである。次に挙げるのは、回向院開帳を当て込んだ「妖怪」見世物引き札（広告）の一例である［図版参照］。

日本一
飛騨国　大むかで

長サ　一丈五尺
幅　　一尺八寸
目方　二十八匁目

夫伝へ聞、承平の頃勇士田原藤太秀郷、龍人に被頼、江州瀬田の橋にて大百足を射留めたる事、世の人よくしる処なり。今又剣道の名人千葉大先生門人、陽遊斎広光と云人、日本剣道修行の折から飛騨の国山に暫く逗留をいたし、道場を立、門人数多出来たり。頃は嘉永元三月下旬、門人等大ぜい集り四方八方の咄しの折から一人申けるは、「当国は日本第一の深山にして怪しき事多し。元よりはるか北の方に当り天上龍といふ渡しあり。其辺より越中立山つゞきにて大山連り、其谷合に谷村と云人家あり。近年此辺にて人のとらるゝ事多し」と申ければ、広光、「夫は我等が望む処なり、見届け参らん」とて、門人弐三人に案内をさせ、奥深くわけ入ければ、かの大百足に行合たり。広光一刀にてうちとりたり。余り珍しき事故、其品江戸表へ伝参り、御諸侯様方へ御一覧奉備候。

此度釈迦如来回向院にて開帳に付　当六月廿四日より東両国にて奉御覧入候

（書き込み）申七月十六日、喜一并安藤加兵衛・神間房三郎・田嶋佐太郎・加藤文治郎同道、回向院開帳え参詣

「大むかで」（見世物）の引き札

いたし、其節見物いたしこの図を求【注6】。

大むかでと称して一体何を見せていたのかは知る由もないが、「千葉大先生（千葉周作）門人」であるとか、飛騨山中といった幻想を利用してでっち上げられた、これも「物語」であろう。しかしながら、一つの妖怪退治譚としての首尾は整っており、黄表紙などに見られる一図一話形式の怪談ものと大差ないともいえる。現存する見世物の引き札の多くは、江戸後・末期のものがほとんどであり、右の広告も嘉永元年のものだが、見世物の流行していた好阿の時代に、すでに同様のものが在った可能性もある。両国の見世物小屋の起源は、正確なところはわからないが、川添裕の「江戸見世物主要興行年表」（『大系　日本歴史と芸能　第十三巻　大道芸と見世物』平凡社、一九九一年）によれば、古くは宝暦八年両国に火喰坊主、唐渡り名鳥、少年の八反幟曲差し、三本足女の見世物が出ており、また前掲『紫のゆかり』にも「様々の見物あるを、その姿いかめしう画き、戸口に高く掛けて、こゝかしこに名のりはやす」云々とあるから、すでにこの頃には小屋掛興行が行われていたと見てよかろう。両国の住人だった好阿は、このような見世物文化に親しみ、自ずと学ぶところもあったのではないか。

【三】……自己宣伝怪談

時代はやや下るが、江戸の舌耕家（講釈師）であり、相学者でもあった東随舎栗原幸十郎の著作にも、捏造怪談を認めることができる。講釈師である東随舎にとって、語り（騙り）の力で聴衆（読者）に幻想を吹き込むことはその本領だったかもしれない。次のケースの場合、東随舎の思惑は自己宣伝にあったと考えられる。

（略）寛政五丑年二月六日は初午なるにより、例年の通り百社詣でなさんと、懇意の輩ら五人言合せ、早朝より立出つゝ、王子稲荷より詣ではじめて、駒込谷中辺の寺社境内、あるひは町家の裏に鎮座ある社に詣でしが（略）予も段々順詣なして、駒込うなぎ縄手の光源寺（割注　大くわんをん安置あり）の境内に鎮座の稲荷に詣でけるに、あらわにひらきて供物御酒献備なしてあり。予も張札なしたる後に、片はらを見れば、社壇にいかにも古き面の彩色もはげて落てあれども、其殊勝なる事はいはん方なきが、備へてありしを、某しつら〳〵と見て、其時心中に「珍らしき面かな。必定、名作のうちたるなるべし」と思ひ、そゞろに好もしく、暫らく見入たりしが、連の面々、過行たるにおくれじと、残る心を跡になして立出、夫より浅草辺を順拝なし、三囲の家に戻りても、彼面のことを心に込て忘れず打過しが、兎角して其月のすへ廿八日の朝、妻の言けるは、「此暁にふしぎの夢をみたり。誰ともしれずきたりていはく、「稲荷に普請あり。面の麁末にならざる様に持参して祭るべし」と申し告ると思へば目覚たり」との事に、予が胸に答へつゝ、「夫《それ》ぞ心当あり」とて、初尾を用意なし、道を急ぎ駒込の光源寺に至りて見るに、大工両人来つて、打斧うち成して、前の小社は脇にかたよせ置、新たに造作なせる体也。其片よせありし小社に至り見れば、古き絵馬ども多くつみ重ねし上に、彼面乗せてありしかば、初尾を上て右の面を持帰り、さるにても此面の事物語らざれば、妻のしるべきよふなし。「不思議に見ゆる夢こそ、是則ち神霊の告なり」と云聞せ、直に宮居に勧請し、面図稲荷大明神と祭り、夫より後に願望あつて祈る時には、ひゞきの物に応ずるが如く、霊験殊にいちじるし。今、予が家の守護神として尊敬せり。

（『古今雑談思出草紙』巻九「不思議の霊夢を蒙りし事」より抄出）【注7】

東随舎が、霊夢によって駒込光源寺境内の稲荷にあった木面を勧請したという話であるが、この話は、根岸鎮衛の『耳嚢』巻五「相人木面を得て幸ひありし事」にも見えており、幕臣で町奉行なども務めた根岸鎮衛のもとに出入りしていた東随舎がこの件を吹聴していたことがわかる。『思出草紙』は板本ではないから、好阿の『御伽空穂猿』ほどの宣伝効果はなかったろうが、やはり貸本屋等で流通していた物ではあり【注8】、また東随舎自身、いたるところでこの咄を喧伝していたと推測されるから、「夫《それ》（木面の一件）より思わずも相学の門人日を追つて多く、世渡りも安く暮しぬと（東随舎が）語りぬ」（『耳嚢』）というのも、まんざら誇張ではなかったかもしれない。前章でも触れたように、『耳嚢』の巻五（記事の下限寛政九年〈一七九七〉春）から、巻六の文化元年〈一八〇四〉の記事まで、東随舎の相学者としての形容を見ていくと微妙な変化が見られ、東随舎の相学者としての認知度が次第に高まっていったことがうかがわれる。それには、霊夢によって「木面」を得たというこの物語の宣伝効果もあったのではないだろうか。

重要なのは「木面」という証拠品を備えることであり、これは先に見た『金集談』の「蛇骨」、『御伽空穂猿』の「稲荷の神像」等に相当する。物語にはそれを裏付けるモノの存在が必要なのであり、同時にそれは見世物としても強力な集客力を持った。今日寺社等に伝承される物語に付随する由緒の品々――幽霊画や狐狸の書、河童の証文などの類――にも、宗教的な、あるいは営利的な目的から「造られたモノ」の少なくなかったことが推測されよう。

東随舎は特にこうした自己宣伝に長けていたようであり、例えばこれも前章に見た事例だが、『思出草紙』巻九「夢に三つの発句を得し事」もうさん臭い奇談ではある。同話は、講釈種の一つである「先代萩」をモチーフにした掛け軸三幅を、夢中で異人から授かったという話だが、これもまた『耳嚢』に採られており、同話によれば、異人に「御身は軍書など講ずるなれば相応の懸物を与ふべし」と言われたとある(巻五「其職に随ひ奇夢を見し事」)。これも「夢」の話という点が「不思議の霊夢を蒙りし事」と同じパターンであり、眉唾であること甚だしい。さすがに夢中の掛け軸が現実化するはずもないが、東随舎はこれを画師吉田蘭香によって複製させ、讃を当代きっての著名文化人の大田南畝に依頼した。『耳嚢』には、東随舎がこの軸を披露しに根岸鎮衛宅を訪れたことが書かれているが、これもまた講釈師としての東随舎に箔を付ける品となったであろうことは想像に難くない。

おわりに

民俗社会に生じた噂や巷説が、個人の想像力によって文芸作品へと昇華する営みについては、読本や歌舞伎等の多くの出典研究に明らかである。本章では、逆に個人が、近世のメディアをも利用して、噂ばなしを生成・拡散するケースのあったことを、噂の流行した近世中期の江戸を中心に、具体的に怪談集等を素材として述べてみた。怪談はその話の魅力により民衆に記憶され、伝播を促す格好の宣伝媒体であり、さらにその宣伝効果を十、百倍にするのが、文字媒体である怪談書であり、ことに出版メディア(刊本怪談書)であった。怪談や怪談書のかかる社会的側面は、この時期の怪談流行を考える上で看過できぬことのように思われる。

また、これらの物語の捏造の影に、源内や好阿、東随舎などの作者の想像力が働いていることが注目される。当時の小説作者の著作意識にはこのような側面があったのであり、その発想の背景には盛り場の文化、見世物や舌耕といった巷間演芸の精神があった。私の興味は、こういった世界に根付いていた一種いかがわしいウソの文化が、当時の小説作者の虚構意識の一部を形成していた点にある。近世の作者にとって文芸と倫理は不可分のところがあり、ことに好阿や東随舎のような俗間教導家の言説には道徳的姿勢が顕著であるが【注9】、彼らの著作には、そういった建前とは裏腹の要素も潜んでいた点に留意すべきだろう。

【注】

1　そもそも社寺につきものの奇瑞・霊験譚の類には、人為の疑われるものが少なくない。例えば河口善光寺や常陸阿波大杉の神の勧進騒動（『下手談義』巻四）のような、勧進の発端となる霊告談の類もそうであるし、おかげ参りに代表される御札降り現象についても、御師や修験、討幕派志士など、その仕掛け人の存在が指摘されている（田村貞雄『ええじゃないか始まる』八章「「ええじゃないか」の仕掛人たち」、青木書店、一九八七年）。またこれらにおいては、略縁起や神異記といった出版物の利用されている点も注目されよう。

2　延広真治『落語はいかにして形成されたか』「烏亭焉馬」（平凡社、一九八六年）を参照。

3　例えば『武江年表』安政四年（一八五七）の条には、「夏桜田久保町の原に、轆轤首の女とて見せ物とす（覗からくりの如く箱を作り、中を闇くして目がねの穴より見する。おもてに紅粉をよそほひ、首をふる事数回なり。いつはりと知りながら見る人多し）。又此の辺に同案の見せ物出て、ろくろ首の女二人となれり」（東洋文庫『増訂武江年表　2』〈平凡社、二〇〇一年〉の翻刻（傍点は近藤）による）と見える。

4　民俗社会において「怪談」として成立しているものには、（本章にとりあげたような、宣伝の意図を以て作られたものには限らないが）意外に「似非怪談」の多いことが推測される。怪談弁惑ものなどの説話には、妖怪の所為として犯行を行う事例、ないしは社会的に事件化しないために、事件を「怪談化」する事例が少なくない。例えば、『金集談』巻一「伊勢《いせ》参宮人被捽天狗事《さんぐうにんてんぐにつかまること》」には、ある伊勢参宮者が同行人に無断で、単独で帰宅したために問題になった時、役人の詮議に対して天狗に攫われていた旨申し開き、難を免れる話がある（「御役所にも御推察は有けれ共、御慈悲故、何の沙汰もなかりし」という結末である）。また、東随舎の『誡感集』弐編巻之六「日下部侍ひ誘ひ出さるゝ事」にも、放蕩娘の醜聞を隠蔽するために「天狗さらい」のせいにする話が見える。これらは要するに、現実が非現実（幻想）を利用しているわけだが、このような「似非怪談」の化けの皮が剥がれてくるのも近世期の現象であろう。

5　『当世下手談義』ではむしろ開帳の虚構性を批判しているが、啓蒙的な「談義本」のスタンスではそのような建前の言説にならざるを得なかったということだろう。

6　名古屋市蓬左文庫蔵『鶏肋集　補遺　伍』所収。

7　『日本随筆大成（第三期）四巻』所収の翻刻による。

8　東随舎の写本が貸本屋本として流通していたことについては森銑三の指摘があり（『随筆辞典　解題編』東京堂、一九六一年）、『思出草紙』矢野玄道文庫本（請求記号一四・八三）にはルビや貸本屋蔵書印が確認される。

9　ここに言う「俗間教導家」とは、十八世紀の庶民教化運動の担い手となった民間の学者、宗教者、舌耕の徒などを指す（飯倉洋一「奇談から読本へ」〈『日本の近世　十二』中央公論社、一九九三年〉を参照）。彼らは当時の啓蒙書や談義本、読本などの作者層の中核でもあった。なお、好阿や東随舎には、「何者の、何の所得ありてか、そら言を作り出し、言い触らす事か。扨々悪仕業かな」（好阿著『当世下手談義』巻四）、「虚談の書を著作せるものは不届至極（略）板行ならざる写本は用捨有べき事なり」（東随舎著『落葉集』巻之二「虚談を実事に記録に書載る事」）など、道徳的観点から虚構に批判的な言説が看取される。

【挿図出典・所蔵】

名古屋市蓬左文庫蔵（『鶏肋集』光出版印刷、一九七一年）より転載。

四章

化物振舞

松平南海侯の化物道楽

はじめに

出雲松江の六代藩主松平出羽守宗衍《むねのぶ》（享保一四〈一七二九〉～天明二年〈一七八二〉）は、享保十六年わずか三歳で襲封、十九歳より親政を執るが、明和四年（一七六七）三十九歳で隠居し、のち剃髪して南海と号した。藩の財政再建に努めた聡明な君主像が伝わる一方で、生涯を通じて江戸に留まる事が長く、遊廓、相撲、芝居などに通じていたエピソードも少なからず伝えられる。只野《ただの》真葛《まくず》の父、仙台藩医工藤周庵の築地の屋敷を訪れる事も多く、真葛の回想記『むかしばなし』（文化九年〈一八一二〉成）には、「出羽様はかくべつのことにて、いつも女芸者三人、役者両人ぐらいめしつれらるゝ故、御馳走は上り物ばかりなるを、翌日は御挨拶の御つかひに銀子七枚下さるが例なり」（『むかしばなし』巻五）とその豪儀な様子を伝えている。

さて、本稿で着目したいのは、同記事中に見える宗衍の次のような逸話である。

或時、御懇意の大名方を被為招《まねきなされ》、御振舞ありしに、初は彼《かの》かたわ小人《こびと》、一ツ目小僧にて広袖付ひものまゝにて御茶さし上。御本膳は雲右衛門に厚わたの童子、格子の大どてらを着せ、紫縮緬の大まるぐけを前帯に〆て、はりこの大あたまをかぶらせ、見こし入道の出立なり。御わきは次の間中比の畳、ふわ〳〵とくぼむと、下より菊之丞、惣白無垢、浅葱ちりめんのしごきを前帯にして、たけに余る黒髪を乱し、雪女か幽霊かといふ出立。足をはこばず、すり足にて身軽の立廻り、見事さ奇麗さいふばかりなし。御かよひ、いつも御次の間へ行ば、畳まく下へ入仕かけなり。「出羽様の化物茶の湯」と唱しは是が始まりにて、さまざま御趣向有しなり【注1】。（以下これを『むかしばなし』①とする）

宗衍が懇意の大名たちを招いての饗応の席で、一ツ目小僧、見越し入道（相撲の釈迦《しやか》ヶ嶽雲《たけくも》右衛門《えもん》が扮する）、雪女か幽霊かといった様子の妖女（女形役者の瀬川菊之丞）などに客をもてなさせたという話だが、随筆『仮寝の夢』（文政四年〈一八二一〉序、諏訪頼武著）下巻に「雲州南海、化物振廻といへる事はよにしる所なり」ともあるように、この話は近世において風聞として広まっていたようだ。

三田村鳶魚《えんぎよ》は近世人の怪異趣味を論じてつとにこの一件に言及しており【注2】、柴田宵曲には「化物振舞」【注3】のエッセイがある。森銑三が、黄表紙の『三幅対紫曾我《さんぷくついむらさきそが》』（安永七年〈一七七八〉、江戸鱗形屋孫兵衛刊・恋川春町作画［図1］）に化物振舞《ばけものふるまい》が趣向化されていることを指摘して以降【注4】、主にこの黄表紙の研究史において、化物振舞の登場人物のモデルや類話の探究が進められてきた【注5】。近年では延広真治が、伊丹椿園《いたみちんえん》作の読本怪談集『翁草』（安永七年、京都菊屋安兵衛刊）五巻「怪談振舞」がこれを利用することを指摘する【注6】。

これらの先行研究によって「化物振舞」一件とその文芸化の諸相が明らかになっており、本稿もその学恩を被るところが大きいが、モデルの特定や作品解釈などに関して、尚検討の余地もあるように思われる。特に筆者は、『三

図１　『三幅対紫曾我』大小僧（しゃがむだけ）と幽霊（少将）に驚く大名たち

幅対紫曾我』における「化物」の機能や、怪談肯定論として構想された『翁草』「怪談振舞」の寓意に着目している。本章ではこれらの作品分析を踏まえて、モチーフとなった「化物振舞」というイベントの怪談文化史上の意義を改めて確認したい。

【一】……化物振舞説話の展開

化物振舞のエピソードは、前掲の著作以外では、『甲《かっ》子《し》夜《や》話《わ》』（文政四年〈一八二一〉起筆、松浦静山著、随筆）、『雲陽《うんよう》秘《ひ》事《じ》記《き》』（十八世紀後半成、著者未詳、実録）、『落栗《おちぐり》物語《ものがたり》』（寛政四年〈一七九二〉以降成、松井成教著。随筆）といった写本の随筆・実録類に記事の見えることがこれまでに指摘されている。これらの内容の詳細は先行研究に譲るとして、本節では二節以下の本論に先駆けて、一連の類話の関係を整理しておきたい。

冒頭に見た『むかしばなし』①のようなシンプルな「化物饗応譚」——宗衍が化物の趣向で客をもてなした逸話——も、伝承の過程で変容して行く。例えば『雲陽秘事記』や『甲子夜話』の話例は、視点人物としての「医師」が、診療に訪れた屋敷でニセの化物に脅かされる構成をとる。このうち『雲陽秘事記』（下巻「御出入之医師をだまし給ふ事」）の話例は先行研究でも内容が紹介されていないので、ここに原文を掲げておく。

江戸御屋敷に御出入の医師有けるが、御前にて御はなし申上居ける時、番丁の御旗本衆より呼に来りける故、其段取次ければ、此医師は此段を太守え相伺ければ、病家の儀なれば早々参るべしと御いとま給はりければ、早速駕にて番丁え急ぎける。しばらくして駕をおろしければ、かの医師は駕を出て門内え入て見れば、弐三千石も取し御旗本と見えて玄関に燭台を灯し、案内に付て書院え通りける。此案内の者は奥深く入りぬ。かの医師は広々たる書院に唯壱人居、心細く庭を見れば植込み茂り、石灯籠のかげに何やらん物音して、いとものすごき有様なれば、心もきへ入る斗覚へける時に、奥の方より火の光り見えける故、大に力を得、能見ればさも美しき女郎、白縮緬の着物に紅の袴をふみしだき、大内の官女とおぼしき姿にて茶を持出、かの医師に居へ、少し笑ひを含む風情、何にたとへがたく唯おつゝをぬかし詠入ける内、奥の方え入ぬ。医師思ひけるは、かゝる御旗本屋敷に、官女のごときもの居るべき様なし。病家とも思はれぬ。座敷の体何とも不審なる事かなと思ひ居る所へ、又火の影見えて出来る者あり。医師是を見れば、せいの高さ三尺斗りも有んと思しき坊主、年は六十位の体にて同（じ）く茶を差出し言けるは、「追付奥え御案内可致」迚又奥へ入。医師奥を見て、早く案内あれかしと待たる所え、又奥の方より火の影見えたる故、力を得て是を見れば、以前にかわりし大の男、蘭間の間え頭の見ゆる程なる大前髪上下にて出ける。其足音すさまじく響きたり。かの医師の前えすはりければ、医師是を見るより、是迄の変化に気を奪れし事なれば、最早此大男を見るより絶入けるを、人々かけ出介抱しける。正気付てよく見れば宗衍公を始として皆御近習の人々なれば、かの医師はふたゝび生たる心地せり。跡にてかの三人の出し者を聞に、初の女は瀬川菊之丞、中の坊主は此番丁辺に住けるかたわ坊主なり。又跡の大男は釈迦ケ嶽にて有ける。是宗衍公の思召にて、番丁御旗本屋敷の明家をかりて右の御出入の医師をだまし御なぐさみ有ける。【注7】

松江藩江戸屋敷に出入りの医師が、呼び出された病家で化物たちに脅かされ、ついには気絶するが、宗衍公のイタズラだったというオチである（松江藩の実録説話集である『雲陽秘事記』は複数の写本が伝わるが、管見の限り本話の内容に諸本間で大きな異同はない）。

『甲子夜話』巻五十一所載の話例【注8】も本話同様、「医者に依って話が運ばれて【注9】」おり、森銑三はこれについて、宗衍の化物饗応譚に、医師が狐狸などに治療に招かれる類の説話が混合した事を示唆している。柴田宵曲は「診療奇譚」という枠組みでこの種の説話をとりあげており【注10】、『むかしばなし』①と同じ宗衍の記事中に、次のような一種の「診療奇譚」の見える事が注意される（原文は長いので梗概で示す）。

出羽様に出入りを望む町医師のもとに、出羽様より急病との迎え駕籠が来る。医師は寂しい道中で籠を下ろされ、人足に松の木に縛り付けられ、衣類や薬箱を持ち去られる。その後、通りがかりの人に助けられ、道の先にある家の主人を頼るように勧められる。行くと風雅な住まいがあり、医師がその家の人に事情を説明すると、風呂や衣類、食事を振る舞われる。また、これを縁に以後当家に出入りするように言われ、娘が病気なので診察して行くように頼まれる。医師はその屋敷で与えられた薬箱や衣類が、自分が先ほど盗まれた物であることに気づき、不審に思っていると「殿様の御入成」とざわめく中現れたのは、先に医師の縄をといて助けてくれた人であった。こうして医師は出羽様に初のお目通りがかなったのだった。（以下これを『むかしばなし』②とする）

町医者が宗衍にからかわれた上で出入りを許されたというもので、柴田宵曲も述べている通り、化物振舞とは本来無関係の話だが、「医師」の話に作る『雲陽秘事記』や『甲子夜話』との脈絡がうかがわれよう。『むかしばなし』の成立は『雲陽秘事記』より後であるが、同様の診療奇譚のかなり古くから流布していたことが、次の類話からもうかがわれる。

実録ものの怪談集『怪談実録』（明和三年〈一七六六〉刊。浪華亭紀常因作。江戸・須原屋茂兵衛他版）の巻五に、「医師欺《あざむか》れて辱《はずかし》めを受《うく》」という話が見える【注11】。医師が迎え籠で病家に向かう途中、人足に身ぐるみを剥がれ、通りがかりの中間に助けられ、逃走した先の邸宅で保護されるが、すべてはその家のあるじのいたずらだったという話である。細かな相違点はあるものの大筋は『むかしばなし』②に一致し、また本話で医師の住所を「東都芝辺」とするのは、「芝高輪」とする『甲子夜話』の話例にも通ずる。『怪談実録』は、巻頭目録に「此五巻みな近世の事をしるしたれば、其人今猶世にあるも多かり。されば何がしとしるしたるは、其人の姓名をあらはさんことをはゞかりてなり」云々といささか念入りな断りを付記しており、本話も本書刊行の明和三年に遠くない時期の風聞に基づく可能性が高い。問題は、その噂の主《ぬし》が「松平宗衍」であったかどうかであるが、宗衍は前述の通り江戸在住が長く、特に宝暦十一年（一七六一）より亡くなる天明二年（一七八二）十月まで江戸に留まっていた【注12】。よって明和三年頃すでにこのような風聞が流布していたことも考えられるが、確証はない。ただ、少なくとも説話としてはこのような話がその頃から流布しており、『むかしばなし』②もその系統にあるものとみることはできるだろう【注13】。

以上をまとめると、化物振舞説話には、

（1）化物饗応譚（『落栗物語』、『むかしばなし』①、『仮寝の夢』）

（2）診療奇譚（『怪談実録』、『むかしばなし』②）

という二つのルートがあり、これらが混合して『雲陽秘事記』や『甲子夜話』の話例、ひいては創作の『三幅対紫曾我』、『翁草』が成立していると整理される【注14】。

『むかしばなし』②の末尾には「此咄しは江戸中、ぱつと評判にて、芝居・草ぞうし・読本類に迄いで丶、人のはなしも百色ばかりなれば、いづれ実説といふ事、たしかにしり難し。其ひとつをとりてしるす」とあるが、「人のはなしも百色ばかり」と言うように、宗衍の化物饗応譚と診療奇譚とは混同され、『雲陽秘事記』、『甲子夜話』のような混合型のバリエーションを生みながら拡散していったものと思われる。右に言う「此咄し」の流行や戯作化も、『三幅対紫曾我』、『翁草』等に化物振舞の当て込みが見える安永七年（一七七八）頃の動向を言ったものであろう。

【二】……「幽霊」に故人を偲ぶ

『三幅対紫曾我』は曾我物に世界を仮り、当代大名たちの遊興生活を諷した黄表紙であるが、化物振舞を次のような場面で利用する。

畠山重忠（宗衍がモデル）の屋敷で大酒盛が催されることになり、諸大名が伊豆赤沢の屋敷（赤坂の松江藩邸を暗示する【注15】）を訪問すると、客たちは駕籠に押し込められ、どこともわからぬ山奥のあばらやに連れて行かれる。皆が不審に思っていると、「たけ八尺あまりの大小僧」が茶を持ってくる。大名たちが恐れて逃げようとすると、今度は「幽霊」が現れる。皆が仰天していると重忠・工藤祐経【注16】が笑いながらあらわれ、「ただ少将が美しき（化《け》粧坂《わいざか》の少将）と、抱えの角力《すもう》しゃがむだけ（しゃがむだけ首右衛門）をお目にかけるまでのこと」と化物のタネを明かして別室にて酒宴となった。「そのころこれを、重忠の化け物振舞いと言いふらしける」。本節で考えたいのは、ここに登場する「幽霊」と「大小僧」のモデルをめぐる問題である。

化物振舞の一連の類話において、化物のラインナップは、基本的には小人（小坊主）、大男、妖しい美女（幽霊、雪女）という三人だが、『落栗物語』は美女を、『三幅対紫曾我』は小人を欠く（後述する『翁草』は怪異の内容を大きく脚色している）。三人の化物演者の正体については、大男を相撲取りの釈迦ヶ嶽、美女を女形役者の瀬川菊之丞とする点は諸書においてほぼ一致している。無名の人物である小人についてはやや異同があるが、最も詳しい『むかしばなし』は「或年、（宗衍が）御国にて御通行の時、御家中の二三男なるべし、もがさ重く病て片目つぶれたる上、残る片目も引つりて、額の方へ、たてに成たるが、子供と遊びゐしが御目にとまり、「おもしろきものぞ」とて、直々召出され、御側にて立まわりを習はせ、翌年、御登りの御供にて江戸へ召連られし。十一、二ばかりなれど、八ツ位にみゆる小人なりし」とその来歴を記す。

同書に「釈迦が嶽雲右衛門とて、古今稀なる大男の角力取有しをも、（近藤注・宗衍が）御かゝへと被成て御引立有し」とある釈迦ヶ嶽は雲州安来《やすぎ》の出身で、本名天野久富［図2］。明和七年（一七七〇）に師匠の雷電為五郎とともに江戸に上って勧進相撲（十一月場所）に出場、「釈迦ヶ嶽」の名で東方看板大関として番付に載り、以後江戸で安永三年（一七七四）まで大関、関脇として六場所を務めた。その評判、人気の高さについては『賤のをだ巻』が「おびただしき沙汰にて、落しばなしにさへしたる程の事なり、相撲はさのみ上手ならざれども、勝れたる大兵にて、

図2　釈迦嶽雲右衛門と女　磯田湖龍斎画

図3　二世瀬川菊之丞追善草双紙『風流瀬川咄』（安永四年刊。柳川桂子作・鳥居清経画。『（盆踊）籬の菊』の改題本）　反魂香ならぬ安本香で、極楽に呼び出された二世瀬川菊之丞

貴賤寄合て、朝夕の咄にも彼が噂のみいひたる事なり」と伝えている。その身長については、深川の富岡八幡宮に現存する「釈迦ヶ嶽等身碑」の七尺五寸をはじめ諸説あるが、墓所正覚寺の過去帳には七尺四寸八分（約二百二十六センチ）、体重四十五貫八百匁（約百七十一キロ）とある。右の等身碑（天愚孔平撰文）は天明七年（一七八七）二月、釈迦ヶ嶽の十三回忌に建立されたもので、彼は安永四年（一七七五）二月十四日、二十七歳の若さで病没したことが、過去帳からも確認される【注17】。

妖しい美女を演じる瀬川菊之丞について、先行研究の多くは三世（安永三年〈一七七四〉襲名の通称「仙女路考」）とするが、これは『三幅対紫曾我』刊行の安永七年（一七七八）には、すでに二世菊之丞が亡くなっているからだろう。彼が安永二年（一七七三）三月に三十三歳の若さで病没した時の模様については、同年四月に刊行された金金先生作の洒落本『当世気とり草』附録「瀬川菊の露」（追善記）に詳しく、同年中に追善草双紙『（盆踊）籬《まがき》の菊』も刊行されているので【注18】、没年に疑問の余地はない［図3］。

しかるに、『むかしばなし』①の直前の記事に「王子路考とあだ名せし瀬川菊之丞、其比わか手の日の出役者なりしが、殊に（宗衍が）御ひいきにてひしと召されし故、世には「出羽様ろかう」とも云し」とあり、『仮寝の夢』の化物振舞の記事にも「よに人のいふ瀬河菊之丞王子路考也」とある菊之丞は、この王子出身の二世【注19】以外にあり得ない。彼が亡くなる三年前の役者評判記は「誠に当時の稀もの、むかしより名人上手あれども、此年ばへにて、斯のごとき勢ひ有る事例なし。第一うつくしく、舞台はなやかにて、仕内にいやみなく、直なる芸風にて、贔屓つよし」（明和八年〈一七七一〉刊『新刻役者綱目』）とその美貌と技芸の卓抜していた事を伝えている。

さて、右の通り『三幅対紫曾我』が刊行された安永七年正月には、二世菊之丞（安永二年没）と釈迦ヶ嶽（安永四年没）は、ともに亡くなっていたことになる。よって両者が実際に化物役を務めた「化物振舞」は、彼らがともに存命だった安永二年より以前に行われていたとみるべきだろう【注20】。それが後年、松平宗衍も贔屓にした富本節の二代目豊前太夫の襲名披露（安永六年正月、江戸中村座）や『常磐春《つきせぬはる》羽衣曽我』の上演（安永六年正月、江戸市村座）といった安永六年の出来事を当て込み、安永七年に刊行された黄表紙の中に趣向として用いられたということである。

図４　『三幅対紫曾我』少将（奥）、瀬川（手前）と酒宴する重忠（宗衍）

『三幅対紫曾我』には、ニセ幽霊を演じる「化粧坂の少将」とは別に、「腰元瀬川」も登場している［図４］。この瀬川の台詞には、前掲『常磐春羽衣曽我』で、三世菊之丞が演じた所作事「雲浮気千鳥通路《くものうわきちどりのかよいぢ》」を当て込み、「私が天人の狂言の所作」などとある。よって本作中では、二世菊之丞、三世菊之丞の役割が、それぞれ少将、腰元瀬川に割り振られていると見るべきである。ニセの幽霊を演じる少将は、読者にとってまさに作中に蘇った二世菊之丞の「幽霊」だったともいえるだろう。彼の追善記「瀬川菊の露」には「さしも名高き路考。すでに此世を去ぬれば。此後芝居もさぞや。物たりぬ風情にやあらん。誠や路考は幼少の頃よりも。数おゝき妓男の内をひとり抜んで。人のひいき世のあいけふ。隣り芝居でも追善野送りの狂言をし。向ひ町でまで。慶子が石橋を追善にすると言ほどの事。余り希代の名誉を取し様。全く凡人とは思はれず」云々とあり、その早世がいかに惜しまれていたかがわかる。

その点は、二十七歳の若さで亡くなった人気力士釈迦ヶ嶽も同じであり、春町が彼等をここに登場させたのは、その在りし日の姿を偲ぶためでもあっただろう。そこには「ニセの化物」の役を本物（死者）にやらせるというアイロニイも効いている。すなわち『三幅対紫曾我』の「化物振舞」の趣向は本来の「化物振舞」のパロディとも言うべく、化物――亡き二世菊之丞や釈迦ヶ嶽――をフィクションによって「読者」の前に蘇らせ、振る舞うものであった。

【三】……宗衍と椿園

上方読本作者伊丹椿園作の読本怪談集『翁草』の、「附録」とされる五巻末尾に置かれた一篇「怪談振舞《くわいだんふるまひ》」が「化物振舞」の一件を踏まえることについては、前述の通り延広眞治の指摘がある。本節ではこの一件が当時の怪談作者にとってどのような意味を持ったかについて考える上で、本話の作意に着目してみたい。次にその梗概を示す。

摂津の国伊丹の里の豪富今寺屋五郎三郎は、商人にして風雅の人であり、「怪談を語り聞と歌舞伎狂言とを好む事甚だしく」、怪談話や怪談書を集めたり、歌舞伎役者を集めて芸を披露させたり、芝居談義をしたりして楽しんでいた。同所に宗野旦右衛門《そうのたん》という勇気自慢の嫌われ者の浪人がおり、時々今寺屋へ来ては五郎三郎の怪談好きをあざ笑っていた。ある時、五郎三郎が屋敷の竹林の傍らに新築した座敷で「怪談振舞」を催すという回章が友人達に届けられ、旦右衛門も招かれる。当日、客達は昼のうちは邸内で饗応を受けるが、四つ過ぎ（午後十時を過ぎた頃）になると件の座敷に案内される。床には祐天和尚が与右衛門に与えた名号の一軸がかけられ、般若の面に造られた楽焼きの花生けに鬼百合が投げ入れられ、袋棚のふすまには探幽の百鬼夜行図が描かれている。客の夜食に狸汁や鱶《ふか》のさしみ、平家蟹に時の景物をあしらった平皿などが饗される。膳が終わると五郎三郎は「此竹林の中には古き狐すみ候ゆへ、折々はあやしき事共御座候」と、それより段々怪談を語り進め、夜半過ぎになると女が大勢で泣く声が聞こえ、勇気自慢の旦右衛門も何やら気味悪くなる。その後、畳床が天井近くまで上下動し、障子を開けて異形の大法師がのぞき込んでからからと笑い、手に持った女の首を座上へ投げ込む。客達は皆青ざめ、旦右衛門も堪えかねて逃げだそうとすると、五郎三郎が「是こそ今宵の趣向なれ」と引き留め、大法師が投げた首を二つに割る。すると中から提げ重に組肴が現れ、床下から小坊主が銚子を持って出てくる。五郎三郎が「是より妖怪の正体を御らんに入れん」と手を打ち鳴らすと、その頃浪花に名高い女形が十人ばかり、芝居の道具方の男達と現れ、女の泣く声は女形の演技で、畳床がせり上がるのは道具方の細工、大法師は張り籠の型をかぶった小詰役者であったことが種明かしされる。それより酒宴となったが、日頃の広言に似合わぬ臆病を露呈した旦右衛門が、真面目なおももちで座っていたのがおかしかった。

本話のベースにあるのは化物饗応譚であろうが、怪談振舞の標的（旦右衛門）が絞られているという意味では、診療奇譚にも近いところがある。

注意すべきは、この『翁草』という「怪談集」の掉尾を飾る本話が、「怪談」の是非を主題にしたメタ怪談だということである。「怪談」を肯定、否定する二つの立場が示され、否定的な立場がしっぺ返しを食らう本話には、「怪談」の意義を説き、否定論者（怪談嫌い）をやっつけようとする肯定論者椿園の意気が感じられる。敵役日右衛門の「凡そ天地の間、定理の外、化物の有べき様なし。古今、鬼神幽霊狐狸の怪しみさま〴〵云つたふれど、誰が慥《たしか》に見たる者もなく、畢竟《ひつきやう》女童を悦ばす為に作りたる虚談のみ也」といった言説に象徴されるような怪異否定論者が、怪異の逆襲に遭う説話は、例えば仮名草子の『伽婢子』（寛文六年〈一六六六〉刊・浅井了意作）巻之三「鬼谷に落て鬼となる」の頃から見られる物ではある。それは、儒者などの合理主義的言説に対する、反合理主義的立場――そのスタンスは、「都《すべ》て怪談を語り聞に悉く虚実理非を論ずるに及ばず。おのづから面白味其中にありて、勧善懲悪の助けとなる事多し」という五郎三郎の言説に集約されるだろう――からの物語の形をとった反駁であった。

ただ、「鬼谷に落て鬼となる」のバックボーンが了意の仏者としての啓蒙的立場であるに対し、本作の場合、怪談の価値を「面白味」に見るような趣味的、愛好家的な姿勢が濃厚である。椿園が怪談の仇敵を討つ上で、化物振舞の逸話を利用したのも、宗衍の化物趣味への共感からではなかったか。化物好きの「なぐさみ」（『雲陽秘事記』）にすぎなかった化物振舞も、本作において化物嫌いへの反撃の片棒を担がされる事になったのである。作者椿園の意識として、本作の五郎三郎のモデルは宗衍公であり、自身でもあった【注21】。

おわりに

『当代江戸百化物《とうだいえどひやくばけもの》』（宝暦八年〈一七五八〉序・馬場文耕著）巻之四「松江の化物」には、松平宗衍が屋敷に桟敷を構えて「太守のみづから御差図に」狂言を仕組み、出入りの町人たちにも見物させたという記事が見え、『むかしばなし』巻五には、茶の湯嫌いの友人をからかうため、悪趣味な趣向を凝らして饗応する話も見える。小池正胤は、宗衍に関するものとして、洒落本『一事千金《いちじせんきん》』（安永七年〈一七七八〉刊。田螺金魚作）に、「赤左田のさる大臣（宗衍を暗示か）、宗十郎、松助二人をつれ行、八つ目やの二かいにて、鬼狂言をさせんとて、鬼のせうぞく鬼の面ン、鉄杖まで用意して、あそびの趣向をなしにける」という記事の見えることを指摘する（『江戸の戯作絵本』続巻一、社会思想社、一九八四年）。いずれも化物振舞と脈を通ずるエピソードであり、宗衍にはそういった酔狂な人物との定評があったようだ。化物好きという点については、赤坂の屋敷に、壁から天井まで狩野梅笑が化物を描いた部屋があった（『江戸塵拾』〈明和四（一七六七）序〉巻之五）などの逸話も伝えられる。

化物振舞の配役はともかく、その趣向のおおむねが『むかしばなし』①や『落栗物語』に伝わるようなものであったとすれば、それは化物屋敷譚のステレオタイプから考案されていたと思われる。化物屋敷譚で、訪問者が一つ目小僧や大男、妖女などに遭遇するのはありふれたパターンであり、訪問者が医師である話例もある（寛延三年〈一七五〇〉刊『怪談登志男』巻二「老医妖古狸《ろういこりにばかさる》」など）。客を驚かすというよりは、単に趣向として化物を供する催しであったと思われるが、それは舞台で怪談劇を見るのとはまた異なった、怪異擬似体験であったと想像される。化物屋敷のルーツを語る時、泉目吉《いずみめきち》の化物細工や大森村化物茶屋などが引き合いに出されることが多いが、筆者は宗衍の化物振舞も化物屋敷成立前史に位置づけてよいものであると思う。

また、化物振舞が文芸の種となり、さまざまに実を結んだ事も見過ごせない。見てきたようにこの一件は近世の随筆作者、奇談収集家たちの関心を集めて記録され、また文芸の趣向として活用される事になった。『三幅対紫曾我』の場合、それは亡き二世菊之丞や釈迦ヶ嶽を紙上に蘇らせる趣向でもあり、『翁草』「怪談振舞」においては、怪異趣味を象徴するイベントとして、怪談好きの「思い」を託される事になった。また本稿では触れる余裕がなかったが、化物振舞には、主人を岡山藩主池田光政、客を講釈師乾坤坊良斎に作り変えたバリエーションがあり【注22】、伊原青々園も「生捕医者」（『文芸倶楽部』十巻一号、一九〇四年）でその小説化を試みている【注23】。宗衍の怪異趣味が文芸史上に起こした小さな波紋は、かく好事家、戯作者たちのそれと共振しつつ今に伝わるのである。

【注】

1 『むかしばなし』の引用は、鈴木よね子校訂『只野真葛集』（国書刊行会〈底本東北大学附属図書館医科分館蔵本〉、一九九四年）に拠った。

2 三田村鳶魚「江戸末の幽霊好み」（『三田村鳶魚全集　第十巻』中央公論社、一九七五年。初出は一九四一年）。

3 柴田宵曲『妖異博物館』（青蛙房、一九六三年）。

4 森銑三「三幅対紫曾我と雲州侯の化物振舞」（『森銑三著作集　第十巻』中央公論社、一九七三年）。

5 小池正胤『江戸の戯作絵本』続巻一注釈・解説、水野稔『古典文庫　黄表紙集　一』解題、棚橋正博『黄表紙総覧』解説等。

6 延広真治「椿園些事」（『江戸怪異綺想文芸大系　二巻』月報二、国書刊行会、二〇〇一年）。

7 島根大学医学部図書館大森文庫蔵本による。

8 『甲子夜話』の話例では、医師が屋敷に至るまでに拉致されたり、丸裸にされたりと被害度が増している。後述する「診療奇譚」の影響がより濃厚になっているということであろう。

9 前掲注4森論文。

10 柴田宵曲「診療奇譚」（『続妖異博物館』青蛙房、一九六三年）。

11 『怪談実録』については『文教国文学』四八（二〇〇三年九月）、四九（二〇〇五年一月）、五〇（二〇〇六年二月）号に藤沢毅による翻刻が備わる。

12 西島太郎「松江藩主の居所と行動—京極・松平期—」（『松江市史研究』一、二〇一〇年三月）。

13 この話を宗衍個人の逸話であると即断し難いのは、先行する実録巷談集『茶飲夜話集』（明和三年写・別題『風聞雉子声』）に、「俳諧宗匠青蛾隠里に至る事」という別の類話が見いだされるからである。写本で伝わる『茶飲夜話集』の成立年は未詳だが、諸本の中で最も古い書写年記は「明和三丙戌歳九月吉日」（内閣文庫蔵本）であり、記事中に「近き頃延享の春の事なりし」（「葉室大納言殿勅勘の事」）とも見えるので、その頃の成立と思しい。

同書の「俳諧宗匠青蛾隠里に至る事」は主人公が「医師」ではなく、江戸座の俳諧師青蛾（一世または二世）で、その逃走先も「隠里」とされるなど『むかしばなし』②とは異なる要素もあるが、ストーリーの大筋は一致する。このような話例の存在を勘案すると、一連の類話には共通の説話類型が想定され、『むかしばなし』②はそれが宗衍に付会されたバリエーションと見るべきかもしれない。

14 『三幅対紫曾我』は化物振舞に関する一連の随筆類よりも成立が古く、むしろ本作の内容が巷説化した（あるいは巷説に影響した）可能性も考えられるが、宗衍の化物饗応譚と診療奇譚という二つの系統が混合していく説話の展開は本論に述べる通りである。

15 化物振舞の会場は『むかしばなし』、『落栗物語』では明記されていないが、『甲子夜話』には「彼老侯の居られし荘は大崎とか云て、高輪遠からざる所なる故なり」とある。これは、本話の医師の住所が「芝高輪の辺」に設定されていることにも関わるだろうが、松平家の大崎下屋敷が成ったのは七代治《はる》郷《さと》の代の事であり（和田嘉宥・安高尚毅「大崎下屋敷の拡張・整備と建築に関する考察」『松江市史研究』六、二〇一五年三月）、時代的に符合しない。『三幅対紫曾我』では赤坂の松平家上屋敷を暗示し、『雲陽秘事記』では番丁の旗本屋敷の空き家を借りた事になっており、諸説一致しない。

16 『三幅対紫曾我』に関して、『宴遊日記』安永七年（一七七八）三月朔日の条には「〇珠来物語に今年新刻草双紙三幅対紫曾我と云本、久留米侯・松江隠侯・溝口隠侯を作りし故板を削られ、当時世に流行を留られし由」云々とそのモデルと出版差し止め騒動を伝える（ただし、『黄表紙総覧』によれば現存の『三幅対紫曾我』に改刻の痕跡は見られないという）。本作に言う「三幅対」が当時「大名の粋」と言われた三大名、すなわち「松平宗衍（秩父の重忠）」、「越後新発田藩主溝口直温《なおあつ》（曾我の祐成）」、「筑後久留米藩主有馬頼徸《よりゆき》（工藤祐経）」をモデルとする事は先行研究の指摘する通りであるが、『三幅対紫曾我』の物語上は、重忠主催の化物振舞に工藤（有馬頼徸）は参会するものの十郎祐成は来ていない。『仮寝の夢』下巻にも「客は有馬家なり」とだけあるので、溝口直温は化物振舞には関わりがなかったかもしれない。

17 釈迦ヶ嶽雲右衛門の事跡については、彦山光三『横綱伝』（ベースボールマガジン社、一九五三年）、大久保範子「『相撲博物館所蔵《釈迦ヶ嶽雲右衛門等身大像》について」（『藝叢』二四、二〇〇七年三月）等を参照した。

18 棚橋正博「歌舞伎俳優追善草双紙（上）—『（盆踊）籬の菊』」（『帝京大学文学部紀要（国語国文学）』二〇、一九八八年十月）による。なお、草双紙の追善物は『（盆踊）籬の菊』が嚆矢とされるが、『三幅対紫曾我』における二世菊之丞や釈迦ヶ嶽のあつかいは、追善物の発想に通ずるところがあるのではないか。

19 『甲子夜話』巻四十九にも「王子路考」に注して、「名は瀬川菊之丞。王子村の人なり。頃は松平南海懇意せられし者なり。予も能識る」とある。

20 『むかしばなし』に「出羽様の化物茶の湯と唱しは是が始まりにて、さまざま御趣向、有し」とあるのは、同様の催しが何度か行われていた可能性を示唆する。

本論文の旧稿（小山聡子・松本健太郎編『幽霊の歴史文化学』〈思文閣出版、二〇一九年〉所載）では、化物振舞が行われたのは安永六年中で、実際に化物の役を務めたのは釈迦ヶ嶽や二代目瀬川菊之丞とは別人であったが、この話の戯作化、伝承化の過程で出羽様御贔屓として知られる釈迦ヶ嶽や二世菊之丞に付会された、という見解を提示した。その上で「二世菊之丞、釈迦ヶ嶽共に存命であった安永二年より以前に、両者出演の化物振舞が実現していた可能性も考えられなくはない。だが、仮にそうであったとしても、安永六年中に化物振舞の話題になる何かの契機があったと見るべきだろう」と述べていたが、本稿では両者出演の化物振舞が実現していたと見る立場からこれを修訂した。ただし、『三幅対紫曾我』のみならず、『翁草』の刊行も安永七年である事を考え合わせると、やはり安永六年中に類似のイベントがあった可能性は高いと言えよう。

21 「今寺屋五郎三郎」に怪談好きの著者椿園自身の投影があることは、太刀川清「椿園の小説─唐錦まで─」(『紀要』二一、長野県短期大学、一九六七年二月)に指摘がある。また山本卓は、今寺屋五郎三郎の名が剣菱醸造元「稲寺屋次郎三郎」のもじりであり、椿園の養家津国屋が稲寺屋より剣菱の商標を受け継いでいることを指摘し、椿園が稲寺屋と繋がることを右のモデル説の確実な根拠として示した(「菊屋安兵衛の出版動向」『近世文芸』七一、二〇〇〇年一月)。

22 関根黙庵『芸苑講談』、『講談落語今昔談』(前掲注6延広論文)。

23 前掲注3柴田著書。

【挿図出典・所蔵】

図1　東京都立中央図書館東京誌料蔵本。
図2　財団法人日本相撲協会相撲博物館蔵。
図3　東京都立中央図書館加賀文庫蔵本。
図4　国立国会図書館蔵本。

五章

神職者たちの憑霊譚

『事実証談』の世界

はじめに

古く柳田国男が指摘しているように、近世の「幽霊ばなし」はもっぱら「お寺の管轄」（『妖怪談義』）に属し、それらはおおむね「因果応報」「輪廻転生」などの仏教的な世界観をベースに成り立っている。とりわけ「呪術」の関わる幽霊ばなし、すなわち『死霊解脱物語聞書』に代表されるような憑霊済度譚（人に憑いた霊を僧侶が呪術的方法によって済度する話）が、唱導話材として仏教諸宗派の布宣に利用されてきたことは、仏教説話や勧化本の先行研究において明らかにされている【注1】。

では仏教とは異なる思想に基づく怪談テキストの場合、霊の問題はどのように処理されるのか。本章では、近世後期の神職中村乗高《のりたか》が著した怪談書『事実証談』に着目する。実録的怪談集である本書には、近世民俗社会における「霊」についての解釈や対処の諸相を見ることができる。特に興味深いのは、本作の著者および情報ソース（語り手）の多くが神職や国学者たちであり、本作が神道的幻想のネットワークの上に成り立っていることである。そこでは憑霊事件も、仏教的な「済度」「解脱」譚とは異なる様相を呈してくる。本章では、そのような神道的憑霊譚、幽霊譚のありようを明らかにすることで、仏教的に捉えられがちな近世の「幽霊」概念を相対化するとともに、『事実証談』の怪談テキストとしての特異性と評価についても論じてみたい。

【一】……『事実証談』とその成立背景

1　書誌

『事実証談』の初板本は伝存未詳であるが、板木は後述する天宮《あめのみや》神社に現在も所蔵される。この板木を用いて、静岡県神道青年協議会が一九五三年に三十五部限定で刊行した後印本（和装本。以下、神道青年協議会本とする）によって書誌の概要を示しておきたい【注2】。

半紙本（二三・五糎×一六・三糎）五巻一冊。内題（首題）「事実証談《ことのまことあかしがたり》巻之一《いち》（二《に》・三《さん》・四《し》・五《ご》）」巻之三のみ書名ルビ「じじつしようだん」）、柱題「事実証談一（〜五）」。巻一、二の内題下に「天宮　中村乗高撰集／一宮　鈴木重年校正」、巻三、四、五の内題下に「天宮　中村乗高撰集／男　中村真幸　校正」とある。以下、各巻の構成を示す。

巻一…序「文政三年七月廿九日　本居意富比良（花押）【注3】」（三丁）、「文政元年八月　平田篤胤（花押）」（三丁）、「文政元年八月　遠江国天宮　中村乗高（花押）」（二丁）、以上三種。附言（一丁）。惣目録（一丁）。本文「神霊部上」五七話（二六丁）。

巻二…本文「神霊部下」五四話（三五丁）。

巻三…本文「異霊部」六四話（三七丁）。

巻四…本文「人霊部上一」二四話（三六丁）。

巻五…本文「人霊部上二」一六話（三三丁半）。刊記「初刻五冊　石室蔵板　文政六年正月」（半丁）。巻末目録（「古学階梯《こがくかいてい》事實証談目録」）（二丁半）。附録（半丁）【注4】。なお、見開き一面の挿絵が本文中に八点備わる。


後に詳しく見ていくが、本書は一言で言えば、遠江の神職中村乗高が収集した遠州を中心とする地方の怪談集であり、右の通り、総計二一五話を収録する。惣目録に「神霊部　異霊部　人霊部　妖怪部　怪異部　草木部　山水部　霊夢部　禽獣部　虫魚部　異病部　変化部　前兆部　空中部　稀人部　雑話部」とある通り、話柄別に部立てされ、巻末目録には各部の説明も付されており【注5】、近世人の怪談モチーフの分類意識や怪異観が示されていて参考になる。ただし、現存する板本には、神霊部、異霊部、人霊部の三部しか収載されていない。また、附録（乗高の著作広告）に『雑話拾遺』、『玉矛の道しるべ』、『古今幽顕　事実二弁解』の書名が見え、西郷藤八によれば、乗高の『天地黄泉御柱考』、『天津日嗣』、『神代口決抄』などの自筆稿本を所蔵した人も在ったと言うが【注6】、いずれも伝存未詳である。

本書は「国書データベース」（国文学研究資料館）にも登録がなく、天宮神社にも初板本は所蔵されていない。中村乗高の私家版であり、初板年時は刊記の「文政六年（一八二三）」と思しいが、巻三に四丁分（三四～三七丁）追加があり（尾題下に「追加四丁終」とあり）、その中の記事（巻三の六一。本書の収載説話には表題が付されていないので、以下説話を示すにあたり、羽衣出版本附録の細目次説話通し番号を用いる）に、「文政七年十月廿日」の年時が見える。よって、この四丁は文政七年（一八二四）以降に増補し、増刷したものと思われる。神道青年協議会本には、乗高に宛てた本居大平の書簡四通（近藤用一旧蔵）が附載されるが、その文面から、乗高は本書刊行前に草稿について本居大平のアドバイスを受けたこと、その連絡に白須賀の夏目甕麿《みかまろ》や新居の刈谷常澄といった国学者たちの協力のあったことなどがわかる。唯一執筆年時の明記される「文政四年六月廿九日」付書簡で、大平が序文の校正刷を送るよう乗高に依頼していることも、初板の刊行時期を考える目安となろう。

神道青年協議会本以降は、一九六五年に掛川市史研究会によって三百部限定で刊行された和装本（美哉堂書林版。『遠江名勝図』（嘉永二年〈一八九九〉刊）を合冊する）があったが、一九九三年に羽衣出版から宮本勉による解説と翻刻を備えた影印本が出版され、今日本書はこの羽衣出版本によって普及している。『事実証談』に関する先行研究の紹介も同書の解説に譲りたいが、本稿を成すにあたり、塩澤重義の遠州国学に関する一連の研究の恩恵を被るところ甚だ大きかったことを特記しておきたい。

2　著者・校正者と成立背景

『事実証談』の著者中村乗高（一七〇〇年代後半～一八二七）は、遠江国周智郡天宮村（現静岡県周智郡森町）天宮神社の六十六代神主で、遠江の栗田土満《ひじまろ》（一七三七～一八一一。県門十二大家の一人）、伊勢の本居大平（一七五六～一八三三。宣長の養子）に師事して国学を学んだ【注7】。先行研究に平田篤胤《あつたね》門人とするものも少なくないが、気吹舎《いぶきのや》の門人姓名帳に名前がないので正式な入門はなかったのではないか。なお、天宮村の属した遠州森は静岡県西部の山間に位置し、江戸時代には秋葉街道の宿場町として繁栄した地域である。

『事実証談』巻二までの校正を担当した鈴木重年《しげとし》（一七六六～一八一九）は、天宮神社にほど近い遠江一宮小国《おくに》神社の神主である。内山真龍《またつ》、栗田土満門の国学者でもあり、『長歌詞珠衣』などの著作が知られる。巻三以降の校正者中村真幸（帯刀）は乗高の長男で、こちらは気吹舎の『誓詞帳』によれば文政三年（一八二〇）に篤胤に入門している。文政二年に重年が病没したため、後半の校正を担当したものと思しい。なお、挿絵画者について本書中には署名がないが、浜松の書店主近藤用一は、村松以弘《いこう》（一七七二〜一八三九）とする（神道青年協議会本解説）。以弘は遠江掛川の画家であるが、国学者石川依平《よりひら》の門人でもある【注8】。

乗高の奇談収集活動は、『事実証談』刊行以前より地元では知られていたことのようである。例えば掛川の商人で、画家の藤長庚（兵藤庄右衛門）は、『遠江古蹟図絵』の序文に、「森天宮鈴木斎宮丈、遠州怪談書を集編す」（享和三年〈一八〇三〉九月）と記すが、これは『事実証談』もしくはその草稿のことを言ったものと思しい。また、遠州相良代官であった小島蕉園も、「雨宮の廟令中村斎宮は怪談を好み、聞く所は必ず記す。若し名字所処等疑う所を其人告げざれば、千里も遠からず尋ね往き之を窺う。積年致し盈つる所数十冊。近ごろ其の十の一を梓すと云へり」（『蕉園渉筆』。原漢文【注9】）とその評判を記している。

乗高自身は『事実証談』成立の経緯について、以下のように述べている。

此書、寛政八年（一七九六）におもひおこして、ことし文政元年（一八一八）まで、二十年余の間、集め記せるを、其地《トコロ》に行て事実を正し、其人によりて真偽を問明しめて、選録したる草稿二百巻余となれり。されど人の身の上に拘《カヽハ》りたる事どもの、世にあらはしがたきもあれば、石室秘録と名づけて秘め置むとせしを、今の世人、己が心のさかしらに迷ひて、上代の歴史をさへ疑ひて古学に入がてにする（古学に入りがたい）人も多かれば、今の世の奇異《クシビ》を以て、古昔《イニシヘ》の奇異をもむかへて知らしめんとて、その秘録の中より、殊に正しきを選び出て、十六巻となして、事実証談《コトノマコトアカシガタリ》と名づけたり。（巻頭「附言」。（　）内は近藤による）

怪異が現に存在すると示すことで神話世界の奇異な出来事への疑いをも晴らそうという趣旨であり、内題角書（巻末目録）に「古学階梯」と謳う通り、古学教育の意図をもって編まれたものと言えよう。本居宣長や平田篤胤の活動をはじめとして、国学の振興普及にあたっては「出版」という事業が大きな役割を担ってきた。本書も国学的出

『事実証談』巻四「人霊部上之一」第二話挿絵。吉原の遊女と寝ている夫の夢枕に立つ妻の亡霊

版主義の産物と言えようが、半紙本五巻五冊に挿絵を備える『事実証談』の様式は、市販の読本怪談集の体裁に寄せたものにも見える（図版参照）。

本書の平田篤胤の序文には、

> 同じ学びの友、遠江の国天宮の神主、中むらのをぢい。同じ心に、こは我よりいと早く目のあたり見聞つる奇事《アヤシキコト》ども記つめて。事実証談と名づけたるを持来て見せられしは。往し文化十年といふ年の春にて。こは七年に一たび江戸の大城の辺に。年の始めの寿詞《ヨゴト》【注10】申すとき御定めのまに〳〵。参出られし折なりけり。己《オノレ》いと嬉しく「それ出来なば我が一部の望み足りぬ。いかで疾く清書《キヨガキ》して世に出し給ひてよ。己《オノレ》はし書《ガキ》せむ」と言へば。をぢも悦びほとばしりて。帰られたるが。今年（文政元年〈一八一八〉）かた木《ギ》に彫せむとするなり。（後略）

とあるから、文政元年にはいったん成稿して刊行の予定もあったようだ。文化十年（一八一三）といえば、篤胤は三十八歳、奇しくも『霊能真柱《たまのみはしら》』を書き上げた翌年に当たる。篤胤は、乗高に見せられた『事実証談』草稿に当然興味を示したであろうし、また乗高も当代気鋭の江戸の国学者に背を押されて刊行に勇み立ったことが、右の序文からも推察せられる。

『新鬼神論』(文化二年〈一八〇五〉成)、『霊能真柱』(文化九年〈一八一二〉成)等に代表される平田派国学における幽冥界、異界への関心については、今さら贅言を要するまいが、篤胤と天狗小僧寅吉との面談リポートである『仙境異聞』(文政五年〈一八二二〉成立、篤胤と寅吉の初対面は文政三年〈一八二〇〉十月)に、中村乗高や息子帯刀の名が見えることには触れておくべきだろう。

此の日(文政三年十一月三日)来たり合ひて、寅吉がくさぐさの物語を聞きたる人々は、小嶋主、伴信友、中村帯刀、青木五郎治、笹川の正雄などなり

(『仙境異聞【注11】』上 一巻)

或日人々と種々の物語りの序に、中村乗高の集めたる奇談の書に、或人の女の鉄を食ふ病を煩ひたる由を語りけるを聞きて、寅吉云はく、「鉄の出づる山に生ずる奇《あや》しき物あり。生《な》り始めは山蟻の大きさにて、虫といふべき状なるが、鉄ばかりを食ふ(後略)」

(『仙境異聞』上 二巻)

○中村乗□言ひけらく(以下、遠州の山奥で仙人のように暮らす人物の話題)

(『仙境異聞』上 二巻)

日頃より巷間の奇談を渉猟していた乗高がこのような集いに参加したことは当然の成り行きであったろう(もっとも寅吉に対面したのは息子帯刀の方が先になったようだ)。右二件目の引用に言及される「奇談の書」とは『事実証談』を指すと思しいが、現行の刊本に鉄を食う病の女の話は見えない。もっとも本書の惣目録や巻末目録を見るに「異病部」なる一章が用意されているので、そのような内容が本書の「草稿二百巻余」のうちには存したと思しく【注12】、

逆に『仙境異聞』のこの記事からも、それらの草稿が刊行前から乗高の周囲にはある程度流布し、読まれていたことがうかがわれる。

【二】……神職者のネットワーク

『事実証談』巻四「人霊部《じんれいのぶ》の首《はじめ》にいふ」で、乗高は次のように述べている。

何くれと、をかしく作り出たる草紙どもの類に目馴て、実にしか奇霊《あやしき》ことのあるをもさかしだちたらん人は、狐狸などやうのものゝ人を誑《はか》るわざなりと言消《いひけつ》めれど、悉《ことごと》にあとなき事をいひたつるものにもあらざれば、百千が中には実なるもなどかは無かるべき。おのれ年来《としごろ》此事に心をいれて、事実《ことのまこと》を見聞《みきゝ》まゝに辛じて聞糺《ききただ》し、猶疑しきは其里々に行て密《ひそか》に問聞《とひきき》て、いとたしかなるを選びて、国内近辺《くぬちかきほとり》の正《まさ》しく見聞しことどもを主《むね》と記し、又まれ〳〵には隣の国のも遠き国のも書載《かきのせ》たるは、その国人《くにひと》にたしかに聞《きき》あきらめたる事どもにて、更に浮説にはあらず。されば此人霊部は、彼《かの》はかなき作《つく》り草紙《ざうし》の類にはあらで、いと正《ただ》しき事どもなれど、皆近世《ちかきよ》のことのみにて、誰も〳〵秘隠《ひめかく》すこと多ければ、其地名、人の名などをあらはには記し難くてもだしつるは、いと本意《ほい》なきわざなれどいかゞはせん。（中略）其が中にそれといはずして物によそへてうちかすめてしるせるもあれば、見む人其心《そのこころ》してさとりねかし。かくてその里の名、家の名、人の名などのくはしきことは、石室秘録《せきしつひろく》に残しとゞめたり。

乗高がここで強調しているのは、本書が「をかしく作り出たる草紙どもの類」、すなわち読本や合巻のような創作怪談の類とは別物であり、文字通りの「事実証談」だということである。また、事実に基づくが故のプライバシーへの配慮も本書の特徴であり、巻一の附言でも「条々すべて其所の名、其人の名も徴《シル》すべけれど、凶事《ヨカラヌコト》の段に其人の名をあらはさんもいかがなれば、其《ソ》はもらせり」と述べられている。

前掲西郷論文は、本書巻一の二六の説話内容が、医師本間春城（後出）の日記に見える平川村の寺院における僧侶の死亡事件と一致することから、春城よりの情報提供に基づき、寺名等を伏せて掲載したことをつとに推定している【注13】。もっとも、匿名性の高い人霊部に比べれば、神霊部、異霊部には実名が示されている事例も少なくない。神霊の奇跡を目の当たりにした神主の実名を記しても差し障りは少ないが、怨霊化した人物名の公開は憚られるわけで、公表するか否かは話の内容に左右される。以下、説話中に見える近世の人物（説話の登場人物ないし語り手）で、論者が実在を確認できたものについて一覧で示す（情報の少ない人物については、主要な参照資料を注に示した）。各人物の登場説話を括弧（巻数と説話通し番号）で附記した。

中村乗高…天宮神社神主。一節2を参照のこと。（巻一の一〇、巻二の一八・三三・四五、巻四の一、巻五の一）
中村豊隆《とよみち》…天宮神社神主。乗高の父。（巻一の一一）
中村暉意《てるもと》…天宮神社神主。（巻一の一一）【注14】
鈴木重年…小国神社神主。一節2を参照のこと。（巻一の三、巻二の一八、巻四の一）
鈴木貞実《さだみ》…小国神社神主。重年の父。（巻一の一二、巻二の三九）
栗田土満…城飼郡平尾村平尾八幡宮神主。一節2を参照のこと。（巻四の一）
杉浦菅満《すがまろ》…大学と号す。浜松諏訪神社大祝。【注15】（巻四の一）
手塚林平《りんぺい》…掛川駅本郷の人。『東海道人物志』によれば、碁将棋に名あり。（巻五の二）
中山吉埴《よしはに》…城東郡笠原庄門屋村高松権現神主。栗田土満、本居宣長門の国学者。（巻一の三・五六、巻二の三八）

斉藤監物…本名春雄。磐田郡見附駅矢奈比売神社神主。『東海道人物志』に「国学、和歌」で所見。（巻一の一六）

桐長桐《きりちょうぎり》　…桐座座元。文化十三年（一八一六）から翌年まで葺屋町で興行。（巻一の二三）

守屋丹波…本名重基。豊田郡大明神村松尾社神官。杉浦国頭門人【注16】（巻一の四七）

山崎石見《いわみ》…八峰《やつお》と号す。佐野郡遊家《ゆけ》村雨桜《あめざくら》神社神職。石川依平《よりひら》門の国学者。（巻二の四〇）

太田文三郎…森町村三嶋神社神主【注17】。（巻二の一八）

本間春城…本名清行。医師。城東郡平川村在。荻野元凱門人。栗田土満、本居大平門人【注18】。（巻二の一八）

近藤玄瑞…医師。法橋位。豊田郡森本村在。『東海道人物志』によれば、碁と古銭収集に名あり、和歌、狂歌もよくした。『遠淡海記』の著述がある。（巻二の二四、巻三の四一）

近藤玄貞…医師。豊田郡森本村在。吉益南涯門人。平田篤胤門人【注19】。（巻三の五四）

戸塚隆珀《りゅうはく》…本名維泰（二代隆珀。文政二年没）。掛川の医師【注20】。（巻二の四〇）

白松丹後守…城東郡加茂村大頭龍大権現神主。栗田土満門人。『東海道人物志』に「生花」で所見【注21】。（巻三の三三）

武藤左門…本名宗信。駿河三輪村神《みわ》神社神主。栗田土満門人。（巻三の三七）【注22】

右の多くは説話の情報提供者として見えるものであり、かつ自らが登場人物を兼ねる（つまり自己の体験談を語っている）ケースも少なくない。一見して、本書の説話の収集に神職・国学者の人脈の活用されていることがわかるだろう（なお、本居宣長や平田篤胤もその所説に触れて本文に名が引かれているが、右には除いた）。これについては、前掲西郷論文にも、「（著者が）州内の国学者や神主などと広く交際したので、当時の人名が多く出て」おり、中山吉埴、白松丹後守が、「乗高と同じく栗田土満の門人であったと云ふ縁故から、資料を提供した」との推測がみられる【注

23】。また、遠駿の鈴屋門下の活動について、高田岩男は「月次や臨時の歌会、先師霊祭の挙行を通じて、自宅で或は出張しての講義、また相互の交通・回覧・出版等を通じて、国学の昂揚と普及を図った（中略）文化十四年の宣長十七年祭と文政元年の真淵五十年祭（近藤注・鈴木重年、中村乗高、中山吉埴、山崎石見、杉浦大学、内山真竜、本間春城らが参加）は、全国的に見ても最大規模の盛儀であった（中略）彼らがこれらを開催するにあたって相互に綿密な連絡をとったことは言うまでもなく、このような共同性集団性によって、国学的人間の形成に大きな効果を挙げたに違いない。国学徒相互の交渉刺激となって、研究や詠歌の原動力となったのである」【注24】と述べている。このような国学運動のネットワークを媒介にして、神や霊についての説話が共有され、幻想が膨らんで行くさまを『事実証談』からはうかがうことができる。

例えば、人脈を介した情報提供のありようがわかる話例として、巻四の一を提示しておきたい（以下、本稿では紙幅の都合上、説話を適宜割愛した現代語で示す）。安永年中、「引馬野《ひくまの》（静岡県浜松市北西部三方原周辺）のわたりなる或寺の僧」が、多仲《たちゅう》という自分の甥を医者にしようと、安永六年（一七七七）の春にさる医師の家に養子に出す。一年後、多仲は、養母の溺愛に辟易して養家と離縁して寺に戻り、保養のため江戸に出るが、労瘵（肺病）となって安永七年（一七七八）十一月、寄宿先で客死（一九歳）。後日、引馬野の多仲のおじ（僧）は、江戸の寄宿先から来た書状によって、多仲のいまわの際に女の幽霊（養母と推定される）が看病に現れたことを知った。おじは、交友のある「諏訪の社の神職」にその書状を見せてこの件を語った。

この話について、本文には「こは寛政十二年（一八〇〇）九月朔日（中村乗高が）、鈴木重年、我師栗田土麿翁とゝもに諏訪の祝《はふり》杉浦氏のかたに行し時、よく聞糺《ききただ》せしを、杉浦氏も其養家をば知らずと言しにより、後に三年ばかりの程によく聞糺し、彼方此方《かなたこなた》のよしをしるしぬ。こは引馬野のかたの伝《つたへ》（寺の側の情報）にて、養家の伝《つたへ》なくてはと、おのれ（乗高）三年ばかり辛うじて其養家を聞出《ききいで》て（中略）（この養家に長く）出入せし老婆《うば》によりて密《ひそか》に聞糺《ききただ》」して、話のウラをとったとある。本話のソースは、話中の引馬野の寺の僧侶（多仲のおじ）から話を聞いた「杉浦氏」、すなわち寛政十二年の時点で諏訪神社の九代目大祝であった杉浦菅満である。杉浦家は、尽敬会（『日本書紀』研究会）を組織した国頭《くにあきら》（七代目大祝）の代から駿遠三地方の国学運動の拠点であったが、右の記事から寛政十二年九月一日に、乗高、重年、土満が連れだって訪問したことがわかる。乗高は多仲の実家（引馬野の寺）側の伝聞情報のみならず、養家方への三年にわたる追跡取材をも踏まえ、双方の情報を総合することで事実を推定しており、このような取材状況の説明の詳細である点も、本書の特徴である。本話では、主人公の名（多仲）は示されているが、寺や養家についての情報は、「所の名著明《いちじる》けれどもそは石室秘録に残せり」というように伏せられている。

『事実証談』では、話の信憑性を担保する時に、この「石室秘録」――公表できない実名類もすべてこの草稿『石室秘録』には記録されているというロジック――が持ち出されるのであるが、例外もある。巻五の二は、掛川の手塚林平（人物一覧参照）が友人と遊廓に行き、その友人が馴染みの女郎と寝ているところに、病気の妻の生霊が現れたという話であるが、同話末尾には「則手塚林平の物語なりき 其男の在所をしるさんことを手塚いたくはゞかりける故、彼秘録にもしるしがたくてそのことのみしるしおけり」とある。同話によれば、この妻はその後病死しており、語り手の手塚にとっていささかセンシティブな話であったのかもしれない。そのようなケースでは、乗高は具体的情報を「秘録」にも残さない処置を講じているのであり、乗高の膨大な説話収集を支えていたのは、このような情報提供者へのこまやかな配慮であったと思われる。

【三】……神霊譚と人霊譚

1　祟る神霊

本節では『事実証談』の各部の内容を概説しつつ、本書の特徴、とりわけ「霊」的問題への対処のありようがよく現れた話例を紹介し、四節以降の分析に備えたい

はじめに神霊部（全一一一話）と異霊部（全六四話）の説話を概観しておくと、神仏に祟られる（九〇例）か、逆に神仏の加護を得る話（三九例）かにおおむね分けられるが、どちらとも言えない怪異の話や、禁忌の話なども存する。祟りの話は神木（ことに伐採）に関わるもの（三二例）、「穢れ」（二四例）によって病や火災などの発生するケースが多く、回復手段としては禊ぎ、祓いなどが行われる。「異霊」の内実は、地蔵（一三例）、稲荷（五例）、疫神（疱瘡神含む）（一四例）などであるが、弘法大師や薬師如来、観音の霊験談なども含まれる。神霊部、異霊部を通じて、中村乗高の天宮神社（七例）、鈴木重年の小国神社（四例）を初めとして、乗高の知人が神主を務める矢奈比売神社（四例）、大頭龍大権現（四例）などが繰り返しとりあげられており、巻二に秋葉山の話題の集中が見られる（一四例）。乗高自身や鈴木重年が祟りを鎮めるために出動する話も見られるが、ここでは、佐野郡遊家村雨桜神社の神職山崎石見（人物一覧参照）の体験談（巻二の四〇）をとりあげてみたい。

遊家村の忠左衛門の嫡男忠兵衛は、文化十二年（一八一五）八月三日より腰痛が起こり、五日になると全身の痛みで、ただ「死ます〳〵」という状態になり、医師久永玄育を呼ぶが、何の病であるか診察できない。山崎石見が、痛みの根元を探ろうと患者の惣身を撫でて見ると、腰の下にやや出っ張りがあり、押してみるとさらに痛がるので、そこを病根と見定めて破血させたが痛みは治まらない。夜四つ時になって掛川の医師戸塚隆珀（人物一覧参照）

が来たが「奇病なり」と言って療治を断って帰ってしまった。治療に居残っていた玄育も疲労困憊したので、石見は自宅に連れ帰り休ませ、「自《みづから》卜しけるに、水死の人の祟と、墓所をうつせし祟と、西北の方なる神の祟と、三《みつ》の祟なりと占方に出ける」。人々は前の二つは覚えがあったが、三つ目が思い当たらないので忠左衛門に尋ねたところ、文化十一年に地主神《ぢのかみ》の社を遷した場所が家の西北に当たるので、それだろうということになった。そこですぐに元の社地を祓い清め、その夜の八つ過ぎ頃に遷し祭ったところ、忠兵衛はうわごとのように「これでよい、これでよい」とだけ言ってまた熟睡するようである。翌朝、忠兵衛は湯漬けを食うまでに回復し、その後破血した所が時々痛んだが、三、四日過ぎて膿水《のうすい》が出て平癒した。「これ実に地神《ぢのかみ》の祟なる事疑なしと。則山崎石見の物語なり」。

本話では、病理的事象が三つの祟り、とりわけ地主神の社を遷したことへの祟りという神道的な解釈を踏まえ、神道的な方法（清祓、遷宮）によって解決されている。病気の話柄では、必然的に医師の登場が多くなるが、本話では山崎石見が占いや神道行法（清祓など）のみならず、医療に近い行為までこなしているふしがある。また、本書に登場する医師の本間春城、近藤玄瑞、近藤玄貞らは国学の徒でもあった（人物一覧参照）。医療と呪術とは必ずしも排他的なものではなく【注25】、容易に診断し難い症状や深刻な流行病の現場では、医師と呪術者（僧侶、神職、山伏など）が共同的、総合的に対処に当たっていたことが、このような話からもうかがわれよう。

2　祭祀を乞う死霊

人霊部（全四〇話）の説話を概観すると、三例を除いて死霊（二八例）または生霊（九例）の話であり、死霊の男女比は約一対二であるが、生霊の話はすべて女性である。生霊は執着や恨みの感情から生じているが、死霊は「怨恨」というよりも、生者に対する不満や要望があって現れている印象が強い（九例）。また、愛情が死霊出現の契機となる話も六例見られる。

巻五の一四は死霊の憑依譚である。宝暦（一七五一～六四）年中、古名を長篠《ながしの》村といった村の守屋《もりや》家の長男が奉公人の娘と井戸への入水心中を図るが、自分だけ生き残る。守屋家は娘の家の主家にあたるので訴えられるようなこともなく内済となるが、守屋家は次男が継ぐことになる。長男は家を出て医者になるが、例の娘の祟りもなく子孫多く、天明年中（一七八一～八九）に七十余歳で亡くなる。本家を相続した次男も天明中に病死したが、その嫡子は妻を迎え子も多く家は繁盛、井戸の事件から四、五十年はいささかの障りもなかった。

寛政八年（一七九六）十一月十四日の夜、守屋家の妻（右の嫡子の妻）は風邪っぽいと言って寝ていたが（原文割注「其の夜蕎麦切《そばきり》を打っていた傍で妻はその作業を見ていたが、後になって思い出してみれば、その夜から少し物気《もののけ》が憑いていたようだと、その家のあるじが後に語ったことだ」）、翌十五日から物気が現れて、あらぬ事を口ばしり、物狂いのようになった。野狐などが妻に魅入ったのだろうかと責め問い、あるいは神仏の祟だろうかと、あちらこちらに祈願し、もしくは乱心したかなどと、いろいろ怪しんだ。数日して先祖の霊祭《れいさい》を怠ったことを口ばしったので、遠祖の祟だろうかと、妻に向かって尋ねたところ、答えて言うには、「私がこんな風に憑いたのは、しかじかの霊を祭ることを全く怠っているので、その事をいおうと思って憑いたのである。改心して祭りなさい」というので、その法名を尋ねて聞き出したが、その名を聞き知った人もないので、祭るべきゆかりもなかった。が、物気はひたすらそのことを言い騒ぐので、放っておくわけにも行かず、菩提寺に行き過去帳を探したところ、確かに物気の言った法名がみな出てきたので、それらを「持仏壇《じぶつだん》にしるし置祭」った。

が、物気はなお鎮まらず、今度は自分のことを語り始めた。「かく言う私は当家の譜代何某の娘です。その昔伯父御に欺かれ、私一人井戸に落ちて死んだのに、伯父御はつれなくも生き延びられ、それればかりか、私のなき跡の祭もなさらないので、其事を申しあげようと憑いたのです。しかしながら私よりも前に、この御家の旦那方の霊を祭りなさることさえも怠っていらっしゃるので、まずその事をさきにいいだしたのです。私の意見を採用くださり、旦那方の霊を改め祭ってくださったけれど、私を祭ってくださる人がないので、寄る辺がなく迷っているのです。どうか私の亡き跡をも祭って下さい」と乞うたので、これも懇ろに祭ったところ、物気もようやく鎮まった。

ところが、その後また霊が戻ってきて口走るには、「私は譜代の者の娘であるのに、こんな風に旦那方と同等にお祭りくださったのは恐れ多くていたたまれないので、私の位牌を一段下げて祭って下されば、一層ありがたいです」というので、もっともだと彼女の位牌を一段下ろして祭ると、物気もすみやかにしずまったと、守屋家の主が語った。乗高は「この話から推測するに、死後も現世と同じように、君と臣、父と子の差別が厳然としてあるということがよくわかった。だから死後に同じ蓮の台に乗るとか、西方極楽浄土というようなことが妄説であることは、いよいよ疑いない事である」と論評して本編を結んでいる。

以上、四、五十年前の井戸事件を発端とする根の深い憑霊譚である。が、娘の幽霊は男への痴情の恨みを抱いてはおらず、だからこそ四、五十年の間守屋家に祟りをなしてはいなかった。今になって憑霊事件が起こったのは、この家が先祖の「霊祭《れいさい》」を怠っていたからであり、幽霊の望みは、この主家の祖先ともども祭られることである。

祭祀の要求に現れる幽霊は、巻五の一六にも見える。駿河国駿東郡から伊豆に嫁いだ嫁が十六歳の時、風邪で寝ていると仏壇の上に見知らぬ女が座っている。狂女かと思って驚いていると、女がいうには「遠方から嫁いできたあなたは知らないだろうが、私はあなたの夫の姉です。嫁ぎ先で死んだのですが、夫が後妻を迎へて私のことを祭りもしないので、よるべがなくてここに来てみました。私を祭ってください」。翌日もこの幽霊が出現したので、嫁はおびえ、実父がきてなだめる。それでも怖くてここに住めないと言うので、「白印《はくいん》とか言て世に聞えし禅僧の弟子洞領《とうりやう》」を頼んで嫁をさとし、またかの亡霊を鎮めるため「仏事を取行ひあとねんごろに祭」ったところ、幽霊は二度と出なかった。

用字を改めてはいるが、右の「白印」が駿河出身の臨済僧白隠慧鶴《はくいんえかく》（一六八六〜一七六九）を、その弟子の「洞領」が、白隠の弟子で宝暦期に伊豆三島龍沢寺の住職であった東嶺円慈《とうれいえんじ》（一七二一〜九二）を示していることは間違いないだろう。彼らの当地における絶大な人気を背景に、その法力を喧伝するこの種の説話が流布していたことは想像に難くない。乗高はそのような仏教系の話柄であっても選り好みせず採用したわけである。しかしながら本話も、仏教系の妬婦譚などと趣が異なるのは、幽霊が夫や後妻への恨みから現れているわけではなく、ただ祭られることを望んでいる点であろう。巻五の一四、一六とも、幽霊は、加害者（に相当する人物）への「恨み」ではなく、加害・被害関係とは逸れた人物の元に、祭祀を要求するために現れている。

【四】……神職、国学者の幽霊ばなし

ここまでいくつか話例を見てきたが、『事実証談』の説話の特徴がすでに明らかになってきたように思うので、ここで整理しておきたい。

一点目には、神職である著者の立場を思えば当然のことのようではあるが、神道の論理の濃厚なことである。神霊部、異霊部に見られる怪異事件の多くが神道的な解釈（穢れなど）を踏まえ、神道的な方法（清祓、遷宮など）によって解決されていることはすでに述べた通りである。人霊部についても、死者の霊に対する「追善」「供養」といった仏教的な概念ではなく、神道的な「祭祀」が重視されている。

ここでもう一例、川匂《かわわ》庄治兵衛の妻と娘の話（巻四の一四）を挙げておきたい。治兵衛の寡婦は、若者組合が斡旋した一人娘の婿を追い出したことで村八分となり、娘とともに縊死してしまう。その後、村の家々で月に数度の不審火があり、神仏の祟りかと、社や寺に祈願するも鎮まらず、卜者に占わせると「死霊の祟なり。霊火なり」と言うので「寺院を頼み大般若経を転読し施餓鬼などいふ事まで」してみるがまったく効果がない。その後、縊死した母娘の霊火だという噂になり、彼女らの霊を祭ってみるが効果はない。「かく祭れども其しるしなきは、ありし

家にて朝夕の祭せざる故ならん」ということになり、母娘の家は相続人もないまま空き家になっていたのだが、流れ者の男にその家を相続させ、朝夕二女の霊祭を怠りなくさせたところ、出火の騒動が静まったというものである。

霊を祭ることについて、平田篤胤は「すべて人の霊魂と云ものは。霊の真柱にも申たる如く。千代常磐《トコトハ》につくる事なく。消る事なく。墓所にもあれ。祭屋にもあれ。其祭る処に。きつと居る」（『玉襷』【注26】巻十）と述べている。また彼は「其常に形を見ぬ処より。消てなき物ぞ。など思はれず。先祖代々は云に及ばず。家に付たる霊魂を。殊に大切に心得て。外々の神々の。拝礼は闕《カク》こと有とも。先祖の拝礼をば。朝夕油断なく。懇切《ネンゴロ》に致すべき事でム」（同書同巻）と述べる通り、朝夕の先祖霊祭をことに重んじていた。右の霊火騒動の決着にもこのような思想の反映を見てよいのではないか【注27】。

ただし、乗高は仏教をことさらに排除しているわけではなく、その霊威も主に本書の「異霊」部でとりあげている。すなわち「仏」は「神霊」よりも一段下位に位置づけられ、その世界観に包摂されているとみるべきだろう。また、本書の「人霊部」には、先に見た「洞領」の説話のような、僧侶が霊能者として問題解決にあたる説話が五例認められる。逆に神職は、神霊部、異霊部において、神霊、異霊の祟りと判定される事件には活躍しているが、人霊部ではまったく影が薄い（一例もない）。本書のケースだけで即断はできないが、こうした「人」の憑霊（と思われる）事件が本書の取材地方で起こった場合、神職の出番は僧侶に比べて少なかったのではないだろうか。また、巻五の一、一四などは、比較的ボリュームのある説話であり、生霊、死霊の頑強な憑依を鎮めるまでの経緯を克明に記しているが、家族やコミュニティによる対処が中心で、霊能者――神職、仏者いずれも――はほとんど出番がない。これは仏教系の憑霊得脱譚の多くが高僧伝のスタイルをとるのとは対照的である。

二点目には、やはり書名にも謳われる本テキストの「証談」的性格について特筆しておくべきだろう。二節で述べた通り、神霊部、異霊部には実名情報も少なくなく、裏のとれる事件（巻一の二三、文化十三年〈一八一六〉の江戸市村座騒動【注28】など）も散見する。複数の事件関係者からの聞き取りに基づく事実検証的姿勢が顕著であり、ことに取材経緯を明示する傾向が見られる。

これについてもすでに触れたところではあるが、改めて、巻五の一の話例に着目してみたい。同話は、文化九年（一八一二）の五月に駿河国安倍郡で起こった怪事件であり、一夫両婦関係（女二人を仮にA、Bとする）が二つの家庭を巻き込み、女Aの生霊が女Bの兄嫁に、女Bの母親の生霊が女Aに、同時に憑いたという複雑な憑霊騒動である。乗高は本作に九丁余りを費やして、事態が泥沼化していく経緯や、呪術的な方法ではなく、「町役人五人組隣家縁者」といったコミュニティが両家の紛争を調停することで、事件を収束させていく一部始終を詳細に記している。

本話の冒頭には取材の経緯について、筆者が、文化十年（一八一三）正月に江戸へ下った折のことである旨が書かれているが、この旅行については、本書の篤胤の序文の記事と符合する。すなわち、乗高が江戸城での「年始の寿詞」のために江戸に下り、本書の草稿を篤胤に見せた旅の帰り道ということになる。乗高は正月二十八日、「古の安部の市路とか聞ゆるわたりに、前代未聞の珍事ありしと聞わたりければ」、ある神職のところに立ち寄り、その件を尋ねた。かねて乗高の奇談収集癖を知っていたその神職は、乗高のためにこの事件の一次的情報を知る人物への紹介状をしたためてくれた。乗高はそれを携えて大雨の遠路を厭わずその人を訪ね、夜更けまで事件のことを問い明かした内容を記した、という説明が、本話の冒頭に置かれている。

このような説明には「事実」性を強調するための誇張があるかもしれないが、詳細で具体的な叙述にはそれなりの信憑性も感じられる。仏教系の奇談集（『因果物語』など）には、話の信憑性を補強するために説話末尾で事件の時、場所、語り手の名前を明示するものが少なくないし、外題で「出所付」を標榜する『やまと怪異記』（宝永六年〈一七〇九〉刊）のように文献実証主義的姿勢を持つ奇談書も散見する。だが『事実証談』の実証性はこれらとは質が異なり、一次的な情報を求めて現地取材の労を惜しまず、複数の情報を総合することで事実を解明せんとする、より学究的なレベルのものと言える。それは、内山真龍の出雲実地踏査【注29】や平田篤胤の常陸・下総実地調査【注30】などに類する、国学者流のフィールドワークの成果であったろう。

また「事実」の認定に慎重を期し、努めて記録的に叙述しているため、『事実証談』には物語としては無駄な叙述や矛盾した展開も散見する。例えば、前述の安倍郡の一件では、女Bの兄嫁に憑いた生霊が本当に女Aであるのか、隣人らが手分けして双方（兄嫁と女A）の様子を同時に確認したところ、兄嫁に生霊が発現している最中、女Aの様子は別状なく、「其けしきなきも怪し」といった叙述が見える。それにも関わらず衆議の結果、この生霊はやはり女Aであると認定され、その前提で話も展開していくのだが、そのような展開に矛盾する右のような記事は、物語的には本来あらずもがなである。逆に言えば、物語の論理に統御されない「事実」のノイズがここには刻まれているのであり、文学性よりも事実性を重視する本テキストの性格が現れていよう【注31】。

　前述の多仲の話（巻四の一）の場合、「安永七年十一月朔日頃から、江戸の多仲の部屋より夜な夜な女の話し声が聞こえたこと」、「養母が亡くなったのが同年十月十八日で、右の現象が起こったのがちょうどその二七日《ふたなぬか》頃に当たること」、「多仲が養家を出る時、別れを悲しむ養母の様子が尋常ではなかった」ことなど、複数のソースからの伝聞情報を総合することで、「多仲の病床に養母の幽霊が現れた」という事態が「推定」されており、乗高は幽霊を客観的に描写したり、その正体を初めから特定したりはしていない。巻四の一三は、老女を亡き母の霊が助けたという話であるが、これも日頃冷淡であった養子夫婦の態度が豹変したのを、母の霊の働きかけによるものと、老女（語り手）が「推察」しているだけの話で、裏付けになる事実は何もない（本文に「此は怪異の部に入べきを此部（人霊部）に入しは、老女の推察にて彼老母の霊のしからしめしならんといふによりてなり」と附言する）。本テキストのこのような幽霊表現の間接性は、歌舞伎や戯作といった創作テキストの幽霊の通俗性や修辞性とは対照的なものと言えるだろう。

おわりに

本章では、『事実証談』を素材として、神職の世界観の中で、霊的事象がどのように捉えられ、処理されているかを見てきた。本書においてはやはり「穢」「祓」「祭祀」といった神道的論理が支配的であり、事件はそのような論理で解釈され、解決されていく。また、学者ならではの事実認定の厳密性や客観性が備わることで【注32】、質の高い怪談ルポルタージュがここに成立していることを評価すべきだろう。

「幽霊」は、仏教においては「迷妄」「執着」などの否定的なイメージで捉えられることが多い。例えば、浄土宗の影響が看取される説話集『新著聞集』（寛延二年〈一七四九〉刊／椋梨一雪著・神谷養勇軒編）は主題別に部立てされているが、幽霊の話柄をメインに扱うのは、第十一「執心編」、第十二「冤魂編」である。つまり本書においては、「幽霊」の説話化の契機が、「執心」と「冤《うらみ》」という人間のマイナス感情に集約されている。これに対して、『事実証談』の構成は、幽霊の話柄を「人霊部」として一括し、「神霊部」、「異霊部」と（階層的差異はあるものの）並列するものであり、「幽霊」へのまなざしの違いはここに明らかであろう。第三節に見たような本作における幽霊の被害者意識の希薄さもこのような著者の幽霊観と無縁ではあるまい。

このように本作の幽霊ばなしは、加害・被害の構造をベースにしてはいない。また守屋家譜代の娘の幽霊（巻五の一四）の場合、死してなおこの世の分度意識から逃れられないというのは、この幽霊の規範性、保守性を意味する。皿屋敷のような、奉公人の幽霊による主家への復讐譚などを引き合いに、近世人も死ねば封建制度から解き放たれる、といった幽霊論がしばしばなされるが、守屋家のケースは、こうした幽霊観が一面的なものに過ぎぬことを示唆するだろう。

【注】

1　堤邦彦『近世仏教説話の研究　唱導と文芸』（翰林書房、一九九六年）、『江戸の高僧伝説』（三弥井民俗選書、二〇〇八年）など。なお、ここで「呪術」の関わる幽霊ばなしを問題にするのは、本稿が初出時、呪術の共同研究書『前近代の日本の病気治療と呪術』（小山聡子編、思文閣、二〇二〇年）に寄稿したものであることによる。

2　底本には浜松市立図書館蔵川上文庫本（請求記号三八四・一六・EK）を用いた。

3　本居大平のこと。

4　神道青年協議会本および掛川市史研究会本は、巻末目録および附録を巻四の巻尾に綴じているが、当該丁は柱刻にも「巻五」とあるので、羽衣出版本では巻五の巻尾に訂正されている。本書誌もそれに従った。

5　例えば以下のように説明されている。
神霊部「是は神の祟、神の幸、神霊のあやしき事実、又祟と幸を表裏なす事をしるす」。

異霊部「是は仏の利生、仏の祟、その外万の物の異霊物にそなはりし事をしるす」。

人霊部「是は死霊、生霊、顕然にあらはれし事凡て人霊の奇怪の正しき事実をしるす」。

妖怪部「是は狐狸、猫、鼬の類のあやしきわざ、又異物に化て人を欺し事実を記す」。

6　西郷藤八「遠江古蹟図絵後編と事実証談」（『静岡県郷土研究』一二輯、一九三九年三月）による。

7　栗田土満には正式な門人録が残されていないが、門人資料である『岡の舎の栞』、『諸国文通所名氏覚』等に乗高の名は見えない。前掲注6の西郷論文の情報などをあわせ考えると、乗高が土満の知己であったことは疑いないが、正式な師弟的関係と見るべきかどうかについては存疑としたい。なお、本居大平の門人録である『教子名簿』には「周知郡　中村斎宮乗高」と記載される。

8　小山正『幕末国学者八木美穂伝』（八木美穂顕彰会、一九六〇年）。

9　『静岡県史　資料編一五　近世七』（静岡県、一九九一年）所載本文による。

10　正月六日、諸寺諸山の僧侶、社人、山伏らが年賀の登城をする慣例があった（市岡正一『徳川盛世録』「年始登城」、博文社、一八八九年）。

11　『仙境異聞』の引用は、『仙境異聞・勝五郎再生記聞』（岩波文庫、二〇〇〇年）の校訂本文による。

12　この推定については、今井秀和『抄訳　仙境異聞　天狗にさらわれた少年』（角川ソフィア文庫、二〇一八年）の注釈（「鉄を食う獣のこと」の条）に指摘がある。

13　注6に同じ。

14　説話本文に「明和の頃神主」とあり、「三嶋神社宝暦十年修復棟札銘」（森町史編さん委員会編『森町史　資料編　五』一九九六年）に「天宮神主中村豊前守藤原暉意」と見える。

15 東部郷土史会編『杉浦国頭と諏訪神社』（一九九八年）。

16 小山正『内山真龍の研究』（世界聖典刊行協会、一九七九年）。内田旭『杉浦国頭の生涯』（老松園、一九四一年）。

17 「三嶋神社文政五年修復棟札銘」（『森町史　資料編　五』収載）等に「森町村神主」として所見。なお、「日本製糖業の父」として知られる鈴木藤三郎の父文四郎は分家に当たる（森町立歴史民俗資料館展示史料「鈴木藤三郎家系図」による）。

18 舟木茂夫「近世の医師と国学―特に本間春城・清行の場合―」（『いわちどり』一三号、小笠医師会、一九八五年）。

19 「東洞　南涯　両先生門人録（抄）」（『静岡県史　資料編一五　近世七』）等。

20 土屋重朗『静岡県の医師と医家伝』（戸田書店、一九七三年）。

21 大頭龍神社蔵「御札場雑記御幣覚」（『静岡県史　資料編一五　近世七』）。

22 「神神社祠官三輪家略系譜」（藤枝市史編さん専門委員会編『静岡県志多郡岡部町誌』藤枝市史叢書一四、一九九九年）等。

23 注6に同じ。

24 「遠駿豆国学の概観」（『静岡県史　資料編一四　近世六』所収解説、一九八九年）。

25 巻三の四一で、近藤玄瑞は疱瘡について、看病人の夢に老翁老婆が出る時は軽く、美男美女が出る時は重くなるという（今日的には）迷信を経験知として説いている。

26 『玉襷』の引用は『新修平田篤胤全集』第六巻（名著出版、一九七七年）の翻刻本文による。

27 「此は本居大人、平田大人の霊の考によりて思ひ合するに、人の霊《たま》といふものは」（巻三の六〇）など、『事実証談』本文には、宣長や篤胤の異界観、霊魂観の影響が散見される。

28 この事件については『藤岡屋日記』（第一巻）等諸書に見える。星川杉山神社（横浜市保土ヶ谷区星川。『事実証談』本文は、社名「杉山大明神」を「松山大明神」と誤る）に伝わる「棟木の怪談」の伝承（神奈川県神社庁『神奈川県神社誌』〈一九八一年〉等に所見）もこれのバリエーションと思しい。

29 高田岩男は「栗田土満が大平への手紙に「真龍が出雲旅行以来、はなはだ地理の自慢で国学も地理を知らなければ漢書の空言と同じことだ」と気炎をあげているさまを報じている（天明六年十月二十四日付書簡　天理図書館蔵）」などの例を挙げ、内山真龍の研究において、とりわけ実地踏査の重視されていたことを指摘している（「国学の発展と交流」、『静岡県史　通史編四　近世二』〈静岡県、一九九七年〉第一編第四章第四節）。

30 平田篤胤の常陸・下総訪問における実地調査の意義については、吉田麻子「平田篤胤の常陸・下総訪問」（『知の共鳴　平田篤胤をめぐる書物の社会史』第一部第一章、ぺりかん社、二〇一二年）に詳しい。

31 『事実証談』には、神道の思想的、教育的立場には相反する内容の説話も散見される。例えば、巻三の二八は、狐の死骸を稲荷として祭ったが「幾年経れども何のしるしもなし」

という話。巻四の二〇は、拾った位牌を持ち帰り祭っておいたところ、かえって家族に祟りがあり、僧に施餓鬼をしてもらい位牌を川に流したところ、祟りが収まったというものである。このような情報をも排除、操作せずに載せている点に、著者の研究者としての公正さを認めてよいのではないか。

32 付け加えるならば、乗高の学問が情報提供者への配慮など、研究倫理という面で優れていた点も注目される。

付記 古書店吉村大観堂の新入荷速報第五五号（令和六年三月）に、『事実証談』（半紙本五冊。文政六年刊。石室蔵板）が写真入りで掲載された。初版時の伝本である可能性が高い。

【挿図出典・所蔵】

中村乗高著『事実証談』（美哉堂書林、一九六五年）より転載。

六章

「百物語」断章

【一】……百座会《ひやくざえ》

「百物語」という特異な文芸様式のルーツについて、「百座法談」との関連を指摘したのは太刀川清である（『近世怪異小説研究』第一章、笠間書院、一九七九年）。天仁三年（一一一〇）に行われた百座法談の記録である『百座法談聞書抄』は希少な文書記録でもあり、百物語の研究ではこれに注目が集まりがちであるが、ここでは「百」にまつわる法会である「百座会」に着目しておきたい。

百座会は『仁王般若経』を講讃し、鎮護国家・万民快楽などを祈願する法会であり、百の仏菩薩像と百の高座を設け、百人の僧を請じて行うのが正式である。日本では、古くは斉明天皇六年（六六〇）五月に勅会の記録が認められるが（『日本書紀』巻二十六）、後には貴族、武家社会で広く行われるようになり、『平家物語』巻一「願立」等諸書に見えている。注目されるのは『仁王般若経』の「受持品」に「一切国王爲是難故講読般若波羅蜜。七難即滅七福即生。萬姓安楽帝王歡喜」という災難の消滅と幸福の招来を約する文言のあることである。百物語の信仰——百話によって怪異を招来し得るという俗信——のソースははっきりしないが【注1】、百座会の利益《りやく》の根拠の一つは、経文の内容に求められるわけである。

なお「百座」を要する行法には、密教の「百座の護摩」や神道の「百座の祓《はらい》」などもあり、いわゆる「百度参り」もその卑近なバリエーションと認めてよかろうが、「百灯」の供養、神事として伝わるものがあり、灯明を用いる百物語との関連からことに注意される。今日各地に残る百灯の行事、祭祀では、仏前、神前に百灯を献ずる法式のものが多く、例えば、京都上京の燈明寺（日蓮宗）の寺号は、「後陽成院の時、故ありて、この寺において一日、百燈供養あり。これより改む」（『雍州府志』（貞享三年〈一六八六〉刊）巻四「寺院門　上」）という。また『上瀬宮万記』によれば、若狭三方郡宇波西宮で「百灯」の神事を執行し、若狭国小浜藩主酒井忠音の病気平癒を祈願した記録が、享保八年四月二日の条に残る（『酒井家編年史料稿本』「近世編年データベース」による）。「百物語」では照明としての意味合いの強い「灯心百筋」であるが、そのルーツは宗教的なツールとしての「灯明」に繋がるであろうか。

【二】……『黒甜瑣語』の「百灯物語」

江戸時代後期の国学者で、出羽久保田藩士であった人見蕉雨の著した『黒甜瑣語《こくてんさご》』（写本。寛政六年〈一七九四〉十月成。四編二十巻）は、諸国の奇事異聞を集めた大部の随筆であり、柴田宵曲編『随筆事典』「奇談異聞編」（東京堂、一九六一年）などにも引かれているので、好事の人には古くからよく読まれてきた書である。しかしながら、同書に百物語に関する「百灯物語」なる記事があることは、過去の百物語研究書類でも触れられてこなかったようであるが、百物語の成り立ちに関して興味深い情報を含んでいるので、ここに全文を紹介する。

白日に人を談ずれば害を生じ、昏夜《コンヤ》に鬼を語れば怪至るとは、柳宗元が龍城録の説也。鹿苑《ロクヲン》相公義政の世にもてはやせし百灯物語の法式《シキ》とて、慈恩寺の海安禅師の書しと云るは、何の書によりし事にや、怪しうもおかしけれ。方坐四隅《グウ》を黒暗《コクアン》に圍《カコ》ひ、牀頭の三幅、第一は耐薫《タイクン》《アマノジャク》、第二は悉迦羅《シツカラ》《キツネ》、第三は六慾厮《ヨクシ》《サル》、千妖《ヨウ》百鬼《キ》の屏風一双、青藍紙《セイランシ》の大丸行灯々心《アンドウトウシン》百茎、客七人、刀剣を帯せず。会談亥《ヰ》の三つにはじめ丑の三つに終るべし。物語九十九回に至り、一灯を残す幽光明滅《イフカウメイメツ》の間には必らず妖怪自然に至る。終る時、唵嘛呢叭㖿吽《オンマニハツメイウン》、吐普加身依美多女《トホカミヱミタメ》と念咒《ネンジュ》すべしと。人々かくの如く念ずれば、妖魔《ヨウマ》其影を失す。亦なき遊興なりしとなん。今の世、是を荒唐《クハウトウ》の説と思ふに、むかし戦争《センソウ》の時しもは陰気凝滞《インキゲウタイ》して物に附憑《フヒヨウ》し、かゝる事も多くありぬべし。

（『黒甜瑣語』第四編第一巻「百灯物語」【注2】）

前節で百物語のルーツとしての「百座会」に言及したが、江戸時代の百物語の法式に近い、百の怪異を語る形態のそれがいつ始まったかは不明である。『和漢怪談評林』（享保二年〈一七一七〉成）には、「百物語といふ事何の代より始たると言伝たしかならず。又何人の始たると言事もなし。案に中古よりの事なるべし。古き書には見え侍らず」と述べられており、「中古」というのも曖昧であるが、右の『黒甜瑣語』の記事に「鹿苑相公義政の世」、すなわち足利時代としていることは興味深い。「慈恩寺の海安禅師」については未詳ながら、その著すところの百物語の法式――天邪鬼、猿、狐の三幅の用意や「千妖百鬼」を描く屏風を用いる点、亥の三つから丑三つまでと、時刻（二二時頃開始）と時間（四時間）を示している点、終了時の魔除けの呪文（「唵嘛呢叭㖿吽」は六字大明呪と呼ばれる真言であり、「吐普加身依美多女」も、亀占や神道の祝詞などによく見える呪言）を示す点等――他書にあまり見えぬものであり、注目される。

なお、『黒甜瑣語』の本条に続く「横城直衛」は、平鹿横手（現秋田県平鹿市横手町）の城中で宿衛の人々が百灯物語を行った話である。百灯目が消えた時、家内鳴動して人々は肝を潰す。辺りを調べると、書院に古鎧一式があり、天井の梁に吊っておいたものが落下したものと判明、人々は笑い興じたというオチのつく話である。

【三】……月待・日待・庚申待の怪談会

『今昔物語集』巻第二十四「俊平《としひらの》入道《にゅうどう》の弟算の術を習ふ語《こと》第二十二」には、俊平入道の家に、女房たちが大勢集って、庚申待ちの夜明かしをしている時、夜が更けるにつれて眠くなってきた女房のうちの一人が、入道に「人々咲《わらひ》ぬべからむ物語し給へ。咲て目覚《さま》さむ」とせがむシーンがある。この下りについて、『新編日本古典文学全集3』（小学館、二〇〇一年）の頭注は「庚申の夜伽の席が、貴族社会における一つの重要な説話伝承の場でもあった」ことを指摘している。

近世にも、庚申待《こうしんまち》（庚申〈かのえさる〉の日の夜、青面金剛や猿田彦などを祭る祭事）・日待・月待（日の出や月の出を待って拝む行事）などの、人々が集まって夜明かしをする習俗があった。これらは元来宗教的動機に基づくものではあるが、後には夜通し連歌・音曲・囲碁などをして過ごす遊興化していた事が、英一蝶の「四季日待図巻」などよりうかがい知られる。その遊興の中には夜咄、特に夜の話であるから、怪異な題材の選ばれることも多かったのではないかと推測される。その傍証となる資料としては、次のような記事が挙げられる。

一夜ある方にて、庚申の待宵に人々進ておとらじと云出る怪異珍話目覚しく、其席に硯を鳴らして書とゞめ

（硯田舎紀逸作『諺種初庚申』序文・宝暦四年〈一七五四〉刊）

月待日待は怪異《あやしき》を専とすれば、荒唐寓言《とりとめなきそらごと》を実《まこと》しやかに書編《かきつゞり》、春雨秋の夜話《よばなし》の宿構《はらみく》に設置《もうけおき》しを

月待日待に若い衆多打集て、色々の雑談に狐噺出れば、坐中、我も〳〵と狐はなし止ざる物也

（鈴木故道作『今古奇談　警世通話』序・寛政十二年〈一八〇〇〉刊）

（吉田糠山著『童子百物がたり』第十九話・天保十二年〈一八四一〉成）

『諺種初庚申《ことぐさはつこうしん》』は、単に説話集の枠組みとして「庚申」を利用したものと見た方がよいかもしれないが、実際に庚申待の宵がそのような怪談の場になることはあり得たであろう。『警世通話』は上方読本であるが、この序文からは、月待日待の折にしばしば怪談が語られていたこと、また参加者は話（孕《はら》み句）を用意してそれに臨むが、そのために日頃話のストックが行われていた事などが推察される。『童子百物がたり』は米沢藩士吉田糠山の手に成る写本の怪談集で、世間話などを中心に話を集めている。右に引用した下りには、話者がかわるがわる「狐」というテーマを引き継いで進んで行く座談の雰囲気がうかがわれよう。はなしの場はこのように「類話」が集められる機会でもあった。

【四】……最終話の重要性

人はなぜ百物語を行うのか。

先に挙げた日待月待などの折の退屈しのぎ、娯楽、試胆（特に武士の場合）等、いろいろな理由が考えられるが、本来は「魔を召喚する」という呪術的な意味合いがあったはずである。しかし百座の法の力で祈願を叶え、福を招来せんとするのはわかるが、怪を語ってわざわざ魔や不吉なるものを招き寄せるメリットは何か。百物語を退魔呪術と捉える折口信夫の説【注3】（毒をもって毒を制するロジック）や一種の予祝儀礼とみる野村純一の説【注4】などが示

されてきたが（東雅夫『百物語の怪談史』、二〇一三年）、私も百物語には本来魔を吉へと変換する仕組みが組み込まれていたと考えている。例えば、鳥山石燕の『画図百器徒然袋』の構成には、妖怪たちの悪夢を巻末の「獏」に食わせて、良き夢（七福神）へと反転させる仕掛けが読み取れるが（多田克己「画図百鬼夜行の妖怪」「宝船（獏と鬼）」、カドカワムック『怪』四二号、二〇一四年七月）、怪異の集積の末にめでたいものを配する事は、百物語本の構成原理でもある。それらは巻末の「祝言性」として説明される事が多いが、最後の「吉」を引き出すために魔を積み重ねていると見る事もできるだろう。宮中で大晦日に行われる鬼やらいのように、いったん魔を招来してから、退散させる事で吉日（正月）を迎えるという論理である。ただしこれには『徒然袋』の獏、鬼やらいの方相氏に相当する、魔を吉へと逆転するためのスイッチが必要となる。百物語の場合、その役割を担うのが最終話ではないか【注5】。

【五】……理髪師と百物語

以下三節は、実際に開催された怪談会の記録に基づく明治の百物語怪談書、条野採菊《じょうのさいぎく》編『百物語』（明治二十七年・扶桑堂版）に関する論であり、『幕末明治　百物語』（一柳廣孝・近藤瑞木編。扶桑堂版『百物語』の復刻本。国書刊行会、二〇〇九年）掲載の拙稿「百物語の成立」を補足するものである。

明治二十六年（一八九三）十二月二十五日、浅草花屋敷において、やまと新聞社（社主条野採菊）の主催で、当代文人、作家、芸人らによる百物語怪談会が行われた。この時披露された怪談は、翌明治二十七年一月から三月まで、読者からの怪談投稿をも交えて「やまと新聞」に連載され、同年七月には単行書『百物語』として扶桑堂より刊行された。私は右の復刻本の解題で、本書の意義について次のように述べた。

この時期、新聞や雑誌などのメディアが、投書や投稿といった形で読者を育てつつ、文芸活動への参加を促して行く―南新二や幸堂得知、蝴蝶楼主人も、もとは投書家である―という、文学大衆化の一つの道筋があることは、興津要の研究（『新聞雑誌発生事情』「小新聞の投書家たち」角川選書、一九八三年）等に詳しい。特に怪異を語ることは、例えば、他人を「笑わせる」ことに比べれば、素人にも敷居が低い（また怪談は、ひとに話したくなるものなのだ）。こうしてやまと新聞「百物語」に於いては、プロ、セミプロ、アマチュアの垣根を越えた競作が実現することになった。それは共同体文芸である「怪談」の魔力が、近代大衆文芸の振興に一役買ったモメントでもあった。

（近藤「『百物語』の成立―『百物語』を巡る人々」、『幕末明治百物語』解題）

私はここでプロ、セミプロ、素人の共作について述べているが、例えば『百物語』単行本巻頭第一席を語るのは怪談会の催主採菊であるが、掉尾を飾る第三十四席の語り手は「花の家小蝶」と名乗る人物である。「花の家小蝶」は新聞掲載稿には「よし町　平床」と署名しており、文人でも芸人でもない、芳町理髪店「平床《へいどこ》」店主篠原炳徳であることがわかる（竹内蔵之助「花暖簾へい床二代」、『理容展望』「ふるさと「理容」紀行　余録」、一九九〇年三月）。第三十四席は、化かそうとした狸を人間が返り討ちに（狸汁に）した話で、最終話に相応しい、魔を退ける笑話であったと一応は言えるだろう。しかし同種のオチのある笑話は他にもあるし、円朝や松林伯円らを差し置いて、平床がトリに選ばれた事情については不明と言うほかない。特段の理由はなかったかもしれないが、単行本の掲載順は新聞連載時の順番とは大きく異なっており、この人物を巻末に置いたことにはそれなりのリスペクトがあったと見る方が自然だろう。

坂口茂樹著『日本の理髪風俗』（雄山閣出版、一九七二年）には、草創期の東京の理髪業界に名を残す店として、「日本橋芳町一一　篠原平次郎（平床二代定吉）」を掲載する。ここに見える「定吉」は、明治三十年にへい床へ養子に入った二代目の本名であるが（「花暖簾へい床二代」）、「平次郎」は初代の俗称を継いだものと思しい。その裏付けになる記述が、二代へい床の弟子であった梅津正の談話に見える。梅津はやはり理髪師だった自分の父を回想して、「おやじは明治十七年に上京し、当時、東京の有名店として「東京流行細見」にも掲載された二十二店の一つ、日本橋芳町の篠原平次郎師匠経営の「へい床」に弟子入りしたわけです」（傍点は近藤）と述べており（竹内蔵之助「へい床・その弟子」、『理容展望』「ふるさと「理容」紀行　新潟県」、一九九三年六月）、この時のへい床は初代であるから、初代へい床は「平次郎」を称していたことがわかる。第三十四席で、へい床が仲間うちで「平さん」と呼ばれていることも傍証の一つになるだろう。

ところで、『百物語』には「東水楼主人」という麻布の理髪店店主からの投稿も掲載されている。ここに、「理髪師」と怪談との縁故を考えて見たくなるわけだが、『幕末百話』、『明治百話』等の実話収集本の著者篠田鉱造は、十七歳の春、牛込の理髪床「賢七床」に寄宿していた時の体験を、次のように綴っている。

「壁一重隣の理髪場から、問わず語りの世間咄、浮世話は、遠慮会釈なく鋏の音チョキ〳〵の間を漏れて来ました。（略）いつか両の耳は、猿の腰掛の如くに開いて、理髪場の世間話、浮き夜話に喰い入ってしまい、糟も残さず聞き惚れてる有様でした。浮世床のピン〳〵した活きた話、イキのいいナマの話、名づけて『実話』という興味が、この時から忘れんとしても忘れられず、深くも私の鼓膜に、こびりついてしまったのでありました」（「私の実話主義」『明治百話』四条書房、一九三一年）。

このように理髪店は世間話が楽しまれ、情報が交換される市井のはなしの会所、情報拠点であり、篠田の実話主義もここに育まれたわけである。「床屋で祭礼の下相談や地主への割当、衛生から便所掃除の高い安い、どこの女房はどうで、あそこへ来た嫁はこうだといって騒ぐ。その合槌が床屋の主人で、御飯の焦げたのや、沢庵の味まで知り抜いている」（「銭湯と床屋」、篠田前掲書）といった具合であり、はなし上手、聞き上手な理髪師ほど町内の事情通であったろう。かく考えれば、実話怪談の語り手として理髪師の名が浮上してくることも不思議ではあるまい。

【六】……細木香以と百物語

扶桑堂版『百物語』第二十六席に「山城川岸の津藤」の名が見えるが、二代津藤（津国屋藤次郎。姓は細木《さいき》。俳名香以《こうい》）のことは、鴎外の史伝（「細木香以」）等でよく知られていよう。幕末の江戸で「今紀文」と称された富商であり、『百物語』の編者採菊とは交遊が深かった（鏑木清方『こしかたの記』「円朝と野州に旅をした話」）。『百物語』第九席および二十六席の語り手である金屋竺仙（呉服商金屋仙之助）も香以の知友だが、竺仙編の俳書『恩』には香以の伝があり、香以が描いた「死に神」の画の写しなども掲載される【注6】。『恩』によれば、この画は香以の俳諧の師であった其角堂永機が掛け軸にして所蔵していたが、表装には香以の（永機宛ての）手紙が使われていたという。その文面には、「扨先刻ぢく仙まゐり、諸君御作文御坐候幽霊弁三通拝見いたし、何れも甘舌を鳴らし驚入候。即案、何歟つまらぬ事ながら燈火にしたゝめ候まゝ、取あへずもたせ上候。如何御評可被下候。後会之御題定り次第、尚御きかせ可被下候」と見える。この「幽霊弁」の中身は不明だが、香以周辺の人々の怪異趣味をうかがわせる記事として注意される。

怪異趣味と言えば、香以は、妖怪絵本としてとりあげられることも多い『狂歌百物語』（嘉永六年〈一八五三〉刊。八編八冊。天明老人尽語楼撰・竜斎閑人正澄画図）にも関わりがある。本書は、鳥山石燕の『画図百鬼夜行』シリーズなどに見える妖怪、怪談の類を兼題に編まれた絵入狂歌集だが、香以は巻頭に「口上」を寄せており、「何の舎」の号で三首、「香以山人」の号で五首の入集が見られる。また、同年には香以山人撰・画による『斎諧記山海経』なる狂歌本も刊行された形跡があるが（菅竹浦『狂歌書目集成』臨川書店、一九七七年）、伝存不明である。

【七】……彫師山本信司

扶桑堂版『百物語』の挿絵に「山本刀」の印を記す『やまと新聞』の挿絵彫師山本について、復刻本『百物語』所載の拙稿では「山本栄三。または信司か」と、曖昧な記述になっていた（『原色浮世絵大百科事典』第三巻の記事に基づく。信司は栄三の義弟）。その後、この山本については、岩切信一郎氏の御研究がある由、延広真治氏より御教示いただいた。岩切氏の「明治期木版彫師考―初期から中期、木村徳太郎を中心に」（『近代画説』一三号、二〇〇四年）によれば、この彫師山本は「山本信司」と確定され、「野口円活と共に、芳年の錦絵や挿絵制作に欠かせない彫師の双璧」であったという。『東京買物独案内』（明治二十三年刊）には、「木版彫刻処」とし、「悌興堂山本信司」、「京橋区南鍋町二丁目」とあるという。岩切氏、延広氏の学恩によって、右の通り拙稿を補正できることは感謝に堪えない。

【八】……怪を語れば怪至る――百物語の現場性

百物語にまつわる「屏風のぞき」の怪談が、『俗怪妖霊穂志《ぞっかいようれいぼし》』と『近代東怪談《きんだいあずまかいだん》』に見えている。いずれも写本でしか伝わらない近世中・後期の怪談集である。

『俗怪妖霊穂志』（艸窓妙宇《みょうう》著・宝暦十二年〈一七六二〉成・大洲市立図書館矢野玄道文庫蔵。孤本）「百物語の化怪」では、ある雨の日に退屈しのぎに集まった十三、四人の者たちが、夜通し百物語をやることになる。ふつうのやり方ではつまらないと、人々の周りに丈六尺ほど（約一・八メートル）の六枚屏風を立て、座の中央に据えた行灯に灯心百筋を灯し、「化物語種々さまざま」を語っていった。夜の八つ時（午前二時頃）を過ぎた頃、その家の下女から「御夜食を上ませふ」と声がかかり、その女の頭が屏風の上から、ぬっと出た。一座の男の一人が、この家の下女は小柄であったはずだと言ったのをきっかけに、一同ぞっとなって逃げ出した。とかくこのようなこと（百物語）はしない方がよい、という話である。

『近代東怪談』は『澁谷近世』一七号（二〇一一年三月）に、岡田哲による東京都立中央図書館特別文庫東京誌料蔵本の翻刻が備わるが、同本は三話のみの抄出本である。国会図書館蔵本（白眼山人《はくがんさんじん》和光《わこう》著。寛政五年〈一七九三〉序・文政八年〈一八二五〉写。「近代東怪録」の書名で登録されるが「談」が正しい）は、東京誌料本の三話に別の三話を加えた全六話で、口絵を備える。国会本に見える「番町の百物語怪異の事」は、番町辺の市依重兵衛という旗本の話である。重兵衛の屋敷に仲間衆が集まり、酒を飲みながら話をするうち夜更けにおよび、百物語を始める。話が進んで灯心も残り二筋という時、「あたりはしん〳〵としてものすごく、今や此とふしんをけすものあらんとかたずをのんでうしろを見れば、まわりにたてし屏風のうへより、三尺ほど見こして、さもおそろしき大の女の色青ざめたるが、かねくろ〴〵とつけて大ひなる銚子をひつさげ、にこ〳〵とわらひしは、まことにきもたましひもきへうせけるかと、ふた目と見ずしてうつむけば、座中大ひにさわぎけり」。夜が明けて後、人々がこの件を話していると、この家の腰元が言うには、先に自分が酒を運んだ時、なぜかいつもは背伸びしても手の届かない屏風のてっぺんが、腰あたりにあるかのように中を覗きこめたと。語り手は「愚案《あんず》るに、妖は陰気なり。逢魔時《おうまがどき》より百魅の生ずる事は、皆人の知る処也。それに妖のあつまることをなせば、そのしるしはあるべきはづならん」と、これも百物語の怪異を事実と認めて話を結んでいる。

横井也有《よこいやゆう》の「百話亭辞《ひゃくわていのじ》」（天明八年〈一七八八〉刊『鶉衣《うずらごろも》』後編）にも、「俳諧の夜会ありて、其句数百に満る比ほひ、勝手口の屏風の上より、女の首ばかり忽然と見えて失せたるは、夜食の時分を窺ふならん」などとあるから、「屏風の上から覗く女」の話は、百物語にまつわる怪談としてそれなりに流布していたものかもしれない。この話が面白いのは、怪異談として微妙なラインに踏み止まっている点であろう。現象としては「怪異」であるが、女の正体が化物や幽霊というわけではない。

例えば、百物語とは無関係だが、鳥山石燕の『今昔百鬼拾遺』（安永十年〈一七八一〉刊）下之巻にも「屏風闚《びょうぶのぞき》」の妖怪図があり、図様と詞書から、かつて愛し合ったカップルの女が、他の女と寝る男を恨みながら覗く画と解される。また、僧が寺で博奕をしている時に屏風の上から女の首が覗くが、それは僧と関係を持つ娘で、ちょうどその時刻に亡くなっていたという伝承などもあり（土井卓治「妖怪二題」『岡山民俗』一一号、一九五四年七月）、これも僧と女に因縁があるという点では、石燕「屏風闚」に類する。これらは怪談としてはむしろスタンダードな「執着談」に分類されようが、『俗怪妖霊穂志』『近代東怪談』の話例は、怪異の目撃者と女の間に因縁が存在しない。深読みするならば、目撃者の勘違い（誤認）や女のイタズラとも解し得る。

随筆や実話系の怪談集の類で、百物語の果てに起こるのは、こうした曖昧な現象である事が多い。一方、創作性の高い草双紙などでは、百物語によって化物が大胆に登場する。『妖怪仕内評判記《ばけものしうちひょうばんき》』（安永六年〈一七七七〉刊）には、「大の毛足」なる化物を説明して、「大の毛足とて、百物語などする夜、話の数は九十に及ぶときは、一座の人、心そろ〳〵身の毛よだちて「化物は今か〳〵」とこぞるとき、天井よりぬつと足を出すといへり」などとあるが、これなどは百物語の怪異、妖怪のきわめて通俗的なイメージだろう。実際の百物語怪談会においてこんな事はまず起こり得ない。『黒甜瑣語《こくてんさご》』（四編一巻「横城直衛」）、『怪談はらつづみ』（巻第四「百物語もおすにおされず」）、『聖城怪談録《せいじょうかいだんろく》』（跋）など、百物語を扱う実話系怪談の結末には、何か起こったかに見えても「正体見たり枯尾花《かれおばな》」のオチのつく話例も多い。

常識的な読者は、それが当たり前だと思うかもしれない。では、現実に百物語怪談会を催してもドッチラケに終わるだけかと言えば、あながちそうとも言い切れないのだ。「怪異」が起こるかどうかは、結局はそれを認識する側の問題だからである。

例えば、やはり写本で伝わる因州の世間咄集『因幡怪談集《いなばかいだんしゅう》』には、山根伝九郎という武士宅で百物語をしたところ、翌朝さまざまな手道具、調度類が裏庭に積まれていた、という話が見える（「山根氏家にて百物語を興行する事」）。スーパーナチュラルな現象が起こったわけではなく、「盗人のわざなるべし」（本文）という解釈も成り立ちうるわけだが、とにもかくにも「是百物語の印《しるし》なり」という解釈で結着している。このように怪異（非合理）とまでは言い切れないような事象でも、百物語の効果で下駄を履かせられるのであり、あるいは尾鰭《おひれ》が付いて怪談化するケースもあるだろう。

暗がりの中、怪異談が繰り返されて行く百物語の座は、一種陶酔的、催眠的な効果を伴い、それは怪異体験を人工的に作り出す仕組みとも言える。正式に「百」話を語るとなれば、実際に夜を徹するくらいの時間を要する。当然参会者は眠気と疲労で困憊《こんぱい》するし、そこに酒が加わる事もある。「酒肴取ちらして、あはれ喰ながら二つ三つ語り出して謂続くるに、いつとなく灯火の隈《くま》徐々と物すごく、砌《みぎり》の滝音、松の声耳にたつ様におぼえければ（略）残る二筋三筋の光り、灯心而已《のみ》か、心幽に夜半鐘くはり、横打雨のはら〳〵に、はつといはねど底意には俄に秋の身に入てや〻寒うなる折節」（元文元年〈一七三六〉序『窓外不出集《そうがいふしゅっしゅう》』中巻「百物語」）。かかる描写にも、座の異様な雰囲気が次第に高まり、参加者の精神状態の不安定になっていく様子がうかがわれよう。前述した「枯尾花」の話例も、百物語の場の錯覚や誤認を促す効果を裏付けるが、猿沢の池の竜が昇天したことを思えば（芥川龍之介「竜」）、「誤認」や「幻覚」といった理解は浅薄であるかもしれない。「百物語本」と「怪談書」を区別する必要はあまりないが、百物語の催し――その俗信が近世を通じて次第に衰退し、遊戯化して行った事は確かであるとしても――を単なる怪談会と侮《あなど》ってはいけない。

【注】

1 唐代伝奇『竜城録』の「鬼を語れば怪至る」などがよく引かれる。

2 『黒甜瑣語』秋田県立図書館蔵の写本（二十冊本。資料番号一一二四八八九四五）による。句読点は私に補った。

3 折口信夫「お伽及び咄」（中公文庫『折口信夫全集』十巻所収）。

4 野村純一『昔話の森』「「百物語」の位置」（大修館、一九九八年）。

5 儒家にも「至陰為陽、下人為上」（『漢書五行志』下之上）、すなわちリミットを超えると逆転するというロジックが見られる。

6 『恩』については、以下の研究が備わる。伊藤一郎・早乙女牧人・堀敬雅「橋本素行（笠仙）編『恩』翻刻（一）および解題」（『古典文学注釈と批評』二号〈二〇〇五年一二月〉）。伊藤一郎・早乙女牧人・北島瑞穂「橋本素行（笠仙）編『恩』翻刻（二）」（『古典文学注釈と批評』一二号〈二〇〇七年三月〉）。伊藤一郎・早乙女牧人「橋本素行（笠仙）編『恩』翻刻（三）」（『東海大学日本語・日本文学研究と注釈』一号〈二〇一〇年一二月〉）。

第三部

妖怪絵本と黄表紙怪談集

一章
近世妖怪画の技法
「見えない世界」をいかに描くか

はじめに

近世は、限られた範囲で継承されてきた知識や情報が、出版文化によって公に普及していく時代である。写本で伝えられてきた古典テキストの板本化が進み、学問・芸道などで秘伝・秘説として扱われてきた内容までもが、時には刊行されて巷間に出回るようになった。絵画の世界では画譜《がふ》・絵手本《えでほん》類の刊行も盛んになり、その編者として知られる橘守国《たちばなもりくに》には、狩野派の粉本を公刊したせいで師家と絶交した（または絶交したので、手本類の公刊に踏み切った）との説も伝わる。これは俗説として一応却けられているが【注1】、粉本主義とも評される狩野派において手本類が貴重に扱われてきたことは疑いない。その狩野派に伝わる妖怪画巻（『画図百鬼夜行』自跋に言う「元信の百鬼夜行」）を、妖怪画集という形で公刊したのが、町狩野の絵師鳥山石燕《とりやませきえん》の『画図百鬼夜行』（安永五年〈一七七六〉刊）であった。これを契機として、狩野派に伝えられてきた妖怪たちは野に解き放たれることとなり、以後の妖怪画は、石燕による妖怪の名付け、イメージに大きく影響されることとなった。

しかるに、妖怪という本質的に形のない、あるいは見えないモノを描き、カタログ化するということは、それを「名」と「形」の牢獄に閉じ込めることでもある。特に板本絵画の場合、その画は量産され、画一的な妖怪イメージを普及、定着させていくことになるのであり、それは水木しげるを始めとする多くの妖怪作家の仕事を介して、今日まで続いている。これは本来秩序の制外の力たる「妖怪」にとっては甚だ不本意な事態であったかもしれない。

だが、形無きものをあえて表現せんとするのも芸術家の性《さが》であり、そのための近世の妖怪作家・画家たちの工夫努力は、正しく鑑賞、評価されるべきであろう。以下、鳥山石燕の作品を中心に、近世の妖怪画、怪異画の表現技法――「見えない」ものを描くための表現上の屈折――について、四つの観点に即して述べてみたい。時代もジャンルも混在した蕪雑な論述ではあるが、緩やかに捉えることで繋がる文脈もあろうかと思う。

【一】……おぼろに描く

鳥山石燕の妖怪絵本四部作――『画図百鬼夜行』、『今昔画図続百鬼』（安永八年〈一七七九〉刊）、『今昔百鬼拾遺』（安永十年〈一七八一〉刊）、『画図百器徒然袋《つれづれぶくろ》』（天明四年〈一七八四〉刊）――はあまりにも有名であり、これらを世に出したことによって、今日石燕は本邦妖怪画家の祖と目されていると言っても過言ではなかろう。石燕の板本絵画の表現力のベースには、確かな木版画の技能があった。『武江年表』安永三年（一七七四）甲午の項に、石燕の画集『鳥山彦』（安永三年刊）を評して、「フキボカシの彩色摺を工夫せしは此の本を始めとする由、安間貞翁の話也」とあるように、同作は木版ぼかし技法を用いた彩色摺り絵本のごく初期の事例であり、かつそこにはから摺りやきめ出しなどの技術も駆使されている【注2】。妖怪四部作は彩色摺りではないが、薄墨が多用されており、一例を挙げれば、

図１　『画図百鬼夜行』前篇「死霊」

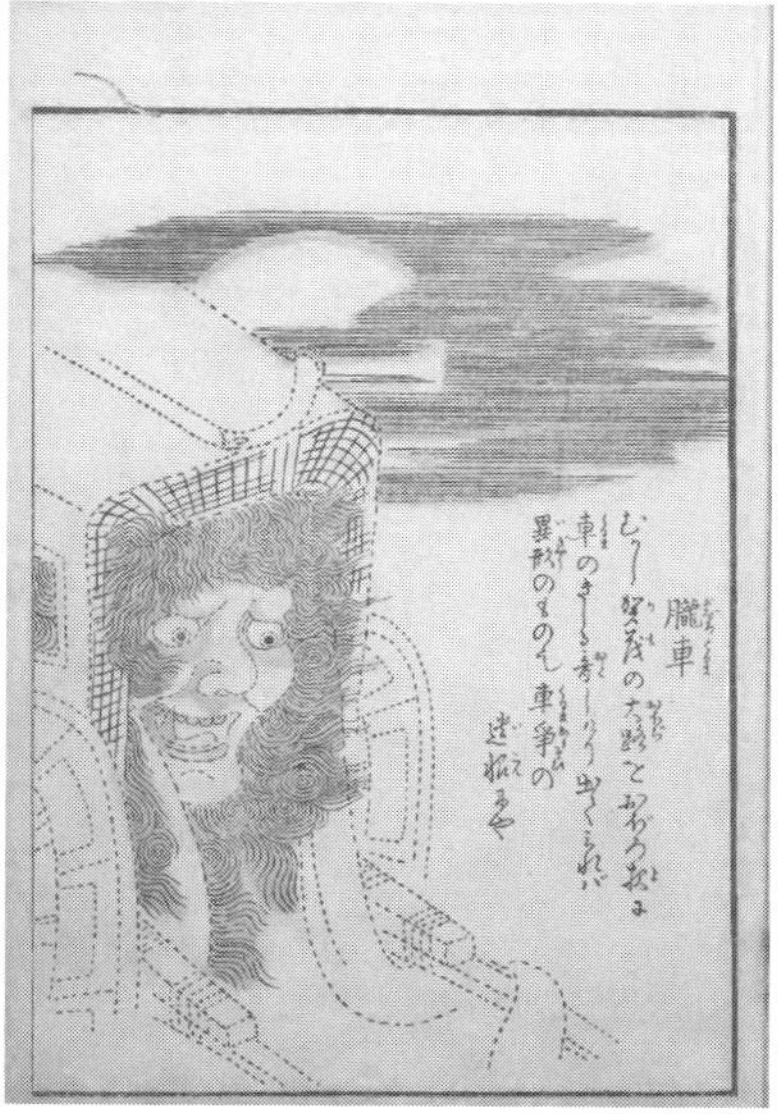

図２　『今昔百鬼拾遺』中之巻「朧車」

『画図百鬼夜行』前篇「死霊《しれう》」［図1］は、死霊の体を薄墨で摺りだしてこの世のモノではないことを表す。木版画ならではの重ね摺りの技法が、世界の二重性、すなわち見える世界（濃墨）と見えない世界（薄墨）の重なりを表現する上で効果を上げていることは疑いない。かかる薄墨による異次元的表現は、読本や合巻といったその後の板本怪談書や怪異画の摺り物では定番的に用いられて行く。『画図百鬼夜行』はその先駆的作品として位置づけられよう。

また石燕は、『今昔百鬼拾遺』中之巻「朧車《おぼろぐるま》」［図2］や『通俗画図勢勇談《つうぞくがずせいゆうだん》』下巻「円通頭像奉手揚柳」では、異次元の存在を「点線」で描くといういささか漫画チックなこともやっている。「朧車」は、東京国立博物館蔵「百鬼夜行図」（非真珠庵系の百鬼夜行図）などの絵巻の妖怪画に見える牛車の妖怪の画に『源氏物語』「葵」の「車争い」の話を擦り合わせたものと思しく、詞書きには「むかし賀茂の大路をおぼろ夜に車のきしる音しけり。出てみれば異形のもの也。車争の遺恨にや」とある。「おぼろ」とは、月が雲や霞にさえぎられて「ぼんやりしているさま」というのが原義。「朧車」は、おぼろ夜（朧月夜）の車ということかもしれぬが、妖怪自体も点線で描かれるように「おぼろ」な存在と言えるだろう。それは「ない」のでも「ある」のでもなく、「何かはあるのだが、はっきりしない」という感覚であり、これが妖怪の本質的な存在感にほかならない。そのような「おぼろ」なものを感じる感性こそが、怪異を見、描くことを可能にするものだろう。

【二】……間接的に描く

対象（妖怪）との間に、一枚媒体を挟むことでその不可視性を表現する方法がある。例えば、石燕の画に「否哉《いやや》」（『今昔百鬼拾遺』下之巻）という妖怪画がある［図3］。一見すると、川べりに立つ美女の後ろ姿。ところが川面には髭を生やした男の顔が映っているという、嫌がらせのような妖怪。この場合、媒体は「川面」で、そこに「映る」醜男こそが妖怪の正体。人は直接的視線ではこの正体を見ることができないわけで、言い換えれば屈折した視覚を作り出すツール（鏡や障子といった映るものや遮るものなど）によって、妖怪の存在感（異次元性）を表現している。石燕の妖怪画には、『今昔画図続百鬼』巻之下「大禿《おほかぶろ》」（「慈童」の画が粉本）、『今昔百鬼拾遺』下之巻「滝霊王《たきれいわう》」（「滝不動」が粉本）のように、絵手本（粉本画集）などにある画の構図、イメージから着想しているものがあるが（本書三部五章四節参照）、「否哉」もその類に当たるのではないか。浮世絵美人画には女性が鏡を用いて身支度や化粧をする場面を描く構図がよく見られる。石燕の弟子であり、美人画の第一人者たる喜多川歌麿の作にも多い（蔦屋版大判錦絵「姿見七人化粧」など）。これは、美人の後ろ姿と鏡面に映った顔面の双方を賞翫できる趣向で、歌川豊広の「鏡台秋月」（大判錦絵。図4）のように立ち姿のものもある。「否哉」はこの種の美人画のパロディと見てよいと思う。なお、曲亭馬琴の『椿説弓張月《ちんせつゆみはりづき》』（文化四〈一八〇七〉～八年刊）の口絵には、文机にもたれて座る崇徳院《すとくいん》の後ろ姿で、壁に吊られた鏡に映る顔（薄墨で摺り出されている）が天狗になっている一枚がある。鏡には本性、本体を映し出す効力が信

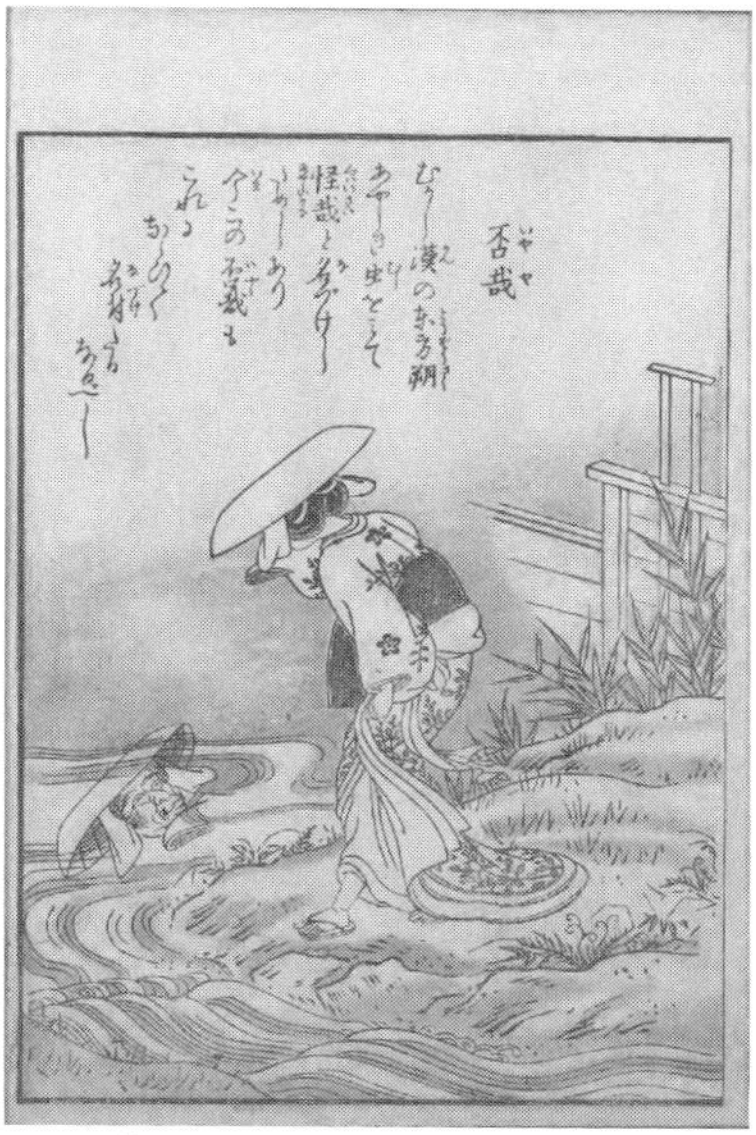
図３　『今昔百鬼拾遺』下之巻「否哉」

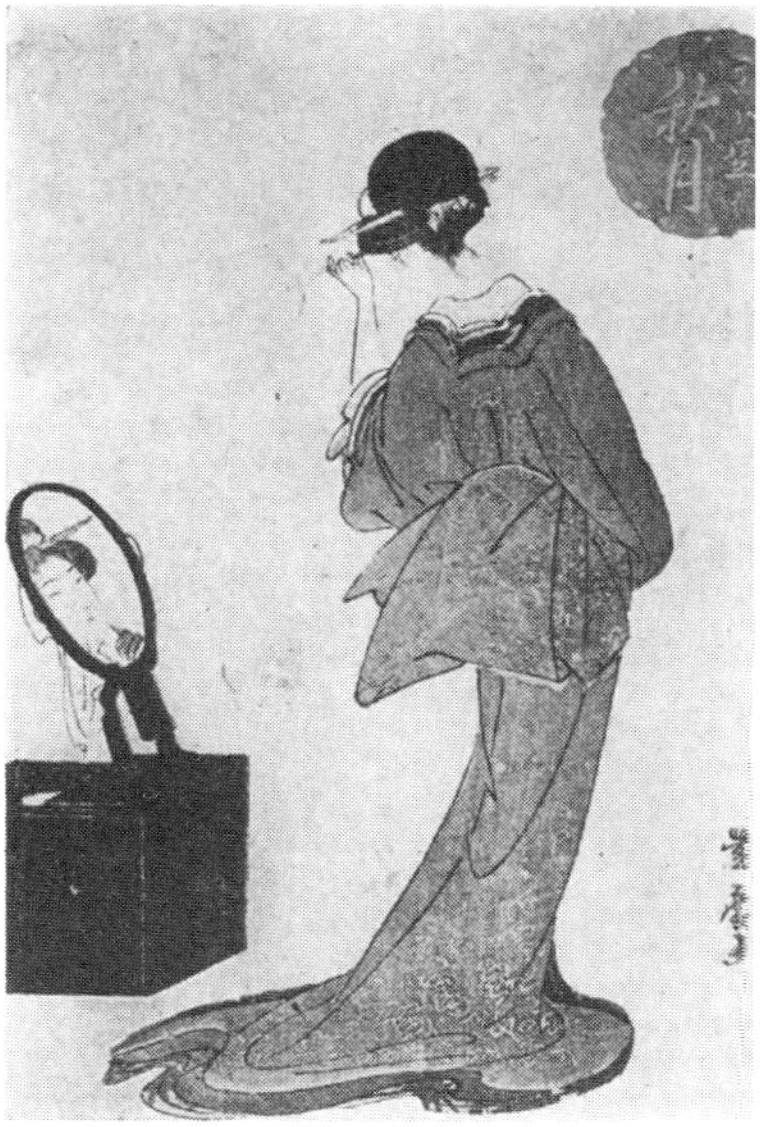
図４　「鏡台秋月」

ぜられたことから、外見（見える物）と内面（見えない物）という登場人物の二重性が表現されている。「否哉」も、化粧で化けても女の本性は水面の姿の如し、というアイロニーであろうか。石燕は弟子の歌麿と違って、浮世絵の摺り物を作らない人であるが、四部作に限っても、美人画風になってもよいはずの「人魚」、「返魂香《はんごんこう》」、「雪女」、「紅葉狩」など、わざとやっているとしか思えないほど美人を描いていない。「否哉」には、石燕の浮世絵美人画への揶揄が込められているだろうか（なお『今昔画図続百鬼』巻之中「青女房」の絵も同趣）。

もう一つ。障子の影などに正体が映る、というのも怪談物によく見られる間接的表現である。歌舞伎では南北の『独道中五十三駅《ひとりたびごじゅうさんつぎ》』（文政十年〈一八二七〉初演）などの化け猫芝居で、油をなめる老婆の姿が猫となって行灯に映る場面などがよく知られていよう。石燕にも「影女《かげおんな》」（『今昔百鬼拾遺』上之巻）の絵があるが、小説では、例えば読本『葦牙草紙《あしかびそうし》』（文化七年〈一八一〇〉刊。鉄格子波丸作。石田玉峯画）巻五第二十八回の、八重吹姫を恋人に化けてたぶらかす霊狐の影が障子に映る場面（およびその挿絵）などが挙げられる。これは、絵画上の表現と言うよ

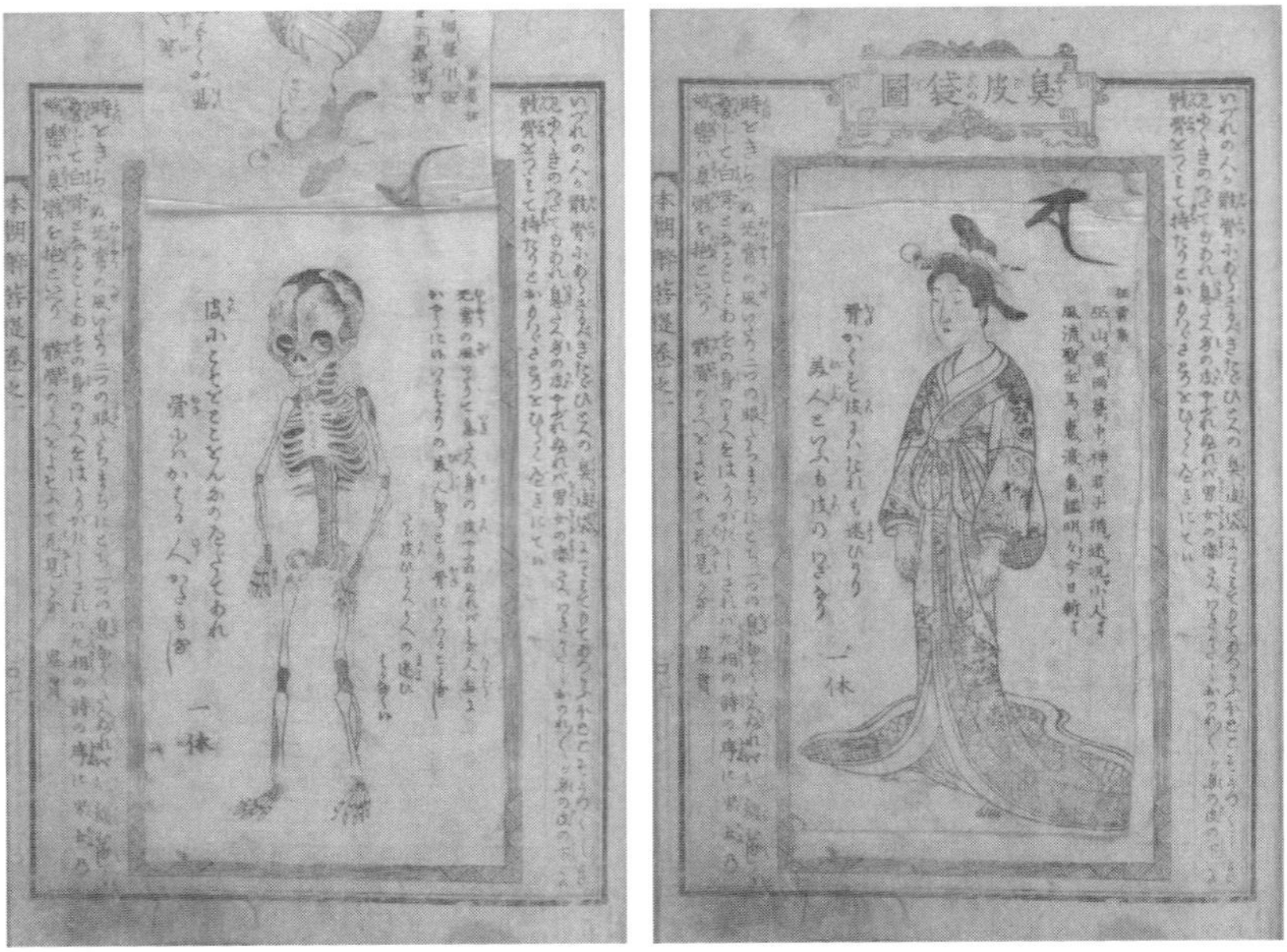

図５　『本朝酔菩提全伝』口絵「臭皮袋図」

りも、むしろ物語上の趣向とみるべきかもしれないが、イメージから物語が発想される場合もある。

【三】……二次元を越える

山東京伝は板本の様式を怪異表現に効果的に利用しつつ、時にその様式の制約にもチャレンジしてきた作者であった。例えば、よく引かれる箇所ではあるが、京伝の『浮牡丹全伝《うきぼたんぜんでん》』（文化六年〈一八〇九〉刊。歌川豊広画）巻之二第三回「辟邪鈕號」の挿絵。瑶島礒之丞《たましまいそのじょう》が、館で美女に歓待される図（礒之丞に見える幻影的光景）と、礒之丞が荒れ果てた屋敷で骸骨に歓待される図（礒之丞の家僕弓助に見える現実の光景）の、同一構図の二枚を連続頁に配置した趣向で、「幻景から実景へ、一丁めくることで同じ景色が変化して現れる」【注3】。妖怪に魅入られた人間の見る「幻景」を浮上させるこの仕掛けは、怪異画の表現として秀逸である。「仕掛け絵」ということでは、京伝の『本朝酔菩提全伝《ほんちょうすいぼだいぜんでん》』（文化六年〈一八〇九〉刊。一陽斎豊国画）の口絵にある「臭皮袋図」もよく知られている［図5］。美女の絵に一休の「骨かくす皮にはたれも迷ひけり美人といふも皮のわざなり」の歌の添えられた紙が貼られており、これをめくると「皮こそをとこをんなのへだてあれ骨にはかはる人かたもなし」の歌と骸骨の図があらわれる（ちなみに、この骸骨の図のソースが、あの『解体新書』（安永三年〈一七七四〉刊）「妊娠篇図」の骨格図であるというのも京伝らしい）。このような二次元の枠組を越えた意匠は、世界の多面的、複層的なありようを示すものであり、「見えている現実」に揺さぶりを掛ける幻想文学の方法として画期的なものであったと言えよう。

はなしは肉筆画へとうつるが、フレームをはみ出すと言うことでは、掛け軸の幽霊画にしばしば見られる描き表装（描表具）という趣向が想起される。描き表装とは、掛け軸の絵の、外周の裂地の部分を絵で描いてしまう表装であり、表装（実）の一部を絵（虚）に入り込ませたり、逆に絵の一部を表装にはみ出させたりすることで、「虚」「実」の混乱を生じさせる視覚トリックである。これが特に、「非現実」の存在たる幽霊の画には格好の趣向であったことについては、榊原悟『日本絵画の遊び』に論究があるが【注4】、図6は同書の口絵にも紹介される河鍋暁斎筆、絵から抜け出して見える「幽霊図」（明治十六年成）。かかる趣向の背景には、幽霊が絵から抜け出す類の怪談、幻

図6　ライデン国立民族博物館蔵「幽霊図」

想も存在した（落語「応挙の幽霊」など）。非現実が現実を侵犯し、「作品」と「鑑賞者」というスタティックな関係性を相対化する——そんなインパクトをもった絵画であると言えよう。もっとも、この手の幽霊掛け軸は、描き表装でないものも同じような鑑賞のされ方をした面があったのではないか。今橋理子は久渡寺蔵の「円山応挙の幽霊図」が「反魂香之図」と呼ばれていたことに着目し、これが床の間に飾られる際に、香炉を前に置くことで、反魂香の煙より現る幽霊に見えるべく作られた画ではないかとの説を唱えている。「座敷に座った鑑賞者は、香炉の煙越しにこの画を眺めることで、あたかも現実に、死者の霊が立ち現れたかのような凄みと錯覚を堪能したのである」【注5】。慧眼であると思うが、そもそも掛け物の幽霊画は板本や一枚刷などに比べてサイズが大きく、肉筆ならではのアウラ、臨場感もあり、怖いものが多い。つまり、幽霊掛け軸には本来、人が日常的には見ることのない「幽霊」を擬似体験させる装置としての側面が備わるのではないかと思う。

【四】……描かずに描く

「留守模様」という絵画の技法がある。ある物語について、主人公を描かずにその持ち物や脇役などを描き込むことで、主題を暗示する方法である。例えば、白隠《はくいん》の禅画「唐臼図」（龍雲寺コレクション蔵）には唐臼だけが描かれている。しかしこれは六祖《ろくそ》（慧能《えのう》禅師）が寺男だった時に、米つき小屋で唐臼を踏んでいたという故事に基づく画であり、主題の「六祖」は画中に留守ということで「留守模様」と呼ばれる由縁である。白隠の画には同趣のものが散見するが、禅画の遊戯性は石燕妖怪画のそれに一脈通ずるところがあるようにも思われる。例えば、『今昔百鬼拾遺』中之巻「あやかし」［図7］は、留守模様に似た技法が採られているのではないか。すなわち海蛇風の珍獣（伝承的妖怪）をモチーフとしながらも、そこには古典の『船弁慶』（謡曲）などで知られた平知盛の怨霊（「船

図７　『今昔百鬼拾遺』中之巻「あやかし」

図８　『復讐奇談安積沼』巻四挿絵

弁慶」は、義経一行が海上で知盛の怨霊に襲われる話。近世では浄瑠璃『義経千本桜』〈延享四年（一七四七）初演〉二段目の影響力も大きかったと思われる）のイメージがオーバーラップしてくる。それはこの絵の詞書に見える「西海」や「あやかしのつきたる也」（「船弁慶」の船頭の台詞に「あやかしのつきたるなり」と見える）などの文言から、また船上に置かれた「碇《いかり》」（「碇知盛」）の絵からの暗示によるものである【注6】。

画の話から少し脱線するが、描かないことによる表現ということで思い出される怪異文学と言えば、なんと言っても上田秋成の読本『雨月物語』（安永五年〈一七七六〉刊）巻三「吉備津の釜」だろう。四十二日間の物忌みの最終日、妻磯良の怨霊に襲われた夫正太郎の最期。軒先にかかるひと房の髻《もとどり》のみを描き、正太郎の消息を消し去ったそのクライマックスはあまりに有名である。残されたわずかな痕跡（髻）が、そこで起こったであろう恐るべき惨事について、読者の想像力を無限大に刺激する。怪異を表現する上で、読者の想像力に委ねる方法の効果を知らしめた下りであるが、これを剽窃しながらむしろ真逆の行き方をしたのが山東京伝である。京伝は読本『復讐奇談安積沼《あさかぬま》』（享和三年〈一八〇三〉刊。北尾重政画）巻四第八条の、小平次の怨霊にお塚が連れ去られる場面で、「吉備津の釜」のこの下りをほぼ丸取りしながら、あらずもがなのイメージカット（屋根の上で小平次がお塚の首に食いついている挿絵。図8）を添え、山口剛に「愚や及び難い」（日本名著全集『怪談名作集』解説）と酷評されたのだった。視覚的効果に秀でた京伝の資質が裏目に出てしまったケースと言えようか。この挿絵は初刷本では三度刷りで血潮の色まで付いていたというが、読本も後期になると、かかるスプラッタで刺激的な表現が嗜好される時代の風もあったのである。

おわりに

右の『安積沼』の挿絵にも表れているように、また尾崎久彌の『大江戸怪奇画帖―完本・奇草双紙画譜』（国書刊行会、二〇〇一年）などをみてもわかることだが、近世後期の読本や草双紙の怪異表現には、残虐醜悪な描写、挿絵をエスカレートさせていく傾向が看て取れる。かかる風潮は文化四年には絵入読本改掛肝煎名主の検閲において問題とされ、文化五年には町奉行所の方針として、奇病、水腐の死骸、飛び回る首、異鳥異獣等を「不宜《よろしからず》」とする、書物の内容をかなり具体的に規制した「合巻作風心得之事」が地本問屋へ通達されるに至っている【注7】。読者の生理感覚を直截的に刺激するやり方は、怪異文芸のやや安直な路線と言えるかもしれない。しかし読本、草双紙も含めて、近世の怪異画、妖怪画の表現がいたずらにグロテスクなだけのものではなく、そこには見えない世界を捉えるセンスと、表現するためのさまざまなアイディアがあったことは、本章を通じておわかりいただけたのではないだろうか。

【注】

1　浅野秀剛「橘守国とその門流（中）」（『浮世絵芸術』八三、一九八五年三月）。
2　ジュリー・デイヴィス「浮世絵の共同作業と師弟―鳥山石燕と喜多川歌麿」（『浮世絵芸術』一六八、二〇一四年七月）。
3　佐藤至子『山東京伝』第六章２（ミネルヴァ書房、二〇〇九年）。
4　榊原悟『日本絵画のあそび』Ⅱ「「虚」と「実」のはざま」（岩波書店、一九九八年）。
5　今橋理子「幽霊画の言説、そして応挙」（『江戸の動物画　近世美術と文化の考古学』東京大学出版会、二〇〇四年）。
6　「あやかし」の趣向については、本書三部四章を参照のこと。
7　佐藤悟「合巻の検閲」（『江戸文学』一六、一九九六年一〇月）。

【挿図出典・所蔵】

図1　田中直日氏所蔵本（高田衛監修、稲田篤信・田中直日編『鳥山石燕　画図百鬼夜行』（国書刊行会、一九九二年）より転載）。

図2・3・7　スミソニアン図書館・文書館蔵本。

図4　『浮世絵大成』巻六（東方書院、一九三一年）より転載。

図5　国文学研究資料館蔵本（クリエイティブ・コモンズ 表示 4.0ライセンス CC BY-SA）。

図6　ライデン国立民族博物館蔵（榊原悟『日本絵画の遊び』（岩波書店、一九九八年）より転載）。

図8　早稲田大学図書館蔵本。

二章

黄表紙怪談集の諸相

『御伽百物語』、『怪談夜行』、『勇士怪談話』、『怪談奇発情』

はじめに

江戸時代には、仮名草子、浮世草子、読本といった小説ジャンルを通じて、短編集形式の怪談物が作られているが、かたや黄表紙、合巻等の草双紙のジャンルにおいても、怪談説話とその一場面を描いた片面ないし見開き一面の図の組み合わせ（時代が下ると一話に二、三図を備えるものもある）を集成した怪談集が作られている。これら草双紙の怪談集は、仮名草子、浮世草子等の怪談物を素材源とし、それも複数の典拠から説話を取り合わせて利用した物が多い。これらは草双紙が怪異小説を素材に選んだものだが、見方を変えれば、怪異小説が「絵本」という視覚的な媒体へと踏み出したということでもある。「怪異」の表現方法として、視覚的な効果は絶大な物があり、それは怪異小説大衆化の新たな局面でもあった。

本章では、黄表紙の怪談集四作品（『御伽百物語』、『怪談夜行』、『勇士怪談話』、『怪談奇発情』）をとりあげ、典拠となった怪異小説を指摘しつつ、その絵本化の様相を見て行きたい。

【二】……『御伽百物語』と『諸国百物語』、『新説百物語』

『御伽百物語』（三巻三冊。十五丁）は、安永五年（一七七六）に江戸書肆伊勢屋幸七より出版された黄表紙である。序跋が無く、作者画工の署名もないが、画者は鳥居清経とする棚橋正博『黄表紙総覧　前編』（青裳堂書店、一九八六年）に従いたい。ちなみに、青木鷺水の浮世草子『御伽百物語』（宝永三年〈一七〇六〉刊）とはまったく無関係の作である。

さて、黄表紙『御伽百物語』は、巻頭に、四人の若者が会して百物語を始めるという発端を用意し、その百物語の中身として怪談十六篇を続け、巻末には、四人の若者のうち一人残った男が庭の敷石の下に金百分を掘り当ててめでたし、という結末をつけている。この発端と結びから成る一篇を併せた全十七篇の典拠について、次に一覧表で示す。「挿絵の類似」の項目に○とあるのは、典拠の当該説話に挿絵があり、本作の図案がそれを参考にしていると思しきものである。論理的には、典拠に挿絵があっても、まったく無関係の絵を描いている「×」もあり得るわけだが、本作についてはこれに該当する例がなかった。「ナシ」は典拠に挿絵のないものである。

丁数	典拠	挿絵の類似
上巻一丁表（発端）および下巻十五丁裏（結び）	『諸国百物語』巻之五　二十「百物がたりをして富貴になりたる事」	○
上巻一丁裏・二丁表	『諸国百物語』巻之三　三「大石又之丞地神の恵にあひし事」	○
上巻二丁裏・三丁表	『諸国百物語』巻之一　七「蓮台野二つ塚ばけ物の事」	○
上巻三丁裏・四丁表	『諸国百物語』巻之一　二「座頭旅にてばけ物にあひし事」	○

上巻四丁裏・五丁表	『諸国百物語』巻之五　十二「万吉太夫ばけ物の師匠になる事」	○
上巻五丁裏	不明	不明
中巻六丁表	『新説百物語』巻之二「僧人の妻を盗みし事」	ナシ
中巻六丁裏・七丁表	『新説百物語』巻之二「光顕といふ僧度々変化に逢ひし事」	○
中巻七丁裏・八丁表	『新説百物語』巻之二「脇の下に小紫といふ文字ありし事」	ナシ【注1】
中巻八丁裏・九丁表	『新説百物語』巻之三「深見幸之丞化物屋敷へ移る事」	○
中巻九丁裏・十丁表	『新説百物語』巻之四「疱瘡の神の事」	○
中巻十丁裏	『諸国百物語』巻之一　十九「会津須波の宮首番と云ふばけ物の事」	ナシ
下巻十一丁表	『諸国百物語』巻之二　三「越前の国府中ろくろくびの事」	○
下巻十一丁裏・十二丁表	『諸国百物語』巻之四　三「酒の威徳にてばけ物をたいらげたる事」	○
下巻十二丁裏・十三丁表	『諸国百物語』巻之四　十「浅間の社のばけ物の事」	○
下巻十三丁裏・十四丁表	『諸国百物語』巻之四　一「端井弥三郎幽霊を舟渡しせし事」	○
下巻十四丁裏・十五丁表	『諸国百物語』巻之四　九「遠江の国にて蛇人の妻をおかす事」	○

右表の通り、『御伽百物語』に収まる十七篇の説話のうち、十六篇の典拠が明らかになった。本作はほぼ、仮名草子『諸国百物語』（半紙本五巻五冊。全百話。延宝五年〈一六七七〉京都菊屋七郎兵衛刊）、読本『新説百物語』（高古堂主人作。半紙本五巻五冊。全五十二話。明和四年〈一七六七〉京都小幡宗左衛門刊）という二作の怪異小説集によって構成されていると言ってよい。すなわち、その上・下巻を『諸国百物語』の全巻、中巻を『新説百物語』の二、三、四巻および『諸国百物語』一巻の所収説話に依拠しているわけだが、その典拠の選択に取り立てて特徴的な方針などは伺われず、怪談として典型的な話柄が選ばれていると言える。

これらの典拠の利用方法は、ストーリーについては原話のダイジェストと言うべく、基本的には原話の筋を草双紙の紙幅に収まるよう略述するものであり、特筆すべき創意工夫は見られない。絵についても、典拠に挿絵のあ

図１　『御伽百物語』中巻十丁裏

図２　『諸国百物語』巻之四「端井弥三郎ゆうれいを舟渡しせし事」挿絵

る物については全て原画を参考にして描かれており、その意味でも原拠に大きく依存した作だと言える。ただし、例えば、『御伽百物語』中巻第六話（十丁裏）のように、原話に挿絵のないものを典拠として、これを絵画化しているケースもある［図1］。

図1は、同じ妖怪の出現が繰り返される「再度の怪」（柴田宵曲『妖異博物館』等）として知られる「首番《しゅのばん》」（「朱の盤」、「朱の盆」とも）の妖怪談を描いたものだが、妖怪出現場面のインパクトを視覚化（ヴイジュアライズ）し得ている好例として評価してよいと思う。「朱の盆」という妖怪は、昨今ではテレビアニメの『ゲゲゲの鬼太郎』のキャラクターとしてメジャー化したようだが、これを絵にしたものは、江戸時代の怪談・奇談書にも稀で【注2】、本図は「朱の盆」画の稀少な先蹤と言える。

また、服部幸雄のいわゆる「さかさまの幽霊」を舟渡しする話を描いた下巻第四話（十三丁裏・十四丁表）は、原拠の図案を参考にしてはいるが、画面を片面から見開き一面に拡大し、場面もやや異なる。原拠の挿絵［図2］は、船上に逆立ちした幽霊と櫓を漕ぐ主人公（端井弥三郎）の姿を描くが、『御伽百物語』は、時系列で言えばこの少し前の、船着き場で弥三郎が幽霊と出逢い、身構える場面を描いている［図3］。これは黒本などによくある、勇士の化物退治絵風の図案をとったのであろう。女幽霊は髪も逆立ち、恐ろしい表情を見せており、幽霊の描写としては格段に進歩している。

また、『御伽百物語』中巻第二話（六丁裏・七丁表）は、光顕という僧が女の幽霊に愛執からつきまとわれる話だが、これは『新説百物語』巻之二「光顕といふ僧度々変化に逢ひし事」を典拠とする。典拠の挿絵［図4］には、文机の前に座した僧光顕の背後の屏風の陰に、髪の長い女らしきものが描かれているが、実は本文中にこれに相当する物は登場しない。『御伽百物語』はこれをカットし、典拠の不具合を是正している［図5］。なお、いささか余談め

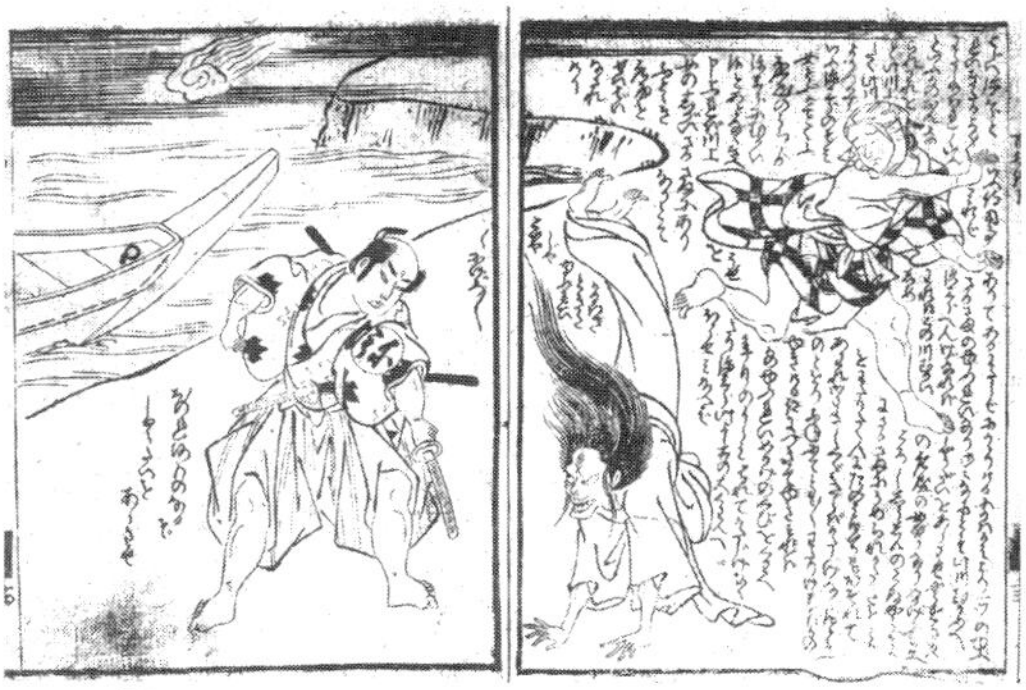
図3　『御伽百物語』下巻十三丁裏・十四丁表

図4　『新説百物語』巻之二「光顕といふ僧度々変化に逢ひし事」挿絵

図5　『御伽百物語』中巻六丁裏・七丁表

くが、典拠（図4）の女幽霊の裾が図5と異なり、輪郭線があり、足があるように見える点にご注目いただきたい。これは図5（『御伽百物語』）の画者が足を消したということではなく、典拠の別の伝本（『新説百物語』カリフォルニア大学バークレー校東亜図書館所蔵本）ではやはり輪郭線が無く、もともと足のない画がオリジナルであったことがわかる。では足があるように見える図4の底本（国会図書館蔵本）は異板かといえば、そうではなく、これは国会図書館蔵本の旧蔵者が、同図の紙面の摩耗を肉筆で補った時に、元画になかった線を足してしまったものなのである（ほかにも僧の顔、屏風の波頭の一部などにも筆が入っている【注3】）。足のない幽霊に足の生じた怪談であるが、板本にはしばしばこのようなことがあるので、注意を要する。

【二】……『怪談夜行』と『諸国百物語』、『怪談楸笊』、『怪談国土産』

1　『怪談夜行』の典拠と図案

『怪談夜行《やこう》』（三巻三冊十五丁）は安永七年（一七七八）、江戸の伊勢屋治助より板行された黄表紙である。作者、画工の署名はないが、画工については鳥居清長作とする棚橋正博の説に従う（『黄表紙総覧　前編』）。

本作の初板本は「国書データベース」にも登載されておらず、旧伊勢治版作品を合綴した半紙本型黄表紙集『絵本東土産《あずまみやげ》』初編（享和元年／京都銭屋長兵衛、江戸伊勢屋治助・蔦屋重三郎、大阪播磨屋五兵衛刊）第二冊での再板が残るばかりである。その内容は短編怪談十六条十六図を集めた物であり、最後の丁には講釈師の肖像を載せ、妖物とは人の心より生ずるもの云々といった教訓で締めくくる。

本書の序には、本書の成り立ちについて「昼の眠を覚さんと、いにしへ落散る反古を集て、いかめしく怪談夜行と題しおわんぬ」といった常套的な書き方がなされているが、実のところ本書の収録説話はすべて先行する怪異小説の流用であり、オリジナルの説話は一つもない。その十六話の典拠を一覧にしたのが次の表である。原話に挿絵があり、『怪談夜行』の絵がそれに類似している場合には、「挿絵の類似」の項目に○を、類似が認められない場合は×を記入し、原話に挿絵がない場合には「ナシ」と記入した。

『怪談夜行』典拠一覧表

『怪談夜行』	典拠	挿絵の類似
上巻第一話	『怪談楸笊』巻二「相州の山鬼」	○
上巻第二話	『怪談楸笊』巻二「執着の小袖」	ナシ
上巻第三話	『怪談国土産』巻之四「女頭の飛行」	○
上巻第四話	『諸国百物語』巻之三「伊賀の国にて天狗座頭にばけたる事」	○
上巻第五話	『諸国百物語』巻之一「尼が崎伝左衛門湯治してばけ物にあひし事」	ナシ
中巻第一話	『諸国百物語』巻之二「ゑちごの国猫またの事」	ナシ
中巻第二話	『諸国百物語』巻之五「松村介之丞海豚魚にとられし事」	×
中巻第三話	『怪談楸笊』巻之五「市ヶ坂の化生」	ナシ
中巻第四話	『諸国百物語』巻之三「艶書のしうしん鬼となりし事」	ナシ
中巻第五話	『諸国百物語』巻之一「するがの国美穂が崎女の亡魂の事」	ナシ
中巻第六話	『諸国百物語』巻之三「ばけものに骨をぬかれし事」	×
下巻第一話	『諸国百物語』巻之五「丹波の国さいき村いきながら鬼になりし人の事」	○
下巻第二話	『諸国百物語』巻之四「熊本主理が下女ぼうこんの事」	×
下巻第三話	『諸国百物語』巻之三「安部宗びやうへが妻の怨霊の事」	○
下巻第四話	『諸国百物語』巻之四「まよひの物二月堂の午王にをそれし事」	ナシ
下巻第五話	『諸国百物語』巻之五「いせの津にて金のしうしんひかり物となりし事」	ナシ

本作の収録説話はこの表の通り、前節にも見た『諸国百物語』（延宝五年〈一六七七〉刊）に拠るものが、十六話中十二話であり、その他の四話を（『怪談夜行』出版時点から見て）比較的近作の江戸板の読本怪談集より採っており、すなわち三話が『怪談楸笊《こまさらえ》』（明和四年〈一七六七〉江戸竹川藤兵衛刊）、一話が『怪談国土産《くにみやげ》』（明和五年〈一七六八〉江戸山崎金兵衛刊）に拠っている。

話柄および図案に注目して見ても、右の十六話の選択に、何か特徴的な傾向が見いだされるわけではない（後述するように、典拠の挿絵の有無も説話の選択には関係なさそうである）。ほとんどを『諸国百物語』に拠りながら、四話だけ別典拠を用いているアンバランスをどう理解すべきか。例えば、怪談集の改題改竄本には、『会談浅間が嶽』（天明五年〈一七八五〉刊）のように、旧作の板木のつかい廻しでありながら、冒頭第一話だけ新作を置くことで新板ものを装うといった例もある。『怪談夜行』の場合、典拠のレベルの問題であるから、まったく同じように考えることはできないが、『諸国百物語』をベースに構想されていたものが、話柄としてさすがに使い古しの感があるので、新しめの材料も混ぜておこうとの配慮が働いたということはあり得るように思う。特に近作のうち三話が巻頭に配置されていることには、本作全体を新奇なものにみせようとする意図があったかもしれない。

ここで『怪談夜行』に於ける「典拠」利用の方法をみていきたい。本作の場合、全面的に先行作品を利用しながら、創意工夫を加える姿勢は乏しく、原話をそのまま絵本化していると言っても過言ではない。次に例として、『怪談夜行』中巻第四話および第十二話の本文と典拠の冒頭部の比較を掲げる【注4】。

『諸国百物語』巻之三「艶書のしうしん鬼となりし事」

いがの国《くに》くふ八と云所に寺《てら》六十間《けん》あり。一休《きう》しゆ行《ぎやう》に出給ひこゝにて日くれければ。宿をからんとて寺〳〵をみれども人ひとりもなし。一休《きう》ふしぎに覚《をぼ》しめしのこらず寺《てら》〳〵を見給へば。ある寺《てら》にうつくしき児《ちご》一人ゐたり。一休《きう》たちより宿《やど》かし給へとの給へばやすき事にて候へども此寺《このてら》へは夜《よ》な〳〵へんげの物きたりて人をとり申候と云。一休しゆつけの事にて候へば。くるしからずとの給ふ。しからばとまり給へとてきやくでんにいれ。児《ちご》はつぎのまにねられけるが。

『怪談夜行』中巻第四話

一休しゆぎやうにいで給ひいかのくにくぶ八といふ所に寺ありこゝにて日くれけれともとまるべきやどなしかの寺へ入み給ふに美なるちご一人あつて外に人なしふしぎとおほしとひ給へはやすき事ながら此てらにはへんげありて人をとり申と云一休しゆつけのことなればくるしからずしからば御とまり候へとてきやくでんに入ちごはつぎのまにふしける

『諸国百物語』巻之五「丹波の国さいき村いきながら鬼になりし人の事」

丹波《たんば》の国《くに》さいき村《むら》と云所に。あさゆふまづしきものあり。をやにかう〳〵第《だい》一なる人也しが。あるときたきゞをとりに山へゆかれしに。をりふしのどかわきけれは谷《たに》にをりて水《みづ》をのまんとて。水中《すいちう》を見ければ。大《をゝき》なる牛《うし》のよこたをれたるやうなる物あり。ふしぎにおもひよく〳〵見れば。ねん〳〵山よりながれをちて。かたまりたるうるし也。

『怪談夜行』下巻第一話

丹波のくにさいき村におやかう〳〵なる人あり山へたき木をとりにゆきしが下夕をみれば水中によこたはりたるものありふしぎにおもひよく〳〵みればとし〳〵山よりながれおちたるうるし也

右の通り、『怪談夜行』と『諸国百物語』とには同文性が認められ、また図6・7の通り、図案の類似も認められるので（典拠一覧表「挿絵の類似」の項参照）、前者が後者を典拠としていることは疑いない。典拠と改作の関係は、典拠一覧表に掲げたすべてのケース（『諸国百物語』以外の典拠によるものも含む）についてほぼ同様であり、『怪談夜行』

図６　『諸国百物語』巻之五「丹波の国さいき村いきながら鬼になりし人の事」挿絵

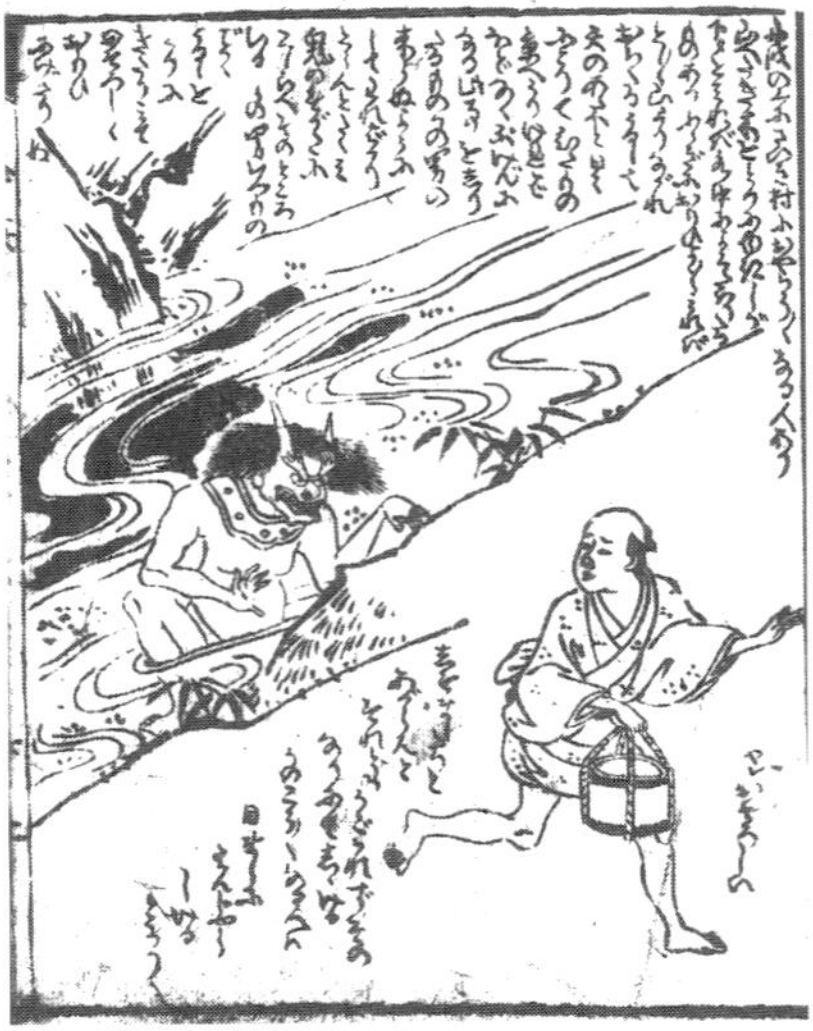

図７　『怪談夜行』下巻第一話

の原拠利用の方法は、固有名詞もほぼそのままに（人名について「三太夫」を「三右ヱ門」に改める等、若干変更する場合あり）、筋を原話通り写すものであると言える。改作にあたっての変更は、右の例からもわかる通り、紙幅の都合から、全体に記述が短縮されていることであり、時に細かな筋立てをまるごと削る場合もある。しかしながら、もともと本作の主要な粉本である『諸国百物語』の収録説話は短いものが多いので、黄表紙化するにあたってもそれほど大きな編集は必要なく、ほぼ過不足無く原話の筋をフォローできていると言ってよい。ただし、原拠に対してそれ以上の粉飾を加えることもなく、特筆すべきアレンジメントはない。

　むしろ、本作の想像力は、「絵画化」のレベルで働いていると言うべきだろう。典拠一覧表「挿絵の類似」欄の通り、全十六話中、典拠の挿絵を参照していると推測されるものが五［図6、図7はこの一例である］、典拠とはまったく異なる図を案じているものが三、典拠に挿絵がなく、あらたに図を案じているものが八であり、この数字は、同じ怪談物黄表紙である『模文画今怪談』において、（典拠の判明した）二十話中十三話の図案に、原本の挿絵の影響が見られるのに比べても、絵に関する原拠への依存度が低く、絵についてはむしろオリジナリティが高いことを意味する。

典拠に挿絵が無く、あらたに図を案じているケースの一例を挙げると、上巻第五話は、伝五左衛門と言う男が湯治場で女に背中の垢を流してもらううちにとろとろと眠くなり、気がつくと背中は垢どころか肉も無く、骨ばかりになっていたという話で、これを描いたのが図8である。背後で鬼相に変じた女に気づかずに

図８　『怪談夜行』上巻第五話

図９　『諸国百物語』巻之三「ばけものに骨をぬかれし事」挿絵

図10　『怪談夜行』中巻第六話

眠りこんだ男を描く構図は、傍観者（読者）の不安をかきたてる。原話に胚胎されていた恐怖感を顕在化してみせた一図であると言えよう。

また典拠の挿絵と異なる図を案じている三話であるが、このような典拠とのズレにも、作者の意図がうかがわれる。例えば、侍が墓所で化け物に追いかけられて寺に逃げ込み、長櫃に匿われるが、骨を抜かれて殺されるという中巻第六話の場合、典拠の挿絵は、墓所で侍を追う化物の場面を描く［図9］が、『怪談夜行』では、櫃を開け、侍の骸を発見して仰天する寺僧の姿を描く［図10］。これは『怪談夜行』では、「はやばけ物もかへりつらん。さらば長もちより出だされんとふたをあけみれば、くだんの男は骨をぬかれ皮ばかりになりてゐけると也」という、原話のオチのインパクトが主題化されたのである。また、下巻第二話は、男が下女の幽霊と契る話で、典拠は、男が下女に与えた帷子が墓石に掛かっているのを見付けて驚くクライマックスを図案化しているが、『怪談夜行』は幽霊の登場場面、すなわち男の寝る蚊帳に下女の幽霊が訪れた場面を描く。これは作者が、墓石よりも女幽霊の方が図案として面白いと考えた故の変更ではなかったろうか。

2　禿箒子《とくそうし》関与の読本怪談集『怪談国土産』『夭怪奇変』について

右に「作者」と述べたが、作者名を明示していない『怪談夜行』の場合、これらの図案に関するモチーフやアイディアは誰に帰するものか。そもそも、先行怪異小説の丸取りである本作に関して「作者」の役割は薄く、実質的には画工や書肆の所為とみることもできるだろう。複数の怪異小説が取り合わせられている点からは、そういった怪談情報通の介在が、本作の企画構想には感じられる。それに関していささか推論を述べてみたいのだが、その議論の前提として、『怪談夜行』の粉本の一つである『怪談楸笊』の成立をめぐる問題について述べておかねばならない。

『怪談夜行』上巻第一、二、中巻第三話の典拠となった『怪談楸笊』は、浅野三平が指摘するように（『近世中期小説の研究』「静観房好阿」、桜楓社、一九七五年）、静観房好《じょうかんぼうこう》阿《あ》作『諸州奇事談』の改題改竄本である。この『諸州奇事談』には、他にも複数の改題後刷本があり、これらについては水谷不倒がつとにまとめているのだが（『選択古書解題』「諸州奇事談」奥川書房、一九三七年）、その説明には一部錯誤もあるので、ここに図示するとともに、改めて説明したい。

『諸州奇事談』寛延三年（一七五〇）江戸須原屋平左衛門刊／静観房好阿作
←『豊年珍話談』宝暦十年（一七六〇）江戸辻村五兵衛刊／静観房好阿作
←『怪談楸笊』明和四年（一七六七）江戸竹川藤兵衛刊／静観房好阿作
←『夭怪《ようかい》奇《き》変《へん》』安永七年（一七七八）江戸松柏堂出雲寺和泉掾刊／禿箒子序・狄斎叟輯

右の四書のうち、オリジナルである『諸州奇事談』以外の三書は、先行作を埋木等で補修改竄するものの、すべて同板である。『豊年珍話談』は『諸州奇事談』の内題、柱刻、刊記を改め、跋文を削除した以外は原板本とまったく同内容だが、『怪談楸笊』は序文と挿絵を差し替えている（ただし、新たな序者も静観房を名のっている）。また、本文についても、ごく一部ながら埋木修正の跡が見られる。『夭怪奇変』はこの『怪談楸笊』の板面を受け継ぎながら、内題、柱刻、刊記をさらに改めている。現存する唯一の『夭怪奇変』伝本（東北大学附属図書館狩野文庫蔵本）は巻一を欠いているが、完本を見ていた不倒によれば、「元の序跋とも削り、東都禿箒子といふ名で、新たに序文と挿絵を書改へてゐるが、それに由ると、武江の隠士狄斎在の遺書を開版した事になつてをり」（『選択古書解題』）

というから、序文も改めたものであったらしい。巻一を欠く現存本ではこれが確認できないわけだが、目録題脇に「武江墨水隠士狄斎叟輯」とあり、これは『選択古書解題』の記事に合致する。もっとも、『怪談楸笊』を見ていなかった不倒は、『天怪奇変』の刊行に際して挿絵が差し換えられたと思ったようだが、この差し替えは『怪談楸笊』制作の時点で行われたものであり、巻五の挿絵に記された署名によれば北尾重政の画である。また『選択古書解題』は『天怪奇変』を文化三年（一八〇六）刊としており、不倒が見ていたのは後刷本【注5】だったようだが、狩野文庫本の奥付には、「于時安永戊戌（七）年青陽穀旦梓成／日本橋南第壱街西側／東都書林　松柏堂蔵板」とあり、こちらが初刷であろう。また、この奥付には「後編　奇異百談　全部五冊　近刻嗣出」という広告があり、続編の計画もあったらしいが、刊行は詳らかでない。

さて、ここで重要なのは『怪談楸笊』（および『天怪奇変』）がオリジナル（『諸州奇事談』）の挿絵を差し替えていることであり、『怪談夜行』の典拠が『諸州奇事談』や『豊年珍話談』ではない根拠はこの点にある。図11を見られたいが、『怪談夜行』第一話のこの絵（焚き火にあたるさとり妖怪と猟師の図柄）の典拠となった図12の挿絵は『諸州奇事談』（および『豊年珍話談』）には見られず、『怪談楸笊』（および『天怪奇変』）にしかないのである【注6】。

『怪談夜行』は初板本未発見であるが、『増補青本年表』はじめ諸年表では安永七年の刊行とされており、実際には安永六年の暮れから安永七年正月にかけての刊行と推定される。『天怪奇変』の初刷も「安永七年春」と、ほぼこれに平行して制作が進んでいるので、本作が『怪談夜行』の典拠となる可能性は低く、『怪談夜行』の作者は明和四年の時点で刊行されていた『怪談楸笊』の方を見ていた可能性が高い。

注意されるのは、『天怪奇変』の序者が「禿箒子」であるという不倒の証言である。禿箒子（禿掃子とも）については、拙論でも触れたことがあるが（『百鬼繚乱』「模文画今怪談」解説、国書刊行会、二〇〇二年）、鈴木春信の絵本のプロデューサーとして知られ（中野三敏「上方から江戸へ」『近世の文学（下）』第9章、有斐閣、一九七七年）、いくつかの編著に見える所付によれば大坂の人らしいが、むしろ宝暦以降の江戸の絵本や往来物に名前の目立つ人物である。旧作の板

図 11　『怪談夜行』第一話

図 12　『怪談楸笊』巻二「相州の山鬼」挿絵

木を利用し、「武江墨水隠士狄斎叟」なる作者を仮構して改題本『天怪奇変』を制作したのも、序者の禿箒子であった可能性が高い。さらに言えば禿箒子は『怪談夜行』第三話の典拠『怪談国土産』（明和五年〈一七六八〉江戸　山崎金兵衛・上総屋利兵衛板）の作者でもあった（『割印帳』の記載による）。すなわち、『怪談夜行』の三種の典拠のうちの二つ――それも先に見たように、補助的に利用された二作――に、禿箒子と関わりのある作が使用されていることになる。

かくして、『怪談夜行』成立の背景にも、禿箒子の関与を想像してみたくなるのだが、具体的に証するものがあるわけではないので、臆測はここに留める。しかしながら、本節の典拠論によって、怪談物黄表紙の成立背景に浮かび上がってくるのは、「作者」というより、禿箒子のようなプロデューサー、すなわち素材としての怪談書に精通した「編者」の存在である。いくつかの怪談物黄表紙において、粉本として同じ怪談書がつかい廻されている節が見られることも【注7】、そのような人々の介在を暗示するように思う。「近世怪談の読本、年々歳々に新也」（『奇異珍事録』安永七序）と言われるような怪談ブームにあっては、怪談集を制作する上で話を集める必要があった。近世の怪談書の需要を支えていた要素として、こういった書物の情報に通じた編者や出版者の役割が看過できないと思われる。

【三】……『勇士怪談話』と『伽婢子』

『勇士怪談話《かいだんばなし》』（三巻三冊。十五丁）は、寛政四年（一七九二）に江戸書肆西村与八より出板された黄表紙である。本作のその後の改編、再出版の展開を『黄表紙総覧　中編』（青裳堂書店、一九八九年）によって述べれば、まず同四年中に、同じ西村より、本作の姉妹編とも言うべき『武勇変化退治』（三巻三冊。十五丁）が出版される。その後、西村は『勇士怪談話』と『武勇変化退治』を合成し、六巻六冊三十丁本（前半三巻を『武勇変化退治』、後編三巻を『勇士怪談話』で構成）として、「勇士怪談話」の名で刊行し、さらに享和元年（一八〇一）以降に、この六巻本を『（御伽）怪談小夜嵐』と改題、刊行している【注8】。以下、本稿でとりあげる『勇士怪談話』とは、寛政四年初摺の三冊本のことである。『勇士怪談話』に作者・画工の署名はないが、『増補青本年表』他諸小説年表類は、『怪談小夜嵐』を勝川春英画としている。

『勇士怪談話』は黄表紙としては珍しく、絵が無く本文だけの丁が数丁備わり、上中下巻三冊に十二話十三図（下巻第一話のみ一話に二図を付す）を収載する。本作および姉妹編の『武勇変化退治』は、書名の通り、歴史上の勇士が怪異に遭遇する（そして多くは撃退する）類いの話を集めており、武者絵や武者絵本等によく見られる画題、話柄も少なくないが、怪異談に特化した点が特徴であろう。『勇士怪談話』上巻第一話（〈以下、丁数、説話表題【注9】を括弧で示す〉一丁表〜二丁表。「相模入道平高時滅亡之事」）、下巻第四話（十四丁裏〜十五丁裏）は、それぞれ『太平記』の巻五「相模《サガミ》入道弄《モテアソブ》二田楽《デンガクヲ》一幷闘犬《トウケンノ》事」、巻十二「広有射《ヒロアリイル》二怪鳥《ケテウヲ》一事」に、下巻第一話（十一丁表〜十二丁裏）の、源頼光の土蜘蛛退治の話は『太平記』「剣巻」【注10】に、上巻第二話（二丁裏・三丁表）の源頼政の鵺退治の話は、『平家物語』巻四「鵺」に拠っている。『太平記』については複数の絵入り板本の挿絵を参照している節があるのだが、軍記との関係の詳細については尚不明であり、別稿に譲りたい。上巻第四話（四丁表〜五丁裏）の、源義家が地獄に行く話は、『古事談』巻四―二一に、下巻第三話（十三丁裏・十四丁表）の、今川義元が夢で弟【注11】の幽霊に出陣を止められる話は、『当代記』巻一に類話が見えるが、いずれも典拠は未詳。下巻第二話（十二丁裏・十三丁表）は、少年時代の武田勝千代（後の信玄）が、木馬に化けた狸を撃退した逸話で、『武田三代軍記』（享保五年〈一七二〇〉刊）巻之第二に見えるが、『絵本高名二葉草』（月岡雪鼎画。宝暦九年〈一七五九〉刊）中巻「勝千代丸」にも類話と絵画化の先例があり、また、後に国芳（「武田勝千代丸」大判・文政末刊）や芳年（『新形三十六怪撰』「武田勝千代月夜に老狸を撃の図」大判・明治二二年刊）の錦絵にもなっている。

注目されるのは、『勇士怪談話』の中巻全四話（六丁表、六丁裏〜七丁裏、八丁表〜九丁表「小石伊兵衛尉妻子妖怪にとらるゝ話」、九丁裏〜十丁裏）が、仮名草子の怪異小説『伽婢子《おとぎぼうこ》』（浅井了意作。大本十三巻十三冊。全六十八話。寛文六年〈一六六六〉刊）の、それぞれ第八巻「屏風の絵人形踊事」、第十一巻「栗栖野《くるすの》隠里の事」、第十三巻「山中鬼魅の事」、第七巻「堅田又五郎雪白明神の加護を蒙る事」を典拠としていることである。なぜ中巻だけに集中的に利用されたのか、考えるべき問題であると思われるが、今は答えるすべがない【注12】。ただ、『伽婢子』が『勇士怪談話』の素材源に選ばれたのは、本作の説話の多くが戦国史に取材していたからであろう。『勇士怪談話』中巻は『伽婢子』の享受史の上からも注目されようが、典拠の利用方法はやはり「ダイジェスト」の域に留まるものであり、挿絵もすべて典拠の図案を参考にして描かれている。しかし、例えば図13の如く、『伽婢子』の挿絵の構図は、引いた視点から場面を全景的に捉えるが、『勇士怪談話』は、図14のように描写の対象を主要な人物や妖怪に絞り込み、これをクローズアップして迫力ある画面を構成している。（本作だけのことではないが）類似の図案であっても、時代とジャンルが異なれば表現も異なることがわかるであろう。

【四】………『怪談奇発情』と『太平百物語』、『怪異前席夜話』

『怪談奇発情《きはちじやう》』（二巻二冊。十丁）は寛政十年（一七九八）、江戸和泉屋市兵衛刊の黄表紙であり、作者は聞天舎鶴成《ぶんてんしやかくせい》、画者は初世歌川豊国である。浮世絵師豊国については贅言を要しないが、作者の鶴成についてはほとんど知るところがない。奇妙な書名は、絹織物の「黄八丈」に掛けた物だろう。本作には六話（全十二図）の怪談が収まり、棚橋正博が「全て伝聞を記す如く描くが、あるいは一部に作者の創作にかかる怪談話も含まれていると思われる」（『黄表紙総覧　中編』）と推測する通り、六話のうち、上巻第一話（一丁裏〜三丁表）、第二話（三丁裏〜五丁表）、下巻第一

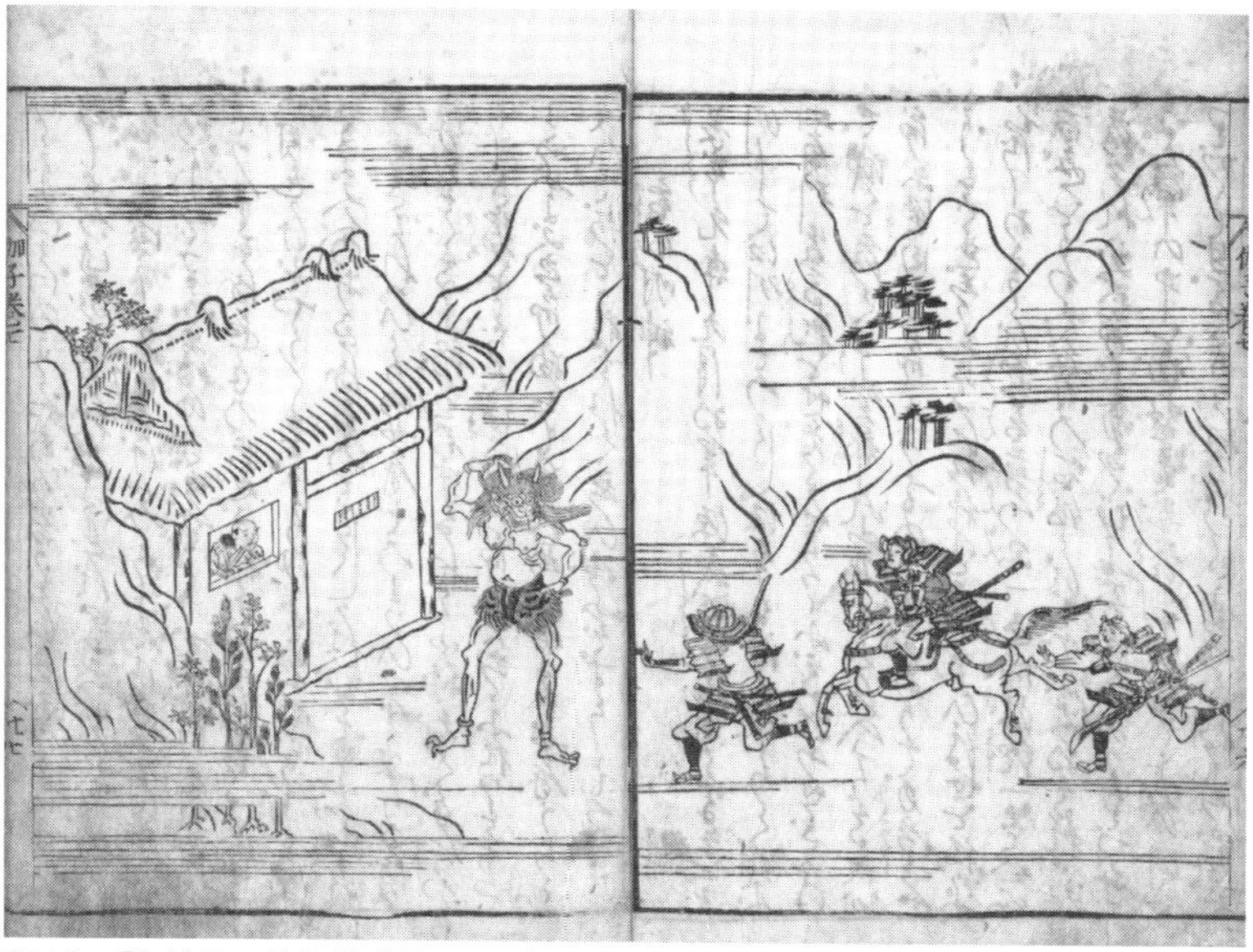

図 13　『伽婢子』第七巻「堅田又五郎雪白明神の加護を蒙る事」挿絵

図 14　『勇士怪談話』中巻　九丁裏・十丁表

話（六丁表）は浮世草子の怪異小説『太平百物語』（市中散人祐佐作。半紙本五巻五冊。全五十話。享保十七年〈一七三二〉刊）のそれぞれ巻之一―四「富次郎娘蛇見入れし事」、巻之三―二十四「くらがり峠三つの火の魂の事」、巻之三―二十八「肥前の国にて亀天上せし事」に、下巻第三話（八丁裏～十丁裏）を読本怪異小説『怪異前席夜話』（反古斎作。半紙本五巻五冊。全六話。寛政二年〈一七九〇〉刊）巻三「匹夫の誠心剣に入て霊を顕す話」に拠っている。

本作の絵は原話挿絵の図案に縛られぬところがあり、原話にない絵を追加したものもある。例えば、図15は上巻第一話の原拠「富次郎娘蛇見入れし事」の挿絵で、少女が庭の梅の鶯に感じて歌を詠んでいると小蛇が現れる場面であり、端居する少女と庭先の蛇とを対照的構図で描く。『奇発情』もこの場面を描いているが［図16］、むしろ、歌を詠む立ち姿の少女に、梅の鶯を取り合わせた美人画風で、蛇は脇役にまわっている。また、原拠の挿絵は図15の物のみだが、『奇発情』はこれに加え、本話のクライマックスである蛇退治の場面をも絵画化している［図17］。

図15 『太平百物語』巻之一、四「富次郎娘蛇見入れし事」挿絵

また、本作ではストーリーにも、それなりに作者の工夫を認めるべき改変が施されている。例えば、先の「富次郎娘蛇見入れし事」は、越前国の富家の娘が蛇に魅入られたのを、永平寺の長老が智計をもって救う話である。『奇発情』はこの舞台を播州赤穂へと移し、娘を助ける者を知勇兼備の「大ぼし何某」へと変更している。赤穂の「大ぼし」とは「大星由良助」にほかならず、つまり大筋はそのままだが、話を「忠臣蔵」の世界に仕立て直しているのである。話の末尾では「此はなしは同家中千ざきなにがし、しさいあつてゐどほんじよへんにまちたくありしせつかたられしじきばなし（直話）なり」としている。千ざきは「忠臣蔵」

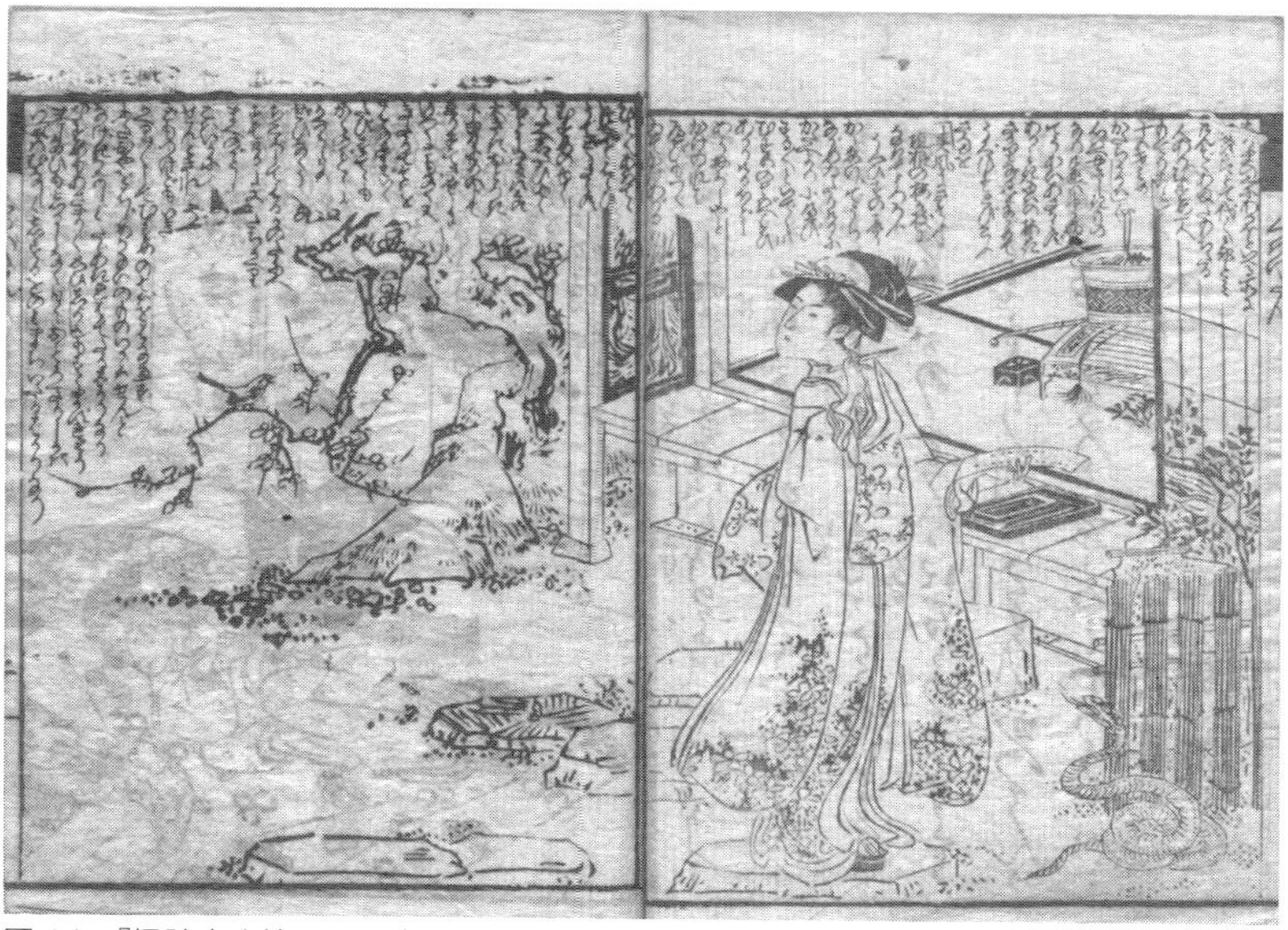

図 16　『怪談奇発情』一丁裏・二丁表

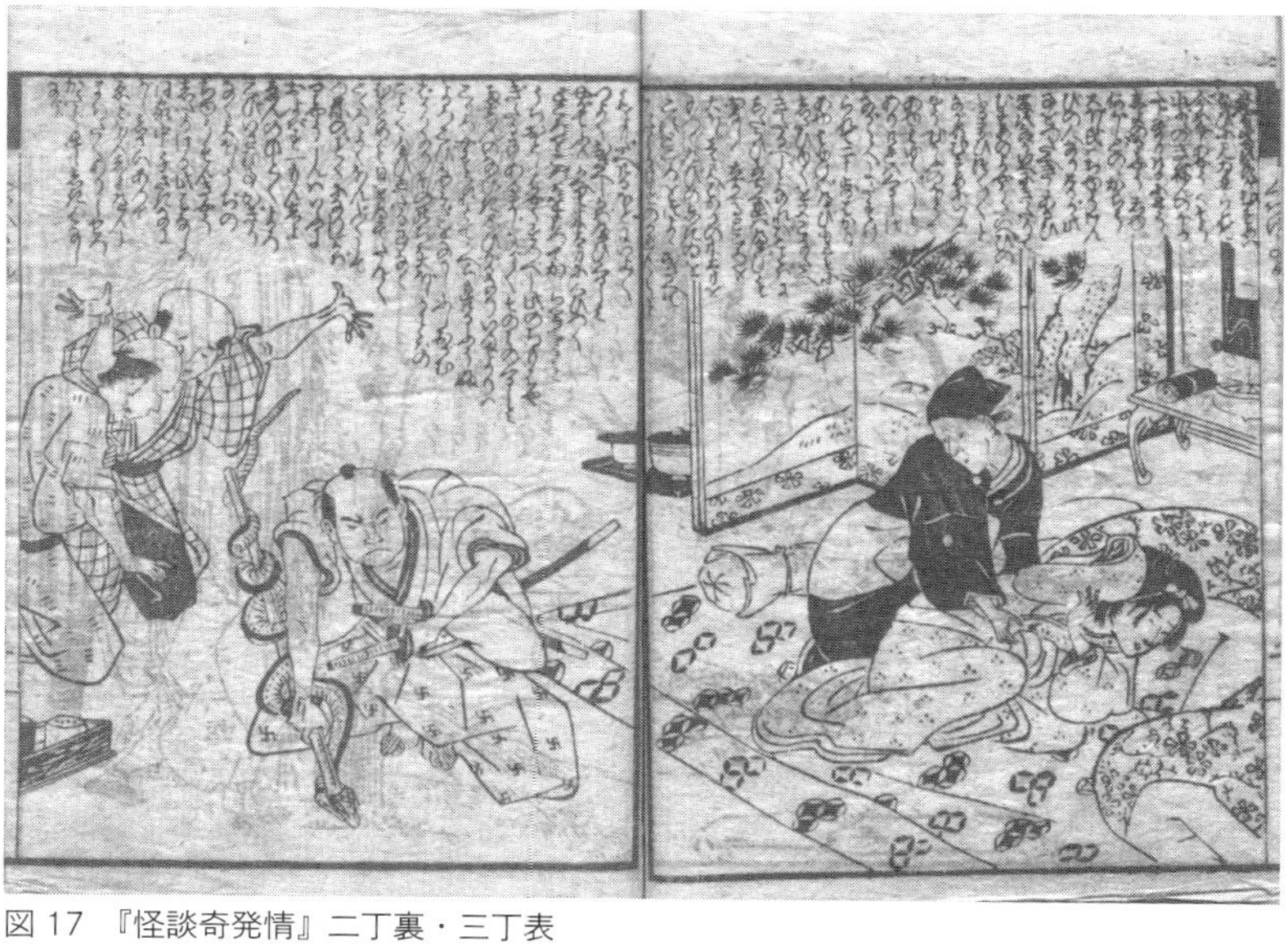

図 17　『怪談奇発情』二丁裏・三丁表

の千崎弥五郎（神崎与五郎）であり、これは実談を装ったというより、忠臣蔵に付会した創作怪談として読まれたものではないか。忠臣蔵を摂り込んだのは、読者の嗜好に合わせたものであろうが、忠臣蔵を媒介にして、地方奇談が江戸前に仕立て直されているとも言えよう。上巻第二話では、原話の主人公の、越中富山の薬売りという設定が、江戸浅草の薬売りへと改められており、これなども江戸の読者を意識しての変更であろう。

また、下巻第三話の原話は、京都の刀鍛冶の名人に刀を需めに行った農夫が、刀鍛冶の弟子に騙され、ナマクラを掴まされるが、農夫の廉直な心が刀に入って霊威を現し、蛇と変じて蝦蟇の妖怪を退治する話である。典拠となった『怪異前席夜話』は寛政期の江戸読本であり、文体にもいささか読本的格調を有するのだが、『奇発情』はこれをずっと平易にかみ砕いている。原話の舞台である京都を下総に移し、原話の悪役（ただし、最後には改心する）である、刀鍛冶の弟子をただの百姓に改めるなど、草双紙の読者にとって卑近で簡明な設定、ストーリー展開へと改めている。刀鍛冶の設定を捨てた代わりに、冒頭に『八犬伝』（第三輯）のような、刀のすり替えの場面を用意しているのも、より通俗的な趣向に傾いていると言えよう。

おわりに

以上見てきたように、黄表紙の怪談集の多くは、先行する仮名草子や浮世草子、読本などの怪異小説を素材源として作られている。ただし、単純に一冊の怪異小説集を絵本にするのではなく、新旧複数の素材源から説話を取り合わせ、混合して新板として出す、というやり方が多いようだ。このような手法は怪異小説の制作にも用いられるものだが、近世の怪談書は、このようないわば編集的制作方法に支えられ、増殖していったと言える。そこでは作者以上に、怪談・怪談書の情報に通じた「編者」――禿箒子のような――の役割が重要になったであろう。

怪異小説の絵本化に際しては、草双紙の形態と読者層に合わせた編集——原話の圧縮、通俗化など——が施されている。絵については、やはり原拠の挿絵に拠るところが大きいが、仮名草子、浮世草子等の絵入り小説と草双紙とでは、絵が作品に占める比重も異なる。怪談物黄表紙において、怪異表現の重心は絵に移り、怪異を視覚的に表象するべく、概して、物語よりも絵に力が注がれていると言える。原拠にはない絵が追加され、原話の面白さが視覚的にとり出されていることもある。こうして作られたイメージの力によって物語が普及していくということもあったと思われる。

【注】

1 ただし、中巻七丁裏・八丁表には、典拠とは無関係な説話であるが、『新説百物語』巻之四「人形いきてはたらきし事」の挿絵が参照されていると思しい（有働裕「黄表紙『御伽百物語』について」〈『叢』二九〇号、二〇〇八年二月〉の指摘）。

2 他に「朱の盤」（朱の盆）画の見える物としては、黄表紙『天怪報仇《ばけものかたきうち》　夜半嵐《よはのあらし》』（文化二年〈一八〇五〉刊。感和亭鬼武作・葛飾北周画）などがある。

3 『新説百物語』国会図書館蔵本挿絵には、ほかにも同様の処置や落書きがあるのだが、同書の完本は、国内には国会図書館蔵本しか存在せず、これまで叢書江戸文庫『続百物語怪談集成』（国書刊行会、一九九三年）の翻刻等によって知られているのもこの本の挿絵である。

4 本文の比較表は、『諸国百物語』は国文学研究資料館鵜飼文庫蔵本、『怪談夜行』は国会図書館蔵『絵本東土産』所収本により、原文通り翻刻した。

5 不倒が見ていた文化三年版の板元は不明だが、寛政二戌年改正『板木総目録株帳』第五冊には、『天怪奇変』の板木株所有者として誉田屋伊右衛門（大坂心斎橋筋博労町）の名が見える。

7　ただし、『怪談夜行』の中巻第三話の典拠である、『怪談楸笊』巻五「市ヶ坂の化生」には挿絵がないが、『諸州奇事談』（および『豊年珍話談』）には、当該説話の挿絵が存在する。両図は、「女房を守る狼」というおおまかなモチーフにおいて一致するが、全体の構図、化け物や雨の描写の有無など一致しない点も多く、その縁故関係が明白であるとは言えない。従って、『怪談夜行』の画者が、『諸州奇事談』（ないしは『豊年珍話談』）をも参照していた可能性は否定し得ないが、その確証はない。

8　例えば、『模文画今怪談』にも『怪談国土産』の使用が見られるし（拙著『百鬼繚乱』参照）、怪談物黄表紙『御存之化物』（寛政四年刊）上巻第二話にも、話の内容は異なるものの、『怪談楸笊』のさとり妖怪の絵の影響が見られるなど。

9　『怪談小夜嵐』は完本の伝存未詳だが、『増補青本年表』、『日本小説書目年表』等は五巻本とする（『黄表紙総覧』）。

10　『勇士怪談話』の説話には表題のあるものとない物とがあり、ここでは表題のある物について「　」で示した。

11　寛文頃板本、元禄十年板本、元禄十一年板本等の『太平記』絵入り板本は、いずれも「剣巻」を付載する。

12　原文に「おとゝにうどう」とあるが、当該人物は義元の異母兄今川良真（法名玄広恵探）であるので（『当代記』）、「おとゝ」は誤りか。

13　姉妹編である『武勇変化退治』には『伽婢子』の利用は見られない。なお、「国書データベース」未掲載であるが、松浦史料博物館には同書の単刊本（上中下三冊）が所蔵される。

【挿図出典・所蔵】

図1・3・5　財団法人大東急記年文庫蔵本。

図2・6・9・13　国文学研究資料館蔵本（クリエイティブ・コモンズ 表示 4.0ライセンス CC BY-SA）。

図4・7・8・10・11・15・16・17　国立国会図書館蔵本（7・8・10・11は『絵本東土産』所収本による）。

図12　早稲田大学図書館蔵本。

図14　公益財団法人東洋文庫蔵本。

三章
怪武家物《ばけぶけもの》の草双紙
『武家物奇談』を読む

【一】……化物と武士

「武士」は古来「化物」を退治する役割を担ってきた。源頼政の鵺退治などに象徴されるように、化物退治譚は、王権とその護り手としての武士の強さを誇示するプロパガンダでもあった。軍記の名場面を寄せ集めた武者絵本の類には、宇治川先陣争いや朝比奈の門破りなどの画題の中に、源頼光土蜘蛛退治や平維茂戸隠山の鬼女退治のような画題［図1］が、しばしば挿し挟まれている。草双紙の初期の一類である青本、黒本にも、武士の「武勇譚」としての化物退治物が少なくない。鳥居清倍の『金平ばけ物たいじ』（寛延三年〈一七五〇〉刊）、富川房信の『妖怪雪濃段《ばけものゆきのだん》』（宝暦十三年〈一七六三〉刊）［図2］、『鎌田又八化物退治』（明和六年〈一七六九〉刊）などといった類である。

化物草双紙の類を精査した加藤康子によれば、初期の草双紙においても「畏怖すべきもの」としての化物の地

図１　『絵本武者兵林』（宝暦四年〈一七五四〉刊。北尾雪坑斎画）中巻「平維茂とがくし山の鬼神たいじ」

図２　『妖怪雪濃段』坂田金平と化物（雪女など）の対決

位には凋落の兆しが見えるというが【注1】、黄表紙の時代になると、武士と化物の闘争はまったくパロディ化され、次に見る『（ばけものつわもの）二日替《ふつかかわり》』（寛政二年〈一七九〇〉刊。桜川慈悲成作。歌川豊国画）や『化物敵討《ばけものかたきうち》』（文化元年〈一八〇四〉刊。十返舎一九《じっぺんしゃいっく》作画）のような作風となる。

前者についてはアダム・カバットの翻刻解説が備わるが【注2】、坂田金時と渡辺綱という豪傑二人の、不肖の二代目たちによる化物退治譚である。綱の息子の綱次郎は、市川団十郎の目鬘《めかづら》（厚紙に目を描いたもの）を顔に貼り、化物たちを団十郎ばりの「にらみ」の所作で撃退する（自分は妖怪を見ずに済むので一挙両得だろう）。金時のせがれ時太郎《ときたろう》は、やはり朝比奈のような顔を描いた張り子の大頭を被る［図3］。これら目鬘や大頭は当時の流行物《はやりもの》であり、彼らは「勇力」によらない、当世流《いまふう》の化物退治を見せたわけだ（結局、後で化物の逆襲を食うことになるのだが）【注3】。

『化物敵討』は、やはり一九作の化物黄表紙『信有奇怪会《たのみありばけもののまじわり》』（寛政八年〈一七九六〉刊）のほとんど焼き直しのような作なのだが（一九自身、序文で「趣向は皆古来の焼き直し」だと言っている）、『信有奇怪会』は活字翻刻も備わるの

図３ 『（ばけものつわもの）二日替』

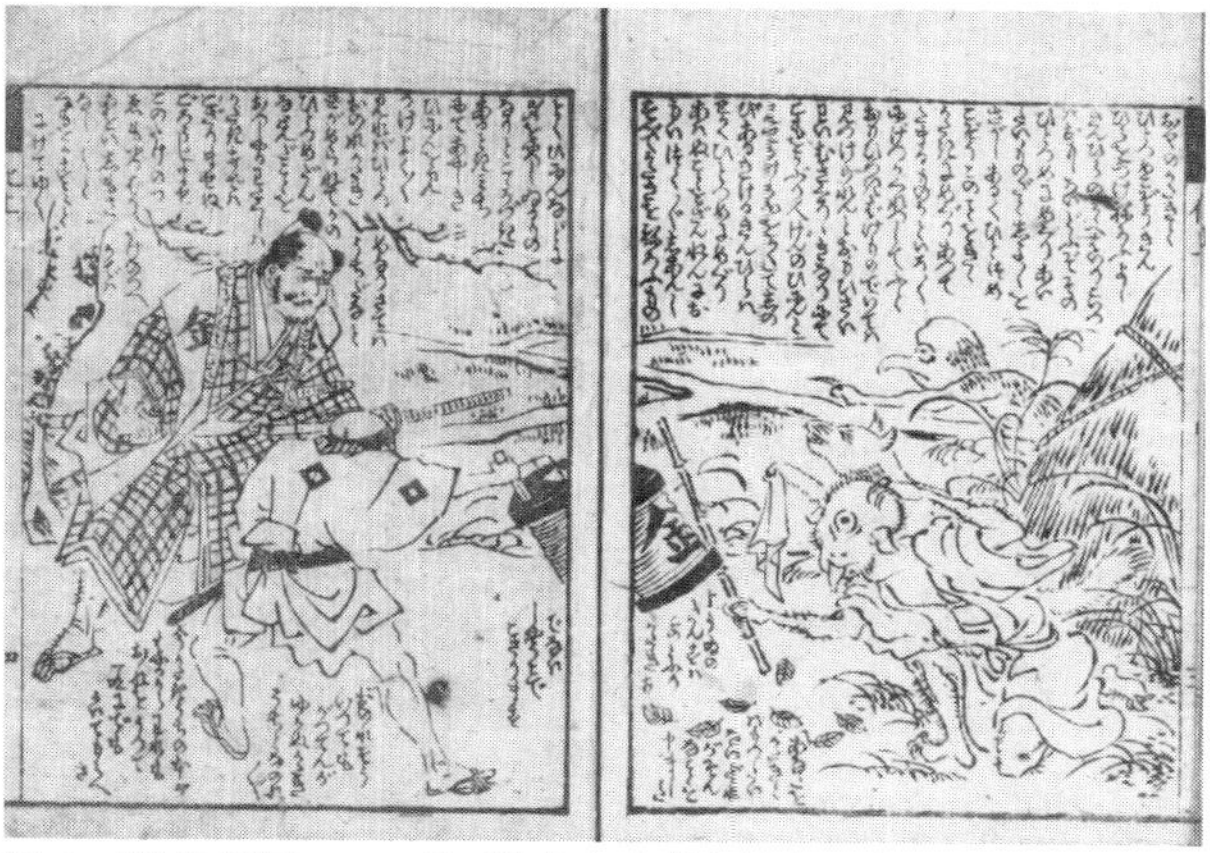

図４ 『化物敵討』一つ目「あなたを敵とはもつたいない。誰がそんなことを申ました」金平「今敵討ちの本が流行るから、われも俺を討つて一九にでも書いてもらへさ」

で【注4】、ここでは『化物敵討』の方をとりあげてみたい。見越し入道は、女房うぶめを坂田金平《きんぴら》（下巻では「金時」になっている）に殺され、息子の一つ目に仇討《あだうち》を命じる。が、一つ目は金平にビビって敵《かたき》から逃げ回り［図4］、金平は逆に面白がって一つ目を探し回るというあべこべのおかしさを描く。なんとか仇討の功を挙げて故郷に帰りたい一つ目は、例の張り子の大頭で変装したニセの金平役を狐に頼み、見物の化物たちの前で狂言仇討を演じて見せる。大頭を使って仲間の目を欺く展開は『信有奇怪会』の焼き直しでもあるが、仇討に迷惑し、とにかく世間体だけ取り繕おうとする一つ目の態度は、当時としては案外リアリティの感じられるものではなかったろうか。ここには近世の「仇討」という風習の馬鹿馬鹿しさが風刺されているようでもある。

これらの黄表紙において、化物は弱体化し、人間くさく、愛嬌のある姿に描かれ、そこに親しみのある笑いと風刺が生み出されている。また、正常な秩序の反転によって「おかしみ」が生じるのであり、化物退治をする武士が腑抜けであったり、化物が人間に仇討ちするといった展開がとられるのもそのためである。もっとも、『一日替』では、その後化物たちが豪傑の息子たちに逆襲して勝利をおさめるのだが、最終丁では、取って付けたようにこの息子たちの勇姿を描いて締め括っている。それが近世文芸の保守性であり、妖怪（反秩序）バンザイ、で終わってはまずいわけである。

【二】……『武家物奇談』

さて本節では、やはり武士と化物の因縁をモチーフとする黄表紙ではあるが、右にみたようなものとはまた作柄の異なる『武家物奇談《ぶけものきだん》』という作品に着目してみたい。

『武家物奇談』（享和二年〈一八〇二〉刊。江戸・榎本屋吉兵衛版）の画者は、役者絵や美人画にも名のある浮世絵師歌川豊国であるが、作者馬鹿山人花道《ばかさんじんはなみち》（「化かさん」を掛ける）については「国書データベース」にも本書以外に著作が載らず、知るところがない。本作は武者絵本の形式に近く、見開き一丁ないし片面半丁ずつの短編集であるが、収載する十四編の説話（発端とあとがきを除く）は、次表の通り、軍記等で知られた武士の説話を化物噺に見立てたものである。一見怪談に見える話に、それぞれ武家説話が潜んでいる。『太平記』に取材した「越中黒丸の怪」を除けば、すべて源平争乱から鎌倉時代にかけての話であり、『平家物語』や『曾我物語』等の軍記、またこれらに取材した謡曲、歌舞伎などに基づいていると思しい。素材となっている話のほとんどはメジャーなものであり、さまざまな作に反復的に利用されている物なので、作者が直接利用していた典拠を特定するのは困難であるが、橘守国作画の絵手本集である『絵本写宝袋《しゃほうぶくろ》』（享保五年〈一七二〇〉大坂・渋川清右衛門板）がその一つであることは指摘できる。

	説話表題（目録題）	素材・典拠
①	発端	丹州千丈嶽（『絵本写宝袋』巻二）
②	岩田川茂森の怪	平重盛岩田川の不思議
③	梶野々原蚰の怪	梶原景時
④	越中黒丸の怪	新田義貞の最期
⑤	五条橋千人取怪	弁慶五条橋の千人取り
⑥	久里伽羅谷巴女の怪	巴御前の人釣瓶
⑦	赤沢山蟾蜍の怪	河津三郎祐重相撲で俣野五郎を敗る（『絵本写宝袋』巻二）
⑧	粟津ケ原今井戸の怪	今井兼平の最期
⑨	七騎落の怪	頼朝石橋山の戦い
⑩	蝶千鳥の怪	曾我五郎と十郎

⑪	景清両眼の怪	悪七兵衛景清
⑫	入道火焔と化怪	平清盛のあつち死
⑬	渡辺村お綱婆々怪	渡辺綱鬼の腕を斬る
⑭	難波津之梅の怪	難波梅（『絵本写宝袋』巻二）
⑮	化鵺の怪	頼政鵺退治（『絵本写宝袋』巻二）
⑯	あとがき	武具の絵（『絵本写宝袋』巻二）

本作においては「武士」と「化物」という対極にあるものが、「見立《みたて》」（よく知られた題材〈本作では、有名な武士〉を、別の物〈化物〉によって表現する手法）という文芸的方法によって、表裏一体に結合されており、タイトルの「武家《ぶけ》物《もの》」も「ばけもの」のもじりである。作者花道は、自序で、「其化物を顕さんと欲すれど、魑魅皮不新《あたらしからず》、古趣向骸垢《よご》れたれど、洗濯すべき日和なければ、男日照の勇士を集め、化の皮、武家の加和《かわ》に張替《はりかへ》、豊国に「怪武家物《ばけぶけもの》」の画図を描かせたと述べている。『二日替』、『化物敵討』のようなストーリーのレベルのパロディではなく、本作のパロディの根幹は、「武家物」と「化物（怪談物）」を二層化する作品構造にある。以下、いくつか説話をとりあげて解説してみたい。

今は昔、三熊野岩田川の付近に「しげもり」という森があったが、ある日里の女房たちがこの川で洗濯していると、灯籠の灯のような物が一瞬現れて消えた。ついで、しげ森が風にざわめき、幽霊の姿が川に映ったので、女房たちは驚いて逃げ帰ったというのが、「岩田川茂森の怪」（表の②）である。この話の下敷きになっているのは、平重盛が熊野参詣の帰り道、岩田川で不吉に遭ったというエピソード（『平家物語』巻第三「医師問答」）であり、言うまでもなく、「しげ森」は「重盛」のもじりである。「とうろうのひのごとくなるものいでゝぱつときへうせぬ」（「岩田川茂森の怪」）という描写は、重盛が熊野本宮で願文を読み上げた時に「灯篭の火のやうなる物の、おとゞの御身より出て、ばッと消るが如くして失にけり」（『平家物語』巻第三「医師問答」）という怪異の生じた一件を踏まえている。

「越中黒丸の怪」④は、越中黒丸郡新田村の「よしださだゑもん」という人が、人をあやめた咎で獄門になったが、ある夜さだゑもんの首なしの身体がやってきてその獄門首を埋めていた、という話。これは新田義貞の最期の場面、黒丸合戦で流れ矢が眉間に当たり、自ら首を掻き斬って泥中に隠したという故事（『太平記』巻第二十）のパロディである。

図５　『武家物奇談』「越中久里伽羅谷巴女の怪」

図６　『絵本巴女一代記』十丁裏

図７　『武家物奇談』「赤沢山蟾蜍の怪」

「越中《えっちゅう》久里伽羅谷《くりからだに》巴女《ともえじょ》の怪」⑥［図5］は、今は昔、越中久里伽羅谷に美しい女が大きい兜鉢《かぶとばち》をもって現れ、往来する人に「一釣瓶《ひとつるべ》くれよ」と水を乞い、水をもらうと消えると言う怪談。絵には、撥《は》ね釣瓶の井戸と流れ灌《かん》頂《じょう》の道具が見えるから、これは水乞い幽霊、ないし産女《うぶめ》の類の怪談として読むこともでき、そうした類型的な説話のイメージが下敷きになっていよう。

一方で本話は、巴御前の人釣瓶《ひとつるべ》の故事（巴が怪力で兵士の足を持って谷へ逆さまに下げおろし、兜で水を汲ませたという逸話。『絵本巴女一代記』〈南仙笑楚満人作・一陽斎豊国画、文化四年刊〉などに所見）［図6］のパロディにほかならない。作者は、この女幽霊は水を「なみなみと」好むが、波の形は巴になるので（巴紋は波頭の図案化）、いつしか「久里伽羅谷の巴女」と呼ばれるようになった、などとこじつけている。

「赤沢山蟾蜍《かわず》の怪」⑦［図7］は、赤沢山の笠松の下に大蟾蜍《おおかわず》が出たというだけの奇談だが、これは蟾蜍《かわず》（蛙）を『曾我物語』の河津三郎祐泰《かわづさぶろうすけやす》（曾我兄弟の父）に見立てたものであり、河津が工藤祐経《すけつね》の家臣に暗殺されたのが伊東の赤沢山であった。図7の画面左上、蟾蜍を狙う二人の男も、河津暗殺の実行犯である八幡《やわた》三郎、大見小藤太《おおみことうだ》をイメージしたものであろう。本文に「この妖怪さのみ害はなさねど、人を投げることを得てり」とあるのは、俗に「河津掛け」の創案者ともされる河津三郎が、俣野五郎を相撲で投げ飛ばした話（『曾我物語』では巻第一に所見）を踏まえている。

「粟津《あわず》が原今井戸の怪」（⑧）は、近江の国粟津が原に「今井戸」という大きな井戸があり、その近所にいた「かねひら」という大男、日頃の敗軍に身を責められ、どうせかなわぬ命だと、剣を喉に通して井戸に身を投げて死んだ、その幽霊を旅僧が成仏させたという話である。これは木曾義仲の乳兄弟今井四郎兼平の、粟津が原での壮烈な最期の見立てになっている。旅僧が済度する設定は、『平家物語』（「木曾最期」）に取材した謡曲「兼平」のイメージに拠ったものか。

図８　『武家物奇談』「蝶鵆の怪」

「七騎落の怪」（⑨）は、石橋山の彼方、土肥杉山にある大木のウロに「かしらおゝいなるばけもの」が住むという噂があったので、地頭から人数を集めて狩り立てに行ったが、ウロの中を探した大男が、白鳩しかいないと言って狩子たちも謀った。この大男は心優しく、平生殺生を好まず、化物をも見逃したのであるが、後に「こうゐ（高位）」に昇ったという話である。不殺生の陰徳陽報説話のパターンであるが、これは石橋山合戦で敗戦した源頼朝と郎党たちが土肥杉山の伏木の大洞に潜んでいた時、梶原景時に見逃される条（長門本『平家物語』、『源平盛衰記』等に見える）のパロディである。頼朝が大頭だったと言う俗伝は川柳などにも見える（『平家物語』には「顔大にして背低し」とある）。景時は後に頼朝に重用され「高位」を得るが、義経を讒言した故事もあり、芝居などでは悪

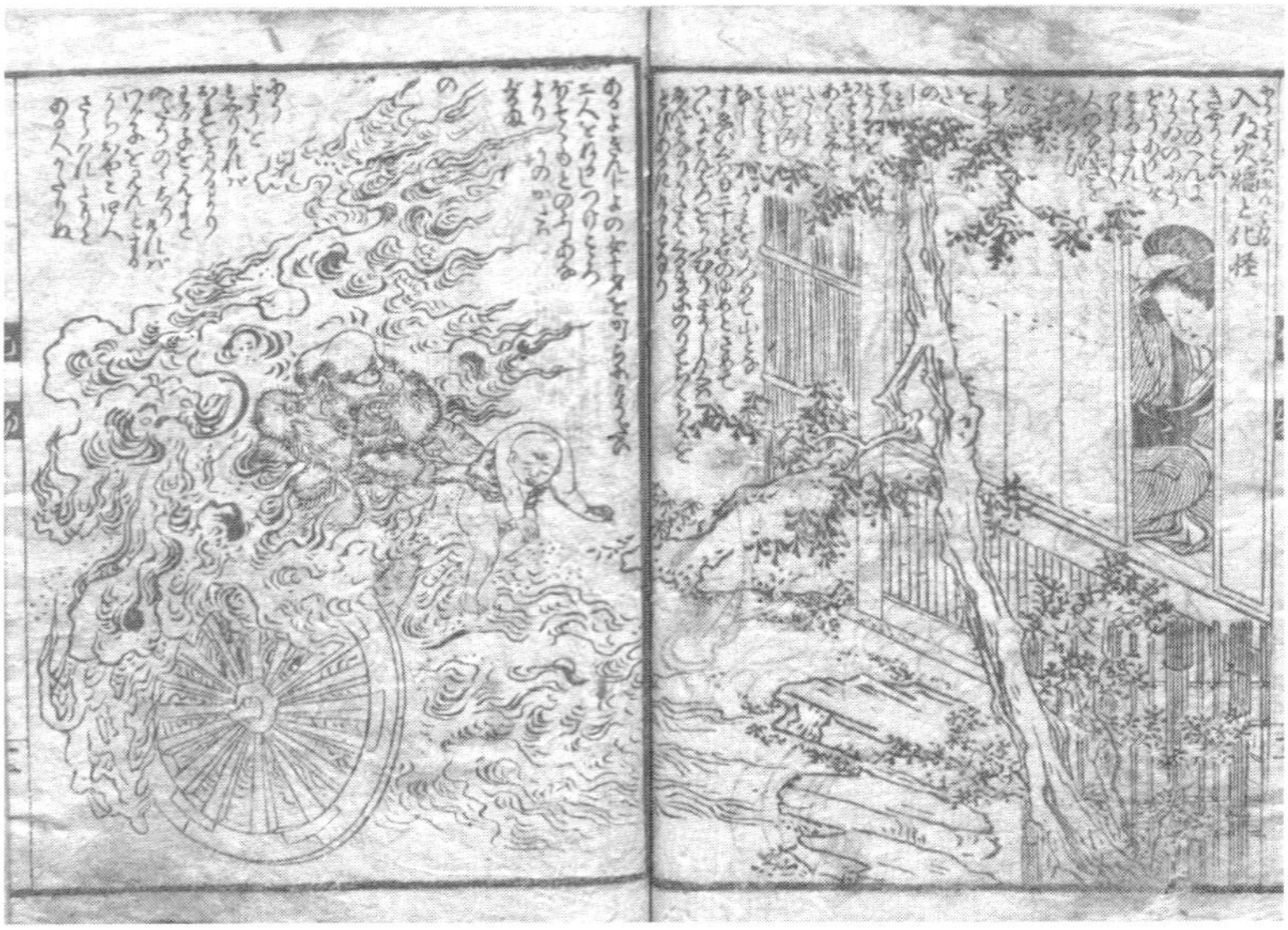

図９　『武家物奇談』「入道火焔と化怪」

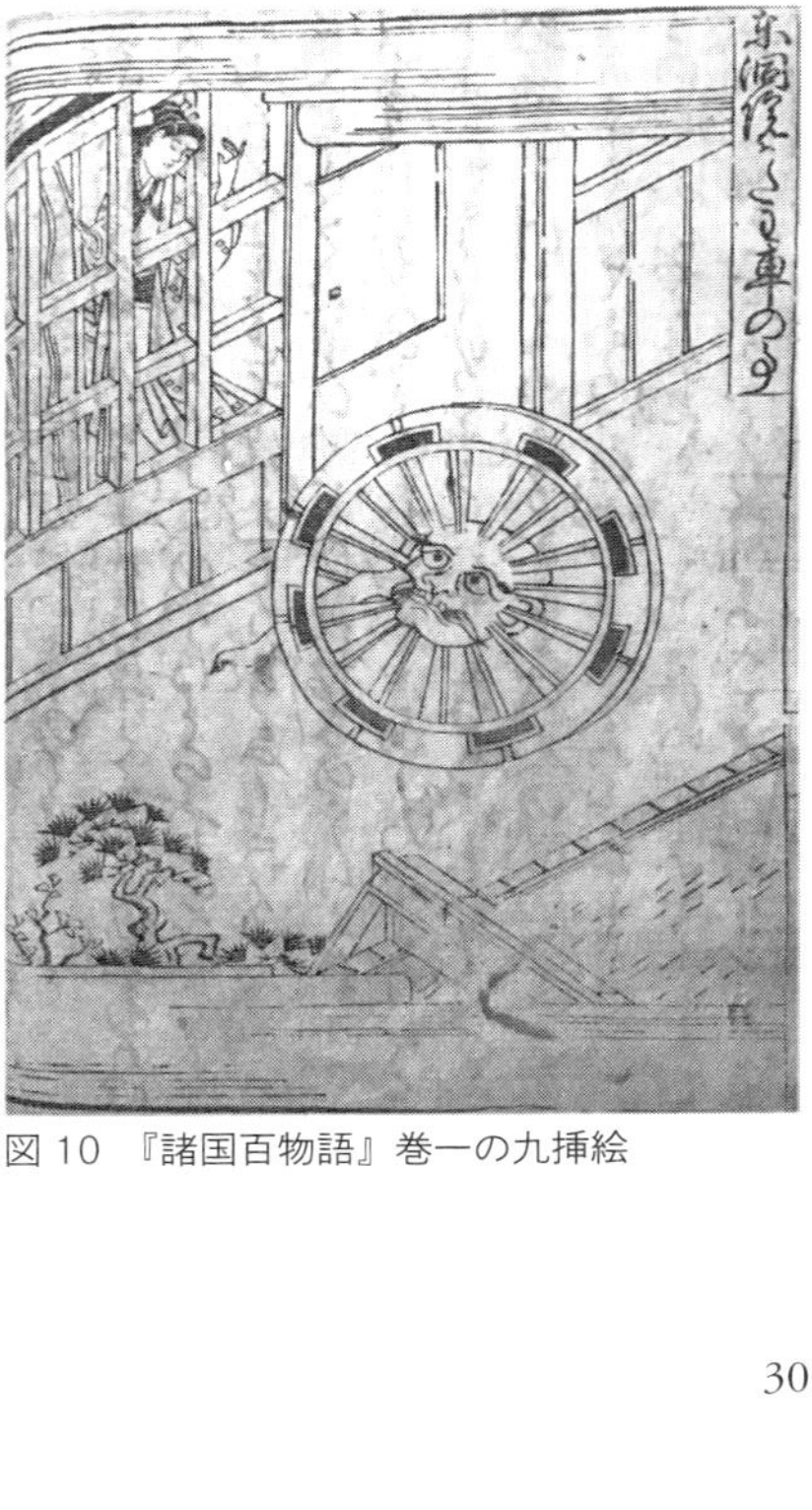

図10　『諸国百物語』巻一の九挿絵

役のイメージが強い。俗に「蚰蜒《げじげじ》」の異名を「梶原」と言うことから、「梶野々原蚰の怪」（③）では蚰蜒《げじげじ》の化物に描かれているが、⑨では対照的な慈悲深い男に作られているのが面白い。

「蝶鵆《ちどり》の怪」（⑩）［図8］は、富士の裾野に現れた巨大な蝶と千鳥の化物のことを記すが、これは『曾我物語』の曾我五郎、十郎兄弟のことである。五郎が蝶、十郎が千鳥の模様の衣装というのは曾我狂言の定番になっているが、これはもともと仇討ちの時、五郎が蝶、十郎が千鳥の直垂をしていた（『曾我物語』巻第九）ことに拠る。化物の描写に「さうしんはみの《蓑》ゝごとくのけをせうじ（略）しかをよせるひぐし《火串》かと思ふほどのたいまつをとぼし」云々とあるのは、仇討ち当日が富士の裾野の巻狩りであったことを踏まえた叙述であり、「このけものになじみたるとら」とあるのは十郎の愛人大磯の虎のことである。

「入道火焔と化怪」⑫［図9］は、京都六波羅の辺に高位の入道がいたが、悪逆非道の人だったので天罰を受け、体中火に包まれ、片輪車に乗って洛中を飛び歩いた。ある夜、一人の女房が子供を寝かしつけてから、戸の節穴よりこの片輪車の入道を覗き見ると、「おれを見るよりわが子を見よ」と入道が罵るので、わが子を確かめようとするうちに親子四人ともさらわれた、という話である。六波羅の高位の入道で、総身火焔になったと言えば、熱病で「あつち死に」した平清盛しかいない。同時に、本話が『諸国百物語』（延宝五年〈一六七七〉刊）巻一の九などに見える片輪車の話型を踏まえていることは明らかである。『諸国百物語』の挿絵の片輪車［図10］は炎をまとっていないが、『今昔画図続百鬼』（安永八年〈一七七九〉刊）巻之中「片輪車」［図11］のように、片輪車の図像のバリエーションには火焔を帯びたものも多い（片輪車の図像については今井秀和「妖怪図像の変遷」【注5】に詳しい）。清盛と片輪車を結びつけたのは、僧体であるというだけでなく、「熱（炎）」の連想であろう。清盛の怪談ダネとしては、物怪との目比べの説話（『平家物語』巻五「物怪之沙汰」）がとりあげられることが多いが、あつち死にから片輪車を着想した点が本作のアイディアといえる。

図 11　『今昔画図続百鬼』「片輪車」（部分）

以上、『武家物奇談』に収まる「怪武家物《ばけぶけもの》」の趣向の主なものを見てきた。基本的には、よく知られた武家説話を題材とし、それを怪談（化物ばなし）にこじつけていることがわかったと思う。「怪武《ばけぶ》

図12　『百鬼夜講化物語』「猴王」

図13　『絵本写宝袋』巻七「陳楠」

家物《けもの》」という二層化されたテキストには、それなりに読み解きの面白みがあり、各話の見立てとこじ付けの妙を楽しむものと言ってよい。そういった意味で、本作は黄表紙らしいウイットに富む物だが、豊国の画力もあって、化物画集としての興趣も兼ね備えている。何かを化物に見立てる趣向の黄表紙は『画本纂怪興』（寛政三年〈一七九一〉刊）、『化物和本草』（寛政十年〈一七九八〉刊）などの前例もあるが、本作の場合、対極的存在である武士で化物を表現するという点にアイロニーがあったと言えるだろう。

【三】……化物本と絵手本

なお、『武家物奇談』で『絵本写宝袋』が典拠として利用されているように、「絵手本」類の図案が読本・合巻などの挿絵に利用されることは珍しいことではない。化物絵本の類に限っても、例えば黄表紙妖怪画集の『百《ひやっ》鬼《き》夜《や》講《こう》化物語《ばけものがたり》』（天明五年〈一七八五〉刊）の下巻「猴王」（孫悟空）［図12］は、『絵本写宝袋』巻七に収載される仙人

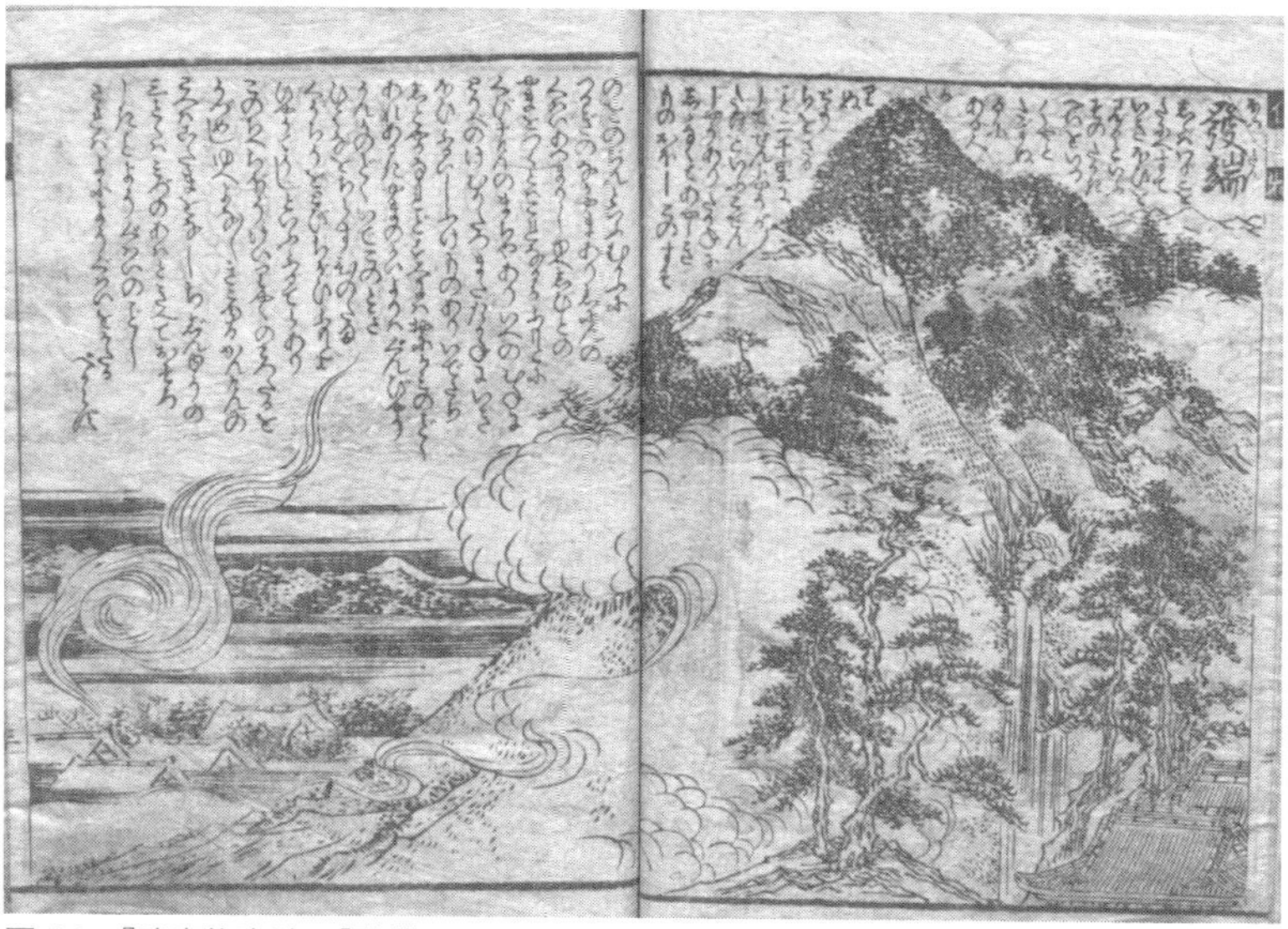
図 14 『武家物奇談』「発端」

「陳楠」［図13］の図案を下敷きに描かれているし、同書下巻「海蝙蝠」は、やはり橘守国の『絵本通宝志』（享保十四年〈一七二九〉刊）巻七「鴟吻」の絵を上下反転させてアレンジを加えた物と思しい。

ただし『武家物奇談』には、図案以外の面でも、『絵本写宝袋』が着想のヒントになったと思しき点が見受けられる。

『武家物奇談』「発端」［図14］には、「千丈嶽といふ古戦場」という異界の画とその情景描写（文）が置かれているが、「せんじやう（千丈・戦場）がだけ」、「首じっけん（実験・十軒）」、「ひやうじやう寺（寺名・戦評定）」、「ようぐはい（妖怪・要害）」など、戦場の縁語と化物の縁語を綴り合わせた戯文になっており、武家物・化物を抱き合わせにした本編の趣向を暗示するものになっている。そしてこの「発端」は『絵本写宝袋』巻二「頼光大江山入之図」（源頼光が大江山で鬼神を退治した話。本文に「丹州千丈嶽に鬼神住て万民をなやます」とある）、巻九「獅々子千丈嶽」（ただし図様は異なる）より着想したものと思われる。『絵本写宝袋』「頼光大江山入之図」は、頼光主従が鬼のテリトリーである千丈嶽へと踏み込んでいく場面を描いており、まさに数々の化け物話への「扉」に当たる「発端」の趣向に相応しいものとして、馬鹿山人は巻頭に千丈嶽を配したのではないか。

右に挙げた二作以外にも、橘守国は『絵本故事談』（山本序周編。正徳四年〈一七一四〉刊）、『絵本鶯宿梅』（元文五年〈一七四〇〉刊）、『絵本直指宝』（延享二年〈一七四五〉刊）等、多くの絵本・絵手本類を手がけている。画題分類や絵の解説を備えたそれらは、戯作者、画工にとって重宝な手本であると同時に、新たな図案やアイディアの源泉として活用されていたと考えられる。

【注】

1 加藤康子「『是ハ御ぞんじのばけ物にて御座候』について」（『叢』第二号、一九七九年）。

2 アダム・カバット『大江戸化物細見』（小学館、二〇〇〇年）。

3 余談ながら、図3の手前の妖怪は「出入りの太鼓医者ぶらりひょん」とされており、『化物の娵入《よめいり》』（文化四年〈一八〇七〉刊。一九作、勝川春英画）でもぬらりひょんは医者であった。私見では、鳥山石燕の『画図百鬼夜行』（安永五年〈一七七六〉刊）の「ぬらりひょん」が駕籠から出てくるのも医者（乗物医者）のイメージと思われるのだが（『画図百鬼夜行』のソースである狩野派の化物尽くし絵巻のぬらりひょんには、駕籠は描かれていない）、それが石燕の発案なのか、あるいは、それ以前からこの妖怪にそのようなイメージがあったのかは不明。

4 アダム・カバット『江戸化物草紙』（小学館、一九九九年。二〇一五年に角川ソフィア文庫より再版）所収。

5 小松和彦編『妖怪文化の伝統と創造』（二〇一〇年、せりか書房）所収。

【挿図出典・所蔵】

図1・6　早稲田大学図書館蔵本。

図2・3・5・7・8・9・12・14　国立国会図書館蔵本（『武家物奇談』は請求記号207-530）。

図4　東京都立中央図書館加賀文庫蔵本。

図10　架蔵本。

図11　スミソニアン図書館・文書館蔵本。

図13　国文学研究資料館蔵本（クリエイティブ・コモンズ 表示4.0ライセンス CC BY-SA）。

四章

石燕妖怪画の風趣

『今昔百鬼拾遺』私注

はじめに

鳥山石燕の妖怪画集四部作——『画図百鬼夜行』（安永五年〈一七七六〉刊）、『今昔画図続百鬼』（安永八年〈一七七九〉刊）、『今昔百鬼拾遺』（安永十年〈一七八一〉刊）、『画図百器徒然袋』（天明四年〈一七八四〉刊）——は、水木しげるの妖怪漫画などを介して、今日の日本人の「妖怪」イメージの原型の一つにもなっている。石燕の妖怪画については、稲田篤信、香川雅信、北城伸子、京極夏彦、高田衛、多田克己、横山泰子等による諸方面からの研究が備わる。究明すべきは石燕の作画の発想と論理であるが、石燕の妖怪画は未だ意図のよくわからないものも多く、個々の画について調査・分析を進める必要がある。四作品は作風も一様ではないが、本章では三作目に当たる『今昔百鬼拾遺』所載の妖怪画をとりあげ、所見を述べてみたい。

【二】………「ことば」の妖怪

1 泥田坊と古庫裏婆

「泥田坊《どろたぼう》」（『今昔百鬼拾遺』上之巻・雲）について、『鳥山石燕　画図百鬼夜行』（国書刊行会、一九九二年）所載『今昔百鬼拾遺』の解説（稲田篤信執筆。以下「稲田稿」とする）は未詳としているが、昨今はこの妖怪を石燕の創作とする見方が強まっている。特に狂歌師「泥田坊夢成《どろたぼうゆめなり》」こと紀州藩御殿医品川玄瑚《げんこ》をモデルにしたものであるという説が流布しており、これは京極夏彦の小説「泥田坊」【注1】中の言説等が元になっているようだ。同作が泥田坊夢成を品川玄瑚とするのは、もともと「日本小説作家人名辞書」（山崎麓『改訂日本小説書目年表』、ゆまに書房、一九七七年）の「泥田坊夢成」の項に基づくと思しいが、この説はすでに中村幸彦によって訂正を受けており、玄瑚は「泥田房」号をもつが夢成とは別人で、江戸の狂歌師鳴滝音人《なるたきのおとんど》（池沢権右衛門）が「泥田坊（房）夢成」である【注2】。モデル論の正否については尚検討を要するが、京極は前掲作品において「泥田坊」と諺の「泥田を棒で打つ」（「泥田に棒」、「泥田棒」とも言う。めちゃくちゃなこと、無益なことの喩え。転じて、ぐうたらなこと）との関係性にも言及しており、私も諺に着想したものと見てよいのではないかと思う。この諺は『雑俳語辞典』（明治書院、一九八二年）、『江戸語大辞典』（講談社、一九七四年）などにも登載され、「日よりとも雨ともこれは知れぬ也・こなた衆こそどろた棒たち」（宝永三年〈一七〇六〉刊・雑俳書『湯だらひ』）、「またつしゃれ今こそげては泥田坊」（宝永六年〈一七〇九〉刊・雑俳書『軽口頓作』。「泥田坊」と表記する）、「お前のやうな泥田棒ぢや始まらねえ」（万延元年〈一八六〇〉刊・人情本『春色恋廼染分解《しゅんしょくこいのそめわけ》』二編巻之下）などの用例がある。件の「泥田坊夢成」という狂名もこの諺のもじりと見てよかろう。『今昔百鬼拾遺』には「火間虫入道（文字遊びの「へまむし入道」の妖怪化）」（中之巻・霧）の画もあるが、これらは要するに擬人的な言葉（でく

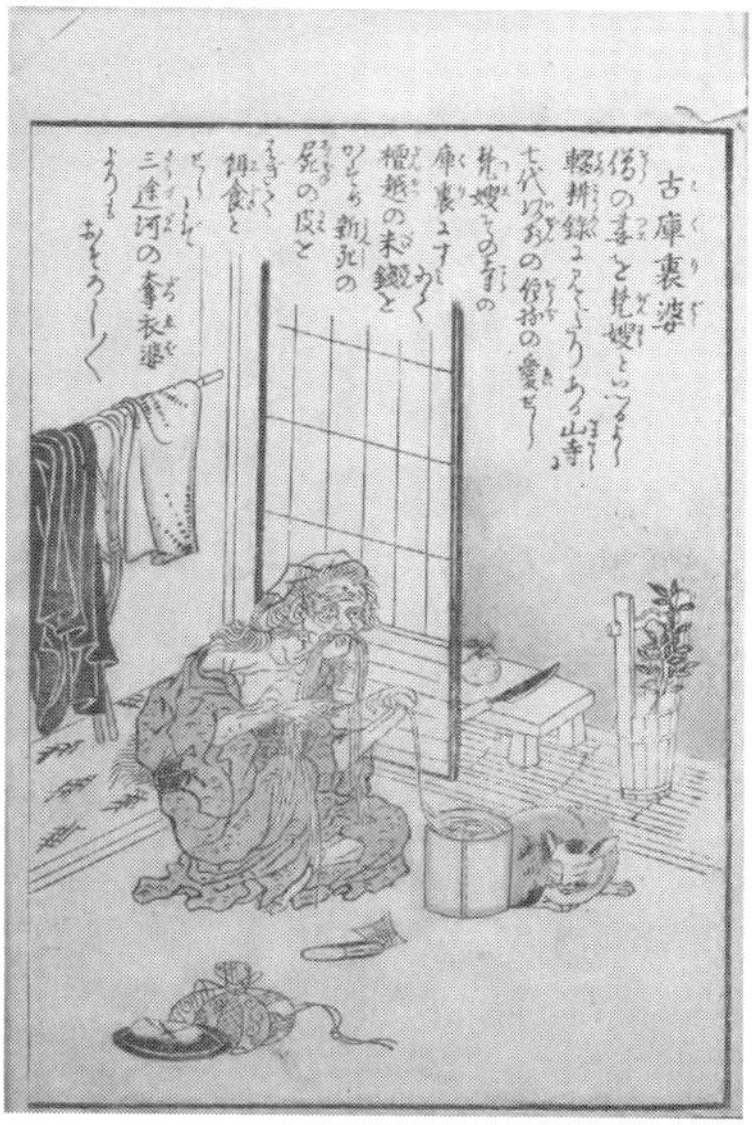
図１　『今昔百鬼拾遺』「古庫裏婆」

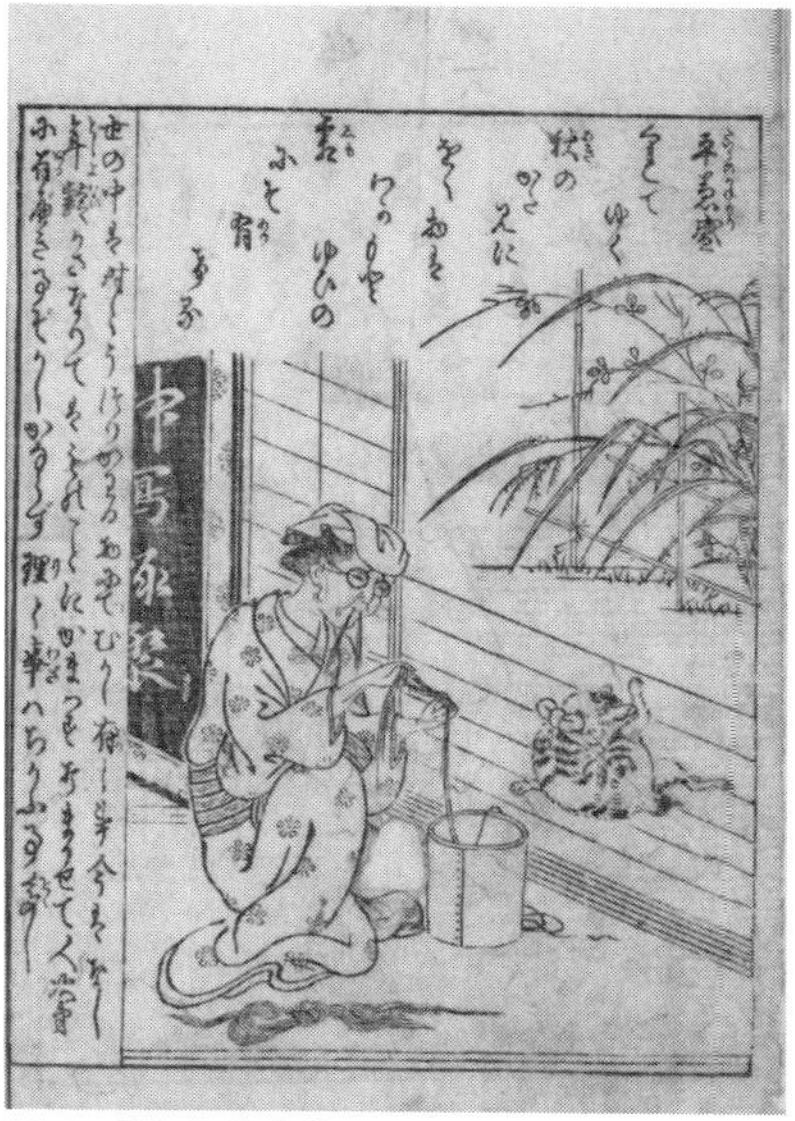
図２　『絵本花葛蘿』下巻

のぼう、きかんぼうなどと言うのと同じ）を妖怪に見立てたものである。

「泥田坊」の見開きの反対面は「古庫裏婆《こくりばば》」（上之巻・雲）［図1］であり、この絵については、『絵本花葛蘿《はなかつら》』（明和元年〈一七六四〉刊。禿箒子編・鈴木春信画）下巻所載の老女の画［図2］を妖怪に見立てたものであるとの信多純一の指摘がある【注3】。図様については信多説で動かぬと思われるが、内容については「古庫裏婆」なる妖怪伝承が確認できるわけではなく、不明とされてきた。詞書には、「僧の妻を梵嫂《ぼんさう》といへるよし、輟耕録に見えたり。ある山寺に七代以前の住持の愛せし梵嫂《つま》、その寺の庫裏にすみゐて、檀越の米銭をかすめ、新死の屍の皮をはぎて餌食とせしとぞ。三途河の奪衣婆よりもおそろしく〳〵」とあり、これは、見開き反対面の「泥田坊」と一対になって（石燕の妖怪画集には、見開き左右に何らかの意味で関連性〈類似、対照等〉のある妖怪画を配する傾向がある）、執着心から妖怪化した人間の夫婦（特に「坊」と「梵嫂」という僧侶の夫婦）という取り合わせになっているのではないか。また、「古庫裏婆」はネーミングが言葉遊びである点も「泥田坊」に通ずる。「古（年を経て妖怪化した)」と「庫裏婆(一般的には、寺の台所を預かる老女を言う)」とを組み合わせた造語と一応は解し得る(古い庫裏を意味する「コクリ」という熟語はない)。しかるに、このやや不自然な組み合わせによる「コクリ」という訓みは、鬼や恐ろしいものの喩えに用いられる「むくりこくり」(「蒙古高句麗」を宛てる。俳書『山の井』〈正保五年(一六四八)刊〉下巻冬部に、「節分は都の町のならはしに(略)夜にいればむくりこくりのくるといひて。せど門窓の戸などかたくさして」)を響かせたものではなかったか【注4】。すなわち、「古庫裏婆」の名には「鬼婆」のニュアンスが含まれるということである。

2 蛇骨婆と白粉婆

「蛇骨婆《じゃこつば》」(上之巻・雲)も正体の判然としない妖怪である。石燕の詞書は「もろこし巫咸国《ぶかんこく》は女丑《ぢょちう》の北にあり。右の手に青蛇をとり、左の手に赤蛇をとる人すめるとぞ。蛇骨婆は此の国の人か。或説に云、「蛇塚の蛇五右衛門といへるものゝ妻《め》なり。よりて蛇五婆《じゃごば》とよびしを、訛《あやま》りて蛇骨婆《じゃこつば》といふ」と。未詳。」というものだが、「或説」は故事付けめいており、そんな説があるのかどうかも怪しい。末尾に「未詳」などとしているのも、ことさらに考証めかした書き方をしているのではないか。「蛇骨婆【注5】」の名は歌舞伎の登場人物として、『金門五山桐《きんもんごさんのきり》』(初世並木五瓶作。安永七年〈一七七八〉四月、大坂角の芝居初演)、『壮《わかざかり》平家物語』(初世並木五瓶、四世鶴屋南北他作。文化三年〈一八〇六〉十一月、江戸市村座初演)、また黒本『(小栗/吹笛)乾局《いぬいのつぼね》』(鳥井清経画。明和五年〈一七六八〉刊)にも見える。『金門五山桐』の蛇骨婆は、貴人真柴久秋の許嫁である遊女九重の母を騙り、大炊之助館に金をせびりに来る乞食婆である【注6】。『乾局』は、小栗判官物の黒本であり、本作の蛇骨婆は、六浦に流れ着いた照手を養子娘として引き取った浦辺の太夫の妻である。照手の美貌を妬んで松葉燻《いぶ》しにする性悪な婆であり(図3参照)、これらから察するに、「蛇骨婆」とは邪慳な悪婆をイメージする名として用いられているように思われる。『金門五山桐』、『乾局』は成立が『今昔百鬼拾遺』に先行するので、石燕がこれらに直接ないし間接的に拠った可能性もあろうが、むしろ「蛇骨婆」は悪婆の称として当時ありがちなものであったと考えた方がよいかもしれない。老女を妖怪に譬る卑罵的呼称として、『日本国語大辞典（第二版）』には、「安達婆」「火車婆」「猫股婆」などの語が見られるが、近世には、徒名として「〜婆」という呼称を用いる慣習もあった。児買いの「金時婆」（『怪談御伽桜』三之巻「丹波の山猿」）、嫁いびりが酷いと評判の「荒浪婆」（寛政十二年〈一八〇〇〉刊『怪談破几帳』巻之四「荒浪婆」）などという類である。「蛇骨婆」と呼ばれる具体的なモデルがあったかどうかはわからないが、この呼称は芝居などを通じて、邪慳な老婆をイメージさせる呼称として、ある程度通行していたのではないだろうか。すなわち、老女の卑罵的呼称を妖怪として図像化したのが、石燕の「蛇骨婆」だということである。なお、『新編奇怪談』（宝暦二年〈一七五二〉刊）巻四「猪鼻山天狗《いのはなやまのてんぐ》」には、甲州猪鼻山の魔所に「一丈ばかりの鬼婆、白毛面背に振乱し、眼鏡のごとく口耳元へ裂たるが、左の肩をはだぬぎ、数十の蛇をつまみ切喰ひながら」現れる場面があるが、その挿絵のイメージは石燕の「蛇骨婆」に若干似ている（【三八〇頁】第四部二章図6。挿絵では蛇も二匹である）。江戸板の怪談書でもあり、石燕が参考にした可能性を指摘しておく。

図３　『乾局』。「蛇骨婆」が照手を松葉燻しにする図。

老醜を妖怪視する発想は、見開き反対面の「白粉婆《おしろいばゝ》」（上之巻・雲）にも通ずる。石燕は「おそろしきもの、しはすの月夜女のけはひとむかしよりいへり」（「白粉婆」詞書）と述べており、これは源氏物語注釈書の『河海抄』（貞治年間成）巻第九第十五に、「清

少納言枕草子　すさまじきもの　おうな（老嫗也）のけさう　しはすの月夜と云々」と見える（多田克己「絵解き画図百鬼夜行の妖怪」「白粉婆」、『怪』一八、二〇〇五年三月）【注7】。これは『譬喩尽』（天明五年〈一七八六〉刊）巻七にも「師走の月と老女の化粧《けはひ》とは冷《すさまじ》きものと　清少納言枕草子」と拾われており、「すさまじき物は老女の化粧して　師走の月の夜鷹にぞ出る」（狂歌本『由縁斎置土産』享保十九年〈一七三四〉刊）といった用例も見られる。このような「老女の化粧」という譬えを戯画化したのが本図であると見てよいのではないか。石燕が伝承としての「オシロイバアサン」（『改訂綜合日本民俗語彙』に所載。稲田稿の指摘）を知っていた可能性も否定し得ないが、いずれにしても、本図には石燕の「老い」への揶揄が込められていると見てよかろう。

3　機尋と蛇帯

「機尋《はたひろ》」（中之巻・霧）の画では、機織物が蛇身に変じた妖怪が描かれている。本図は、石燕の妖怪が、往々にして言葉（フレーズ）から発想されたものであることを示す好例と言える。機織に由来する「機尋」という妖怪の伝承があるわけではなく、この妖怪は浄瑠璃や歌舞伎などで、大蛇の巨大さを表す類型的表現である「二十尋《はたひろ》」（約三十六メートル）から着想されたものと見てよかろう。本図の詞書にも「その一念はたひろあまりの蛇となりて」とあるが、以下、時代順にいくつか用例を掲げておく（傍点は近藤による）。

「かの太刀、刀を取りて、しばしも楽しまん」とて、後ろの浜へ行き見れば、太刀は二十尋《はたひろ》の大蛇《だいじゃ》と現じ、刀は小蛇となって、近づく者を呑まんと追つかくる

（『浄瑠璃十二段草紙』十一段。御伽草子。室町中期以降成）【注8】

「今御門のなんのすくはんため、かりにすがたをあらはしたり。うたがいおさんぜよ」とそのたけはたひろの大じやとなり、しんぜんゑんへぞいり給ふ

（『宇治の姫切』六段。浄瑠璃。岡清兵衛重俊作。明暦四年〈一六五八〉刊）

「いで本身を現し、雑人輩を退治せん」と廿尋《はたひろ》の大蛇となり、悪人を滅し、神体氷川の明神と拝まれ給ふぞありがたし

（『関東小禄』四番目。歌舞伎。作者未詳。元禄十一年〈一六九八〉三月江戸中村座）【注9】

いづくに恨の有るべきぞと。祈り祈られかっぱとまろぶと見えけるが。二十尋《はたひろ》あまりの大蛇《じや》となって角をふり立て。うろこを鳴らし夫をめがけて。鐘にむかってつく息は。猛火となって立ちのぼり

（『用明天王職人鑑』三段。浄瑠璃。近松門左衛門作。宝永二年〈一七〇五〉十一月大坂竹本座）【注10】

母が転寝《うたたね》の夢妄想に、二十尋《はたひろ》のうはばみ鼻の穴へたくり込むと見て、忽ちつっ孕んで

（『男伊達初買曾我』三幕。歌舞伎。宝暦三年〈一七五三〉一月江戸中村座）【注11】

「機尋」と同じ巻に載る蛇系統の妖怪に、「蛇帯《じやたい》」（中之巻・霧）がある。蛇と帯の形状の連想から生まれた妖怪だろうが、近世の説話や演劇に「帯が蛇となる」モチーフが多く見られることは、堤邦彦『女人蛇体―偏愛の江戸怪談史』（角川学芸出版。二〇〇六年）の第三章Ⅰ・Ⅱに詳細である。ただし、本図の「蛇帯《じやたい》」というネーミングは石燕によるものであり、これはやはり「蛇体《ジヤタイ》」を掛けると思しい。謡曲『道成寺』の詞章にも、「あれ見よ蛇体《じやたい》は。現れたり」【注12】と見える。また本図の詞書に、「妬る女の三重《みえ》の帯（近藤注・もの思いのために痩せ、一重の帯を三重に結ぶことをいう）は、七重にまはる毒蛇ともなりぬべし」とあるが、これも『道成寺』の、女が毒蛇になって鐘を七巻したという下り（「一念の毒蛇となつて。川を易々と泳ぎ越し（略）鐘の下りたるを怪しめ。竜頭をくはへ七まとひ纏ひ」）を踏まえるものであろう。石燕の妖怪画が謡曲に多く依拠していることについては次節で述べるが、「蛇帯」にも、『道

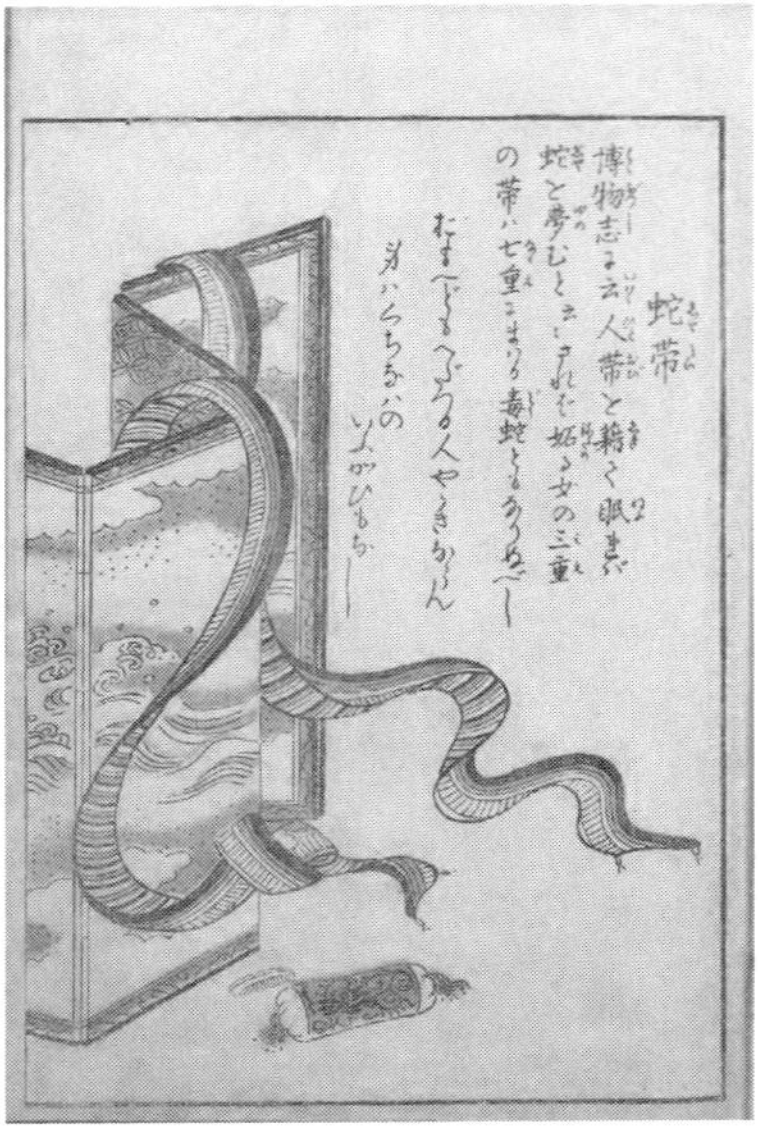

図４　『今昔百鬼拾遺』「蛇帯」

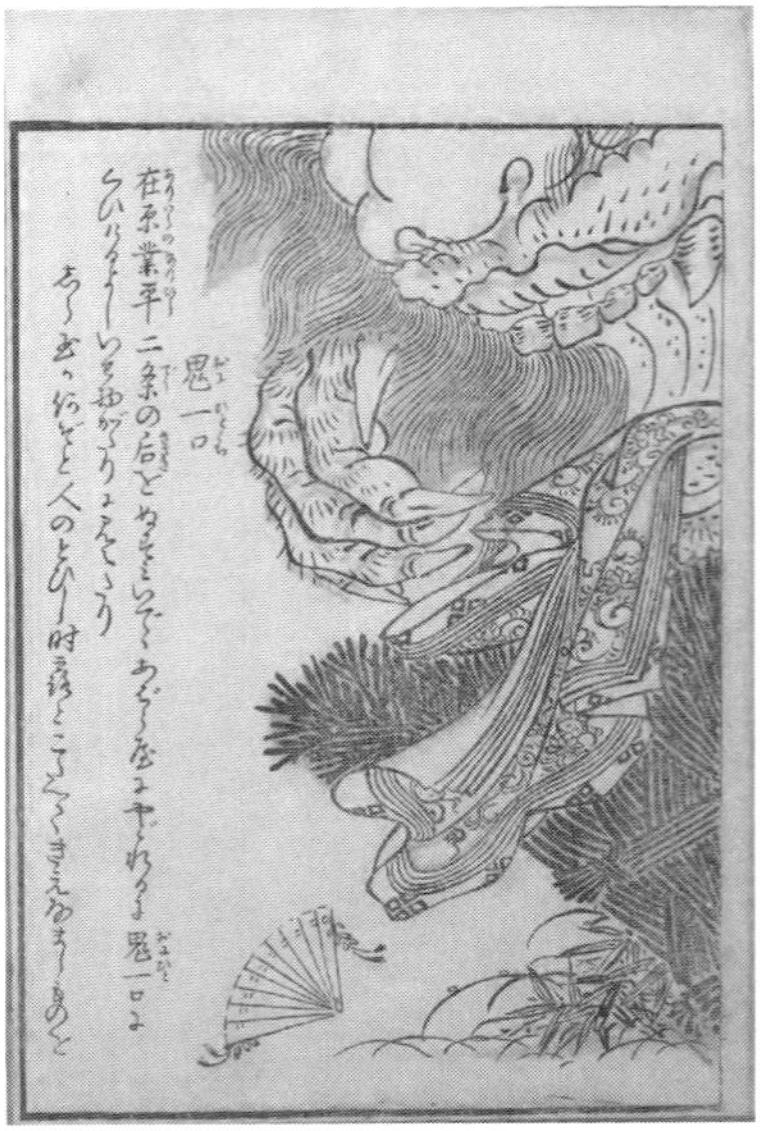

図５　『今昔百鬼拾遺』「鬼一口」

成寺』の面影が宿ると思しく、蛇帯の掛かる屏風絵（波濤を描く。図4参照）も、毒蛇が渡った日高川に見立てたものか。

4　鬼一口

昨今では石燕妖怪画の「言葉遊び」的性格の解明が進んでおり、右に挙げた「古庫裏婆」や「機尋」、「蛇帯」なども同音異義（掛詞）性を持つということでは、その類に入るだろう。香川雅信は、石燕妖怪画のかかる性格と、石燕の俳諧・狂歌作者としての資質との関連性を示唆しているが（『江戸の妖怪革命』第三章「『画図百鬼夜行』とパロディ」、河出書房新社、二〇〇五年）、本章に見てきた妖怪画にも、俳諧的な「ことば」への拘りとセンスが強く感じられる【注13】。「泥田坊」や「機尋」などは、おそらくは言葉から着想された妖怪であり、諺や謡曲、浄瑠璃等で知られるフレーズを異化（俳諧化）したものにほかならない。「鬼一口《おにひとくち》」（中之巻・霧）［図5］もそういった類であり、これは詞書に明示される通り、『伊勢物語』

六段の芥川説話を絵画化したものである。しかし問題は、この画が「鬼一口」と題されていることであり、石燕の興味はこの題名に端的に表れているように思われる。「鬼一口」というフレーズは近世にはことわざ化（いともたやすいことをいう）していたが【注14】、石燕は日常語に潜む「鬼」に興趣を感じ取り、それを誇張的に視覚化（絵画化）して読者に投げかけている。石燕において、妖怪（画）を創る行為は、言葉の発見と結びついていた。

【二】……石燕妖怪画の「雅」と「俗」

1　青行灯

『今昔百鬼拾遺』の特徴の一つとして、『源氏物語』や『平家物語』のような古典文学や、これらを本説とする謡曲に多く取材する点が指摘されている（稲田篤信「妖怪の名」、『名分と命禄　上田秋成と同時代の人々』第二部第二章。初出は二〇〇二年）。謡曲は近世武士・町人の基本的教養であり、石燕も「紅葉狩《もみぢがり》」（『今昔百鬼拾遺』「霧」の巻）の詞書に、「余五将軍惟茂《よごしやうぐんこれもち》、紅葉がりの時山中にて鬼女《きぢよ》にあひし事、謡曲にも見へて皆人のしる所なれば」（傍点は近藤）と記している。特に石燕の画には、「雅」（古典）の題材と「俗」（当代）【注15】の素材とを組み合わせることで、趣向を複雑化しているものが少なくない。本節では、そのような作をいくつかとりあげてみたい。

「青行灯《あをあんどう》」（中之巻・霧）の画は、「灯《ともしび》きえんとして又あきらかに、影憧々《どう〳〵》としてくらき時、青行灯といへるものあらはるゝ事ありと云。むかしより百物語をなすものは、青き紙にて行灯をはる也。昏夜《こんや》に鬼《き》を談ずる事なかれ。鬼を談ずれば、怪《くはい》いたるといへり」という詞書の通り、「百物語」という怪談習俗と関連づけて説明されることが多い。

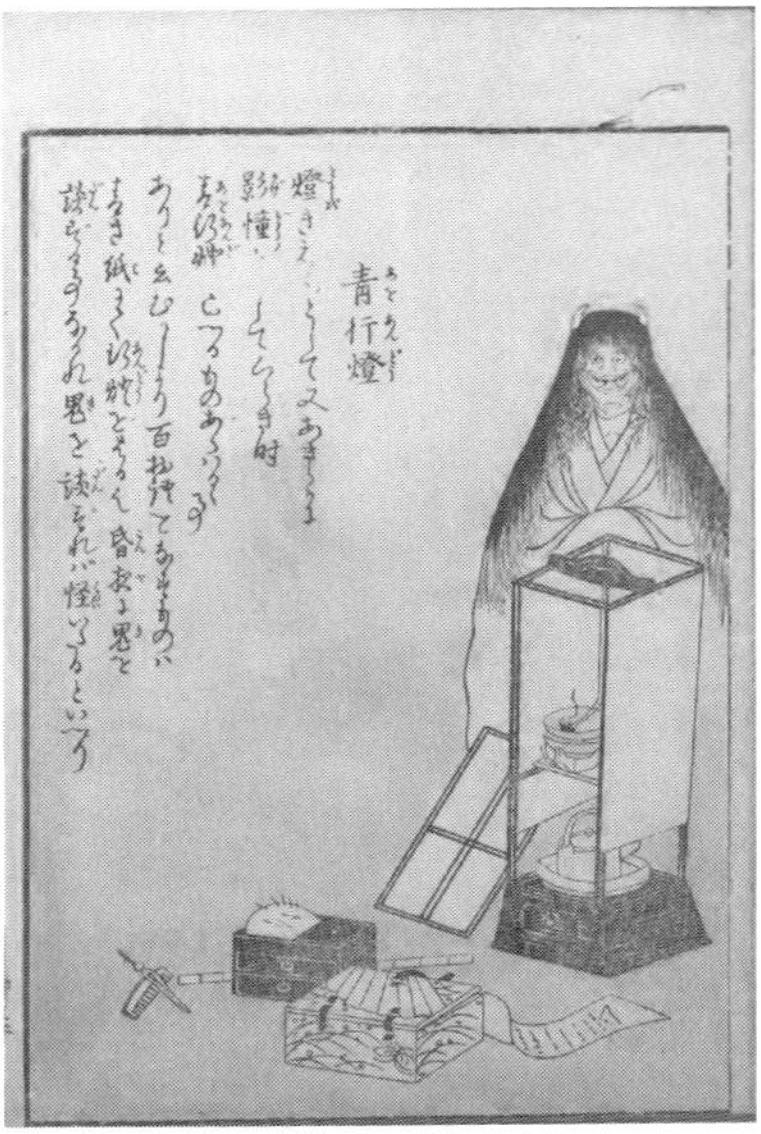

図6 『今昔百鬼拾遺』「青行灯」

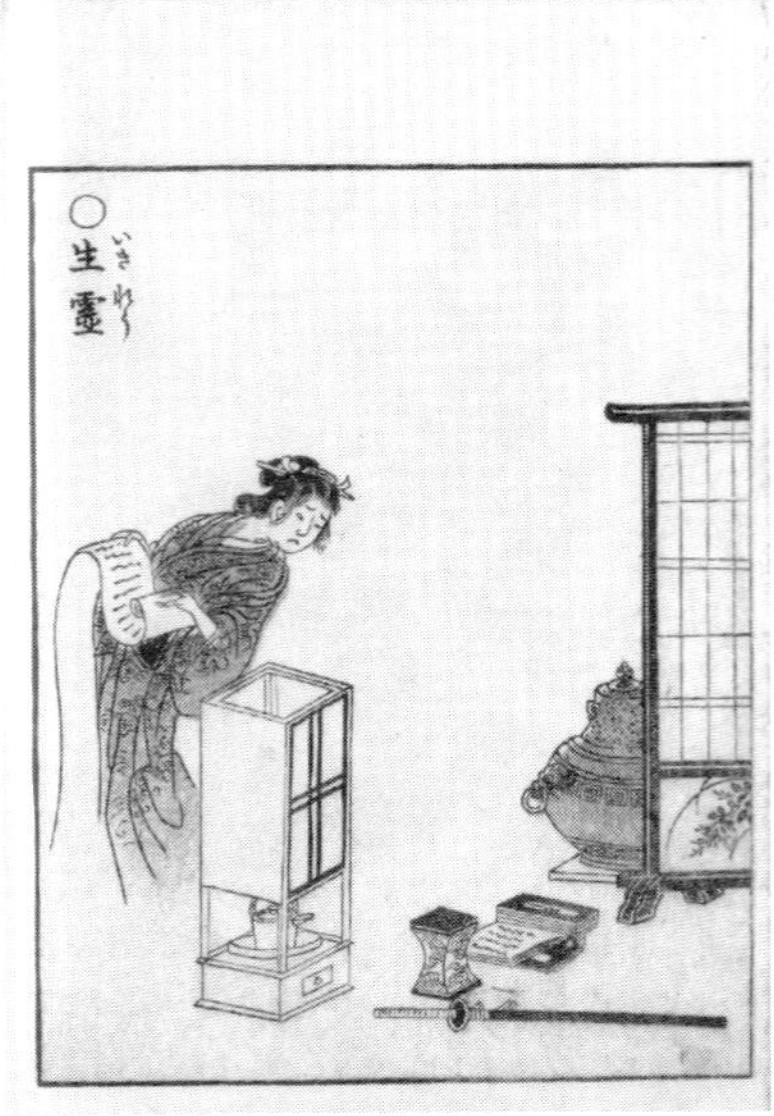

図7 『画図百鬼夜行』「生霊」

「百物語」は確かに本図の主題の一つであるが、ここでは絵に描き込まれたモノに着目してみたい（図6参照）。行灯の前に置かれた裁縫道具に櫛、簪、そして文函からはみ出した手紙は、行灯の下で、夫が他の女へ送ろうとした、ないしは他の女から貰った恋文を読んだ本妻が嫉妬の念に駆られた状況【注16】を暗示する。このことは、石燕の同趣の画である「生霊《いきれう》」（『画図百鬼夜行』前編・陽）を参照するとわかりやすいだろう（図7参照）。嫉妬の生き霊と言えば、『源氏物語』の六条御息所が想起されるが、六条御息所の生き霊の登場する謡曲に、『葵上』（『源氏物語』「葵」を本説とする）がある。同曲では後シテが六条御息所の生き霊を「般若」の面で演じるが、「青行灯」の、行灯の背後に浮かび上がる鬼の風貌は、般若を思わせるところがある。本図が能の怨霊物のイメージを媒介にしているかどうかは尚検討の余地があろうが、少なくともここで嫉妬の執心が主題化されていることは疑いない。

2　あやかし

「あやかし」とは、「惣て船中にてあやしき事の有をあやかしと云也。怪《アヤカシ》と書。『雑々拾遺』に妖怪《アヤカシ》と書」（明和九年〈一七七二〉刊『謡曲拾葉抄』巻十三「船弁慶」）【注17】とある通り、本来は海上で経験される怪異の総称である。水死者や舟幽霊の類をそう呼ぶこともあるが（宝暦頃成『怪談老の杖』巻之二「化物水を汲」など）、むしろ博物学的に、海の生き物としてこれを捉えた文献も少なくない。船の運航が妨げられる時、海中の動物の所業と考えられ、「小判鮫」（宝暦九年〈一七五九〉刊『広倭本草』別録巻下雑部）、「蛸」（文禄年間成『義残後覚』巻四「大蛸の事」）などの動物が「あやかし」の正体に擬せられたわけである。『今昔百鬼拾遺』「あやかし」（中之巻・霧）［図8］の「西国の海上に船のかゝり居る時、ながきもの船をこえて二三日もやまざる事あり。油の出る事おびたゞし。船人力をきはめて此油をくみほせば害なし。しからざれば船沈む。是あやかしのつきたる也」という説明も、随筆『譚海』巻九（天明末～寛政初の執筆記事）や『耳嚢』巻三（天明末～寛政期の執筆記事）等に見える「いくじ」ないし「いくち」と呼ばれる海蛇風の珍獣の伝承に拠っているようである（柴田宵曲『随筆事典　奇談異聞編』、一九六一年）。ただし、前掲『広倭本草』に、「博山魚　和名アヤカシ。一名小判魚。余嘗テ著ス所ノ『班荊間譚』ニ載セテ云フ。小判魚。一名阿薬葛失《アヤカシ》。安宅ノ海中ニ生ズ。大ナルハ三四尺。小ナルハ尺許リ。（略）時ニ或イハ群集シテ船底ニ粘シテ、進ムコトヲ得ザラシム。甚シキハ舟ヲ覆スニ至ルト云（略）今西海尤モ多シ。船弁慶ノ謡ニ、

図8　『今昔百鬼拾遺』「あやかし」

「此船ニハアヤカシガ付テ候」ト云シハ。此魚ノコトナリ。俗ニ平家ノ亡魂ナリト云ハ誤ナリ。昔ヨリ有ル魚ナリ」とあるように、「あやかし」と言えば、謡曲『船弁慶』の右の場面が古来有名であり、そのためこれを「平家ノ亡魂」と結びつける俗説もあった。石燕の「あやかし」においても、『船弁慶』ひいては知盛の怨霊などが連想されてしかるべきであるが、この画の詞書はそれらには一切触れず、むしろ当代の随筆に見られるような、珍獣的なあやかし（いくち）の情報を示すのである。しかし絵において、石燕は珍獣的な「あやかし」を描きながら、平知盛のイメージをも潜在させている。謡曲『碇潜《いかりかずき》』は、知盛の幽霊が船の碇を戴き入水する様子を描くが、この趣向は、同曲や『船弁慶』に拠った『義経千本桜』（浄瑠璃。延享四年〈一七四七〉十一月大坂竹本座初演）の「碇知盛」（二段目「渡海屋」「大物浦」の通称）でもよく知られている。そして『今昔百鬼拾遺』「あやかし」の船の中央部に描かれた大きな碇も、平知盛を暗示すると見てよいのではないか。すなわち、本図においても民間伝承的（ないし博物学的）な世界と古典の世界とが重層化されている。

3　煙々羅

「煙々羅《ゑん〳〵ら》」（上之巻・雲）という妖怪画［図9］の詞書には、「しづが家《や》のいぶせき蚊遣《かやり》の煙《けぶり》むすぼゝれて、あやしきかたちをなせり。まことに羅《うすもの》の風にやぶれやすきがごとくなるすがたなれば、烟々羅《ゑん〳〵ら》とは名づけたらん」とあり、賤が家から立ち上る煙の妖怪を描く。画中、賤が家の手前に繁茂する植物の蔓に、瓢箪形の実（図10参照）が生っている点に着目したい。今日の植物学ではヒョウタンはユウガオの変種とされ、『和漢三才図会』（正徳二年頃成）巻百「蓏菜類」の「苦瓠《ひょうたん》」の項目も、「苦瓠〈俗に瓢箪という〉は壺盧《ゆうがお》と同類の別種」【注18】とする。ただし同書によれば、俗に「ゆうがお」の称は「長瓠、懸瓠、匏瓜、蒲盧（瓢箪）」等の総称として用いられていたようで、俳

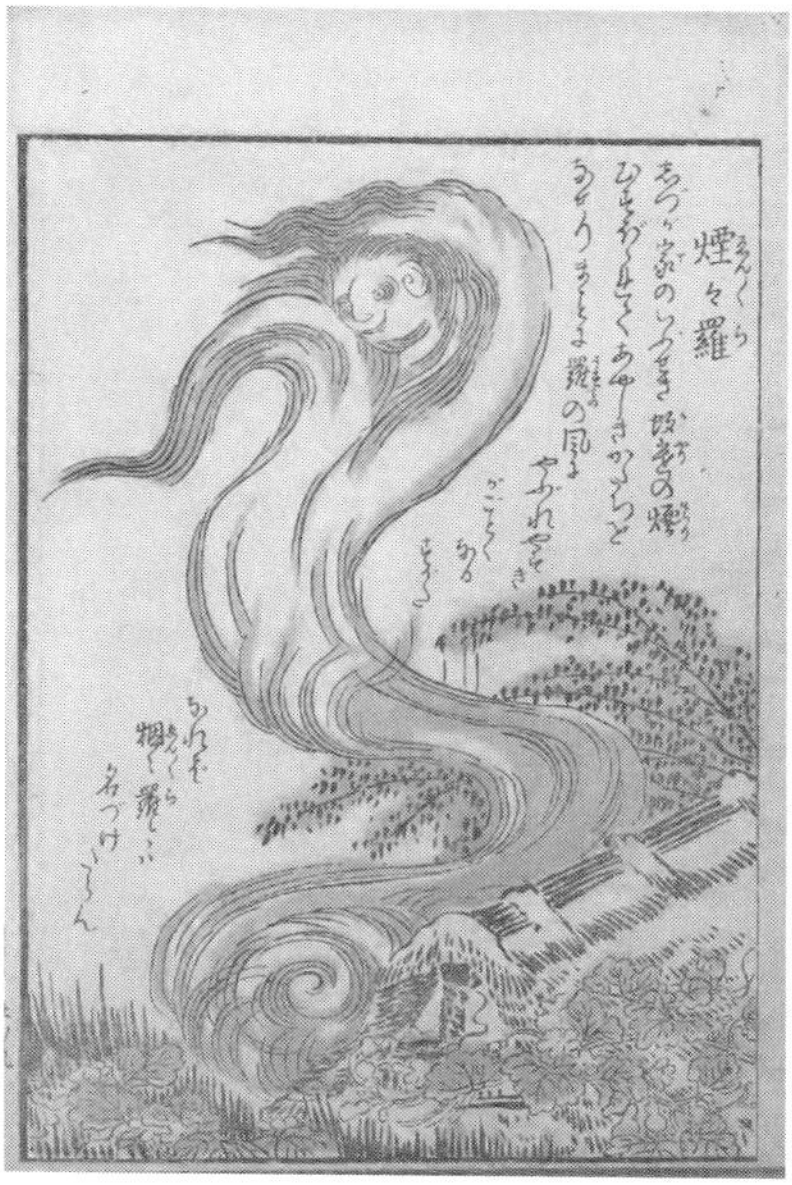

（右）図９　『今昔百鬼拾遺』「煙々羅」
（上）図10　「煙々羅」のしづが家の夕顔（拡大図）

諧歳時記の『滑稽雑談』（正徳三年〈一七一三〉成）にも「夕顔」をとりあげて、「或は長瓠《ながひさご》又懸瓠、匏壺、蒲盧、これらの種類、皆夏日に花咲てみのる。この花みな昼は萎みて夕は開く。故に夕顔の花と称す。此類通じて夕顔の花と呼べども、其愛すべきは蒲盧《ひやうたん》の花なるべし。源氏物語の夕顔の宿りも、蒲盧と心得べき歟」【注19】（傍点近藤）と言う。『源氏物語』「夕顔」を本説とする謡曲『半蔀《はじとみ》』でも、蔀屋の作り物を瓢箪で飾り付ける（詞章にも「さながら宿りも夕顔の。瓢箪しばしば空し」とある）。従って、「煙々羅」に描かれているのも「賤が家の夕顔」と見てよいのだが、その直接の典拠は『源氏』の「夕顔」ではなく、『徒然草』十九段「六月の比、あやしき家にゆふがほの白く見えて、蚊遣火ふすぶるもあはれなり」であろう【注20】。石燕は後に『画図百器徒然袋』で『徒然草』を素材とする妖怪画集を作ることになるが、本図にその片鱗が見えるわけである。本図は、「あはれなる」風情とされた賤が家の蚊遣火の煙を妖怪へと転じたものであり、古典的情趣の俳諧化を試みたものと見てよかろう。

4 雨女

「雨女《あめおんな》」（中之巻・霧）に石燕が付した詞書は「もろこし巫山《ふざん》の神女《しんぢょ》は、朝には雲となり、夕《ゆうべ》には雨となるとかや。雨女もかかる類《たぐゐ》のものなりや」というものである。『改訂綜合日本民俗語彙』によれば、「アメオンバ」という妖怪伝承が長野県下伊那郡に伝わるようだが、「雨女」という妖怪伝承があったかどうかは未詳である。しかし、石燕のモチーフが奈辺にあるかは、雨女の手前に描き込まれた「誰也行燈《たそやあんどん》【注21】」に明らかだろう（図11参照）。誰也行燈は吉原風俗の一つで、妓楼の店先に立てられた屋根付の行灯である。つまり、石燕の「雨女」は女郎を妖怪に見立てたものであり、雨を舌でなめるポーズもセクシュアルな連想をともなうものと思われる。「雲雨」、「朝雲暮雨」などは男女の交情を表す熟語だが、これらの出典は、詞書に見える「もろこし巫山の神女」の故事である。すなわち、稲田稿に示される通り、宋玉の「高唐賦」（『文選』）に見える、楚の懐王が夢で巫山の神女と契ったという話であり、この神女が王との別れ際に、「妾は巫山の陽《みなみ》、高丘の阻《そ》に在り。旦《あした》に朝雲と為り、暮れに行雨と為る」と言ったというのである。石燕は吉原の女郎をこの唐土の神女に比した。女郎を妖怪に見立てる発想は、黄表紙などにもしばしば見られ、時に下卑た表現にもなりかねないものだが、これを詩文の世界に取り合わせたところに石燕の雅趣がある。なお、「雨女」は前掲「青行灯」の反対面に配されており、この見開き（二図）では、「嫉妬」と「好色」という、女性の妖怪化する二大契機が一対になっている。

図11 『今昔百鬼拾遺』「雨女」

5　小袖の手

「小袖《こそで》の手《て》」（中之巻・霧）は、「唐詩に、「昨日施レ僧裙帯上《さくじつさうにほどこすくんたいのうへ》　断腸猶繋二琵琶絃一《だんちやうすなをびわのいとをかけしことを》」とは妓女《うかれめ》の亡《うせ》ぬるをいためる詩にして、僧に供養せしうかれめの帯に、なを琵琶の糸のかゝりてありしを見て、腸《はらはた》をたちてかなしめる心也。すべて女ははかなき衣服調度に心をとゞめて、なき跡の小袖より手の出《いで》しをまのあたり見し人ありと云」という詞書をもつ［図12］。ここには唐の朱褒の詩として伝わる「魂帰廖廓魄帰泉。只住人間十五年。昨日施僧裙帯上。断腸猶繋琵琶絃」（『全唐詩』巻七三四「悼楊氏妓琴弦」【注22】）の後半部が引かれているが、これとは別に、本図の典拠と推測される作に、『続向燈吐話』（元文五年〈一七四〇〉資等序）巻七「衣桁にかけし小袖より手を出す事」がある。

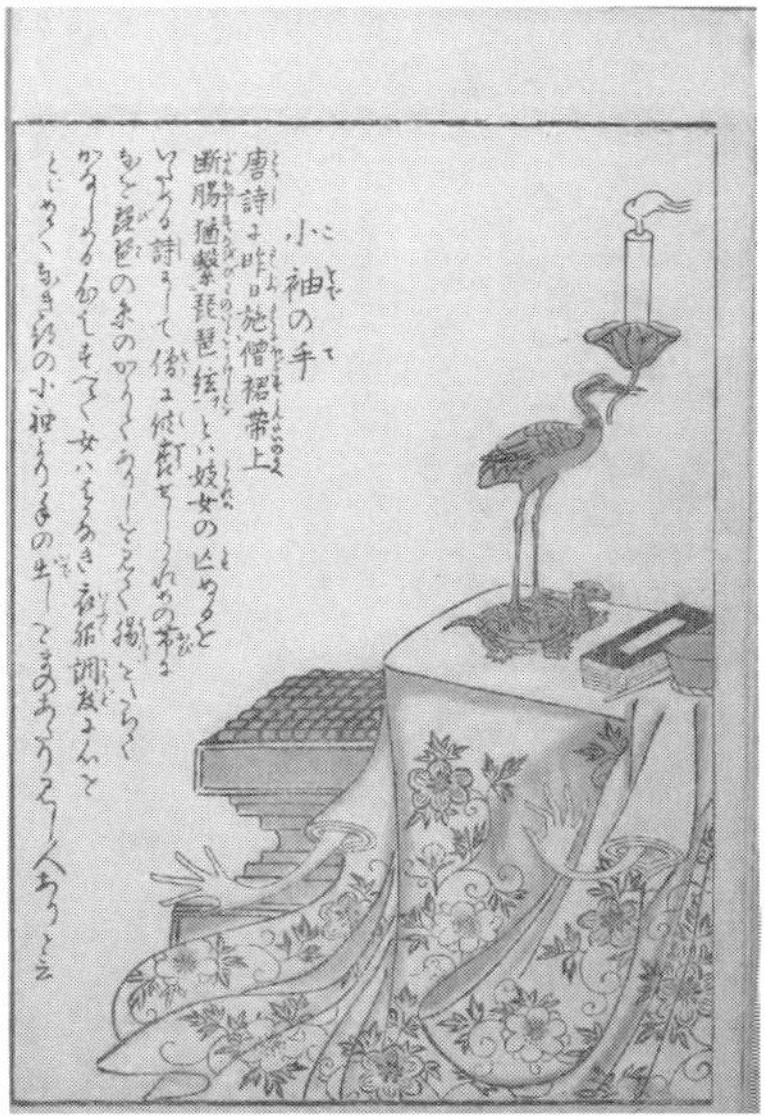

図12　『今昔百鬼拾遺』「小袖の手」

これは愛宕の旗本の奥に勤めるつぼねが、古着の行商人から買い取った小袖に、以前の持ち主（密通して成敗された女）の執心が留まっており、袖から手を出したという話である。『続向燈吐話』（および『向燈賭話』【注23】）は写本で伝わる怪談書だが、静観房好阿はこれらを種本にして怪談集『諸州奇事談』（寛延三年〈一七五〇〉刊・作）を編集しており、右の話も、ほとんど原話のまま「執着の小袖」（『諸州奇事談』巻二）としてリライトしている。『諸州奇事談』は江戸で刊行された刊本であり、かつ改題した後印本も複数あるので、石燕が見たのはそのうちのどれかである可能性が高い。また、古着から手が出る類話も散見し、『怪談御伽猿』(明和五年〈一七六八〉刊・大江文坡作)巻四「衣桁の小袖より手をいだし招く事」もその一つだが、石燕の画の興趣は、むしろこちらに近いところもある。同話は、十六歳で病死した若妻の小袖を檀那寺に納めると、寺の衣桁に掛けられていた小袖から手が出たというもので、おそらくは「執着の小袖」または「衣桁にかけし…」の改作であろう。が、原話が話の背景に密通者の成敗という陰惨なものを置いているに対し、「衣桁の小袖より手をいだし招く事」の方は、むしろ十六歳の若さで死なねばならなかった妻女の悲劇性を強調している。またこの話からさらに遡って連想されるのが、『好色五人女』(貞享三年〈一六八六〉刊)巻四「恋い草からげし八百屋物語」の「大節季はおもひの闇」であり、お七が吉祥寺で「いかなる上臈か世をはよふなり給ひ、形見もつらしと、此寺にあがり物」の小袖を見て無常を感ずる場面である。命のはかなさと死の悲しみを象徴する「遺品」の存在感、夭折した女性の悲哀というモチーフ(これはお七自身の悲劇性と繋がっている)は、石燕の「小袖の手」にも通ずるものがあるのではないか。石燕がこの画に、件の唐詩――十五歳の若さで亡くなった妓女の死を悼み、「昨日僧に布施した妓女の帯に、まだ(彼女の弾いた)琵琶の絃が残っているのを見ると断腸の思いだ」と、痛切な感情を詠じた詩――を取り合わせた意図もそこにあるように思われる。「小袖の手」のイメージの嫋やかさ、開いた手の弱々しさが、執念よりも哀れさを漂わせるゆえんである。

ところが視点を変えると、この画には詞書の「哀れさ」とは真逆の「おかしさ」も見えてくる。画中に描き込まれているのは、鈴、経、鶴亀の燭台、常香盤といった仏前の備えであり、小袖が前机(仏具を置く机)の敷蔽いに使われているところが本図の趣向であろう。「恋い草からげし八百屋物語」にも見られるように、故人の衣類を寺に寄進することがあり、供養のために旛や天蓋などに仕立て直して奉納する慣習もあった。本図の小袖もその種の奉納品と思しく、持ち主の成仏を祈念され、仏具として再生された――はずであったものが、化けてしまった(物欲未だ果てずということか)という、アイロニカルな図案にも見えるのである。

おわりに

飯島虚心著『浮世絵師歌川列伝』（畝傍書房、一九四一年）「歌川豊広伝」に、次のような言説が見える。「無名氏曰く、古えの浮世絵を善くするものは、土佐、狩野、雪舟の諸流を本としてこれを画く。（略）中古にいたりても、鳥山石燕のごとき、堤等琳のごとき、泉守一、鳥居清長のごとき、喜多川歌麿、葛飾北斎のごとき、亦みな其の本とするところありて、画き出だせるなり。故に其の画くところは、当時の風俗にして、もとより俗気あるに似たりといえども、其の骨法筆意の所にいたりては、依然たる土佐なり、雪舟なり、狩野なり。俗にして俗に入らず、雅にして雅に失せず。艶麗の中卓然として、おのずから力あり」。この趣旨は「本絵（石燕の場合、狩野派）」の骨法を基礎に持つものは、浮世絵を描いてもおのずから俗に堕ちない（かつ雅に失することもない）ということだろうが、本稿ではまた別の角度から、風雅にして軽妙洒脱な石燕の画境に分け入ることができたように思う。「俗」の素材も、古典や詩文の世界と溶け合うことで俗臭を脱する。一方で、古典を題材とする妖怪画には、風雅世界の妖怪化（俳諧化）も見られる。いずれにしてもこれらは「雅俗融和」【注24】の産物と言えるだろう。「人魚《にんぎょ》」（上之巻・雲）は浮世絵風の美女ではなく、異獣として描かれ、平清盛が髑髏の群れと睨み合った怪事件（『平家物語』巻五「物怪之沙汰」）も、子供の遊び（「目競」。にらめっこの意）に見立てられる（下之巻・雨「目競《めくらべ》」）【注25】。それが古典的規範や大衆的なイメージに落着しようとしない、ウイットに富んだ『今昔百鬼拾遺』の魅力なのである。

【注】

1 『小説現代五月増刊号 メフィスト』(二〇〇〇年五月) 所載。後『今昔続百鬼 雲』(講談社ノベルス、二〇〇一年) 収載。

2 中村幸彦「洒落本の作者」(中央公論社『中村幸彦著述集第十四巻』所収。論文初出は一九四八年)。

3 信多純一『にせ物語絵 絵と文 文と絵』「春信と『和漢朗詠集』」(平凡社、一九九五年)。なお信多論文では、鈴木春信のこの絵が『絵本倭比事』(寛保二年刊。西川祐信画) 巻九「蜷川智蘊妻」図に拠っていることも指摘されている。図様からは、石燕が見ていたのは春信の『絵本花葛蘿』の方であると判定される。

4 妖怪狂歌集「月下之柳」(ウェブサイト雨月妖魅堂のコンテンツ。http://mouryou.ifdef.jp/moonlit.htm) に、「古庫裏婆」の歌(「古庫裏にむくりこくりと住む姥は 三途の河の婆よりおそろし」) があり、「むくりこくり」の語に解説を付していた(二〇二二年現在、解説は確認できない)。「むくりこくり」については、今井秀和「モクリコクリについて」(『日本文学研究』四七、二〇〇八年二月) にも詳細である。なお、多田克己は古庫裏婆に関して、真宗で僧侶の妻を「御庫裏」ということに言及しているが(「絵解き 画図百鬼夜行の妖怪(四)」『怪』第参号、一九九八年八月)、その場合、読み方は「オクリ」となる。

5 そもそも「蛇骨」とは、文字通り蛇の骨を言うこともあるが、『雲根志』上巻に「蛇の骨の化せし物といふはあやまり也。土中に産して白く骨に似たる石也」云々と言うように、「珪華」(温泉沈殿物からできたたんぱく石の一種) を俗に「蛇骨」と呼び、薬用に用いられていた。

6 ただし、筋書き上は、この蛇骨婆は、実は善玉の人物が悪に扮したものであったというドンデン返しがある。尚『壮平家物語』の「蛇骨婆 (実は為朝の乳母鳴門)」は総白髪に綴れを着た婆の出立ちで、「四代目団十郎のおさん婆ァの系統を引く、悪人」(古井戸秀夫『鶴屋南北未刊作品集 第一巻』「壮平家物語」作品解説、白水社、二〇二一年) である。

7 『河海抄』の本文は『紫明抄 河海抄』(山本利達校訂。角川書店、一九六八年) による。ただし、管見の範囲では現存の枕草子諸伝本にこのフレーズのあるものを見いだし得ない。

8 『新潮日本古典集成 御伽草子集』(新潮社、一九八〇年) による。

9 『元禄歌舞伎傑作集 上巻』(早稲田大学出版部、一九二五年) による。

10 『日本古典文学大系 第五十 近松浄瑠璃集 下』(岩波書店、一九六九年) による。

11 『日本名著全集 第八巻 歌舞伎脚本集』(興文社、一九二八年) による。

12 以下、謡曲の引用はすべて『謡曲大観』(明治書院、一九八二年) による。

13 『今昔百鬼拾遺』に看取される多重的な意味生成のありよう

は、俳文芸の発想に係るところが大きいと考えられる。石燕の俳歴については、文月庵周東、東柳窓燕志、雪中庵蓼太などの社中との関わりが指摘されている（加藤定彦『誹諧の近世史』「若き日の恋川春町―俳と画―」若草書房、一九九八年。永田生慈「鳥山石燕とその一門について」『宗教社会史研究3』立正大学史学会、二〇〇五年）。

14　青木鷺水編『和漢故事要言』（宝永二年〈一七〇五〉刊）巻三に、「鬼一口ト云ハ、余ナル小事ニテ為ニ足ズト云ノ心。又心ヤスク為ヤスキ事ニテ取カ、リサヘスレバ瞬ノ間ニモ出来ル抔ト云心ニ云也」とある。

15　近世の「雅俗」観、および「雅俗融和」については、中野三敏『十八世紀の江戸文芸―雅と俗の成熟』（岩波書店、一九九九年）一章を参照のこと。

16　『蜻蛉日記』の上巻、作者が夫兼家の文箱の中に愛人あての手紙を発見して嫉妬に駆られる下り（「筥のあるを、手まさぐりにあけてみれば、人の元やらんとしける文あり」）などが想起されよう。

17　『国文註釈全書　第六　謡曲拾葉抄』（國學院大学出版部、一九〇九年）による。

18　『和漢三才図会　一八』（東洋文庫五三二・平凡社、一九八六年）による。

19　『滑稽雑談』（ゆまに書房、一九七八年）による。

20　ただし、この『徒然草』の行文は『源氏物語』「夕顔」を踏まえる。『徒然草』本段につき、林羅山の『徒然草』注釈書『埜槌』（寛永期刊）は、『拾遺風体抄』の慈鎮歌として、「しづの男の煙いぶせき蚊遣火にすすけぬものは夕顔の花」を引く（同歌は松永貞徳の『なぐさみ草』にも引かれる）。ただし、同歌は『拾遺風体和歌集』の続群書類従本（『続群書類従』十四輯上）ほか数種の伝本に確認できず、存疑。

21　これが「誰也行燈」であることは、青山学院大学文学部日本文学科ゼミ「日本文学演習〈4〉」（二〇〇八年度実施・担当近藤）にて、藤井彩乃が行った報告に拠る。

22　この詩は諸書に引かれ、妓女の年令を「十八年」とするなど、文言に若干の相違がある。宋代の『芥隠筆記』に、「温州朱史君」の作として載るものが古く、同記事は『秦再思記異録』を典拠とする（『芥隠筆記』は叢書『説郛《せっぷ》』等にも収録される）。『山堂肆考』巻一一二は「唐温州刺史朱褒悼亡奴詩」としてこの詩を載せる。また、これを韋荘の作とする異伝もある（『万首唐人絶句』巻六九等）。『全唐詩』には、巻七〇〇に韋荘、巻七三四に朱褒の作として重出する（本注、文淵閣四庫全書所収本に拠る）。

23　『続向燈吐話』は『向燈賭話』（元文四年序・中村満重著）の続編であり、両書と『諸州奇事談』との関係については二部一章を、また『諸州奇事談』の改題後印本については、三部二章二節を参照されたい。なお小袖から手が出る怪談の類話については、拙稿「小袖幽霊の系譜」（小松和彦編『進化する妖怪文化研究』、せりか書房、二〇一七年）にまとめている。

24 注15を参照。風雅世界の俗化（俳諧化）も、逆から見れば、俗なる物（妖怪）の風雅化（サブライム）ということになる。

25 「目競」の語はもともと原典（長門本『平家物語』）にあるものだが、この語を画題とした石燕のセンスが評価されるべきと考える。

【挿図出典・所蔵】

図1・4・5・6・8・9・10・11・12 スミソニアン図書館・文書館蔵本。

図2 国文学研究資料館蔵本（クリエイティブ・コモンズ 表示4.0ライセンス CC BY-SA）。

図3 東北大学附属図書館狩野文庫蔵本。

図7 田中直日氏所蔵本（高田衛監修、稲田篤信・田中直日編『鳥山石燕 画図百鬼夜行』（国書刊行会、一九九二年）より転載）。

五章

石燕妖怪画私注

はじめに

鳥山石燕（正徳二年〈一七一二〉〜天明八年〈一七八八〉）は江戸の人で佐野氏、名は豊房。出自については詳らかでないが、武家あるいは富裕な町家の出身と見られる。幕府の御用絵師であった狩野派の流れを汲む町絵師であり、肉筆画のほか刊本の絵本、読本挿絵などの制作もあるが錦絵の類は残していない。妖怪四部作の初作に当たる『画図百鬼夜行』（安永五年〈一七七六〉刊）は、周知の通り、その大部分を狩野派に伝わる化物尽の絵巻（福岡市博物館蔵『百怪図巻』などに代表される）の妖怪画に依拠している。狩野派の粉本を用いた妖怪画集を公刊し、弟子の歌麿を育んだ石燕を、「雅（本絵）」と「俗（浮世絵）」の橋渡し的な役割を担った画家の一人と見ることもできるだろう。

さて、狩野派粉本の妖怪ダネは、この『画図百鬼夜行』でおおむね使いきっており、続編（『今昔画図続百鬼』（安永八年〈一七七九〉刊））、続続編（『今昔百鬼拾遺』（安永十年〈一七八一〉刊））において石燕は、『『源氏物語』や『平家物語』などの古典、これらを本説とした謡曲、また各種絵巻によって」（稲田篤信「妖怪の名」【注1】）妖怪画を作成している。が、中には石燕のオリジナル色の強い物や、創作意図のよくわからないものも少なからず見受けられる。本章では前章に引き続き『今昔百鬼拾遺』、ならびに『今昔画図続百鬼』の妖怪画をとりあげ、その発想源や創作方法についての所見を述べてみたい。

【一】……火前坊と百々目鬼

「火前坊《くはぜんぼう》」（『今昔百鬼拾遺』中之巻）［図1］は、墓地と思しき場所で火をまとった僧体の妖怪を描く。背後に墓石が見え、傍らに竜頭の幡があるので、場所は墓所と思しい。詞書にも、「鳥部山《とりべやま》の煙《けぶり》たちのぼりて、竜門原上《りやうもんげんじやう》に骨《ほね》をうづまんとする三昧《まい》の地《ち》よりあやしき形《かたち》の出たれば、くはぜん坊《ぼう》とは名付《なづけ》たるならん」とあるので、『鳥山石燕　画図百鬼夜行』（高田衛監修、稲田篤信・田中直日編、国書刊行会、一九九二年）所収の本図の解説（稲田篤信執筆。以下同書の各画図解説を「稲田稿」とする）は、京都東山の火葬場である「鳥辺野」の解説を付している。前章でも指摘したことだが、石燕の妖怪画集は見開きの左右（半丁ずつ二図）の画に何らかの繋がりを持たせていることが多く、本図の場合、見開きの反対面は「簑火《みのび》」であるから、「火前坊」はやはり火の妖怪の類ということになるだろう。「河内の姥が火」などは有名だが、人が死んで火の妖怪になったという類の話は少なくないので、「火前坊」もそのような説話ないし伝承由来の妖怪と考えたくなるが、そのような僧の妖怪伝承は確認されない。そこでこの妖怪の発想源は何かと言うことが問題となる。

実は「火前坊」を連想させる号を持つ僧侶が歴史上に見いだせる。戒律宗北宋律の開祖である月輪大師俊芿《しゅんじょう》（一一六六～一二二七）は「我禅房《がぜんぼう》」と号し、東山泉涌寺の中興となった。『百鬼拾遺』刊行の前年に刊行され、ベストセラーとなった秋里籬島の『都名所図会』（安永九年〈一七八〇〉刊）「泉涌寺」の項にも、「中興の開山は俊芿、号は我禅。それより以来天台真言禅律の四宗を兼学す」と見えている。泉涌寺《せんにゅうじ》は鳥辺野の南端にあたるので「火前坊」詞書の文言にも合致し、「我禅房」を火葬場の縁で「火前坊」に転じたとみるのが一解である。

ただし、泉涌寺は中世以来歴代天皇御陵の地であり、俊芿も高僧として知られてはいるが、江戸の人である石燕がこれを妖怪画のモチーフにする必然性はいささか弱い。そこで京ではなく、江戸麻布の地名「我善坊谷《がぜんぼうだに》」（現港区麻布台一丁目に在った谷地）に由来するとみるのが別解である。この谷の名は、江戸の地誌には、「龕前坊谷《がんぜんぼう》　上杉家の中やしきのうしろ　崇源院様御葬礼の時、龕前堂と云、御かり屋立し所なり」（享保十七年〈一七三二〉刊『江戸砂子温故名跡誌』【注2】巻之五「麻布」）、「龕前坊谷《がせんぼう》　市兵衛町より四町程辰方也、寛永三年九月十七日増上寺にて御葬礼有し時、龕前堂と云御仮屋立し所とぞ」（享保十八年刊『江府名勝志』【注3】巻之上「麻布」）、「龕前坊谷《がんぜんぼう》　あざぶ市兵衛町より四丁ほど辰の方也。寛永三年九月十七日此所に龕前堂を建られ。増上寺にて御法事有しより此名ありと言」（寛延四年〈一七五一〉刊『再訂江戸惣鹿子名所大全』五之下「谷の部」）などと見えている。崇源院は徳川秀忠の正室「江《ごう》」の謚号である。『再訂江戸惣鹿子名所大全』、『江府名勝志』は江の葬儀を寛永三年九月十七日としているが、江は命日が九月十五日で、増上寺で葬儀が行われたのは十月十八日であった（『梅津政景日記』、『徳川実紀』等）。「龕」は仏像を入れる室や厨子を意味するが、この仮屋（『御府内備考』は葬送にあたっての「御火屋」であったと推定している）の名「ガゼンドウ」が訛って、「ガゼンボウ」になったと言うのである【注4】。

図１　『今昔百鬼拾遺』中巻「火前坊」

「火前坊」が「三昧の地」の妖怪として描かれている点にも、崇源院火葬時の龕前堂説の影響を見てよいかもしれない。その場合、「ガゼンボウ」という僧名のような地名の連想から、僧の妖怪を導いたと解し得る。

さて、京の人名説、江戸の地名説、いずれをとるべきか。「鳥辺野」云々の詞書の内容に適合しているのは前者であるが、「我善坊谷」という地名から僧を連想するのもありそうなことではあり、実際、山東京伝、曲亭馬琴の戯作にはその例が見られる（彼らが石燕の「火前坊」をヒントにした可能性もある）。京伝の合巻『江戸砂子娘敵討』（文化元年〈一八〇四〉刊）は地誌『江戸砂子』をモチーフとし、江戸所縁の人物や地名が登場人物にはめ込まれており、「あざぶのがぜんぼう」と名乗る盗賊が登場する。馬琴の『南総里見八犬伝』八十六、八十七回（天保三年〈一八三二〉刊）には、蜥蜴《いもり》の妖術を使う悪僧「鵞䱇坊《がぜんばう》」が見え、これについては八十七回末尾に「附ていふ」として、「麻生に龕前坊と喚做す所あり。那里は二百年已前、荼毘所なれば、と物に見えたり。しからば龕前坊は、人の名にあらざるに似たり。此には称呼を借用すれども、字の同じからざるが、則作者の用心なり」とその作意が述べられている。

図２『今昔画図続百鬼』下巻「百々目鬼」

ところで、地名からの着想ということでは、「百々《どど》目鬼《めき》」（『今昔画図続百鬼』巻之下）［図２］が想起される。「百々目鬼」の詞書には、「『函関外史《かんくはんぐはいしに》』云《いはく》、「ある女生れて手長くして、つねに人の銭《ぜに》をぬすむ。忽腕《たちまちうで》に百鳥《ひやくてう》の目を生ず。是鳥目《てうもく》の精《せい》也。名づけて百々目鬼《どゝめき》と云」とあるのだが、これは例によって「どどめき」という名称にこじつけた創作説話らしく思われる。石燕は続けて「一説にどゞめきは東都《とうと》の地名ともいふ」とも言っており、おそらくこちらの方がアイディアの原点であろう。

「百々目鬼」の背景には川が描かれているが、「とどめき」「どどめき」は、本来川の流れの轟《とどろ》きを意味する言葉であり、またそのような轟きのある場所を言う（「とどめき　渠の落合て鳴る所をとどめきといふ」『俚言集覧』）。この呼称は各地で地名化しているが、詞書に「東都の地名」とある以上、江戸の特定の地がイメージされていると見るべきだろう。稲田稿が指摘しているように、江戸には牛込榎町・弁天町辺にこの地名があった。同所の場合、古くは『寛文新板江戸絵図』（寛文十二年〈一六七二〉刊）に「とゞめき」と見えるが、享保十七年刊の『江戸砂子』巻之四は、「とゝめき…その故もしれず、文字も又しれず」とする（なお、同書には、他にこの地名で呼ばれる場所は掲載されていない）。『江戸砂子』の著者にはこの語が解し難かったようだが、確かに「とどめき」「どどめき」は「とどろき」ほど日常的に使われる語ではなく、印象的な地名であると言えよう。

私は前章で、ことわざや俚諺、古典や演劇の文句取りなどによって妖怪を作って行く石燕の方法を、言葉の雅趣、俳趣に鋭敏な石燕の俳人としての資質に帰し、石燕の妖怪の着想は、言葉の発見（詩的感興）と結びついていたことを述べた。石燕にとっては「地名」もそのような興趣をそそられる言葉の一つだったのではないか。地名には土地の歴史が刻印されており、過去への想像力が刺激される。『江戸砂子』の正編に続いて、続編（享保二十年刊）、再校版（明和九年刊）続刊の動向に代表されるように、江戸では享保以降、都市の成熟に伴って、詳細な地誌がまとめられていくが、それは江戸の過去（歴史）が発掘されて行く過程でもあった。江戸人であった石燕は、江戸という都市の記憶の古層に妖怪を見ようとしたのではないか。俗に「野暮と化物は箱根の先」と言われるように、江戸は建前としては徳川の威光によって「闇」が排除されたはずの都市であったが、「火前坊」も、江戸草創期の将軍家にまつわる妖怪であったかもしれない。

図3　『今昔百鬼拾遺』下巻「毛羽毛現」

図4　『絵本百物語』第廿九「かさね」挿絵

【二】……毛羽毛現

「毛羽毛現《けうけげん》」（『今昔百鬼拾遺』下之巻）［図3］は前章でとりあげた「機尋《はたひろ》」に類する、演劇の文句取りによる命名と考えられる。その外見は字面の通り毛むくじゃらの姿に描かれており、詞書は、「毛羽毛現は惣身に毛生ひたる事、毛女のごとくなればかくいふか」と中国の『列仙伝』等に見える「毛女」に言及する。一方で「或は希有希見とかきて、ある事まれに見る事まれなればなりとぞ」とも記すように、これは「希有希見（めったに存在せず、見ることもない、の意）」というフレーズのもじりになっているが、このフレーズは「累《かさね》もの」の怪談劇が直接の出典と考えられる。すなわち、言葉遊びによって「毛女」に「累」が複合されているのである。

「累《かさね》」の怪談はもともと、承応・寛文（一六五二〜七三）頃、下総国羽生村（茨城県常総市）の百姓与右衛門に殺害された醜女累《かさね》の怨霊伝承に基づくが、実録小説や読本、浄瑠璃、歌舞伎等に広く展開して、『絵本百物語』（天保一二年〈一八四一〉刊）第廿九「かさね」挿絵［図4］書き入れに「かさねが死霊のことは世の人のしるところ也」とある通り、近世日本においてきわめてポピュラーな怪談物であった。『今昔百鬼拾遺』刊行の二年前に江戸肥前座で上演された浄瑠璃『伊達競阿国戯場《だてくらべおくにかぶき》』（安永八年〈一七七九〉）は、累ものの中でも好評を博した作であるが、その八段目に、醜く変貌したかさねが妓楼の亭主から「けうけげんな御面相（めったに見られない奇怪な容貌、の意）」と言われる下りが見いだせる。『日本国語大辞典』には、「けう・けげん（希有怪訝）」という見出し語の初出用例として、累ものの新内節『鬼怒川物語』「累身売」（一七七二～八一頃か）の「稀有怪訝《ケウケゲン》な御面相」が登載されるように、これは累ものの印象的な場面のフレーズとして俗曲等を介して人口に膾炙していたものと考えられる。「累」をモチーフとする幽霊画も多いが、先の『絵本百物語』のように、恐ろしく、恨めしげな幽霊を描くのが通例であり、演劇の「かさね」の影響から鎌を取り合わせるものが多い。石燕はそのような浮世絵風のイメージとはまったく異質のものを、中国典拠の「毛女」を融合することで創り出している【注5】。

【三】……狂骨

「狂骨《きやうこつ》」（『今昔百鬼拾遺』下之巻）［図5］は、井戸の上に浮かぶ白骨の妖怪を描く。井戸は撥《は》ね釣瓶の古井戸らしく、白骨は髪が長いので女性とみるべきか。骸骨は仏画の伝統的なモチーフでもあり（後述）、井戸から出る幽霊の着想も珍しくないが、これをなぜ「狂骨」と名付けたのか。村上健司は、白骨を意味する「髐骨《ぎょうこつ》」という熟語との関連を示唆するが（『百鬼夜行解体新書』光栄、二〇〇〇年）、本図の詞書には「狂骨《きやうこつ》は井中《せいちう》の白骨《はくこつ》なり。世《よ》の諺《ことはざ》に甚《はなはだ》しき事をきやうこつといふも、このうらみのはなはだしきよりいふならん」とある。これは例の故事付け由来譚であろうが、「世の諺」の「きやうこつ」という言葉から検討してみるべきであろう。

筆者は、江戸の諺辞書の類に「甚だしき事」を言う「きやうこつ」の用例を見いだし得ていないが、稲田稿は方

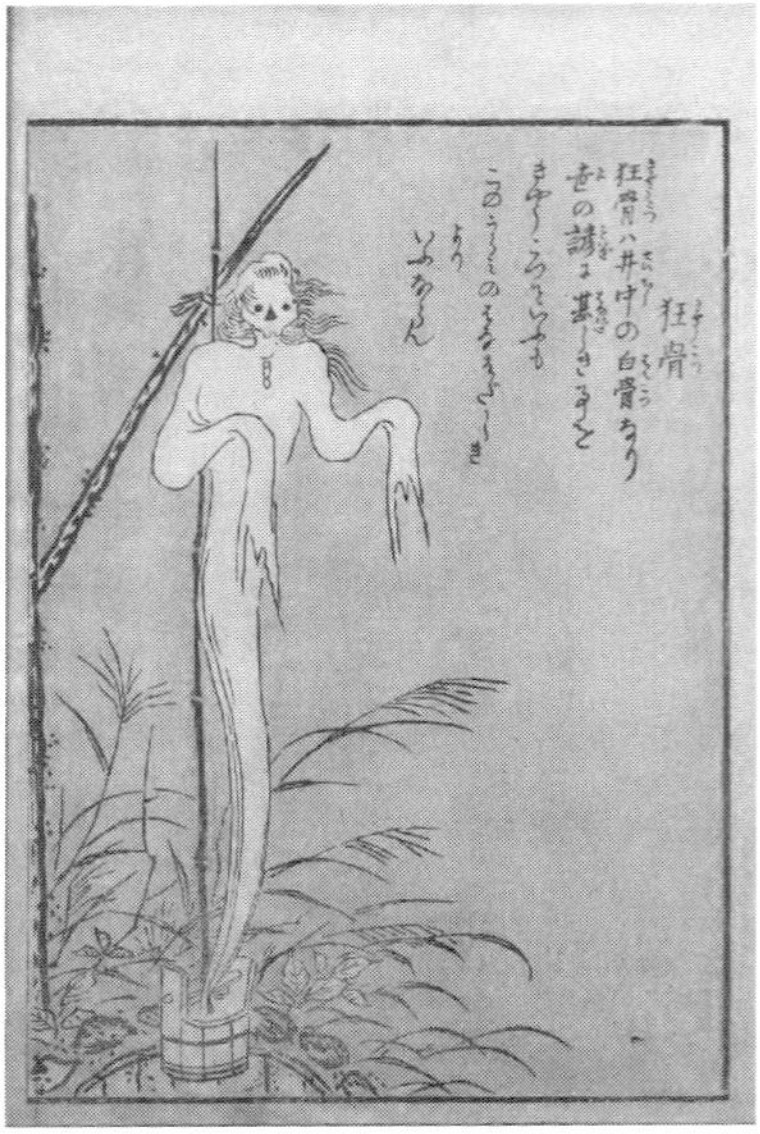

図５　『今昔百鬼拾遺』下巻「狂骨」

言の「キョーコツ」（はげしい、けたたましいの意）に言及しており、『日本国語大辞典　第二版』「きょう‐こつ【軽忽・軽骨】」の項目にも、「大げさなさま」（神奈川県小田原市）、「ヒステリックなさま」（神奈川県愛甲郡）などを意味する方言の用法を載せている。同辞典同項目および『角川古語大辞典』によれば、この語は本来、軽はずみなことや軽率に行動する様を言うが、そのように見える言動への反応が転じて、「馬鹿げている、とんでもない」、「気の毒だ」などの意味合いにも用いられるようになったようだ。中世以降かなり日常的、口語的に用いられており、「おきやうこつ」「きやうこつや」などの形で感動文を作る場合も多い【注6】。次に挙げるのは『日本国語大辞典　第二版』に引かれる用例である。

洒落本・松登妓話〔１８００〕二「「モシおいらんへ、とんだ事がおざりィす。早くお出なんし、はやくはやく」「ヌエモウ、きゃうこつな。なんでおす。ばからしい」」（落ち着きがなく、そそっかしい）

虎明本狂言・枕物狂〔室町末〜近世初〕「なふ、きゃうこつや。此年になって恋をする物か」（愚かだ。とんでもない）。

幸若・満仲〔室町末〜近世初〕「あら軽忽や。児わ何を泣給ふぞ」（気の毒だ）

石燕はこのような、口語に於ける「きやうこつ」の語感に惹かれたのではないかと思うのだが、詞書で「世の諺」とまで言っているからには、もう一つ、この語がとり立てて着目される事情が想定されてしかるべきだろう。これに関して、次に掲げる只野真葛の随筆『むかしばなし』（写本・文化九年〈一八一二〉成）の記事が注意される。

「ばゝ様と父様は十日廿日のたがひにておなじ頃に御引とり被成しとなり。其故は、めしかゝへに成て奥方へ相通さるゝに、妻子もちならでは成がたき故、きうに家内御もとめ被成しなり。ばゝ様は廿八、父様は十三にていらせられしとなり。

ばゝ様しごくの当世人にて、はな〴〵しく賑やかなる生なり。其頃おきやうこつといふこと大はやりにて、ばゝ様何にもかにも「おきやうこつ〳〵」と被仰しとなり。其頃のはなしなるべし」（『むかしばなし』【注7】壱）。

『むかしばなし』の著者真葛は仙台藩江戸詰の医師工藤平助の娘として、宝暦期の江戸に生まれた。その後寛政十年に只野伊賀と二度目の結婚をして仙台に移住するが、『むかしばなし』はその十四年後の文化八年の冬から翌年春にかけて執筆された、著者の江戸や奥州での思い出や聞き書きの記である。

右引用部の前段は、真葛の祖父、工藤丈庵（父平助の養父）が、真葛の祖母ゑん（引用文中の「ばゝ様」）と父平助（「父様」）を同時に「引とり」、所帯をもった事情を語っている。丈庵は延享三年（一七四六）仙台藩主伊達吉村に侍医として召抱えられたが（人物叢書『只野真葛』略年譜）、奥勤めをするために妻子持ちとなり、江戸品川袖ケ崎にあった役宅に移ったのであった。時にゑん二十八歳、平助十三歳。「おきやうこつ」という言葉が「大はやり」であったのも「其頃のはなし」であるとすれば、正徳二年（一七一二）生まれの石燕は、延享年間は三十代、江戸でこの語の流行を経験していたのではないか。この時流行った「おきやうこつ」のニュ

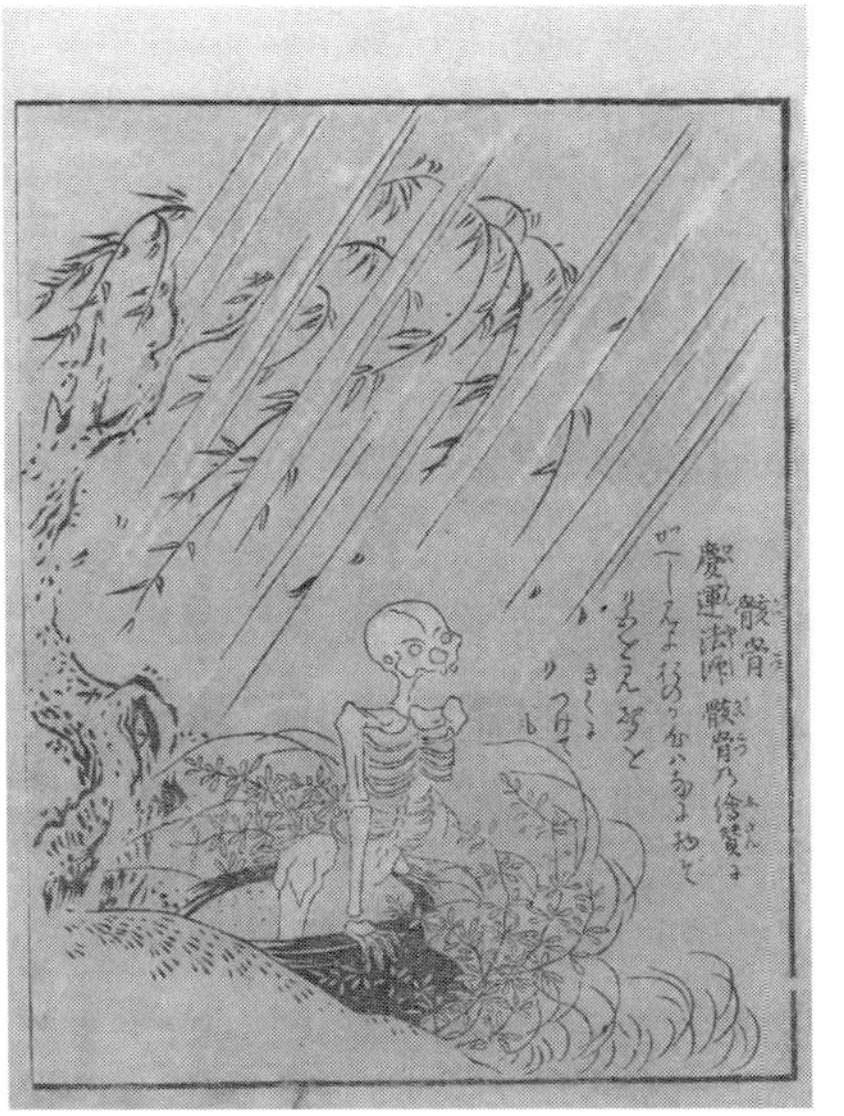

図６　『今昔画図続百鬼』下巻「骸骨」

アンスはよくわからないし【注8】、『今昔百鬼拾遺』が刊行された安永十年（一七八一）も延享から大分時を経てはいるが、「おきやうこつ」の流行は、石燕の脳裏にこの語が刷り込まれるきっかけになったかもしれない。

ところで、石燕には「狂骨」以前に、「骸骨《がいこつ》」（『今昔画図続百鬼』巻之下）の画もある［図6］。「骸骨」は詞書に「慶運法師骸骨の絵賛」（『扶桑拾葉集』巻十五所収。稲田稿の指摘）を引くが、「野ざらし図」などに代表されるように、髑髏や骸骨は本来無常、発心の機縁になる仏画のモチーフであった。「狂骨」のイメージの背景にも、そのような骸骨画の類型があったことは想像に難くない——というよりも、比較的類型（粉本）通りに描いたのが「骸骨」であり、より俳諧化が進んだのが「狂骨」であったと見るべきか。慶運の賛のような、悟りの境地を象徴する「骸骨」に対して、白骨と化してなお執着に狂う女が「狂骨」であるのかもしれない。

【四】………大禿と滝霊王

「大禿《おほかぶろ》」（『今昔画図続百鬼』巻之下）［図7］は禿（髪の末を切りそろえた、おかっぱのような髪型の子供）姿の妖怪である。「禿」の妖怪は、草双紙（安永六年〈一七七七〉刊『妖怪仕内評判記』【注9】［図8］など）に散見するもので、『狂歌百鬼夜狂』（天明五年〈一七八五〉序）に見える「切禿」などもこれをモチーフにしたものである。禿は本来子供であるが、石燕の絵では屏風の上まで背があり、つまり巨大化しているので「大禿」ということだろう。詞書には、「伝へ聞、彭祖《ほうそ》は七百歳《さい》にして猶慈童《じどう》と称《せう》す。是大禿《おほかぶろ》にあらずや。日本にても那智高野《なちかうや》には頭禿《かうべかぶろ》に歯豁《はあばら》なる大禿《おほかぶろ》ありと云。しからば男禿《おとこかぶろ》ならんか」とある。「慈童」は、「周の穆王の枕を越えた罪で流されて、配所で菊の露を呑んで不老不死の身となった」（稲田稿）仙童だが、これが後に仙人の彭祖になったとする故事は、『太平記』巻十三「龍馬進奏の事」などに見えている。この故事は、謡曲（観世流「菊慈童」〈他流では「枕慈童」〉。四番目物）にもとられているが、「大禿」

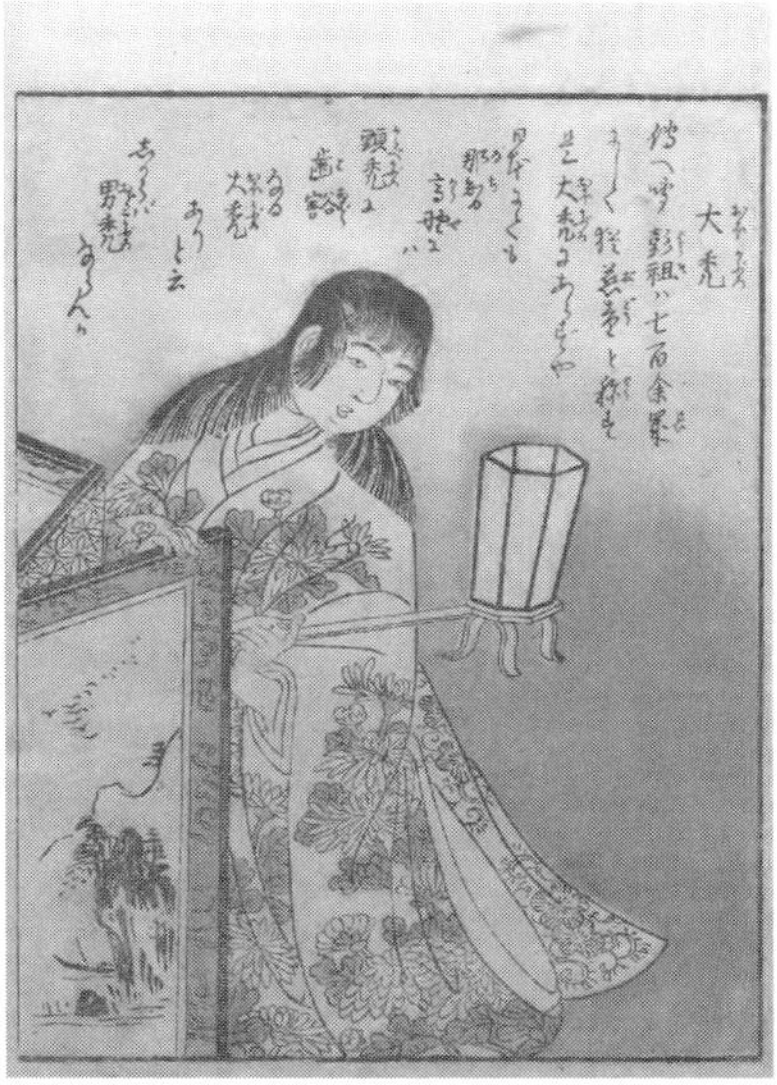

図７　『今昔画図続百鬼』下巻「大禿」

図８　『妖怪仕内評判記』下巻「あぶらなめの禿」

図９　『画筌』巻四「慈童」

図10　『今昔百鬼拾遺』下巻「滝霊王」

についてはむしろ「慈童」という「画題」からの着想を考えるべきだろう。「慈童」は本絵の画題としてスタンダードなものであり、例えば狩野派の手がけた「二条御城行幸之御殿御絵付御指図」（京都大学附属図書館蔵）では、「慈童」の絵が中の間の三の間に格付けられている【注10】。『画筌《がせん》』（享保六年〈一七二一〉刊）や『画本錦之嚢』（文政十一年〈一八二八〉刊）のような絵手本類にも掲載されており、特に『画筌』の「慈童」（巻之四所載。添書に「後に彭祖と号す云云」とある）［図9］は体の向き、禿髪の表現などに石燕の「大禿」との類似性が認められる。『画筌』は狩野派の画師林守篤が公刊した絵手本集であり、狩野派の石燕の図様が似てくるのは、同派の粉本に拠っているからであろう。これを髪型の連想から、図8のような禿の妖怪にこじつけた点が、本図の趣向であると思われる。「慈童」には必ず描き込まれる「菊の花」も、着物の図柄にあしらわれており、これを「慈童」のやつし絵（故事・説話等に取材しつつ、風俗や設定を当世風に改めた絵画）とみることもできよう。いずれにしても、ここに化物草双紙の「禿」とも本絵の「慈童」とも異なるテイストの絵画の生まれていることに注意したい。

古代中国を舞台にした「慈童」は、本絵や謡曲といった「雅」の題材にされてきたものだが、石燕はこれに、「日本にても那智高野には頭禿にて歯豁なる大禿ありと云。しからば男禿ならんか」（詞書）といった卑俗なイメージを被せてくる。「慈童」の故事にももともと男色のニュアンスが含まれているが、石燕の言う「那智高野」とは、俗に「高野六十那智八十」と言われるような、老僧の男色のことであり、石燕はあえて「頭禿にて歯豁なる」という具体的でグロテスクなイメージをここに重ねようとしている。絵には粉本の優美さを保ちながら、それを壊そうとする俳意が感じられよう。

ところで、類型的な画題からの着想ということでは、『今昔百鬼拾遺』下之巻の「滝霊王《たきれいわう》」［図10］などもそうした類に入るのではないだろうか。本図の詞書には「諸国《しよこく》の滝《たき》つぼよりあらはるゝと云。青龍疏《せいりうそ》【注11】に、「一切《いつさい》の鬼《き》魅諸障《みしよせう》を伏《ふく》す」と云々」とあるが、「滝霊王」という妖怪の伝承があるわけではなく、村上健司は、この画が「不動明王」を描いたものではないかと推定している（『妖怪事典』毎日新聞社、二〇〇〇年）。確かに、不動明王信仰は修験道の影響で「滝」との結び付きが強く【注12】、図像的にも「滝霊王」は、額に三筋の水波の相がある、右牙を上、左牙を外に出す、剣と羂索を持つ、火炎を纏うなど、「不動明王」の特徴とされる十九観の多くを備えている。一方で、石燕の描いた「不動」の図（『石燕画譜』「鳳」）と比べても、不動最大の特徴である憤怒相ではないなど、不動そのものとは差異化して描かれている節もある。それはやはり本書があくまで「百鬼」の図鑑だからであり、「滝霊王」はいわば不動の「窶《やつ》し」だったのではないか。石燕の妖怪画集には、「蜃気楼」や「鍾馗」、「白沢」なども採られているが、こういった縁起物の瑞獣や仏画の類は、町絵師であった石燕にとって描き馴れた題材であったかもしれない。

おわりに

鳥山石燕の「百鬼」シリーズについて、未だ検討半ばではあるが、それでも石燕が妖怪画を作る上での発想のパターンが朧気ながらいくつか見えてきたように思う【注13】。

妖怪の名称（画題）は、石燕が興味を引かれた言葉のもじりになっているものが多く、そもそも言葉から着想されたものもあると思われる。この手の妖怪には、「百々目鬼」「狂骨」「毛羽毛現」のように、妖怪らしい文字が宛てられ、詞書で物語がこじつけられていることも多いが、それらを真に受けすぎると、その本性——これらの妖怪画の発想源——を見逃すことになるかもしれない。

また、狩野派絵師の石燕が、本絵の伝統的、類型的な画題を利用することは当然であるが、「大禿」（慈童）や「滝霊王」（不動）のように、あまり妖怪、怪談めいていない題材をも妖怪へと転じる場合があることに留意しておきたい。その転用の妙、意外性も石燕妖怪画の魅力であろう。

ところで、曖昧模糊としていることを本質とする「妖怪」を具象化、カタログ化し、かつそれを「刊行」するという行為に、芸術上のジレンマがあることは否めない。そういった意味で、近世の妖怪文化の発展は、同時にその堕落の過程でもあった。そのような事態から石燕の妖怪画を救っているのは、やはりその俳諧的な性格であるように思う。伝統的、類型的なイメージに落ち着くことなく、それを相対化して行く姿勢。意味の多層性の中に漂い戯れる感覚。俳諧的精神も、化物草双紙にしばしばみられるように、あからさまにふざけたものになると俗悪な物に堕ちるが、石燕のそれはその手前のところで踏みとどまっている。石燕妖怪画の生命はまさにこの点にあったと思われる。

【注】

1　稲田篤信『名分と命禄』(ぺりかん社、二〇〇六年)第二章。

2　『江戸砂子温故名跡誌』の引用は、『江戸砂子』(小池章太郎編。東京堂出版、一九七六年)の翻刻に拠った。

3　『江府名勝志』の引用は、『江府名勝志』(横関英一校注。有峰書店、一九七二年)の翻刻に拠った。

4　「ガゼンボウ」という地名の由来については、この谷で座禅をしていた坊主に由来する(「ザゼンボウ」が「ガゼンボウ」に転じた)という異説も流布している(『麻布区史』等)。これは、戸田茂睡の『紫の一本』(天和二年〈一六八二〉奥書)の、「この谷に座禅をする出家あり。「しかれば座禅坊谷といふを、いひよきままにがぜぼ谷と云ふにや」と尋ね侍りしに、「座禅する出家はこの比の事なり。がぜぼ谷の名は久し」といへり」(巻一「がぜぼ谷」)といった記事などがソースになっているようだ。が、この記事は、この地で僧侶が座禅をするようになったのは最近(天和頃)のことで、谷の名前はそれ以前からあったと言っているので、むしろ座禅坊谷説に否定的な内容ということになるだろう。『江戸砂子』、『江戸惣鹿子』などの記事から判断するに、石燕の時代には「龕前堂」説の方が普及していたようである。

5　東洋大学附属図書館蔵『妖怪絵巻』には、「計宇気礼無(けうけれん)」と名称を付記された「毛羽毛現」と名称、形態とも酷似した妖怪が見える。この絵巻の成立は江戸時代後期と思しく、石燕の妖怪図をアレンジメントしたものが複数含まれ、「計宇気礼無」もその一つと見られる。

6 狂言台本における「きやうこつ」の使用状況を調査分析した研究に、小林賢次「「物狂《ぶっきゃう》」と「軽忽《きゃうこつ》」—狂言台本における使用状況を中心に—」(『國學院雑誌』一〇八巻一一号、二〇〇七年十一月)がある(中川美和の教示による)。同論文によれば、狂言台本における「きやうこつ」の使用者のほとんどは女性である。

7 『むかしばなし』の引用は、鈴木よね子校訂『只野真葛集』(国書刊行会、一九九四年)．の翻刻に拠った。

8 真葛は本稿の『むかしばなし』引用部に続けて、「おきやうこつ」の笑話を一つ載せている。ある大名の奥向きで火事があり、避難の途中にあった菩提所で休憩がとられた。奥女中たちが坊主に「おひや」を所望したが、女房詞が通ぜず、勝手でいろいろ揉めているうちに、女房たちにせっつかれ、弁舌達者な坊主が断ってやろうと出ていき、「先刻よりおひやの御むしんでござりますが、先年の大火にやきはらひましてござりません」。女中一同、「おや、おきやうこつ」、「いや、其きやうこつ(経、骨)ともにやきはらひました」というのがオチであるが、この場合の「おきゃうこつ」は、「火事で冷水を焼き払った」という返答への反応であるから、「まぁ、ばかばかしい」という程度の意味であろう。

9 『妖怪仕内評判記』は『今昔画図続百鬼』の二年前に刊行された、石燕の弟子恋川春町の作・画とみられる化物尽くしであり、下巻に「あぶらなめの禿」〔図8〕が見える。他にも本書には青鷺、豆腐小僧(雨降り小僧)等石燕の妖怪画集と重複するモチーフが散見し、石燕の発想源となる一書であった可能性が高い。

また、『新御伽婢子』(天和三年〈一六八三〉刊)巻四には、男が夜道で禿髪の怪人に抱きつかれ、捕縛しておいたが逃げられたという「禿狐」の話が見える。これは正体は狐ではあるが、挿絵では禿髪の大女の容姿である。『新御伽婢子』は石燕の「叢原火」(『画図百鬼夜行』前篇)との関連を示唆されている(太刀川清『近世怪異小説研究』第七章一)作でもあるので、「大禿」との関連も注意される。

10 武田恒夫『狩野派絵画史』(吉川弘文館、一九九五年)Ⅲ、一章、二「画題と格式」参照。

11 『青龍疏』は『御注金剛般若波羅蜜経宣演』(唐、道氤編)ないし『新譯仁王經疏』(唐、良賁編)を指す(『仏光電子大辞典』仏光山宗務委員会発行)。両経典とも『大正新脩大藏經』第八十五冊に部分収載されるが、それらの中に「一切の鬼魅諸障を伏す」云々の内容は確認できず、存疑。

12 英一蝶の『一蝶画譜』(明和七年〈一七七〇〉刊)中巻には、自ら滝行をする不動の姿を描いた「滝の不動」が見え、これなども不動図のパロディといえるだろう。

13 石燕は、典拠となった説話や作品の表題ではなく、妖怪の名称を以て画題とすることが多い。それは「画図百鬼」シリーズが、狩野派の妖怪絵巻（手本としての実用性から言っても、各妖怪には「名」が必要であったろう）や、『和漢三才図会』のような博物図鑑の様式に準拠し、基本的には「妖怪名鑑」として編集されているからである。例えば、石燕は『伽婢子』巻三「牡丹灯籠」の弥子の白骨姿の幽霊をモチーフにした絵を、「牡丹燈籠」や「弥子の幽霊」ではなく、「骨《ほね》女《おんな》」（『今昔画図続百鬼』巻之中）と名付けている。この画の場合は、詞書に典拠が明示されているが、典拠が示されていないパターンもあると考えられる。例えば、『画図百鬼夜行』前篇に「野寺坊《のでらぼう》」という画があり、廃寺に佇む襤褄をまとった僧体の妖怪を描く。「野寺坊」という名の妖怪伝承は発見できないが、廃寺に住持の執着が止まる類の説話は少なくない。典拠を特定することはできないが、この画のイメージの元になっているのは、その種の説話であるかもしれない、ということである。

なお、画題（妖怪名）に関連して、『画図百鬼夜行』の板木修訂の問題をここに付記しておく。

龍谷大学図書館写字台文庫所蔵の『絵本百鬼』は『画図百鬼夜行』の改題改装本であり、安永五年の刊記を備え、基本的には国書刊行会版（田中直日氏蔵本）と同じ板木で摺られているが、部分的に版の異なるところがある。国書刊行会版に載る「網剪《あみきり》」（前篇・陰）は、『絵本百鬼』では「紙剪《かみきり》」とされる（目録題も「かみきり」）［図11］。未だ詳細な調査はしていないが、目録題の板面は、むしろ国書刊行会版の方が埋木修正を施しているようにも見える。この妖怪はそもそも元ネタ、すなわち狩野派粉本の妖怪絵巻（福岡市博物館蔵『百怪図巻』等）が「かみきり」であるから、『絵本百鬼』の方が（外装は新しくとも）初版である可能性もある。いずれにしても、命名はこの妖怪の意味づけに関わるわけで、大きな問題であろう。また一般的には「鼬《てん》（目録題は「てんあそ火」）」（前編・陽）として知られる絵も、『絵本百鬼』では「鼬柱（目録題は「てんはしら」）」（巻之中）になっており、これも絵の内容からすれば「鼬柱」のネーミングの方が相応しいかもしれない。なお、『絵本百鬼』巻之中には乱丁があり、二丁がくるべきところに、九丁（逆柱・反枕）がきてしまっているのだが、これは「鼬柱」の連想で次丁に「逆柱」を配してしまったものと考えられる。もっともこの『画図百鬼』

図11　『絵本百鬼』「紙剪（かみきり）」

前編・陽の巻は、正しい丁付であっても、そもそも目録題と本編の妖怪配列に大きなズレがある。このようなズレがなぜ生じたのか、『画図百鬼夜行』の構想を読み解くヒントがここにもあるかもしれない。

【挿図出典・所蔵】

図1・2・3・5・6・7・10　スミソニアン図書館・文書館蔵本。
図4　東京都立中央図書館東京誌料蔵本。
図8　国立国会図書館蔵本。
図9　東京藝術大学附属図書館蔵本。
図11　龍谷大学図書館写字台文庫蔵本。

第四部

読本怪談集の世界

一章
読本怪談集の展開

はじめに

古く水谷不倒は読本の歴史を論じて「奇談小説派」の項目を立て、「元文寛延頃より、（奇談小説が）再び芽を吹いて、宝暦寛政の間、読本小説として大いに奇談が流行した」（『草双紙と読本の研究』奥川書房、一九三四年）ことを説いている。

近世中期の怪談、奇談書の序文を見ても、

近来怪説を集むるの書多し　（宝暦八年刊『斎諧俗談』跋〈原漢文〉）

古今より品々の百物語怪談のよみ本多く御座候得共　（明和九年刊『怪談記野狐名玉《かいだんきやこのめいぎょく》』序）

近世怪談の読本、年々歳歳に新也　（安永七年序『奇異珍事録』序）

といったように、怪異の書の流行が認識されている。『奇異珍事録』の当時、「年々歳歳」に作られた「怪談の読本」とはどのような物を指しているか。その範囲を厳密に規定することは難しいが、為永春水編『増補外題鑑』（天保九年刊）の「奇談怪談の部」や、大野屋惣兵衛の蔵書目録第十二冊「奇怪談」の項に挙がる書目などに照らしてみても、初期の読本の短編怪談・奇談集の類【注1】がその中核を成したであろうことは疑いない。本書ではこれらを「読本怪談集」と称するが、「読本怪談集」については、従来上方の白話小説翻案系統の作（『英草紙』、『雨月物語』など）が話題になることは多いが、それ以外の作を含めてその動向を概括した研究は少ない【注2】。そこで本章では、寛延から寛政期にかけて（一七四八～一八〇一）、約半世紀の読本怪談集の展開史を概観してみたい。

【一】……寛延以降、宝暦・明和期

上方文人都賀庭鐘の著した『古今奇談英草紙《はなぶさぞうし》』（〈以下適宜、刊年（西暦表記は省略した）、作者（ないし編者）、制作地【注3】を括弧で示す〉寛延二／大坂）の登場は、近世怪異小説史上の一大転機と目されてきたが、同時期の江戸の怪談作者としては、静観房好阿の活動が注目される。好阿はむしろ談義本作者として知られるが、『御伽空穂猿』（元文五／江戸）、『花鳥百談』（延享五／京都）、『諸州奇事談』（寛延三／江戸）といった怪談書の編著も多く、これらには庶民教化、世相風刺といった談義本に通底する性格が看取される（浅野三平『近世中期小説の研究』「静観房好阿」、一九七五年）。また、好阿の怪談書やその弟子静話の怪談書『怪談登志男』（寛延三／江戸）は、写本で流布していた雑談・怪談集（『義残後覚』、『向燈賭話』・『続向燈吐話』、『怪談実妖録』）を種本として成り立っており【注4】、これは寛延二年に出た『新著聞集』（神谷養勇軒編／江戸／『続著聞集』を種本とする【注5】）も同様で、この頃の読本制作法の一つの傾向と見てよい。寛延三年には雑談物の『虚実雑談集』（瑞竜軒恕翁／江戸）もあり、寛延四年には、『万世百物語』（江戸／『雨中の友』の改題本)、『古今百物語』(大坂〈後述する吉文字屋市兵衛板〉/『拾遺御伽婢子』の改題本)、『古事談』(大坂/『古今御伽座頭』巻一〜三の改題本)、『続古事談』(大坂/『古今御伽座頭』巻四〜七の改題本)【注6】といった読本怪談集の改題本が出版されている。

宝暦年間に入って刊行された読本怪談集としては、『新編奇怪談』(宝暦二/滕観卿/江戸/本作も写本『老媼茶話』を種本とする)、『(諸国珍談)【注7】諺種初庚申《ことぐさはつこうしん》』(宝暦四/慶紀逸/江戸)、『(近代奇事論)龍宮船』(宝暦四/張朱鱗/江戸/民間の奇事・異聞の考証と論評)、『古今奇異茅屋夜話《ぼうおくやわ》』(宝暦五/隠几子/江戸)、『檠下雑談《けいかぞうたん》』(宝暦五/陳珍斎/江戸)、『(中古雑話)雉鼎会談』(宝暦五/藤田貞陸/江戸)、『諸国怪談帳』(宝暦七/作者未詳/江戸)、『怪談録後集』(宝暦七/箭角/江戸)、『斎諧俗談』(宝暦八/大朏東華/江戸)、『豊年珍話談』(宝暦十/江戸/『諸州奇事談』の改題本)、『今昔雑冥談』(宝暦十三/清涼井蘇来/江戸)が挙げられる。またこれら以外に大坂吉文字屋の怪談書や弁惑物などもあるが(後述)、全体として江戸の出版が盛んであったと言える。

これらの怪談書の多くは虚構意識の未熟な「ハナシ」の様式に拠っていた。これについては、高田衛がつとに一七六〇年代の怪談物という括りで、「近世の説話発想の端緒となった「はなし」の様式、談笑性を通俗化し、単調化した形で伝えたもの」(『上田秋成研究序説』「序章に代えて」、一九六八年)とその本質を言い当てている。この時期、『新編奇怪談』、『茅屋夜話』のように、「〇〇談」、「〇〇話(夜話・茶話等)」と名乗る怪談が多くなるが、このような「談」「話」のスタイルが、以後、我が国における怪異を表現する姿勢と様式の主流になったことは、今日「怪談」の呼称がこの種の文芸の総称となっていることにもうかがわれよう。当時の怪談の多くには、説話内容の事実性を強調する姿勢が看取されるが(太刀川清「宝暦期読本の傾向」『国語国文研究』三七、一九六七年六月)、即時的・即物的なハナシの様式は、実録的な怪談集には特に適ったものであった。実録実記の流行は時代の風潮でもあったが、「浅井松雲居士の著せるおとぎ婢子はもろこしの事など此国の事によりて面白く書なしたり。さればまこと少なし。この新おとぎ婢子は実録にしてことさらに名をかくせるもあり」(財団法人無窮会専門図書館蔵『新御伽婢子』蜀山人識語)

といった文言にもうかがわれるように、怪談の場合特に、「昨今の」、「事実」であるということは、ハナシの迫真性を高めるセールスポイントになったのである。日夏耿之介はこの時代の怪談を評して、「あまり小説家くさく拵へごとに執着した筆つきのあるは面白くない。聞見のまゝの聞書がよろしく、又聞見するところに話者自ら粟然と肌に粟しながらぼそぼそと低声で物語る趣あるがよろしい」（「徳川怪異談の系譜」『近世の文学〈日本文学講座Ⅳ〉』河出書房、一九五一年）と、なかなかうるさいことを言っているが、「実」なるものをシンプルなハナシのスタイルで表現する「実録怪談」は、今日尚怪異文芸の表現様式の一翼を担っている。

一方、「拵へごと」（寓言）の系統に登場した『英草紙』のインパクトは、明和以降上方を中心に高踏的な白話小説翻案系の読本怪談集（以下「白話小説翻案系怪談」と略す）の追随作を生ぜしめるが（後述）、野田寿雄は宝暦五年に江戸で出た『（古今奇異）茅屋夜話』、『檠下雑談』を翻案物としてこの流れの中に位置づけている（「怪異小説の系譜と秋成」『講座日本文学（近世編2）』三省堂、一九六九年）。私見では、翻案物ということでは『檠下雑談』よりも、むしろ同作と同じ藤木久市から同年に出版された『（中古雑話）雉鼎会談《ちていかいだん》』の方がふさわしく思われるが、いずれにしてもこれらはその実質に照らして『英草紙』の系統とまでは言い難い。しかしながら、これらの書名が「古今奇異」「中古雑話」などと冠するのは『英草紙』の「古今奇談」を思わせるところがあり、江戸でも売り出されていた『英草紙』を意識していたということはありそうである。『茅屋夜話』の著者隠几子は尾張の国学・漢学者山本格安《ただやす》で、翻案種が多く、「警世諷俗の寓意」（水谷不倒『選択古書解題』）を説話に託している。『檠下雑談』は翻案種はむしろ少なく、巷説、笑話、先行怪異小説（『宿直草』等）の焼き直しなど、雑多な話柄を含み、文字通り「雑談」集というに相応しい。が、特に随筆的章段において、人生を論じ、処世訓を説く談義本風の姿勢が見え、単純な怪談集とは作柄の異なるところがある。『雉鼎会談』は、武蔵野誓願寺の境内に集うた三人の「南朝の遺臣の末裔」が、雉鼎の故事に準えて、夜通し奇怪の話を鼎談するという趣向をとる【注8】。かかる設定のために、本作は本編の前に「発端」二丁を備えており、これは当時の怪談小説としては凝った造りで、著者の虚構意識の確かさが感じられる。その発端では、「ふるきはおとぎ婢子などいふがごとくして。めづらしからず。ちかきころ聞へたるものがたり。世にふれざる珍事を語らん」と『伽婢子』との違いが主張されているが、本作の中国典拠を用い、和歌を多く盛り込む点などにはむしろ『伽婢子』の影響がうかがわれる。また、五巻に九話を収める中編的構成や、俳論や世相批判（巻之二）などの寓意が込められる点は白話小説翻案系怪談の特徴にも似るが、寓意の質はやはり同時期の談義本のそれに近い。

明和期に入ると、上方では『古今奇談　繁　野話《しげしげやわ》』（明和三／近路行者〈都賀庭鐘〉／大坂）、『席上奇観垣根草』（明和七／草官散人／京都）といった白話小説翻案系怪談が作られており、これらは江戸でも売り出されている。また、江戸でもこの頃より『通俗如意君伝《にょいくんでん》』（明和四）、『通俗孝粛伝《こうしゅくでん》』（明和七）等、白話文学の翻訳作が制作されるようになり、『通俗如意君伝』の著者山口輝雄には、『（珍説奇譚）耵聹私記《ていねいしき》』（明和九／江戸）という怪談の著作がある。本作はその素材の多くを民譚的な話材によりつつも、訓訳本風の文体や考証的記事の挿入など、上方の白話小説翻案系怪談に通ずる要素を具えた、ごく初期の江戸の怪談書として注目される（本書第四部三章参照）。

一方、宝暦・明和期の大坂で、通俗的な怪談書制作の中心にあったのが、書肆吉文字屋市兵衛（定栄堂）である（高橋明彦「吉文字屋百物語集と宝暦明和」『続百物語怪談集成』叢書江戸文庫月報二七、一九九三年）。吉文字屋三代洞斎（鳥飼酔雅）には『著聞雑々集』、『近代百物語』など、自らも怪談物の著作があるが、二代定栄は播州佐用春名氏の出身であり、縁者である春名忠成（那波屋重右衛門）や荻坊奥路《おぎのぼうおうろ》（浮世草子作者、大雅舎其鳳。来儀庵佐南峯とも号す）らによる怪談書が、吉文字屋二代から五代永定の時代にわたって板行されている（濱田啓介『近世文学・作者と様式に関する私見』一三「吉文字屋本の作者に関する研究―奥路・其鳳同一人の説など―」京都大学学術出版会、二〇一一年）。この間吉文字屋によって上梓された怪談書（求板物を除く）は、①『著聞雑々集』（宝暦二／酔雅子）、②『西播怪談実記』（宝暦四／春名忠成）、③『世説麒麟談《せせつきりんだん》』（宝暦十一／春名忠成）、④『咡千里新語《ささやきせんりしんご》』（宝暦十二／松木主膳）、⑤『本朝国語』（宝暦十三／矢嶋酉甫）、⑥『新選百物語』（明和四／板木屋平助）、⑦『近代百物語』（明和七／鳥飼酔雅）、⑧『名槌古今説《めいつちここんばなし》』（明和八／荻坊奥路）、

⑨『西海奇談』（明和八／荻坊奥路）、⑩『最明寺殿諸国物語』（明和八／荻坊奥路）、⑪『西行諸国噺』（明和九／荻坊奥路）、⑫『諸国怪談実記　初編』（安永十／春名忠成）、⑬『諸国怪談実記　二篇』（天明八／春名忠成）、以上十三点にのぼり、これらのほとんどが、大坂（吉文字屋源十郎〈市兵衛弟〉店を含む）、江戸（出店吉文字屋次郎兵衛）の双方で売り出されている。

一口に怪談と言ってもこれらの性質は一様ではない。諸国の奇事・珍説を集輯した⑤は『国書総目録』では「地誌」に分類されるものであり、その他のものは一応小説と言えようが、荻坊奥路の作や④などは読本と言うより、浮世草子の奇談物ないし雑話物に分類されることも多い【注9】。⑥⑦はオーソドックスな百物語怪談集だが、①は怪談巷談入り混じった説話集である。奥路の⑧⑨⑩⑪は、前掲濱田論文の指摘する通り、「奇談実録体」で綴られるが、春名忠成作の②③⑫⑬のような単純な実録的怪談集とは微妙に異なる。例えば『西海奇談』は自序に「西海奇談の奇たるや、談みな事実の一てむの虚をまじへず（略）其説悉く予が近くしたしむ方より得て」云々と述べ、西国を舞台とする実録奇談集の体をなしているが、巻頭第一話「儒生妖を圧す」は、第一部二章でも触れた通り、二つの中国典拠をとり合わせた翻案（創作）である。原話では主人公が窓から侵入してきた妖怪（正体は狸）の手に「花」という文字を書いて撃退するが、これを漢詩を書くように改め、さらに和歌との二段構えにするなど、趣向を複雑化している。『西行諸国噺』、『最明寺殿諸国物語』にも、それぞれ「西行」、「最明寺時頼」というフレームによって、説話を再編する作意が認められる。全般的に神仏の霊験や勧善懲悪を説くなど、話のうちに穏当な教訓を寓する姿勢が濃厚であり、それは江戸の好阿の怪談の教戒的姿勢に通ずるものがある。好阿と同じく、奥路の素性についても「舌耕家」説があるのだが（前掲濱田論文）、それは右のような作風からも肯けるのである。

その他、明和期の読本怪談集としては、役者の怪談を集めた『愧凝話録《こんがいわろく》』（明和元年跋／泥嫩《でいそ》／大坂か）、宝暦頃の実録怪談を編集したと思しい『怪談実録』（明和三／浪華亭紀常因／江戸）、実録的な奇談異聞を中心とするが、粗雑な編集の目立つ『新説百物語』（明和四／高古堂主人／京都）、『諸州奇事談』と同じく写本『向燈賭話』（および『続向燈吐話』）を粉本に用いる『花実御伽硯』（明和五／半月庵主人／江戸）、怪談物黄表紙『模文画今怪談《ももんがこんかいだん》』（天明八／唐来山人／江戸）の主要典拠となった『怪談国土産』（明和五／禿箒子／江戸）、動物怪談、特に異類婚姻譚の多い『怪談御伽猿』（明和五／臥仙〈大江文坡〉／京都）、零本でのみ伝わる『怪談三鞆絵《かいだんみつともえ》』【注10】（明和七／茶話堂談柄／江戸）、好阿の『花鳥百談』の板元梅村判兵衛より、同作の後編として好阿の死後に刊行された『（古今実説）怪談御伽童』（明和九／静観房好阿／京都）、『宇治拾遺物語』や西鶴の『懐硯』、『武道伝来記』などを粉本とする『怪談記野狐名玉』（明和九／谷川琴生糸／大坂）などが挙げられよう。右の通り、この時期には「怪談」の称が、怪談書のタイトルとして目立つようになってくる【注11】。『怪談楸笊』（明和四／江戸／『諸州奇事談』の改題本）、『怪談とのゐ袋』（明和五／江戸／『宿直草』の改題改竄本）、『怪談笈日記』（明和五／江戸／『怪談とのゐ袋』の姉妹編）のような改題本も「怪談」を標榜しており、怪異小説の総称としての「怪談」の称も、ある程度定着してきた観がある。

本節の最後に、怪談物読本の変種とも言うべき物の存在に触れておきたい。いわゆる怪談の「弁惑物」読本については、堤邦彦『江戸の怪異譚』第三章Ⅲ「弁惑物読本の登場—人が人を化かす話」に詳論されるが、これは簡単に言えば、怪談の合理的、現実的説明による種明かしを趣向とする読本であり、『古今弁惑実物語』（宝暦二／北睿〈北尾雪坑斎〉／大坂）、『化物判取帳』（宝暦五／敬阿／江戸）、『（太平弁惑）金集談』（宝暦九／河田孤松／大坂）、『怪談弁妄録』（寛政十二／桃渓山人／京都）などが作品として挙げられる。これらは時代的に見るならば、近世中期の『広益俗説弁』（享保二〈正・後・遺編〉／井沢長秀／京都）に代表されるような窮理弁妄の風、また談義本的なうがちの精神（裏面観）が怪談に及んだものと思われるが、地域的にみると上方中心の動向であるようだ。右のうち、『化物判取帳』以外は全て上方の書肆が板元であり、怪異弁妄書の先駆作とも言うべき山岡元隣の『古今百物語評判』（貞享三）や西川如見の『怪異弁断』（正徳五）なども京都の板である。また、やはり京都板の『怪談御伽桜』（元文二年頃／雲峰／京都）、『当世行次第《とうせいゆきしだい》』（明和四／凌雲堂自笑／京都／寛政元年に『怪談一時三里《いっときさんり》』と改題出版される）、『当世化物大評判』（天明二／一文字壽正／京都）などは、諧謔味やパロディ色の濃厚な怪談物であり、怪異に対する懐疑的精神に根ざしている点では弁惑物に通ずる。怪談物とは言い難いが、奥路の『弁舌叩次第《べんぜつたたきしだい》』（注9参照）などもその傾向があり、巻一「狂詩」は皿屋敷怪談のパロディであるし、巻二「妖怪」は、狐の化けた女と恋に落ちた男が、執心から生き霊となって狐に憑くという話で、男の言葉に「ようくはいのわれにつかれたるといふはしゆかうとあたらしい」とある通り、狐憑きのパターンを裏返したパロディである。上方の合理的風土は、怪異を理屈で解体してしまうばかりではなく、それを想像力の糧とし、虚構として発展させていったのであった。

【二】……安永・天明期

安永から天明にかけては、上方の（特に白話小説翻案系の）読本怪談集制作が目立ち、江戸が少ない。『新斎夜語《しんさいやご》』（安永四／梅龍館主人／大坂）、『（今古怪談）雨月物語』（安永五／剪枝畸人／大坂）、『今古奇談翁草』（安永七／伊丹椿園／京都）、『今古小説唐錦』（安永十／伊丹椿園／京都）、『臥遊奇談』（天明二／一夕散人／京都）、『今古怪談深山草』（天明二／伊丹椿園／大坂）、『今古口実唐土《もろこし》の吉野』（天明三／前川来太／大坂）、『古今奇談莠句冊《ひつじぐさ》』（天明六／近路行者／大坂）、『和漢嘉話宿直文《とのいぶみ》』（天明七／三宅嘯山／京都）など白話小説翻案系怪談が陸続と作られており、京都では特に伊丹椿園を擁した書肆菊屋安兵衛の活動が目立つ。寛政以降も、『（古今奇談）四方義草《よもぎぐさ》』（寛政五／前田其窓子／京都）、『覚世奇観渚之藻屑』（寛政七／一颩道人／京都）、『（今古奇談）警世通話』（寛政十二／鈴木故道／大坂）、『（今古奇談）一閑人《いっかんじん》』（文化元／生々瑞馬／大坂）などこの傾向の作が続いている。この類の作は、書名に、「古今（今古）○○」などと冠するものが多く、白話ないしは文言の中国小説を主要典拠とし、雅俗折衷文体を基調とし、歴史小説のスタイルをとり、知識的性格が強く、作者の思想の寓意されていることが特徴である。ただし、これらの文学的水準は決して一様ではなく、例えば、井上啓治が指摘する通り、『唐土の吉野』などは先行の和製怪談を剽窃し、白話小説翻案系怪談風に粉飾したものに過ぎない（「〈翻〉『唐土の吉野』序論・附翻刻」『就実論叢（人文篇）』一六、一九八七年二月）。同作の典拠として、『懐硯』、『怪談登志男』の所収説話が指摘されているが【注12】、管見では『唐土の吉野』巻五「樵夫白蛇を追て兜の瑞を見たる事」は、青木鷺水の『新玉櫛笥』（宝永六）巻之四「通用の銀札」を典拠としており、この両者の関係も井上の右のような見解を裏付ける。また、『古今奇談紫双紙』（寛政八／江戸／『新編奇怪談』の改題本）、『（古今奇談）雨夜物語』（寛政九／大坂／『雪窓夜話』の改題本）、『古今怪談西曙物語《せいぼうものがたり》』（寛政十／大坂／『怪談東雲双紙《しののめそうし》』の改題本）など、寛政期には白話小説翻案系怪談風の表題を付けてそれを装った改題本も見受けられる。

上方の白話小説翻案系怪談の江戸移植を主導したのが、江戸書肆上総屋利兵衛である（横山邦治「江戸における読本への胎動―『古今奇談英草紙』と『奇伝新話』と―」『読本の研究』第一章序説〈風間書房、一九七四年〉）。上総屋を中心として、天明末から寛政、享和にかけて、『奇伝新話』（天明七／蜉蝣子）、『怪異前席夜話』（寛政二／反古斎）、『圃老巷説菟道園《うじのその》』（寛政四／桑楊庵光）、『拍掌奇談 凩草紙《こがらしそうし》』（寛政四／森羅子）、『（寒温奇談）一二草《ひとふたくさ》』（寛政七／振鷺亭）、『（新編奇談）秋雨物語』（寛政十一／流霞窓広住）、『列国怪談聞書帖《ききがきぞうし》』（享和二／十返舎主人〈一九〉。ただし寛政二年刊『異魔話《いまわ》武可誌《むかし》』の改竄本）、『奇談双葉草』（享和二／東男子著・十返舎主人校）、『深窓奇談』（享和二／十返舎主人）、『怪物与論』（享和三／十返舎一九）、『近代見聞怪婦録』（享和三／斜橋道人）、『古今奇譚蜑捨草』（享和三／山家広住〈流霞窓広住〉）【注13】など、上方の白話小説翻案系怪談の作風を模倣した読本怪談集（以上全て江戸板）が、江戸で相当数作られている。これらについては、『初期江戸読本怪談集』（国書刊行会、二〇〇一年）に収まる大高洋司の「総説」に委曲が尽くされているので詳細はそちらに譲りたいが、上方文人の小説に見られた政治や社会に対するラディカルな問題意識や反俗的姿勢は、東漸とともにむしろ体制迎合的で、通俗的なものへと変質していく。それはやはり上方文人と、これら江戸読本の作者層であった狂歌師、戯作者との資質の違いによるところが大きいだろうが、大高は特に、寛政四年頃までの江戸読本に看取される「当代社会の保守性ないし穏健性を、むしろ嘉《よみ》する態度」の背景に改革政治の影響を指摘している（大高洋司「初期江戸読本と寛政改革―『奇伝新話』その他―」『京伝と馬琴』Ⅰ章2節ⅰ、翰林書房、二〇一〇年)。

他方、白話系統ではない読本怪談集(前述の吉文字屋の板を除く)としては、前出『怪談記野狐名玉』の姉妹作であり、『諸州奇事談』、『怪談実録』等の、比較的新しい江戸板の怪談書を剽窃する『怪談名香富貴玉《かいだんめいこうふうきのたま》』【注14】(安永二序/琴紫/大坂)、遠州三河辺の奇談を多く録した雑談集『煙霞綺談』(安永二/西村白烏/大坂)、巷説種の名婦伝を集めた『奇談玉婦伝』(安永四/飛花窓文母/江戸)、遊里の怪談を集めた『(青楼奇事)烟花清談』(安永五/葦原駿守中/江戸)、後に『(古今奇談)雨夜物語』(寛政九)、『(古今奇談)旅行集話』(寛政十二)と二度も改題本化される『雪窓夜話』(安永八/金蛇観主/京都)、神道家の著作らしく、応報談・霊験談の多い『古今奇怪清誠談』(安永七/菊丘臥山人江文坡/京都)、実録的かつ弁妄的な叙述態度の目立つ『怪談見聞実記』(安永九/如環子/京都)、珍しい小本一冊形態の『隣壁夜話』(安永九年序/一帰坊/江戸か)、中国怪談説話の翻訳集『怪異談叢』(安永十/椿園主人/大坂)、播州の狐狸妖怪の話が多い民話的怪談集『怪談御伽話(怪談深雪艸)』(天明元/壺菫子/大坂)、江戸の講釈師の作で、巷談種の多い『閑栖劇話』(天明三/東随舎/江戸)などが、安永・天明期の作として挙げられる。また、『(通俗)怪妖故事談』(安永二/大坂/『奇疾便覧』の改題本)、『怪談都草紙』(安永五/京都/『花鳥百談』の改題本)、『怪談《かいだん》重問《ねどい》菜種《なたね》』(安永五/大坂/『金集談』の改題本)、『怪談仙界鏡』(天明元/大坂/『新御伽婢子』の改題本)、『(古今奇説)怪異夜話』(天明三/江戸/『今昔雑冥談』の改題本)、『(近世正説)会談浅間が嶽』(天明四/大坂〈吉文字屋市兵衛〉/『怪談都草紙』の改題本)などの改題本もあった。この時期、これら一般的な読本怪談集も、百物語風の、全冊に二十篇を越える説話を収める短編説話集形式ではなく、全冊十篇前後の形式の作が増え始め(『奇談玉婦伝』全五篇、『雪窓夜話』全四篇、『清誠談』全六篇、『隣壁夜話』全五篇、『閑栖劇話』全九篇など)、これらは創作性も高い。これらはやはり同時代の白話小説翻案系怪談のスタイルを少なからず意識したものと見てよいだろう。

【三】……寛政以降

かかる傾向は寛政に入るとさらにはっきりしてくる。寛政期の上方では、『怪談旅硯』（寛政三／紅葉園主人／大坂／全九編）、『怪談旅之曙』（寛政八／波天奈志小浮禰／大坂／全六篇）、『怪談東雲双紙』（寛政九／東山仙人／大坂／全八篇）、『怪談夜半鐘』（寛政九／玉香子／大坂／全四篇）、『怪談雨之燈《かいだんあめのともしび》』（寛政九／玉香山人／大坂／全五編）【注15】、『怪談藻塩草』（寛政十三／速水春暁斎／京都／全十二篇）といった「怪談」を標榜する読本が作られている。これらは基本的には通俗的な作風であり、『怪談旅硯』の巻之五「振袖小袖の怪異」が『諸州奇事談』巻二「執着の小袖」、『怪談藻塩草』三之巻「出羽の怪女が話」が『御伽百物語』（宝永三年刊）巻二「桶町の譲の井」を改作するなど、先行怪談書の素材を焼き直したものが少なくない。しかるに、一話のボリュームが増し、部分的にではあるが、歴史小説に仕立ててみたり、著者の思想を寓意としており込むなど、小説としての成長が認められる。例えば、大坂書肆塩屋権平より出版された『怪談旅之曙』は、『選択古書解題』にも「筆に迫力があって、表現に巧みである」と賞される通り、怪異描写に冴えを見せる。女性の怪異を主題とする話が多く、巻三「木地ひきの廻国」の、鬼の化けた女房と枕を並べねばならない夫の怯えた心理描写など、圧巻である。同じ塩屋から出た『怪談夜半鐘』は、全四巻のうち一、三、四巻の舞台をそれぞれ大坂、江戸、京三都に設定し、それぞれの気風――作者の評言によれば、「浪華の俗は尚淫なり。故に其の文は靡麗にして富艶なり」、「東都の人は憨憨の弊にて（愚かしいところがあって、の意）怪を好めども其の文は則ち質なり」、「京師の俗は尚繊巧なり。故に其の文は議論の主たり」（原漢文）――に合わせて書き分けたという。一巻では破戒僧、三巻では人間界に流謫された道人、四巻では似非儒者を扱っており、当代の儒者や僧侶に対する著者の問題意識が寓せられている。また浄瑠璃作者佐藤魚丸の作である『（奇怪）越路の雪』（寛政十／大坂）は五冊に四編の怪談を収め、うち二つが霊験談だが、あからさまな奇蹟を目の当たりにする類のものではない。むしろ現実に起こり得る偶発的事件に、神仏のはたらきを感じ取るという書かれ方がなされており、大坂らしい合理的精神をもった霊験談の佳作として注目される。

寛政の後半より、「―諸国奇談」と角書のあるか、「諸国―談」という題名をもった書物が相応にまとまって出されている」ことが、山本和明によって指摘されている（「諸国奇談集の一側面」、『江戸文学』二八、二〇〇三年六月）。京都では西村市郎衛門が名所記的性格をもった浮世草子怪談を出版していた伝統があるが（湯沢賢之助「西村本小説攷―「諸国奇譚集」をめぐって」『跡見学園短期大学紀要』二五、一九八九年一月）、寛政期の動向は、「橘南谿が出せし東西遊記より奇談を書しものまれ〳〵に出し」（『伝奇作書』嘉永四年成）と言われる通り、直接的には寛政七年に上方で刊行された、橘南谿の『（諸国奇談）西遊記』『（諸国奇談）東遊記』のヒットが火付け役になったものである。『（諸国奇談）西遊記』続編（寛政十／大坂）には、「近来江戸書林より此方橘南谿先生作の西遊記続篇をひそかに奪ひ、其上本書にも無之虚談数々を書加へ此方作の様に取成し板行し売弘め、猶其外にも東西遊記拾遺などいふものを追々作り出し候様に書記し有之候。是等皆偽せものに候間読人信用有べからず候」といった書肆の注意書を見返しに記す伝本があり、かような海賊版が出回る程、東西遊記シリーズの人気の江戸にも伝播したことがわかる。これを受けて、『（諸国奇談）北遊記』（寛政九／勢州山人／江戸【注16】）、『漫遊記』（寛政十／建部綾足／大坂）、『遠《とお》山《やま》奇《き》談《だん》』（前編寛政十・後編享和元／華誘居士／京都）、『（諸国）奇遊談』（寛政十一／川口好和／京都）、『（諸国奇談）東遊奇談』（寛政十三／一無散人／京都）、『（奇談）諸国便覧』（享和二／夾撞散人／京都）、『（諸国）周遊奇談』（文化三／昌東舎真風／江戸）、『北国奇談巡杖記』（文化四／鳥翠台北巠／京都）、『赤ぼしさうし』（文化七／秋里籬島／京都）、『北越奇談』（文化八／橘茂世／江戸）などの諸国奇談集が続出した。これらは、文学史上は紀行や随筆に分類されることが多い。しかし、内容的に奇異珍事の話題も多く、前掲山本論文にも指摘があるが、『増補外題鑑』の「奇談怪談の部」に『遠山奇談』、『北越雪譜』、『北越奇談』の含まれていることにもうかがわれるように、当時は怪談物に類する読み物と見られがちであった【注17】。またこれらが誘発した地方への興味と幻想は、同時期の読本や合巻などにも影響を与えている。

寛政期以降の読本怪談集は、享和期の江戸の一九の活動が目立つくらいで、以後は江戸上方とも出版が減っていく。文化二年には、『聞書雨夜友』（東随舎／江戸）、『競奇異聞《けいきいぶん》』（梅翁／京都）、『今古奇談《きんこきだん》』（煙波山人／京都）という三種の新板と、『奇談遠近草《きだんおちこちぐさ》』（大坂／『唐土の吉野』の改題本）、『（近世奇説）怪異新書』（江戸／『怪談御伽童』の改題本）という二種の改題本が刊行されているのだが、この辺りに一つの転機があり、文化三年以降になるとほとんど諸国奇談ものばかりで、それもせいぜい年一作あるかないかの出版である。短編集形式の怪談物は長編読本や合巻の怪異趣味の中に吸収され、衰退する。

おわりに

以上、きわめて雑駁ではあるが、近世中期から後期にかけての読本怪談集の展開史を概観してみた。大雑把にまとめるならば、上方中心の白話小説翻案系怪談と江戸中心の説話系怪談【注18】の二つの潮流があり、江戸の方は安永頃には下火になるが、天明末頃から白話小説翻案系怪談の模倣作が流行り出す。上方の方では、安永頃から通俗的な読本怪談集も白話小説翻案系怪談の様式に影響され、中編怪談小説のスタイルへと発達し、また寛政期後半には諸国奇談集の流行を見る、と言ったところであろうか。

なお、写本で流布した怪談集の存在、同時代の草双紙の怪談物との関係などは、本章のフレームに収めきれなかった。前者については次章および注4に挙げた拙稿を、後者については第一部五章、第三部二〜三章を参照されたい。

【注】

1　一口に短編怪談集と言っても、その様式は必ずしも一様ではないが、おおむね半紙本五巻五冊前後の編成であり、その中に多い物（百物語、実録的な奇談集の類）は二十話以上、少ない場合（白話小説翻案系怪談など）は十話前後の説話を収めるのが、この時期の刊本怪談書のスタイルである。また、一部の巷談集や故事集、地誌等は、書籍目録類において怪談ないし奇談物に含まれる場合もあるが、本章では怪異性の希薄なものについては一応除外している。なお、本書における「読本」の定義については、緒言注1を参照のこと。

2　ただし、太刀川清「『怪談名香富貴玉』―怪談小説の長編化―」（『長野県短期大学紀要』三七、一九八二年一二月）、篠原進「『英草紙』以降―初期読本論序説」（『青山語文』三三、二〇〇三年三月）などがある。また、飯倉洋一に一連の「奇談」研究があるが（「奇談から読本へ」〈中央公論新社『日本の近世』一二、一九九三年〉等）、飯倉の提起する「奇談」とは、「談話性」を一つのメルクマールとするカテゴリーであり、近世中期の怪談書、雑談集、談義本等のジャンルを包摂する。

3　ここに言う制作地とは、基本的には主板元の所在地を示している。

4　太刀川清「静観房好阿の怪異小説」（『国語国文研究』六八、一九八二年八月）。拙稿「写本から刊本へ」（『都大論究』三二、一九九五年六月）。『続向燈吐話』については第二部一章付記を参照のこと。

なお、近世に流布した写本の怪談書には、五巻五冊十話前後の編成（『実承実録怪談』、『奇談己が胆』等）であったり、挿絵を備える（『窓外不出集』、『聖城怪談録』、『怪談草の露』等）など、読本様式の影響が認められる作もある。詳しくは拙稿「東京都立大学国文学研究室蔵『窓外不出集』について―国内伝本の発見」『人文学報』三五一、二〇〇四年三月）、「『聖城怪談録』成立上の問題―『聖城妖怪奇談』のことなど」『近世部会誌』六、二〇一二年三月）を参照されたい。

5　樫澤（田中）葉子「『新著聞集』の成立―『犬著聞集』『続著聞集』との関連から」（『語文研究』六二、一九八六年一二月）の指摘。

6　ただし、『古今御伽座頭』もまた改題本であり、本書のルーツは『昔物語治聞集』（元禄四）にまで溯れる（白石良夫「井沢蟠龍の著述とその周辺」、『近世文芸』四五、一九八六年一一月）。なお、読本怪談集の改題本については、拙稿「改題本考」（『読本研究』十下、一九九六年一一月）、「改題本考補遺」（『人文学報』三二〇、二〇〇一年三月）を参照されたい。

7　本稿に於ける書名の（　）内は外題角書等であり、内題には含まれない。

8　飯倉洋一「奇談の「場」」（『語文』七八、二〇〇二年五月）は、『茅屋夜話』『檠下雑談』『雉鼎会談』等が「順咄」の構成を持つことを論じている。

9　奥路の中編雑話物に、『弁舌叩次第』、『籠耳覚日記』、『文

武酒色財』、『焔魔大王日記帳』(いずれも明和九年、大坂板)があり、これらと怪談物との境界は曖昧であるが、本稿では一応区別して取り扱った。

10 飯倉洋一『明和九年刊書籍目録所載「奇談」書の研究』(一九九九〜二〇〇一年度科学研究費補助金成果報告書、二〇〇二年)に、中野三敏所蔵本『怪談三鞆絵』(巻四のみの零本)についての報告がある。

11 明和期より「怪談」と冠する怪異小説の増加することについては、注2の太刀川論文に指摘がある。

12 『懐硯』については徳田武「馬琴と『杜騙新書』下」(『文学』四九―五、一九八一年五月)の指摘。『怪談登志男』については、前掲井上論文の指摘。

13 山家広住には、寛政十二年刊『(奇談百章) 破几帳』、同年刊『(席上怪話) 雨錦』の作もあるが、これらの作風はむしろ説話系怪談(→注18)に近い。

14 『怪談記野狐名玉』とその姉妹編である『怪談名香富貴玉』の関係、およびこれらの内容については、田中葉子「『怪談名香富貴玉』再考―明和期における怪談集の一動向」(『語学と文学』二一、一九九一年三月)に考証と分析が備わる。

15 長く原本未発見であった『怪談雨之燈』については、近年三宅宏幸が発見し、研究と翻刻を「寛政期読本『怪談雨之燈』の研究と翻刻」(『愛知県立大学説林』六九、二〇二一年三月)にまとめている。同論文は寛政期の怪談流行を考える上で、『怪談旅之曙』、『怪談雨之燈』、『怪談夜半鐘』等の板元であった大坂の塩屋権平の存在に注目している。

16 『北遊記』は『西遊記』、『東遊記』の評判に便乗せんとした江戸の書肆が、『享保日記』、『北陸杖の跡』なる既成の書物を利用して急造したものと思しい。しかしその六年後(享和三年)には、この『北遊記』の改題改竄本『北陸奇談』が、今度は上方で出板されている(注6の拙稿「改題本考補遺」参照)。

17 板坂耀子は、近世の紀行文には「説話や奇談、怪談と共通する要素も求められていた」ことを指摘する(国書刊行会『近世紀行集成』解題、一九九一年)。

18 「白話小説翻案系怪談」「説話系怪談」については、第四部三章注4を参照のこと。

二章

『老媼茶話』の転変

写本から刊本へ

はじめに

宝暦・明和の怪談流行期には、さまざまな素材と方法を駆使して怪談集が作られたが、その中には第二部一章で触れたパターン、すなわち静観房好阿が写本『向燈賭話』をベースに刊本『諸州奇事談』を作ったように、写本で流布していた怪談集を編集、刊行するというやり方で作られたものも少なくなかったと考えられる。本章では、そのような事例の一つとして、写本奇談集『老媼茶話《ろうおうさわ》』（寛保二年〈一七四二〉序・三坂《みさか》春編《はるよし》選）を編集・刊行した『新《しん》編奇怪談《へんきかいだん》』（白鹿洞《はくろくどう》主人序・會津　滕観卿編集／宝暦二年〈一七五二〉江戸　近江屋藤兵衛版）と、さらにこれを改題改竄して出版した『古今奇談紫双紙《むらさきそうし》』（白塵洞主人著／寛政八年〈一七九六〉江戸　中山清七、上総屋利兵衛版）のケースをとりあげる。写本（『老媼茶話』）と刊本（『新編奇怪談』）のテキストを比較【注1】してみることで、刊行に際して出版者、すなわち書肆によってテキストに施される措置、ひいては写本怪談と刊本怪談の性格の違いもみえてくる。併せて、

『新編奇怪談』から『古今奇談紫双紙』（以下『紫双紙』と略す）への「改題改竄」という出版上の操作の実態を明らかにし、本作の寛政期における改題再出版の意味についても考えてみたい。

【二】……『老媼茶話』から『新編奇怪談』へ

会津藩士三坂大弥《だいや》太《た》春編《はるよし》の著した怪談集『老媼茶話』は、柳田国男の編んだ『近世奇談全集』（『続帝国文庫』四十七編、明治三十六年）に採録されたことで、近代になって活字本文が広まり、また泉鏡花の『天守物語』の素材源となったことなどでも知られる作品である。ただ、写本で伝わる上に、「現存する諸本は、その何れもが同名異著かと見紛うばかりに異本化している」（高橋明彦「『老媼茶話』の諸本」『近世文芸』五六、一九九二年七月）という問題を抱えた怪談書でもあった。その後、出典調査なども含めて諸本を整理した高橋による『老媼茶話』の校訂本文（宮内庁書陵部本を底本とする）と詳細な解題が、叢書江戸文庫『近世奇談集成』（国書刊行会、一九九二年）に収載されており、『老媼茶話』の詳細については、この解題と前掲高橋論文に譲りたい。以下、本稿では原則として、右の江戸文庫校訂本文を『老媼茶話』についての論述の底本とする。

『老媼茶話』は百条余りの怪談説話を収めるが、このうち二十二話を抄出し、五巻五冊の読本として宝暦二年に刊行されたのが『新編奇怪談』である。『新編奇怪談』の諸本としては、早稲田大学図書館に二種（〈文庫五・七四〇〉、〈へ一三・三三二三〉）、滋賀医科大学河村文庫（巻二、五を欠く不全本）、九州大学中央図書館雅俗文庫（巻五のみの零本）に所在が確認できる（すべて同板）。このうち早稲田大学図書館中村進午文庫蔵本（文庫五・七四〇・一〜五）［図1］のみ、刊記に板元一湖堂の印記、巻一に丁付けの誤りおよび本文を黒く潰した修正箇所（後印本では埋木によって修正済み）が見られるので、早印本と思しい。次に同本の略書誌を示しておく。

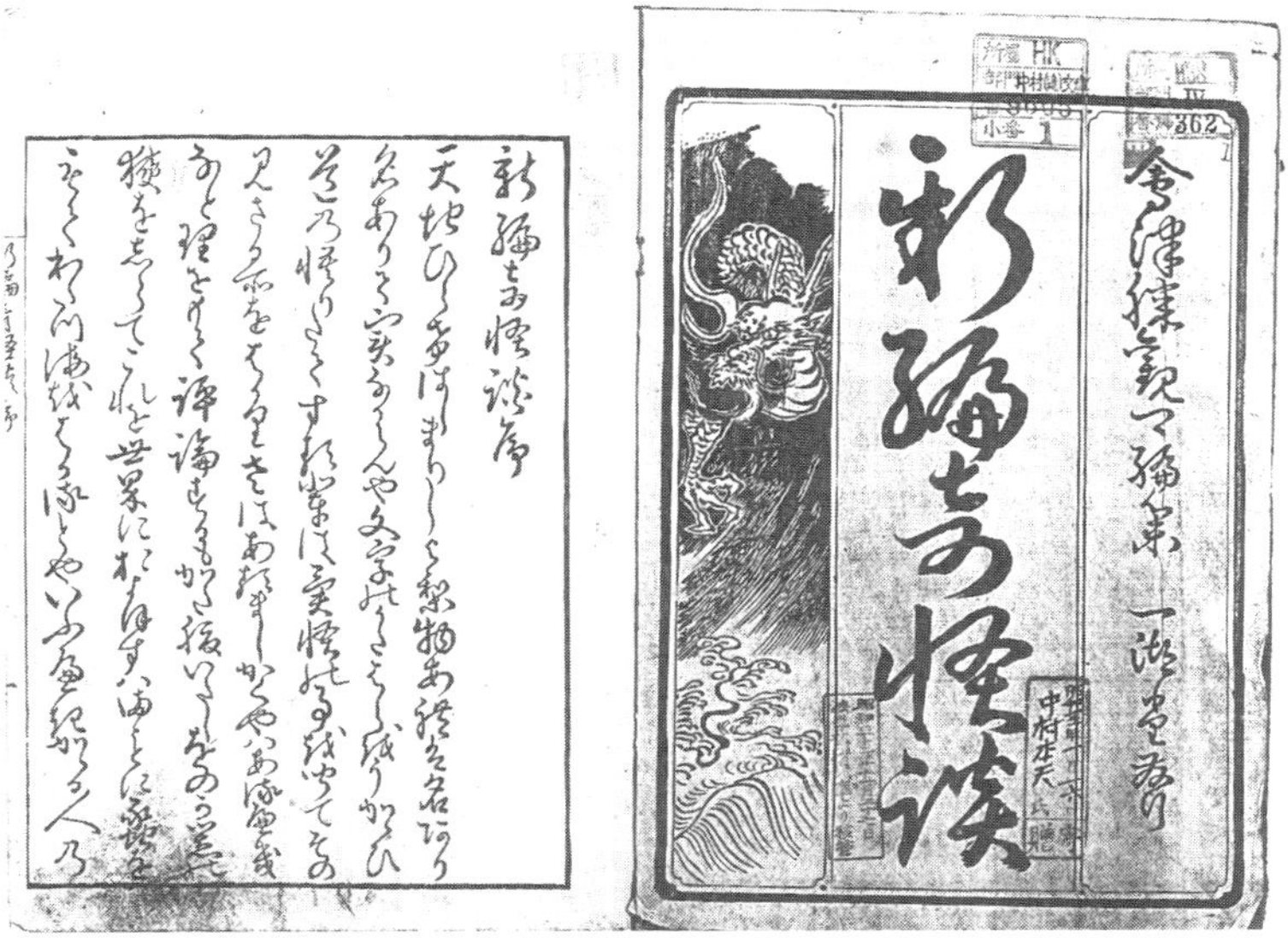

図１　『新編奇怪談』見返しと序

編成　半紙本　五巻五冊。
表紙　浅黄色無地。原装。
題簽　左肩双辺「新編奇怪談　二（〜五）」。巻一は題簽を欠く。
見返し　右に「会津滕観卿編集　一湖堂発行」、中央に「新編奇怪談」、左に龍の絵。
序　「新編奇怪談序」一丁半あり。序の末尾に「寛延辛未（四年）冬十月十五日／自鹿洞主人漫書／方印二種「原国藩印」「胎則」」。
内題　「新編奇怪談」。柱題も同じ。
構成　巻一（見返、序一丁半、目録半丁、本文十九丁半）。巻二（目録半丁、本文二二丁）。巻三（目録半丁、本文二三丁半）。巻四（目録半丁、本文二二丁半）。巻五（目録半丁、本文二二丁半、刊記半丁）。
行数　本文半葉九行、一行二〇字前後。
挿絵　各巻半葉四図ずつ計二〇図。

刊記　「宝暦二年壬申春正月吉日　　会津　滕観卿編集
　　　　　　　　　　　　　　　　江戸　近江屋藤兵衛　発行　朱印（一湖堂）
備考　中村進午旧蔵本。巻一に丁付の誤り（乱丁ではない）がある。五丁の後「六→七→八→九」と続くべきところが「三→五→六→七」となっている。
新編奇怪談後編嗣出」

本書の刊行については『割印帳』（宝暦元年未十二月廿四日の項）に記載があり、

宝暦二申正月
新篇奇怪談　全五冊　作者 滕観卿　板元 近江屋藤兵衛
墨付百十二丁　　　　　　　　　　　売出し 梅村藤三郎

とあるが、この情報は右早印本の内容に合致し、本書の板元は近江屋藤兵衛で問題ない。近江屋藤兵衛は一湖堂と号し、江戸（『新編奇怪談』刊行当時の住所は本白銀町二丁目）で寛延から寛政頃にかけて活動の確認される書肆で、実用書や浄瑠璃本、目立ったところでは松露庵系の烏明や左明などの俳書の刊行がある。ただし、あまり仮名読み物類を多く出している書肆ではなく、規模も小さいこのような本屋がどのような経緯で『老媼茶話』の出版に至ったのか、序文に若干の説明（後述）はあるが、詳細については不明である。

【二】……所収説話の対照

はじめに『老媼茶話』と『新編奇怪談』との関係を、所収説話の対照表によって概観しておく。『老媼茶話』には七種類の諸本の存在が報告されており（前掲高橋論文）【注2】、表中「宮書」は宮内庁書陵部本、「会図」は市立会津図書館本に拠ることを示す。『新編奇怪談』の底本には、早稲田大学図書館中村進午文庫所蔵の早印本を用いた。なお、表題はすべて目録題、配列は『新編奇怪談』の章立てに拠った。

表の通り、『新編奇怪談』の所収説話は、『老媼茶話』の宮内庁書陵部本の二十話に市立会津図書館本の二話を合わせれば出揃うことになる【注3】。特に、書陵部本二十話中七話は異本には含まれていないことから、諸本の中では書陵部本が『新編奇怪談』の編者が見ていた『老媼茶話』伝本に最も近いものと考えられる。この仮定のもとに、『老媼茶話』より『新編奇怪談』に採られた説話の配分を見ると、巻二に相当する二話、巻三の二話、巻四の六話、巻五の三話、巻六の四話、巻七の一話、拾遺の巻の二話が採られていることになる。全般に各巻に渡って広範に説話を採っていると言える。

前掲高橋論文は、『老媼茶話』の所収説話の内容による分類を試みているが、これに拠れば書陵部本の所収説話は、中国系奇談・会津系奇談・雑史系奇談・由井正雪もの・切支丹説話に分類される。このうち『新編奇怪談』に採られているのは、表の通り、会津系奇談（表中の〈会〉）と雑史系奇談（表中の〈史〉。妖怪退治など武張った話が多い）のみであり、怪談集に相応しい話柄が選別されている。本文にはルビを施し、二十図（十八話分）の挿絵を付している。

『老媼茶話』『新編奇怪談』所収説話対照表

『老媼茶話』	『新編奇怪談』
宮書巻四ノ一　高木右馬助大力〈史〉	巻一ノ一　高木大力《たかぎだいりき》
宮書巻四ノ二　大亀の怪〈史〉	二　大亀《おふがめ》の怪《くわい》
宮書巻四ノ三　安部井強八両蛇をきる〈史〉	三　強八《ごうはち》斬《きる》二両蛇《りやうじやを》一
宮書巻四ノ四　魔女〈史〉	四　登之助《のぼりのすけ》鎮《しずむ》二悪霊《あくりやうを》一
宮書拾遺ノ一　菊淵大蛇〈史〉	巻二ノ一　菊淵大蛇《きくふちのだいじや》
宮書巻四ノ五　山伏悪霊〈会〉	二　山伏怨霊《やまふしのおんりやう》
宮書巻四ノ六　堀主水逢女悪霊〈会〉	巻三ノ一　旅僧《りよそう》為《ために》二主水《もんとが》一鎮《しつむ》二怨霊《おんりやうを》一
宮書巻二ノ一　山寺の狸〈会〉	二　浜田牛太郎《はまだうしたろうが》勇気《ゆうき》
宮書拾遺ノ二　諏訪越中〈会〉	三　諏訪越中《すハゑつちうが》力競《ちからくらべ》
会図巻上ノ十　貧乏神〈史〉	四　篠邑《しのむら》源七頓智《とんち》
宮書巻五ノ三　猪鼻山天狗〈会〉	巻四ノ一　猪鼻山天狗《いのはなやまのてんぐ》
宮書巻五ノ七　奇病〈会〉	二　奇病《きびやう》
宮書巻五ノ八　窟村死女〈会〉	三　窟村死女《くほむらのしじよ》
宮書巻六ノ七　盤梯山怪物〈会〉	四　盤梯山怪物《はんたいやまのはけもの》
会図巻上ノ九　天童ケ原化狐〈史〉	五　盲人《もうじん》縛《しばる》二化狐《ばけきつねを》一
宮書巻六ノ九　狐〈会〉	六　狐付《きつねつき》又吉《またきち》詣《まうづ》二日光《につこうに》一
宮書巻三ノ十　杜若屋敷〈会〉	巻五ノ一　杜若屋敷亡魂《かきつばたやしきのぼうこん》
宮書巻三ノ十四　如丹亡霊〈会〉	二　如丹亡霊《じよたんがぼうれい》
宮書巻七ノ七　八天幻術〈史〉	三　八天幻術《はつてんのげんじゆつ》
宮書巻六ノ十一　一目坊〈史〉	四　一目坊《いちもくぼう》
宮書巻二ノ四　猫魔怪〈会〉	五　猫化為《ねこばけてなる》二人母《ひとのはゝと》一
宮書巻六ノ十　彦作亡霊〈史〉	六　彦作死霊《ひこさくがしりやう》

【三】……『新編奇怪談』の編集処理

『新編奇怪談』の見返しや刊記に「編集」として名の見える会津の「滕観卿」なる人物の素性は詳らかでない。今日『老媼茶話』の著者と推定される会津藩士三坂春編（松風庵寒流）にこのような別名はない。見返しや刊記には「編集」とあるが、『割印帳』では「作者　滕観卿」となっている。「白鹿洞【注4】主人」と名乗る本書の序者は、本書出版のいきさつについて次のように述べている。

（略）此ものがたりは、会津の何某、年ごろきくにしたがひ異怪新奇の事をあつめられしに、いつしか十巻にみちぬ。猶見ん人の疑をおそれて、その年月の正しきをばこれをしるして事の実をしめす。其名の世にあらはしがたきをば、これをかくして竊にしらしむるのみ。それをそのしたしき人某におくられしを、かくてありなんもいと本意なし。世の人のなぐさめにもなりぬべき物とて、終に梓にちりばむる事になん。名付て新編奇怪談といふ。予に此事をはじめにしるしつけよとこはるゝまゝ、いさゝか筆にまかせ侍りぬ。（句読点、清濁は近藤による）

「白鹿洞主人」なる序者の正体も不明であるが、右に原作者として言及されている「会津の何某」をこの本の各所に示された「会津　滕観卿」とみてよいだろう。「その（会津の何某の）したしき人、某（白鹿洞主人）におくられ」といったように、さらに「したしき人」を介在させて作者の存在を暈かす一方で、本書の作者が「会津　滕観卿」であることは明記しようとする姿勢がみえるのは、この本の内容が問題となり、その責任者が問われることになった場合を慮ってのことではないか。つまり架空の「滕観卿」をスケープゴートにして、実際には江戸でこれの編集に従事したであろう人物に矛先が向かわぬようにしているように見える。この序者「白鹿洞主人」を実際の編集者かと疑いたくもなるが、これも「予に此事をはじめにしるしつけよとこはるゝまゝ」とあるように、序を請われただけで内容には無関係との言い訳が立つように書かれている。ただし、原本がもともと会津で編まれたものであるという説明自体は事実であり、その点は伝えながらも、責任ある個人にはたどりつき難い、巧妙な文面になっている。

本書の制作者が、かくも慎重になっているのは、原本である『老媼茶話』の内容に「其名の世にあらはしがたきをばこれをかくして竊にしらしむるのみ」とあるような配慮を要する事情があったからであろう。『新編奇怪談』本文と典拠である『老媼茶話』の本文を対照すると、前者は後者の内容を引き継いではいるが、出版取り締まりへの配慮から、編者が手を加えたと思われる部分が多々認められる。

一つ「大亀の怪」（『老媼茶話』宮書巻四ノ二・『新編奇怪談』巻一ノ二）を例にとって見てみよう。本話に登場する「結城一伯忠直」は、徳川秀康の長子松平忠直（一五九五～一六五〇）のことで、『徳川実記』や『古今武家盛衰記』などにその武功と放縦さを伝える逸話の多い人物である（史実としては慶長十二年に家督を継いで越前福井を領したが、元和九年に改易となって豊後萩原に配流されている）。「大亀の怪」の『老媼茶話』オリジナル版は、忠直の複数の逸話と略歴（①忠直が七歳の息子を海に投げ捨てて殺害②鷹狩りの折、鷹匠を沼に引き込んだ大亀を退治③新天流上段の太刀に達し、稽古相手はこれを受け損なえば死亡した④酒乱で近習の生き肝を抜き取った⑤忠直の略歴）から構成されている。中心になるのは表題通り②の武勇譚だが、①③④のような暴君的エピソードの印象も強く、これらのエピソードも『新編奇怪談』には採られている。ただし⑤、すなわち『老媼茶話』には、話の末尾に「結城中納言秀康公の御嫡男忠直公幼名長吉丸越前国福井の城主六拾七万石」云々といった忠直の略歴が付されているのだが、『新編奇怪談』はこの部分を全てカットしている。これはこの叙述が物語的ではなく、余計だったということもあろうが、そもそも徳川家につながる人物を扱った本話の場合、主人公についての情報を示すことは出版規制上――近世の出版規制の基本法として知られる享保七年の出版条目に「権現様之御儀は勿論、惣て御当家之御事板行書本、自今無用ニ可仕候」とあるように――問題であった。このことは、「大亀の怪」の冒頭部分の叙述にも表れている。『老媼茶話』書陵部本本文と、『新編奇怪談』早印本によって、当該部分を対照してみたい。

『新編奇怪談』早印本（早稲田大学図書館　中村進午文庫蔵）	『老媼茶話』　宮内庁書陵部蔵本
××《ゆふき》の城主《せうしゆ》何某《なにがし》公ハ御仁徳《じんとく》まし〳〵ける其御子逸伯《はやのり》公ハ	結城宰相秀康公は御仁徳の御大将にてまし〳〵ける其御子一伯忠直公は

『老媼茶話』は徳川秀康と一伯忠直の名を明記している。それに対して、『新編奇怪談』の「××」とあるのは「図2」の影印の通り、削除されている。が、わずかにルビの部分が残っており、「ゆふき」と読める。つまり当初は「結城の城主何某公」【注5】という、原本（『老媼茶話』）の記述を暈し、「一伯忠直」も「逸伯《はやのり》」と仮名にしておけば問題ないと考えていたようである。しかし、「逸伯」からはやはり忠直の号「一伯」が連想されるし、それに「結城」という固有名詞が加わればモデルの特定を促すため、後になって念入りな修正が施されたらしい。この修正箇所は透かして見るとうっすらと「結城」の字が読み取れるので、埋木ではなく、紙面を押印するように潰したもののようで、これは本文印刷後に問題となり、発行の直前で修正が行われたものと見える。この措置が板元によるものであるのは確かで、図3の後印本の影印では、「山野《やまの》」（架空の名称）と、埋木によって訂正されている。土壇場での修正が行われたのは、やはり将軍家の人物の話であることから、とりわけナーバスな判断が働いたものと想像される。

『新編奇怪談』に収める二十二話のうち十二話に大名諸家、諸侯に関する記述が見られる。話の内容によって規制の度合も異なるが、このうちの五話が右例の如く「何某」などの記述で諸家諸侯の実名を伏せている。「菊淵大蛇」には、為政者に追従する諸大名の有様が描かれており、「彦作死霊」では郡奉行の不正が非難されているが、編者はこのような話では特に入念に、実名を伏せるだけでなく、「将軍様御出頭の大名」を「執政」とするなど、穏当な表現へと改めている。

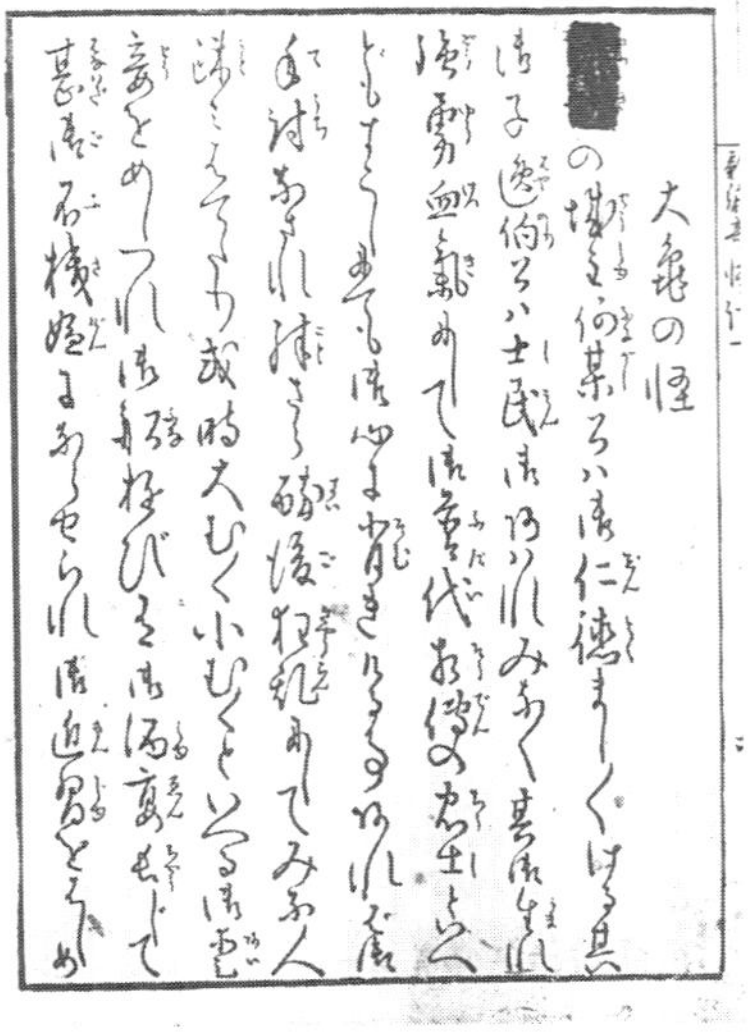

図２　『新編奇怪談』初摺本

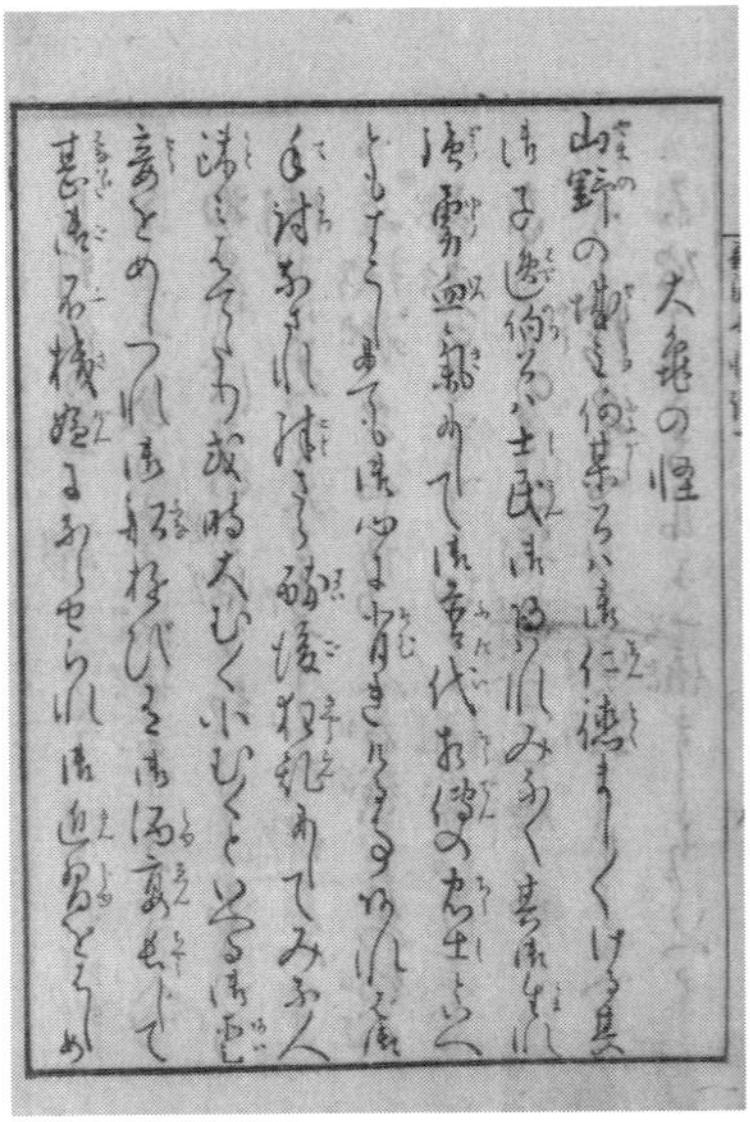

図３　『新編奇怪談』後摺本

このような出版取り締まりを意識した措置に加え、『新編奇怪談』の編集方針としてうかがわれるのは、粉本を「短編怪談集」として整えようとする意図である。

まず、原話の本文を省略・割愛している箇所が全編に指摘できる。例えば「大亀の怪」に、原話に見られる徳川忠直の履歴の叙述が採られていないことはすでに述べた。また「菊淵大蛇」では原話の結びの評文が、「山伏怨霊」「旅僧為㆓主水㆒鎮㆓怨霊㆒」「諏訪越中力競」では、いずれも挿入和歌が省かれている。「杜若屋敷亡魂」や「如丹亡霊」では、話の本筋にはあまり影響ない挿入的記事が割愛されている。要するに、編者は短編小説として余分と思われる要素や冗長な箇所を適宜削除・整理している。また、粉本の部分採用ともいうべき編集も見られる。例えば『老媼茶話』の「狐」は、「狐の報復」というモチーフの共通する二つの説話から構成されているが、『新編奇怪談』（巻四の六）は、この一つ目の説話のみを採って一篇としている。

これらの編集処理には、テキストに雑多な要素を含む写本の原本を、娯楽読み物として明快なものにしようとする姿勢がうかがわれる。それは商品化に際しての必然的な配慮であったろう。

【四】……堀主水の怪談と会津騒動

『新編奇怪談』巻三ノ一「旅僧《りよそう》為《ために》二主水《もんどが》一鎮《しつむ》二怨霊《おんりやうを》一」は、妾の悪霊に崇られた堀主水を旅僧が救う話であるが、本話の典拠の利用方法には、怪談集における写本と刊本の性格の相違がよく現れているので、少し詳しくとりあげたい。本話の典拠である『老媼茶話』巻四「堀主水逢女悪霊　并主水行末」は、堀主水の愛人「花」の怨霊譚である前半部(「堀主水逢女悪霊」)と、実在の会津藩家老であった堀主水《ほりもんど》と藩主加藤明成(加藤嘉明の嫡男)の確執から起こった会津騒動を記した後半部(「并主水行末」)から成る。次に前半部の概要を示す。

会津若松の城主加藤左馬介嘉明の臣下である堀主水は塔寺八幡宮参詣の折に、川で物を洗う美女を見初める。女には夫があったが、主水は権威に任せて縁を切らせ、自分の女にして「花」と名付けて寵愛した。花には好色なところがあり、主水の召使いの源五郎と言う美男と密通し、下女の密告でこれを知った主水は、花を庭の松の木に縛って吊り下げ、源五郎の切り落とした首を花の足下へ置いて踏ませた。花はこれを恨み主水を罵ったので、主水はいよいよ怒り、下部《しもべ》に花を絞め殺させ、死骸を密かに宝積寺に埋めた。

半年後、主水が五月中旬の朧月夜の空を眺めていると、庭の木陰の暗がりから花が現れ、近づいてくる。主水が脇差しで斬りつけると姿が消えて手応えがない。それより百日ほどこういうことが続き、主水は憔悴しきる。そこで憂さ晴らしに小鳥狩りに出かけるが、越後から来た老僧と出逢い、死相が出ていると警告を受ける。主水は老僧に事情を話し、悪霊の退散を依頼する。僧が主水を連れて宝積寺の花の塚を掘り返してみると、花の遺骸は生前と変わらぬありさまであった。僧は主水を裸にして全身に経文を書き、口に神符を含ませ、花の遺骸と一つの棺に入るよう命じ、「今夜怪しいことがあるだろうが、決して動くな」と教えて、元通りに棺を埋めた。その夜の丑三つを過ぎる頃、果たして棺の中で花の死骸が動き出し、主水の身体をまさぐりながら、「憎いと思っていた主水もいつのまにか白骨になって苔むしている。これで恨みは晴れた」と言って、抱きついたまま主水の全身をなめ回し、やがて動かなくなった。明け方に僧が現れ、数珠で花の額をなでながら戒名を授け、妙文の一句（「思ひ見よ仇も情も白露の消にしあとはたゝの秋風」）を示すと、花の遺骸は溶け果てて骸骨だけが残った。僧は遺骸を元通りに埋めて主水の屋敷に戻った。主水は僧に礼を述べ、天寧寺の住職になれるよう取り計らうと僧に勧めたが、僧は辞退し、「乍憚《はばかりながら》御身は血気の勇士にて、ものゝ哀を知り玉はず。不仁不義の行跡多かるべし。君寵ほこり奢《おごり》をほしいまゝにして人のにくみを得玉はゞ、終りをよくしたまふまじ。こうりやうの悔なきやうに御慎候べし。さなくは三年をへずして大難に逢玉ふべし」と主水に告げて去り、その行方を知る人はなかったとか。

『新編奇怪談』の改題本である『紫双紙』（次節で詳論する）について、水谷不倒は「描写が陰惨・深刻で、怪奇的興味を喚起する。其為やや殺伐な気分に充ちてもいる」（『選択古書解題』「紫双紙」）と評した。これは実は、『紫双紙』（およびその元になった『新編奇怪談』）の原本である『老媼茶話』に備わる性格なのであり、それは右の話の主水の蛮行やグロテスクな怪異描写にもうかがわれるであろう。棺の中で女の遺骸と同衾（？）するという凄まじい趣向、かつその場面の、「（女の遺骸は）頻りに動き起直り、くるしげなる息をつき、うしろ様にひやゞかなる手をまはし、主水が身の内克々《よくよく》探り見て（略）主水にひしといだき付、首をのべ口をひらき舌を出し、主水を天窓《アタマ》より手足迄不残《のこらず》ねぶりける」といった、生理的な恐怖に訴える触覚的な描写は、次に挙げる一連の類話とは一線を画する恐怖小説（ホラー）といえるのではないか。

本話の類話には小泉八雲の「おかめのはなし」の原拠でもある『新選百物語』（明和五年〈一七六八〉刊）巻二の一「梵

字にまさる功力」があり、これらに共通する「経文を体中に記す」「屍を抱いて夜を明かす」というモチーフの説話類型については、岡島由佳に整理がある【注6】。岡島はこれらの要素を兼ね備える類話として『今昔雑冥談』（宝暦十三年〈一七六三〉刊）巻一の二をも指摘しているが、これらの類話はいずれも亡妻が執着から夫を取り殺しに来る話であり、無残に殺された恨みを晴らしに来る『老媼茶話』とは、幽霊と主人公の関係性や幽霊出現の理由が異なる。おそらくこの「屍を抱く一夜」の説話類型は、もともと『今昔雑冥談』『新撰百物語』のような「亡妻の執着譚」の系譜にあるものだが、『老媼茶話』の編者は、「堀主水」という会津騒動の張本として知られる人物について、騒動への伏線に相応しいスキャンダラスな物語を付加するべくこれを利用したものと思われる。

　会津騒動については、『大猷院殿御実紀』巻五十三「寛永廿年五月二日条」に、加藤明成（寛永八年より会津藩主）が所領四十二万石を「収公」された（召し上げられた）件を記し、その背景として、「世につたふる所は。明成が家の老に堀主水といふものあり」云々と、堀主水事件の風聞を載せている。その概要を述べると、加藤明成は父嘉明の跡を継いだのち、「世のあざけりにあふふるまひ」多く、主水はたびたび諫言したが聞き入れられず、両者は不仲となった。ある時、堀主水の家僕と、他の家士の下僕との間に争論がおき、主水を厭う明成は主水の従者に非があると裁いた。主水はこれを不服として訴えたが、明成は怒り、主水は免職、勘当となった。主を恨んだ主水は寛永十六年四月十六日、妻子従者三百余人を率いて、会津城下を出奔、中野で鉄砲を撃ち、倉兼川の橋を焼いて去った。明成は追っ手を差し向けたが、主水は鎌倉を経て高野山、さらには紀伊家の所領にかくれた。追い詰められた主水は江戸に出て、幕府へ無罪を訴えたが、上裁の結果、主水の訴えは道理があるようだが、発砲したり橋を焼いたりと「君臣の礼を失ひ、国家の法をみだる罪ゆるさるべからず」との裁定が下り、主水および弟二名は明成に引き渡された。明成は三人を芝浦の別邸で誅戮した、というものである。

　この事件は『古今武家盛衰記』巻十六、『藩翰譜』巻七下、『武将感状記』巻十、『玉滴隠見』巻十等に見え、大筋はあまり変わらない。ただ、『武将感状記』は、会津を出奔した堀主水がそのまま江戸に出て加藤明成に野心ありと公儀に訴えたが、加藤嘉明が不慮の災いの備えに、息子明成に書かせておいた誓詞のおかげで、主水の訴えの方が讒言として退けられたことになっている。また明成が、鎌倉の比丘尼所に預けられていた主水の妻子を召し捕ろうとしたのを比丘尼の住持が怒り、天樹院に訴えたというエピソードも加わる。『古今武家盛衰記』は「明成は暗将にて武備を守らず、唯金銀珍器を好み、臣庶国民の困窮を顧みず、諸人の肉を削りても金銀となし、集めんことを悦ぶ」と、明成が非道な暗君である点を強調しており、講談の『会津騒動』も、主水の側からの物語として、すなわち主君に恵まれない不遇な忠臣の悲劇として作られている（伊東潮花口演『会津騒動』朗月堂、明治三十二年刊【注7】）。

もっとも『大猷院殿御実紀』は、右の堀主水事件の後に「（明成は）やがて其身多病にして国務にたへず。封地ことぐ〳〵く返し奉ると申て遁世したり」と記し、「収公」は自主的な領地返納であったように記している。これは幕府の記録である『寛永録』や『池田光政日記』などの記事にも合致し、公式には、あくまで病気理由の領地返納であった。今日、歴史学でも堀主水一件を明成改易と結びつける見解は、俗説として否定する向きが多いが【注8】、逆に言えば近世期において風聞として行われていたのはその俗説の方であろう。

先に述べた通り、『老媼茶話』「堀主水逢女悪霊　并主水行末」の後半部は、会津騒動について記しており、おおむね右の『大猷院殿御実紀』の内容に相当する。ただし、主水兄弟の身柄を引き渡された明成が、芝の下屋敷で彼らに呵責を加える下りや、主水の死に際の潔い様子などが克明に描かれ、より実録小説風の本文になっている。特に、処刑の直前に、不眠不休だった主水を縄取りの足軽が膝枕でしばし眠らせてやる場面があるが、これは前掲の講談『会津騒動』などにも引き継がれている。さらに、寛永廿年五月二日付けで幕府より下された、明成改易の理由となる六点の不行跡――堀主水の件をはじめとして、分国に新関を設けたことや家来の切支丹を容認していたことなど――を挙げる文書が引かれているが、三宅正浩によれば、ほぼ同じ文書が『会津鑑』所収「加藤家譜」にも「ある記に曰く」として掲載されている【注9】。三宅はこの文書を「偽文書」と断じているが、「加藤家譜」にいう「ある記」とは、おそらく当時流布していた実録の類であり、写本である『老媼茶話』もその一つのバリエーションであったとみてよい。

見方を変えれば、『老媼茶話』「堀主水逢女悪霊」は、会津騒動の外伝として構想されていたとも言えるだろう。作者は、会津騒動で非業の死をとげた主水の悲運の原因を、女を惨殺して崇られるような主水の人格――「血気の勇士にて、ものゝ哀を知り玉はず。不仁不義の行跡多かるべし」と言われる――に求めたのである【注10】。しかし、この会津藩をゆるがす騒動を扱った後半部は、写本であればこそ可能な表現であり、刊本の『新編奇怪談』（『紫双紙』も）がこれを採れなかったことは言うまでもない。

そして、『新編奇怪談』編者はこれに関して、典拠の前半部「堀主水逢女悪霊」の末尾にも修正を加えている。「堀主水逢女悪霊」は、僧が悪霊得脱の後、主水の不吉な未来を占って終わっていた。すなわち、

（僧の台詞）「こうりやうの悔なきやうに御慎候べし。さなくば三年をへずして大難に逢玉ふべし。御暇申候」とて立出けるが、いづくへか行たりけん、其行方を知る人なしとかや。（『老媼茶話』「堀主水逢女悪霊」）

この僧の予言が、後半部（「并主水行末」）では、会津騒動によって的中してしまうわけである。これに対して、後半部をカットした『新編奇怪談』「旅僧為㆓主水㆒鎮㆓怨霊㆒」では、僧の処置によって女の悪霊が得脱する点は同じだが、その後僧が念仏して遺骨を埋葬すると、「其後は何事なくなりにしとなん」で一件落着となる。後半部への伏線となる預言の下りを丸ごとカットしたのは、伏線回収される後半部を採らない以上、当然の処置であったろう。つまり、『老媼茶話』「堀主水逢女悪霊」は結末で不吉な展開を暗示し、続く「并主水行末」でそれが的中する、バッドエンドの物語であったが、『新編奇怪談』「旅僧為㆓主水㆒鎮㆓怨霊㆒」は単純な悪霊得脱譚として完結し、ハッピーエンドになったわけである。短編怪談としての首尾結構が整い、明快なものにはなったが、この怪談（原拠）の怖

さの「奥深さ」が損なわれたことは言うまでもない。この事例のように、刊本化に際してテキストが整えられる時、怪談は往々にして灰汁《あく》や毒を抜かれ、通俗単純化され、怪異は矮小化され、ハッピーエンド（秩序の回復）が志向される。逆に言えば、写本という媒体には、そのような矯正を受けない、より自由な発想と表現の可能性があったということになるだろう【注11】。

【五】……『新編奇怪談』から『古今奇談紫双紙』へ

さて、『新編奇怪談』はその後約半世紀の後、寛政八年（一七九六）に『古今奇談紫双紙』（以下『紫双紙』と略す）と改題、改竄して出版されるに至っている。ここに、『老媼茶話』は再び面目を一新することになったわけである。そして改題本にもさまざまなパターンがあるが、『紫双紙』の場合、完全なる彫り直しを伴う改題再版であった。以下、そのリニューアルの様相と背景について述べてみたい。はじめに『紫双紙』の略書誌を、初摺と思しき関西大学附属図書館中村幸彦文庫蔵本（L二四・五・一三〇）によって示しておく。

編成　半紙本　五巻五冊。
表紙　薄縹色《はなだいろ》無地。
題簽　左肩双辺「古今奇談　紫双紙　一（～五）」。※「古今奇談」は角書。
見返し　右に「白塵《（ママ）》洞主人著」、中央に「古今奇談（二行割書）紫雙紙《むらさきそうし》」、背景に孫臏《そんぴん》が雨乞いをする図案（『絵本写宝袋』巻六等に載る画題）。
序　『新編奇怪談』の序を流用するが、日付を「寛政丙辰（八年）孟春吉日」に改める。

内題　「古今奇談紫双紙」。柱題は「紫双紙」。
構成　巻一（見返、序一丁半、総目録一丁半、本文十四丁半）。巻二（本文十四丁）。巻三（本文十四丁）。巻四（本文十一丁半）。
　　　巻五（本文十三丁。十三丁裏に刊記）。
行数　本文半葉十一行、一行二五字前後。
挿絵　各巻見開き二図ずつ計十図。
刊記　「寛政八丙辰年正月吉日
　　　　東都書肆　　一湖堂　発行
　　　　　伊勢町裏河岸　中山清七　板　」［図4］

右の通り、見返しには「白塵洞主人著」とある。本書は『割印帳』「寛政七乙卯十一月廿日不時割印」の条に記載があるが、そこでも「白塵洞主人著」の扱いになっており、『新編奇怪談』の序者が著者に昇格されている。見返しに「塵」の字が用いられているのは誤刻か（序は「白鹿洞」のまま）。

『紫双紙』諸本は基本的には同板だが、右の「一湖堂（近江屋）・中山」連名版を含めて三種の刊記があり、一つは裏見返しに「慶賀堂版本目録」を貼り付ける「東陽日本橋通四丁目／上総屋忠助」の版（お茶の水女子大学附属図書館蔵本等）である。この上総屋忠助版は刊年不明だが、同版本目録に載る『復讐浪速梅』刊行の文化五年以降の出版と推定され、後印とみて間違いない。問題は、「一湖堂・中山」版と同じ寛政八年の刊年記載のある、すなわち

寛政八丙辰年正月吉日
　　東武　　江戸橋四日市　上総屋利兵衛
　　　　　　伊勢町裏河岸　中山清七　［図5］

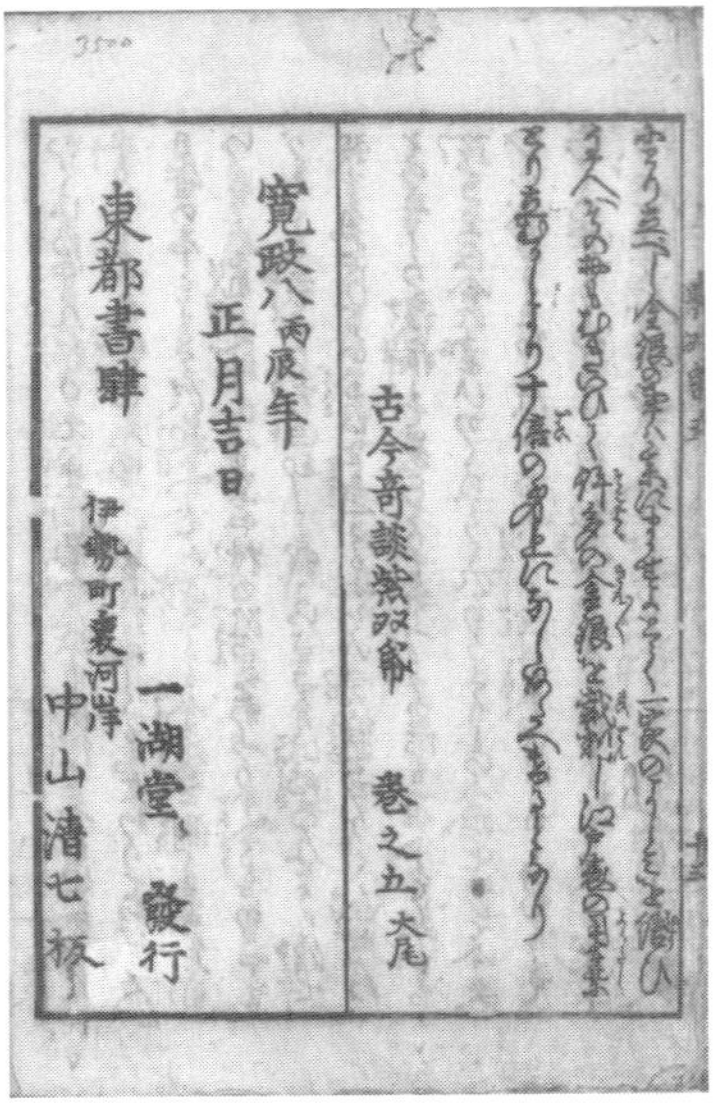

図４　『紫双紙』刊記

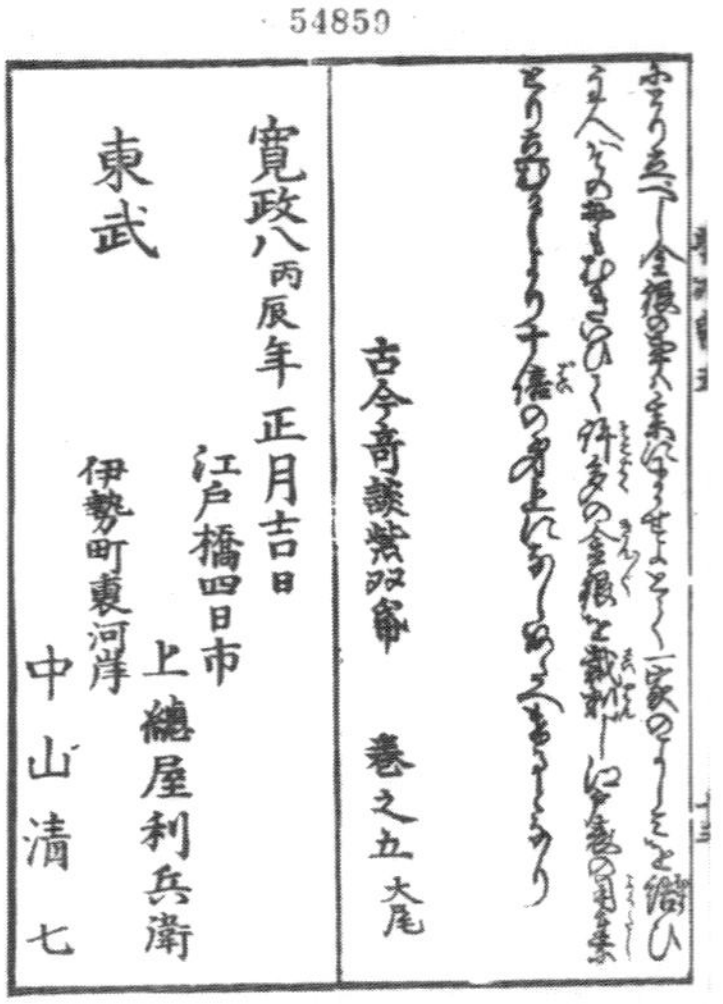

図５　『紫双紙』刊記

という刊記を持つ版（宮城県立図書館伊達文庫本など）であり、これは『割印帳』の条の「板元売出し　上総屋利兵衛　中山清七」という記載に合致する。また、「一湖堂・中山」版の刊記版面を見るに「一湖堂発行」等の文字が埋木のように見える【注12】。

これらの事実からは、一見「上総屋・中山」連名版が早印であるように見える。しかしながら、両本の板木の欠損跡等を照合すると、両者が同版であることは疑いないが、「一湖堂・中山」版の小さな欠損が「上総屋・中山」版の方で広がっている箇所が数カ所確認され、「一湖堂・中山」版の方が早印と見られる【注13】。

中山清七（本屋清七とも）は、安永から寛政にかけて浄瑠璃本や浮世草子、読本等の求板物を中心に刊行していた小規模な江戸の書肆である。安永二年（一七七三）に洒落本『辰巳之園』を「本屋八左衛門」と連名で再版しているが、その刊記には、

芳町新道南側三軒目　本屋八左衛門
同　清七　板

とあり、本屋八左衛門は清七と同住所なので、縁者などであったかもしれない。この本屋八左衛門版『栄花世継男』（安永二年刊）巻末広告に載る七冊（『新編奇怪談』、『小夜しぐれ』、『嫐草紙』、『辰巳の園《ママ》』、『郭中奇譚』、『五色眼鏡』、『役者名物袖日記』）の書名のうち六冊までが、中山清七版『小夜中山敵討』（安永四年刊）巻末広告に載る書名と重複し、その中に『新編奇怪談』が含まれている。つまり、『新編奇怪談』の板株は遅くとも安永二年の時点では一湖堂から本屋八左衛門へと移譲されており、その後中山の蔵板になったと見てよいだろう。中野三敏は宝暦期江戸の出版界の一動向として「異版類の続出」を指摘するが（『戯作研究』「文運東漸の一側面」中央公論社、一九八一年）、それらの事例の多く（右の『辰巳の園』も含まれる）は出版取り締まりの緩い小本類の海賊出版である。『新編奇怪談』の場合半紙本で本屋仲間の出版手続きも経ている。かつもともとの板株所有者であった一湖堂が、中山と後に『紫双紙』を共同板行している点を考慮すると不正な出版とは考えがたい。板木をすべて彫り直した理由については、劣化ないし焼失などによるものか、詳細は不明とせざるを得ない。

【六】……『紫双紙』改題と再版の背景

いずれにしても本書が『紫双紙』として刊行されたのは寛政八年であり、その時点で本屋仲間によって公認された出版者は上総屋利兵衛と中山清七であった。実質的には、一湖堂連名版にも加わる中山が主導した出版であったと思われるが、一方の南総館こと江戸橋四日市の上総屋利兵衛は大手の板元である。寛政期の上総屋は『拍掌奇談凩草紙』（寛政四）、『寒温奇談一二草』（同七）、『新編奇談秋雨物語』（同十一）等、読本制作に注力していたが、これらの作風は上方の都賀庭鐘、上田秋成らに代表される白話小説翻案系怪談の様式に倣っている。

太刀川清は、庭鐘、秋成といった上方読本の好評を受けて、「『今古奇観』に因むこの角書き（古今奇談）はやがて内容にかかわりなく恰もそれが高踏的で知識的の意味をもつかの印象を強めてひとつの流行を作った」（「『怪談名香富貴玉』—怪談小説の長編化—」『長野県短期大学紀要』三七号）ことを指摘している。天明から寛政にかけて、天明六年刊『（今古怪談）深雪艸』（原題『怪談御伽話』）、寛政九年刊『（古今奇談）雨夜物語』（原題『雪窓夜話』）、寛政十年刊『古今怪談西曙物語』（原題『怪談東雲雙紙』）などのように、旧作を翻案物風に改題出版したものが多く見られるのも、そのようなトレンドを反映したものと言えるだろう。

そして『紫双紙』の改題再版もこのような風潮の下に行われたものと思しく、右に述べたような上総屋の販売戦略から推してみるに、改題は上総屋利兵衛のアイディアだった可能性が高いのではないか。『紫双紙』の内題には埋木の形跡が認められるので、紫双紙の初版時の内題は「新編奇怪談」であったかもしれず、それが製版後に埋木で修訂改題されたのかもしれない。いずれにせよ、時流に合ったタイトルを付け、挿絵のスペースも半丁から見開き一丁に拡大された（図6・図7参照）。挿絵の半数は『新編奇怪談』の図案を参考に描かれているが、残り半数は場面も趣向も異なるオリジナルのものである。また、見返しの絵の図柄は書誌にも示した通り、孫臏の故事によるが、同じ図柄は『古今実説　怪談御伽童』（明和九年刊。京都梅村半兵衛版）などにも用いられている。

図6　『新編奇怪談』巻四「猪鼻山天狗」挿絵。土喜元貞、甲州猪鼻山の魔所で種々の怪異に遭う場面

本文については、『新編奇怪談』と字句等に若干の違いがあるものの、内容的には変わらないと言ってよい。編集上の大きな変更としては『新編奇怪談』

図７　『紫双紙』巻四「猪鼻山天狗」挿絵

の巻三の四「篠村源七頓智」と、巻五の五「猫化為二人母一」および巻五の六「彦作死霊」の話の位置を『紫双紙』では入れ替えていることであろう。これは全巻の最終話を「彦作死霊」から「篠村源七頓智」に改めるための変更と考えられる（「猫化為二人母一」が移動されているのは、単に分量調整のためだろう）。「彦作死霊」は名主を代官に訴え、逆に負公事《まけくじ》となって処刑された百姓彦作の死霊の執拗な祟りを描いた話だが、忠臣ながら落ちぶれた武士の源七が身分を回復し、最後は恩人にも報いる「篠村源七頓智」の方が話の後味もよく、士分の主人公というのも話の格として掉尾を飾るに相応しいという判断が働いたものではないか。

　最後に、『紫双紙』が寛政期に再版されたことの意味について、付け加えておきたい。寛政期は「此頃、化物咄の本行はるゝ、是より四、五年の間に怪談多し（略）今年の出版、軍書、怪談類多し、戯作少なし」（『戯作外題鑑』寛政四年〈一七九二〉の条）と言われるような怪談の流行期であった。ジャンルの流行期に旧作を使い回すことは珍しいことではないが、それが『新編奇怪談』であることに必然性があったか、という問題である。それは私見では、『新編奇怪談』というよりも、原典にあたる『老媼茶話』に内在していたグロテスクで、刺激的な要素ではなかったかと考える。水谷不倒が『紫双紙』を「描写が陰惨・深刻」「やや殺伐な気分に充ちてもいる」と評したことはすでに述べた。怪談物のこうした作風は、演劇、小説とも寛政期頃よりエスカレートして行くのであり、文化期に至って合巻というジャンルについてはついに町奉行所の指導が入ることになる（文化五年「合巻作風心得之事」）。『紫双紙』の編者は、旧作ながら、このような時代の好みにマッチしたものとこれを認め、半世紀以上前の怪談書の再版に踏み切ったのではないだろうか。

おわりに

本章では、近世中期の怪談書の半世紀にわたる転変の営み、すなわち写本で流布した『老媼茶話』が『新編奇怪談』として刊本化され、さらにそれが改題本『紫双紙』として再生産され流布していくという、読本怪談集の成立と展開の一パターンを追ってみた。またその写本から刊本へのテキストの変容の分析を踏まえて、媒体（写本・刊本）が怪談の表現にどのような影響を及ぼすかについても考察を試みた。

『新編奇怪談』のみならず、写本『向燈賭話』『続向燈吐話』に拠った『諸州奇事談』『花実御伽硯』、写本『怪談実妖録』に拠った『怪談登志男』、写本で流布していた十五回本の前半八回分を刊行した『奇伝新話』【注14】など、写本怪談書を粉本とする刊本読本怪談書の少なくないことが明らかになりつつある。有望な写本は書肆や作者の目に留まり刊行されることになったが、その際には、出版取り締まりを意識した慎重な処置が施された。それが時に怪談の毒を消してしまうことは本章に見た通りである。一方で「刊行」によって量産するのみならず、「改題」や「改竄」といった出版上の処理によって、時代遅れの怪談書も、装いを新たにブームに参画できるのであり、近世の怪談盛行は、このようなメディアの技術に支えられていた側面も大きいと言えるだろう。

最後に、このような怪談の改題本が、近世の読者にどのように読まれていたかということに関して触れておく。森銑三の「落葉籠」(『森銑三著作集』続集十一「逸聞編二」、中央公論社、一九九四年)に指摘のあることだが、幕府の書物奉行を務め、蔵書家として知られる鈴木白藤は、手記の中で『老媼茶話』と『新編奇怪談』の関係に触れている【注15】。また、高橋明彦は、会津の『日新館誌』(吉村寛泰編、文政六成)巻二十に「老媼茶話十六巻」の解題が載ることを指摘する【注16】が、同記事には「寛泰江戸に在て、時に印行稗史を見る。今や其名を忘る。而れども、是(近藤註、『老媼茶話』のこと)を抄して書く者、過半なり」とみえる。この江戸の「印行稗史」(刊本怪談書)は、『新編奇怪談』か、その改題本『紫双紙』であった可能性が高いと考えられよう。つまり、このような元ネタを明記しないマイナーな刊本怪談書であっても、その正体を看破する読者は、まれではあろうが、やはりいたということである。

【注】

1 ただし、このテキストの対照分析は、『新編奇怪談』編者が実際に見ていた『老媼茶話』写本を用いた比較ではない以上、厳密さを欠くことは否めない。

2 その後、高橋明彦は「『老媼茶話』追考」(『都大論究』三〇号、一九九三年三月)で、日新館旧蔵散逸本の存在に触れる。また、現在は会津初瀬川文庫に、新たな写本の所蔵が二件(請求記号四三―六九〔巻四のみの零本〕、四三―六八)確認される。これらの内容は本章の主旨には影響しないが、後者には他の伝本に見られない会津系奇談なども含まれ、『老媼茶話』の祖型を考える上で注意すべき伝本と思われる。

3 『新編奇怪談』の所収説話から、逆に『老媼茶話』の初期の流布本の内容について推測することができる。例えば、『老媼茶話』会津図書館本巻上ノ九および十の説話は異本には見られないものであり、これらが後の増補であるか否か、高橋明彦は判断を保留していたが、これらの話が『新編奇怪談』に採られている以上、『新編奇怪談』編集当時の『老媼茶話』の流布本にもともと含まれていたことになる。

4 「白鹿洞」は江西省廬山五老峰のふもとの地名で、宋の朱熹がここで学を講じたことで知られる。

5 結城秀康は下総結城の城主だったが、関ヶ原合戦後に越前北ノ庄に転封となった。

6 岡島由佳「『新選百物語』小考」(『青山語文』四八号、二〇一八年三月)。

7 講談では堀主水は忠臣、明成は暗君だが佞臣、寵姫などに惑わされているというパターンが多い。

8 笠谷和比古「徳川幕府の大名改易政策を巡る一考察(二)」(『日本研究』四巻、一九九一年三月)、三宅正浩「会津領主加藤明成改易をめぐる諸認識」(『福島大学人間発達文化学類論集』二十号、二〇一四年一二月)など。

9 前掲注8三宅論文。
なお、会津関係の記事に限らず、『老媼茶話』には由井正雪の乱を扱った話や切支丹弾圧に関する話など、写本実録風の題材が多く、怪談書としての一つの特徴にもなっている。そしてその種の話は、当然ながら刊本の『新編奇怪談』には採られていない。

10 「并主水行末」には、主水が斬首せられた時、どこからか老狐が現れ、主水の首を狐穴へくわえて行ったという下りがあり、「むかし会津に有りし時、常に狐をかりて慰とせし、其故にやあらんとさたせし」と説明されている。このエピソードも主水の非情さを物語るものであり、因果応報論的には殺生の応報を受けたと解することもできるだろう。このような主水の人物像は講談の忠臣的な主水像とは対照的な点が面白い。

11 写本の怪談ものの特性については、写本怪談集『聖城怪談録』(寛政十一年序)に関して、次のように述べたことがある。
「近世の怪談書の述作・編集意識は、基本的に無為なテキストを排除する—というより、素材に何かしらの意味を読み込もうとする。ごく短かい、実録的なテキストであっても、殆どの場合、多少なりとも論理化、物語化の力が働く。その論理の殆どは仏教、儒教などの教訓的なものである—つまり因果ばなしになったり、勧善懲悪的な意味付けがなされたりする—が、とにかくそういう「意味」をもたないテキストは、近世の(ことに刊行された)怪談書の中には成立しにくい。そういった論理化を経ないレベルのナマのハナシが、『聖城怪談録』に多く拾われているのは、本書が実際の怪談会に取材していることと関わるのではないか」(拙稿「『聖城怪談録』成立上の問題—『聖城妖怪奇談』のことなど」、『近世部会誌』六号、二〇一二年三月)。

12 「上総屋・中山」版の刊記には埋木跡が確認できないが、これは刊記部分全体を差し替えているためと考えられる。

13 拙稿「改題本考」(『読本研究』十輯下、一九九六年一一月)では「一湖堂・中山」版と「上総屋・中山」版の早印と後印の関係性を逆に捉えていたが、本稿ではこれを訂正した。

14 第一部六章注13の拙稿を参照のこと。

15 佐藤悟氏の教示による。

16 前掲注2高橋論文。

付記 本章の研究内容は古く「『老媼茶話』から『紫双紙』まで―前期読本成立の一側面」（一九九三年度日本近世文学会秋季大会、於大阪市立大学）で公表したものであり、その後これに基づいて拙稿「写本から刊本へ」「改題本考」（注13参照）（『都大論究』三二号、一九九五年六月）、などをまとめているが、今回、これらに大幅に手を入れて本書に収載した。『紫双紙』については、その後清水正男・広沢知晴によって「翻刻『古今奇談　紫双紙』巻之壱・巻之二」（『目白学園国語国文学』五号、一九九六年三月）、「『古今奇談　紫双紙』巻之三～巻之五―翻刻と解題」（『目白学園国語国文学』六号、一九九七年三月）が公表されている。

【挿図出典・所蔵】

図1・2　早稲田大学図書館蔵本（文庫五―七四〇〇～一～五）。

図3・6　早稲田大学図書館蔵本（ヘ一三・三三二三）。

図4　関西大学図書館中村幸彦文庫蔵本。

図5・7　宮城県図書館伊達文庫蔵本。

三章

『耵聹私記』素材考

初期江戸読本史の一齣

はじめに

都賀庭鐘、上田秋成らの作に代表される上方読本（前期読本）と、山東京伝、滝沢馬琴らの江戸読本（後期読本）とを中継する一つのポイントとして、江戸書肆上総屋利兵衛の活動に注目したのは横山邦治や大高洋司である【注1】。横山は特に、上総屋版『奇伝新話』（天明七年〈一七八七〉刊）について、これを「上方で成立した発生期読本の主流をなす新傾向の奇談ものの流れを江戸に移した」【注2】メルクマールとなる作として位置づけている。しかるに、江戸に於ける「新傾向の奇談もの」の動向について、『奇伝新話』よりもう少し遡ってみることができるのではないか。

上方では庭鐘の『英草紙』（寛延二年〈一七四九〉刊）登場以降、秋成、伊丹椿園の追随をはじめとして、『垣根草』（明和七年〈一七七〇〉刊）、『新斎夜語』（安永四年〈一七七五〉刊、続編安永九年刊）、『宿直文《とのいぶみ》』（天明七年刊）、『四方義草《よもぎぐさ》』（寛政五年〈一七九三〉刊）、『渚之藻屑《なぎさのもくず》』（寛政七年刊）など、その流れを汲む読本怪談集が脈々と続いている。宝暦頃の江戸では、むしろ実録的な奇談書が流行しているが、上方の動向にも無頓着ではなかったと考える方が自然であろう。野田寿雄は「『英草紙』は新機軸の怪異小説の発端となったが、これを受けて中国小説系の小説大いに興ることになった」【注3】として挙げる作品の中で、陳珍斎の『檠下雑談《けいかぞうたん》』（宝暦五年〈一七五五〉、藤木久市・中村小兵衛・丸屋庄兵衛板）と隠几子の『茅屋夜話』（宝暦五年、西村甚助、須原屋安兵衛板）という江戸の作を指摘しており、『檠下雑談』と同じ藤木から出ている『中古雑話　雉鼎会談《ちていかいだん》』（宝暦五年、藤田貞陸著）なども同類の作と見なし得ることは、第四部一章でも論じたところである。

明和期になると、江戸でも『通俗如意君伝』（明和四年〈一七六八〉刊）、『笑府』須原屋版（明和五年刊）、『通俗孝粛伝』（明和七年刊）等、中国俗語文学の翻訳作が出版されるようになるが、そのような中で、『通俗如意君伝』の著者山口輝雄が著した読本怪談集『耵聹私記《ていねいしき》』（明和八年〈一七七一〉刊）が注目される。水谷不倒はつとに本作について「『英草紙』『翁草』等と伍して遜色ない作品である」（『選択古書解題』）と評しており、本作を『英草紙』、『翁草』といったいわゆる短編白話小説翻案系怪談【注4】に伍する作と目している。本稿では、『耵聹私記』が江戸に於ける短編白話小説翻案系怪談（初期江戸読本）の先駆的作品と見なし得るかどうか、若干の考察を試みたい。

【二】……先行研究と書誌について

『通俗如意君伝《にょいくんでん》』、『通俗明皇後宮伝《みんこうこうきゅうでん》』（明和八年刊）の作・画者「自辞矛斎蒙陸《じじむさいもうろく》」を『耵聹私記』の著者山口輝雄と同定し、「輝雄、寄居庵、如皦斎、畯叟等の号をもつ。当時江戸座雑俳点者のキレ者である」として、研究の先鞭をつけたのは中野三敏である（「『如意君伝』作者」『塵録』（三）、『日本随筆大成』別巻3付録、一九七八年）。中野は『耵聹私記』序末の「産防州／寓武陽／姓多々良／氏山口」という署名印記が輝雄の身元を解く鍵である事を示し、花咲一男はこの印記から、常陸牛久藩の第五代藩主山口弘長の子熊治郎弘称を輝雄その人と推定した（「山口輝雄について」『通俗如意君伝』〈一九八一年、太平書房〉所収。後『近世風俗雑考』に収録）。花咲は輝雄の境涯について、「三十六才で父の庇護を失ったが同時にその束縛からも解放され、以後は本家からの厄介扶持で生活することになったのであろう。この頃から輝雄名の現われるのも故なしとしない」、「輝雄こと熊治郎弘称の実父、山口弘長は養嗣子として山口家に入り、その実子である輝雄は山口家の血筋を引かない庶腹であるため家を嗣げなかったわけである」と述べており、輝雄は近世にはよく見られる、世襲制からはみ出した文人タイプの人物であったろうか。江戸で戯作や俳諧に遊んで、前掲の中国小説の通俗物のほか、浮世草子『秘事枕親子車』（明和五年刊）の著作があり、また咄本『飛談語』初編・三編（安永二年刊）の序や、『俳諧觽』（後編、続編、四〜十編）等の俳書に序や跋を書いたものがある（前掲「山口輝雄について」）。

本論文でとりあげる『耵聹私記』は伝わる本が少ないが、花咲の『近世風俗雑考』（太平書房、二〇〇四年）に翻刻が収められたことにより、容易に本文に触れることができるようになった。本作の所蔵について、現在「国書データベース」（国文学研究資料館）には、九州大学附属図書館読本コレクション所蔵の二種と、関西大学図書館長澤文庫所蔵の一種の登録がある。

九州大学附属図書館所蔵の一本（読本Ⅳ／明和9／ヤ―2）は巻上（巻一の「一」を「上」に改めた改竄本）だけの零本であり、もう一本（読本Ⅳ／明和9／ヤ―1）は半紙本五巻合一冊の完本であるが、刊記を欠く。『近世風俗雑考』所載『耵聹私記』の翻刻底本は後者である（中野三敏旧蔵本。中野氏の御教示による）。関西大学図書館長澤文庫所蔵本は明和九年の刊記を持つ初版本で、水谷不倒の旧蔵本（「水谷文庫」の蔵書印が押される）であり、『選択古書解題』の『耵聹私記』の項目はこの本に基づいている【注5】。以下、本稿における『耵聹私記』の引用も同本に拠る。次に関西大学図書館蔵本の書誌について概要を示しておく。

編成―半紙本五巻五冊。**表紙**―縹色無地（原装）。縦二十二・五糎×横十六糎。**題簽**―左肩双辺「珍説奇譚　耵聹私記　一（〜五）」。**序**―「明和八。壁に耳も生べき秋の霖雨の頃。寄居庵に自序す。　輝雄　印（「産防州寓武陽姓多々良氏山口」）　印（「寄居庵輝雄」）」と記す序有り。**内題**―（序題）「耵聹私記」。（目録題）「珍説奇譚《ちんせつきだん》耵聹《ていねい》私記《しき》」。（巻首題）「耵聹私記巻之一（〜五）」。（尾題）「耵聹私記巻之一（〜四）終」「耵聹私記巻之五　大尾」。**柱刻**―「丁寧　一（〜五）○　丁付」。**構成**―（巻之一）序一丁、総目録一丁、本文（挿絵含む）十一丁。（巻之二）本文十三丁。（巻之三）本文十七丁半。（巻之四）本文十五丁。（巻之五）本文十五丁（裏見返しに刊記）。**匡郭**―十八・八糎×十三・八糎。**行数**―本文毎半葉十行。**挿絵**―各巻見開き一面計五図。北尾重政画。**刊記**―「明和九壬辰稔孟春　東叡山下竹町星運堂　書肆花屋久次郎　（印）」（「耵聹私記後編近刻」の広告あり）。

本作の内容は、

（巻之一）「駅亭白軸筆新《えきていのはくぢくふであらたなり》」「欲レ射レ熊遭二怪獣一《くまをいんとしてくわいじうにあふ》」
（巻之二）「荒藺埼遯士伝《あらゐのさきのとんしがでん》」「嫗幽魂吝二片金一《うばがゆうこんへんきんをおしむ》」
（巻之三）「賊長使二骸歠一レ滓《ぞくちやうかばねをしてしるをすゝらしむ》」
（巻之四）「侠夫奸智刑斃《けうふがかんちけいにたをる》」
（巻之五）「斬二蝮蛇一医レ酔レ鬫」《ふくじやをきるきりしゝにゑゝるをくすゝ》「撒二奇石一免二霆災一《きせきをすてゝていさいをまぬがる》」

という八編の小説から成る怪談集である。

無刊記本を見ていた花咲は『俳諧觿《はいかいけい》』（江戸花屋久次郎版）の巻末広告に『耵聹私記』が見えていることから、本書に花屋版のあることを認めつつも、初版は『通俗如意君伝』の板元である雁義堂（江戸雁金屋儀助）ではないかと推定していた。しかしながら、『耵聹私記』序文によれば、本書の成立は明和八年秋であるから、それを翌年（九年）春に花屋久次郎が出版したのであり、すなわち関西大学図書館蔵本を初版と見てよかろう。花久が安永八年三月に書物問屋に仲間入りした際に提出した蔵板書目にも『耵聹私記』が記載されている（『割印帳』）。

【二】……白話小説翻案系怪談としての『耵聹私記』

『耵聹私記』について、水谷不倒は「奇談としては比較的長篇で、内容も充実した作が多い」、「怪奇的説話に富み、而も題材が皆新しい」（『選択古書解題』）と高く評価しており、中野三敏は、「耵聹は耳垢の意、諸国奇譚の聞書であって（略）なかなかの学識であり説話の内容も皆新鮮で独特の趣きがある」（『如意君伝』作者）と、花咲一男も「特にその第三巻は怪盗小説とでもいえようか、そのプロット、趣向ともに、そのまま大衆小説に転用できるほどである」（「山口輝雄について」）と、やはりまずまずの評価を与えている。

前述の通り、『耵聹私記』は不倒によって『英草紙』、『翁草』と比較されているが、確かに本作には、「短編白話小説翻案系怪談」に類する性格が指摘できる。第一には、外題・目録題に「珍説奇譚」という角書を有する点。これは白話小説系怪談の「古今奇談」「古今怪談」などの角書に倣ったものと思われる。第二には、五巻に八話を収めるという中編的編成であり、この構成とボリュームも白話小説系怪談のスタイルに類する。第三は表現上の問題で、その和漢混淆、雅俗折衷の文体が挙げられるだろう。

其好むところに集るは。自然の理《り》なりしや。道《とう》を好めば仙出《せんい》づ。仏《ぶつ》を崇むれば示現《じげん》ありと。漢皇重色《かんくはういろをおもんじて》想傾国御宇《けいこくをおもふぎよう》多年求不得《もとむるにえず》として。遂に寿王の妃《ひ》を召る。楚王細腰《そわうさいよう》を好み。呉《ご》王剣客《けんかく》をこのむ。東山殿《ひがしやまどの》は古器を愛《あい》し給へば。需《もと》めざるに珍貨《ちんくは》あつまる。名将の基《もと》に勇士群《ゆうしむらが》り。暗将《あんしやう》の下《もと》に佞臣蟠《ねいしんわだかま》る。されば好める事も衣手《ころもで》の田上川《たなかみがは》の上《ほとり》に埋《うづも》れたる隠士《いんし》。玉柏琇瑩《たまかしはしうえい》といふ人。よろづの道にはうとくて。娯《たのし》みをも知らざるが。生得石《うまれついていし》を好むの癖《くせ》ありて。奇石を索《あつ》む。

巻之五「撤奇石免霆災」の冒頭部であるが、このように基本的には漢文臭の強い雅俗混淆文体であり、和漢の故事、詩歌を多く踏まえる。いわゆる白話文特有の語彙、語法に基づく文辞はあまり見られないが、中野、花咲もそれぞれ「『町聹私記』の中にも気をつけてみると成程「如意君伝」風の難かしい字遣いが散見し」（「『如意君伝』作者」）、「漢文の読み下し文のような文体であるが、漢字に恣意でつけた振仮名に特徴がある」（「『町聹私記』について」『近世風俗雑考』）と指摘するように、「山陰《のきた》道丹波国《たにはの》」（巻之一）、「峽嵲《ふもと》の槲《こかげ》」（巻之一）、「饔飧《あさめしゆふめし》」（巻之二）、「鰥《やもめ》」（巻之二）、「閙《いそがはし》く」（巻之三）、「偸児《ぬすびと》」（巻之三）、「熟瓜《ほぞち》《まくはうり》」（巻之四）、「愣徒《わかものども》」（巻之四）、「盤詰《ぎんみ》」（巻之四）、「庋《ものをき》」（巻之五）、「礠磹淫奝《いなびかりひらめ》き」（巻之五）、といった類の語彙と施訓が目に留まる。「丹波」を「たには」と古風に訓ませたり、訓訳文を模して、「自身調作事」と書いて「みづからこしらゆる」とルビを施す、あるいは「骰子《たうす》《さい》」「睚眦《カイサイ》《ニラム》」のように左訓を施すなど、白話小説系怪談の文体を明らかに意識している。第四には、題材が高尚で、知的な性格の強い点であろう。例えば、巻之一「駅亭白軸筆新」は、遠江事任《ことのまま》明神を訪れた三人の貴人が、駅舎の本陣の白軸に、戯れに落書きのような画と讃を書き継いで三筆一幅の名物が成ったという話であり、これを昔、中御門中納言宗行《むねゆき》が菊川の宿の障子に漢詩を書き付けた故事（『承久記』下巻、『古今著聞集』巻第十三等に見える）にオーバーラップさせている。「羇旅の公卿なんど斯るいやしき家にて。物書てとらせ給ふに。詩歌文章あるひは正しき画などを書き給はず。斯る狂じたる事をなし給ふもこゝろある事に侍りけむと思はる」とある通り、本話は貴人の酔狂に風趣を感じたところにモチーフがある。巻之二「荒藺埼遯士伝」も風狂人の奇行録で、雅趣に富み、いわゆる怪談ばなしの類ではない。また、巻之一「欲射熊遭怪獣」、巻之五「斬蝮蛇医酔葴」、同巻「撤奇石免霆災」には、それぞれ「熊」、「蛇」、「石」、「龍」

について、著者の学識を開陳する下りが見えるが（後述）、これは例えば、『町聹私記』の六年前に江戸でも刊行されている『繁野話』（明和三年刊）の巻之一「雲魂雲情を語て久しきを誓ふ話」に見える（雲に関する）知見を列ねた文脈に類似する。このような「学問と小説の一体化」【注6】と評される如き性格も、白話小説系怪談の一特徴であろう。

では『町聹私記』は実のところ、素材の面で白話小説、ないしは文言の中国典拠によっているのであろうか。花咲は本作の素材について「輝雄が和漢の書物を渉猟した資料に、諸国に伝わる見聞をつき交ぜて構成したようである」と述べている。特に巻之三「賊長使骸歠滓」については、「宝暦十三年の和訓本『則天皇后如意君伝』を、増補して『通俗如意君伝』を作った手腕を考えると、中国俗文学を種本にして再構成した作品ではないかと考える」と推測した上で、その部分的趣向が、『甲子夜話』第四十九巻「磔に処せられ、槍刺を免れた者」と同根の文献によることも指摘している（「『町聹私記』について」）。以下、本作巻之四の一話と、巻之五の二話の原拠について若干の報告をし、本作検討のいとぐちとしたい。

【三】……「侠夫奸智刑斃《きょうふがかんちけいにたおる》」と「智恵有殿《ちえありどの》」

『町聹私記』巻之四「侠夫奸智刑斃」は姨捨山の麓に住む陶内という「邪智深」い男の伝であり、大まかに四つのエピソードから構成される。一つ目は、陶内が巫女の神託を利用し、あらぬ風聞を流して隣村の富農をやっつける話。二つ目は陶内が荒牛の諍いを引き分ける話。三つ目は陶内が古井に落ちた役人の剣を引き上げる話で、二つ目と三つ目はともに陶内が智恵を使って難題を解決する智恵話である。四つ目は一種の騙術小説（詐欺譚）であるが、一番ボリュームがあり、筋も複雑であるので、次に梗概を示す。

諏訪村の荘司麻績《おく》平次右衛門は、京で慣れ染めた遊女を身請けし、村に囲うが、奥方の悋気が段々にひどくなり、仕方なく陶内に事情を説明して女を嫁がせる。しかし、その後も平次右衛門がこの女の元を訪れることは止まず、陶内も外聞悪く、看過できなくなり、ある夜密会の現場を押さえ、平次右衛門に抗議する。平次右衛門はやぶれかぶれになって陶内に短刀で斬りかかり、陶内が当て身で応戦すると、当たり所が悪く、平治右衛門は死んでしまう。陶内は女にこの件を口止めし、平次右衛門の死体を背負って、若者が九釆の会（博打の集まり）をやっている家に行く。そして死体を戸に立てかけ、「早くやめろ。身の毒だぞ」などとやじり、窓から礫を打ち込む。怒って飛び出してきた若者たちは、平次右衛門（の死体）を声の主と誤解し暴行を加えたあげく、死体が動かぬのを見て自分たちが殺したと思いこむ。困った若者たちはことを隠密に処置するべく陶内に相談する。陶内はそしらぬ顔で若者たちを口止めすると、今度は死体を背負って平次右衛門の自宅に行き、その妻の閨の外で、平次右衛門のふりをして「戸を開けろ」と声をかける。妻は悋気からこれをはねつける。そこで陶内は「思ひ知るべし。悲哭旦夕にあらんとは」と捨て台詞を残して、死体を裏の井戸へ投げ込む。その音に驚いた妻が家内の者を呼び起こし調べてみると、井戸の中の死体が発見され、一同は主人が身投げしたものと思いこむ。妻とこの家の僮長《おとな》は、ことの顚末が公になり、荘司の職掌を失うことを恐れ、陶内に相談する。陶内はこの家の一同に口止めした上で、死体を風呂で温め、その熱気の冷めぬうちに医師や親族を呼び集め、「平次右衛門熱病にて臨終」の狂言を仕組み、まんまと衆人の目をくらます。

殺人犯が、その罪をなすりつけた相手から免罪の方法を相談されるというアイロニカルな構造と、その責任転嫁の反復というプロットの面白さで成り立っている話であり、死体がたらい回しにされる展開にはブラックな可笑しさがある。筆者が本話を読んで最初に想起したのは『千一夜物語』の「せむしの男および仕立屋とキリスト教徒の仲買人と御用係とユダヤ人の医者との物語——つづいて起こったことども——ならびに彼らがおのおの順番に話した出来事」（岩波文庫『完訳　千一夜物語〈2〉』所載）なのだが、死体処理を他人に押しつける説話は世界的に分布が見られ【注7】、本邦では、『日本昔話大成』の話型分類で巧智譚に整理される「智恵有殿《ちえありどの》」（大成番号六二四。AT一五三七）がこれに当たる。「智恵有殿」の説話類型は青森から鹿児島まで日本中に分布しており、「この笑話は分別八十八、五人の八十八、分別孫左衛門、智恵あり卯吉などとも呼ばれている」（関敬吾編『日本昔話大成』十巻「智恵有殿」注、角川書店、一九八〇年）。次に『昔話大成』より新潟県見附市の話例を引用する。

ある男が夜遅く帰ってくると、誰かが自分のかかと話をしているので、ど太いやつだと思って家へ入るや、いきなり背中をはたきつけて思いつけなし死なしてしまいました。よく見ると、それは村の旦那様である。亭主とかかはなじょにしようかと心配したが、これは智恵有殿に相談したが一番よいというて、智恵有殿を呼びました。たのまれてきた智恵有殿は「よしよし、俺が請けがう」と言うて、死んだ旦那をかついで行きました。そして村の若い衆が博打をしている家の雨戸の前に立て掛け、コトコトと音をさせて逃げました。ところが中では「だれかのぞきに来たげた」というて、一人の若い者が棒をもってそっと出てきて、立っている人を後ろからはたきつけました。するとばたんと倒れたので、皆が出てきて見ると、村の旦那様である。えらいことした、旦那様を殺したというので、一同心配してともかく智恵有殿に相談しました。智恵有殿は「よしよし、俺が請けがう」というて、今度は旦那の家へ死体をかついで行って、戸口のところで「かか、今帰ったがあけてくれんか」というと、嬶は「お前さんみたいな夜遊びばかりするものは帰らんでもよい」という。それで智恵有殿が「それでは井戸の中へ飛び込んで死んでしまうど」というや、死体を井戸へ投げ込んで逃げて来ました。嬶はてっきり旦那が身投げしたものと思って、戸をあけて入れれば、こんなことにはならなかっただろうというて泣いたが、しょせん智恵有殿に相談してみることにしました。何食わぬ顔をしてやって来た智恵有殿は、「俺が請けがうすけに、心配しなさるな」というて、釜に湯をわかしてせいろで蒸して、それから「旦那が熱病で大事んだ」というて医者を呼ぶと、飛んで来た医者が脈を取ってみて「お気の毒ですが、もうはえ息が切れました」といったので、やっと葬礼を出すことができました。それで智恵有殿は皆からいっぱいこと褒美をもらって、すごいもうけをしたということです。【注8】

本話には「侠夫奸智刑斃」の、間男の横死、博打場でのトリック、偽の投身自殺、偽の病死といった諸要素がすべて備わり、筋がほぼ一致する。右の話例では、旦那を殺した男と智恵者の別人である点が「侠夫奸智刑斃」と異なるが、『昔話大成』によればこれを同人にしている話例もある（薩摩郡下甑島の話例等）。このはなしを文字化したテキストがあったかどうかは不明だが、大筋がかくも一致している以上、本作がこの話型の民譚に脈を引くことは間違いなかろう。逆に、書かれたものが民話化するケースもありうるが、マイナーな読本である『耵聹私記』の「侠夫奸智刑斃」の、四つめエピソードだけが全国的に流布じたと見るよりは、メディアが民譚に取材したと見る方が自然である。民話には彦一ばなしや吉四六ばなしのような頓知ばなし、巧智譚のジャンルがあるが、本作はその種のはなしを四つ併せて、一つの「侠夫」を造形せんとしたものだろう。騙術的趣向は白話小説にも多いが（徳田武『照世盃』解説、ゆまに書房、一九七六年）、本作の場合その出所は白話文学ではなく、民話の巧智譚を読本の騙術小説に仕立てた物である可能性が高い【注9】。

【四】……「斬二蝮蛇一《ふくじやをきる》医レ酔レ胾《きりししにええるをくすす》」と蛇食いの説話

『耵聹私記』巻之五「斬蝮蛇医酔胾」の梗概は、次の通りである。

往昔、応仁よりの戦乱も漸く治まる頃、筑紫の大名の巡察使が、遥か山奥の一郷に止宿した折のこと。晩の膳部に見たことのない味噌漬けの切り身が出る。これを食べると美味なことたとえようもなく、主従十二人、皆喜んで食う。その後一同食い足りず、この家の物置蔵の桶にこの味噌漬けがあるのを見つけてきて盗み食いする。ところが夜半、盗み食いした者たちが発熱して苦しみだし、宿の者を起こして薬を求めたところ、宿の主人《あるじ》に、「もしかして蔵のアレを盗み食いしたか」と問われる。仕方なく事の次第をうち明け、何の肉なのかと尋ねると、主人が言うには「あれは当所のウワバミの肉である。ウワバミの肉には大毒があって、三年醗酵させてから食わないと毒がぬけていないので死に至る」と。主従呆然としていると、宿主が「毒を醒する術あり」と言って、大釜に湯を沸騰させ、毒にあたった者に入るよう促す。毒に冒された体は熱湯の熱さを少しも感じず、徐々に感じるようになると、毒気が醒めてきた証拠なのであった。かくして一行は事なきを得、以下宿主は蛇についての知識を開陳する。

本話については類話が少なくない。まず『耵聹私記』の先行作としては、『新説百物語』(明和四年〈一七六七〉刊)巻之三「あやしき焼物喰ひし事」が挙げられる。本話は領内検分の一行がほとんど右同様の展開でウワバミの肉を食した結果、身体が火照り、酒に酔ったようにフラフラになったというもの。ただし調理方法が「味噌漬け」ではなく「焼き物」であり、毒抜きの方法も、三年漬けにするというのではなく、「此焼物を出し申す時はいつにても連銭草をしたし物にして付け侍る」というもの。症状としては軽い物になっているせいか、発症後に治療する展開がない。写本の実録説話集『茶飲夜話集』(別題「風聞雉子声」)「蝮を喰身焚する事」では、羽州最上領の谷地庄右衛門の在所に、上方より来た革足袋商人一行が遭遇した事件として、この類話が語られている。ただし、症状は「喉の渇きが止まない」というもので、熱湯に入る治療法は同じだが、三年解毒の説はない(食べ過ぎなければ発症しない)。『茶飲夜話集』は写本で伝わるが、諸本の書写年記では、「明和三丙戌歳(一七六六)九月吉日佐脇氏七十三書写之」

という内閣文庫蔵本の奥書が一番古い【注10】。

出版は『町聹私記』より後になるのだが、『諸国怪談実記』二編（安永十年〈一七八一〉刊）巻四「蛇の鮨を食して毒にてあてらるゝ事」は越後山中の話で、こちらは三年以内は毒という点も、熱湯に入るという治療方法も同じである。また、これも後の作品だが、漢文怪談集の『今斉諧《きんせいかい》』（文化十三年〈一八一六〉成）巻二「食蛇肉」にも、米沢の佐藤宅右衛門が木曽路山中で体験した話として類話が見える。もっとも、同話では発病者は宅右衛門一人であるし、体に瘡を生ずるということで、症状も異なる。また治療のため熱湯に入るのは同じだが、三年解毒の説は見えない。

以上をまとめると、「斬蝮蛇医酔蔵」の先行作としては『茶飲夜話集』が最も類似した内容を備える作ということになる。「斬蝮蛇医酔蔵」の要素で、『茶飲夜話集』に見えないものもあるが、それも『諸国怪談実記』のような後続の類話の中には見いだされるので、その要素を備えたバリエーションも先行して存在したことが推測される。「斬蝮蛇医酔蔵」と右の一連の類話とは、直接的関係を示唆する文辞の一致はなく、典拠の特定はできないが、これらの類話を収載した『新説百物語』、『茶飲夜話集』、『諸国怪談実記』はいずれも実録的、民譚的な奇談集であり、本話がそのような民譚的話材に基づいているということは推測できる。

ただし、梗概に示した通り、「斬蝮蛇医酔蔵」では、巡察使一行の治療後に、宿主の語りとして、「それ蛇《じや》は和訓《わくん》にヲロチ。クチバミ。クチナハ。ハミ。ヘヒ。音《をん》は蛇《タ》。又古字《こじ》は它《タ》にして象形字《しやうげうじ》なり。文字《もんじ》にも冤曲尾《えんきよくび》を垂《たる》るの形《かたち》に象《かたど》る。上古《いにしへ》艸居《さうきよ》せし時は甚它《た》を患《うれ》ふ。故《ゆへ》に無它乎《たなきや》と相問《たがひにと》ふ。它《た》は虫《むし》の大者《おほいなるもの》なり。又巴《は》は今巴《ともへ》と和訓《わくん》す。水の渦《うづま》くに喩《たと》ふ。是もと巴《は》它《じや》にして它《じや》の至《いたつ》て大者《おほいなるもの》。山海経《せんがいきやう》に長《ながきこと》千里《せんり》麂鹿《きろく》を食《くら》ふと。博物志《はくぶつし》に」云々といった「蛇」についての考証がみられるのだが、こういった要素は右の類話には一切見られず、『町聹私記』著者の付加したものと見てよい。

【五】……「撤二奇石一《きせきをすてて》免二霆災一《ていさいをまぬがる》」と木内石亭

『耵聹私記』巻之五「撤奇石免霆災」は次のような話である。

田上川（近江国の歌枕）のほとりに埋もれた隠士玉柏《たまがしわ》琇瑩《しゅうえい》は奇石の収集家であったが、ある時家に泊めた、やはり石を愛好する行脚僧から、水が常に滴る不思議な石をもらう。後日、来客のあった折この石を披露すると、客のうちの一人が、この石には龍が潜んでおり、その登天の折にはこの家も村も被害甚大であるから早く捨てよと琇瑩に進言する。また別の一人は、このようなものを捨てれば捨てられたところも迷惑であるから、捨てるより破壊して龍を取り出して殺せ、と言う。すると先ほどの客が、龍の徳を解説し、殺すことに反対したので、主客一同捨てることに定め、琇瑩は田上山の奥に石を埋める。その夜半、田上は突然大嵐となり山崩れ、一郷に多くの死傷者を出す。琇瑩と、石を捨てるよう進言した客は無事だったが、殺すよう進言した客は家が潰れ、梁《やな》に拉《ひし》がれて即死であった。生き残った二人が石を埋めたところに行ってみると、石は二つに割れており、中には雞の卵が入る程の窪みが認められる。二人は龍の昇天したことを知り、この事を諸人に語り伝えた。

龍の登天は吉祥でもあるので、本話は『耵聹私記』の掉尾を飾る位置に置かれたものと見える【注11】。本作の主人公玉柏琇瑩は近江の人に設定されているが、近江の奇石収集家といえば、すぐに想到するのが『雲根志』で著名な木内石亭（享保九年生～文化五年没。近江国志賀郡下坂本村に生まれ、山田に居住）である。石亭は宝暦末年にはすでに三十数国を巡って二千余種の奇石収集を達成しているが（斉藤忠『木内石亭』「石亭略年譜」吉川弘文館、一九六二年）、『耵聹私記』の著された明和期には、物産会への参加も目立ち（『木内石亭』第一章・四「物産会における活躍」）、この頃には弄石家としての高名は聞こえていたものと思われる。すなわち「撒奇石免霆災」は物産学の隆盛を背景に、当時評判の人物をモデルに構想されたものと思しく、『町聹私記』にそのような同時代的な話題の摂取が見えることは注意されよう。花咲は本話について「第五巻の名石・奇石、その蒐集家の話題は他書にも極めて多く、文献も豊富である」（前掲「『町聹私記』について」）と述べるが、管見の範囲では、根岸鎮衛の随筆『耳嚢』巻八「石中蟄龍の事」に「撒奇石免霆災」と酷似する話が見え、しかも同話ではこれを木内石亭の逸話としている。次に全文を掲げる。

江州の富農石亭は、名石を集め好むの癖あり。既に雲根志と言へる奇石を記したる書を綴りし事は、誰知らぬものなし。或年行脚の僧、是が許に泊り、石亭が愛石の分を一見しける故、石亭も、「御身も珍石や貯へ給ふか」と尋しに、「我等行脚の事故更に貯ふる事なけれど、一つの石を拾ひ得て常に荷の内に蔵す。敢て不思議もなけれど、水気を生ずる故に愛する」よし語るを聞、素より石に心をこらす石亭なれば、強て所望して是をみるに、其色黒く一挙斗の形にて、窪める処水気あり。石亭感心限なく、「何卒御僧に相応の代もの与ん間、給はるべきや」と、深切に求めければ、「我愛石といへ共、僧の事敢て輪回せん心なし。打舗にても拵へ給はゞ、頓に与へん」といゝし故、石亭大に歓て金襴の打敷をこしらへ与て、彼石と替ぬ。さて机の上に置き、硯の上に置くに、清浄の水硯中に満て、其様いわんかたなければ厚く寵愛なしけるを、或る老人つく〴〵みて、「斯水気を生ずる石には果して蟄竜あるべし。上天もなさば大き成憂もあらん。遠く捨給へ」と申けれど、常に最愛なしける石なれば、曾て其異見に随はざりしが、或時曇りて空さへざる折から、右石の内より気を吐事尋常ならざれば、大に驚て、過し日老人の言ひし事思ひ出て、村老・近隣の老を集て、「遠き人家なき所へ遣はすべし」と言しに、其席にありける壱人、「斯怪しき石ならば如何なる害をや成さん。焼捨べし」と言しを、「左はすまじき」とて、人離れなる処に一宇の堂社ありし故、彼の処へ納置てみな〳〵帰りぬ。しかるに其夜風雨雷鳴して彼堂中より雲起雨烈しく、上天せるもの有りしが、跡で堂に到りみしに、彼石は二つにくだけ、右堂の様子全竜の昇天なしける

体也と、邑中奇異の思ひを成しぬ。其節彼焼べしと発言せし者の宅は、微塵に成りしと、人のかたりぬ。【注12】

右の通り、本話と「撒奇石免霆災」とは、石のコレクターが旅僧より奇石を得、それを遺棄した後に龍が昇天し、殺すように勧めた人物が報復を受ける結末まで、大筋が一致する（ただし、テキストの直接的な関連性を示唆するような文辞の一致は認められない）。『耳嚢』巻八は文化五、六年頃の成立と見られる【注13】ので、「撒奇石免霆災」の典拠ではあり得ず、年次的には逆に「石中蟄龍の事」のソースが「撒奇石免霆災」（又はこれを黄表紙化した天明八年刊の『模文画今怪談』〈後述〉）だった可能性がある。しかしながら、花咲一男が『耵聹私記』巻之三「賊長使骸歠滓《ぞくちょうかばねをしてしるをすすらしむ》」と『甲子夜話』第四十九巻「礫に処せられ、槍刺を免れた者」の関係について推測されているのと同様、「撒奇石免霆災」と「石中蟄龍の事」に同根の原話が存在した可能性もあるだろう【注14】。その場合、「撒奇石免霆災」と「石中蟄龍の事」とは兄弟的関係にあり、原話が随筆に筆録されたのが「石中蟄龍の事」で、読本的粉飾を施されたのが「撒奇石免霆災」だったということである。いずれにしても、両テキストの大きな差異は、「石」と「龍」についての学識を披露したくだりがあることであり、これは「石中蟄龍の事」には見られない。長大であるので、それぞれ一部分を例示する。

夫《レ》石《ハ》山之骨《ホネナリ》也。易《エキニ》艮《コンヲ》為《ス》小石《ト》。釈《シヤク》名《メウニ》石《ハ》硌《ラクナリ》也。堅《カタキコト》扞硌《カンレキナリ》《カタキタマモノナリ》也。楊泉物理論《ガブツリロン》土精《セイナル》為《ト》石。石《ハ》気之核《ノサネナリ》也。気之生《ナル》石《トナヲ》猶人筋絡《ノキンラウノ》《スジイト》之生《ルガ》爪牙《サウゲヲ》也。又陰陽石物類相感志彝陵《ヰリヤウ》。陰石《イン》常《ハ》潤《ニウルホヘリ》。陽石常《ハ》燥《ニカハケリ》（略）今既に聚《あつま》るところの石の有増ハ。先皇都《みやこ》に弄《もてあそ》ぶ清閑寺《せいかんじ》。陸奥《みちのく》の水晶《すいしやう》全青黄琅玕《せいわうらうかん》。津軽舎利浜《つがるしやりはま》。の産子石《こうみ》。志州《ししう》に答志《たうし》の白碁石《ご》。菅島《すがじま》の黒棋石《くろご》。信州の星戻《ほしくそ》。全磁石《じしやく》。浅間《あさま》の焼石《やけいし》。周防《すはう》の然石《もえいし》（略）

竜《りやう》ハ白虎通云鱗虫《リンチウ》三百六十六而竜為《タメニ》之長《ガタリ》也。能幽《クイウニ》能明《クメイニ》能細《クサイニ》能巨《クキヨニ》能短《クタンニ》能長《クチヨウニ》。春分

而《ニシテ》登レ天《ニ》秋分《ニシテ》潜《セマル》レ渕《フチニ》と。埤雅《ヒガ》竜‐鱗《ニリヤウリン》八十有一。具《ソナフ》二九‐九《ノ》之数一陽《ノ》之極《キヨクナリ》也。竜‐火得《レバ》レ溼《ジフヲ》則焔《ヒカル》。得《レバ》レ水《ヲ》則燔《マク》。以二人‐火一《テ》逐《ヲフ》レ之《ヲ》即息《チヤム》。広雅有レ鱗《ルヲウロコ》曰二蛟‐竜《フカフ》《ミヅチ》一《ト》。有レ翼《ルヲツバサ》曰二応‐竜《フヨウ》一《ト》。有レ角《ルヲツノ》曰二虬‐竜《キウ》《ミヅチ》一《ト》無レ角《キヲ》曰《フ》二螭《チ》‐竜一《ト》（略）

本作に紹介される石は百余種にも及ぶもので、これらの中には石亭の『雲根志』や『奇石産誌』、あるいは『和漢三才図会』などに記載されないものもある。これらが何に依拠したものか、今つきとめ得ないが、著者の学識を示したものと言えよう。

なお、一つ付言すると、『町聹私記』の本話「撒奇石免霆災」および巻之二「嫗幽魂吝片金《うばがゆうこんへんきんをおしむ》」は、黄表紙の怪談物である『模文画今怪談』（天明八年〈一七八八〉刊。唐来山人作。鳥文斎栄之画。江戸蔦屋重三郎板。五巻に二十九話を収める）の、それぞれ四巻第六話（十丁ウ）、三巻第三話（二丁ウ・三丁オ）の典拠となっている【注15】。『模文画今怪談』の説話本文は、『町聹私記』の要約とも言うべきものになっており、原話の語彙の難解さや内容の知識性は失われているが、絵も（二例ともに）『町聹私記』の挿絵を参照して描かれている（図1・図2参照）。初期読本が通俗化し、再受容されていくケースとして注目される。

おわりに

以上見てきたとおり、『町聹私記』に収まる「俠夫奸智刑斃」、「斬蝮蛇医酔蔵」は民譚、ないしは巷説系統の素材に依拠しており、「撒奇石免霆災」についてもその可能性が推測される。井上啓治は、伊丹椿園の『翁草』、『深山草』や前川来太の『唐土の吉野』等の白話小説系怪談の模倣作が、実際には白話小説には拠らず、和製典拠に

図１　『耵聹私記』巻之二「嫗幽魂吝片金」挿絵

図２　『模文画今怪談』三巻第三話（二丁ウ・三丁オ）

拠っていたことを指摘している【注16】。本作もそのような例に類するかどうか、典拠の多くをつきとめていない現段階では結論し得ないが、『町聹私記』にはその白話小説系怪談風のスタイルとは裏腹に、本邦の民譚的素材に依拠した部分が少なくないということは言えるだろう。ここに「和」の原拠が判明したことによって、その読本的粉飾――訓訳本風の文体の導入や考証的記事の付加など――の姿勢が明確になった。本作は、そのような白話小説翻案系怪談（初期読本）の様式を意識して作られた、ごく初期の江戸の怪談書として、読本成立史上に位置づけられるであろう。

ただし、『町聹私記』の学問的記事の多くは、漢籍からの引用の羅列に終わっている観もあり、上方読本のような「学説寓言」【注17】の水準には達していないように思われる。特に、初期読本には著者の史観を提起するものも少なくないが、本作の説話の多くは時代設定も曖昧で、歴史小説としての姿勢が薄弱である。これらは、初期読本の作者たちが、小説は「寓言」であり、「史の余」（『照世盃』序）であるといった認識を深めていた【注18】のに引きかえ、『町聹私記』の作者の認識が未熟なものであったことをうかがわせる。そういった意味で、本作はやはり白話小説翻案系怪談の「模倣作」の域を出ないものかもしれないが、本作の研究はようやくここに足がかりができたばかりであり、作品評価については尚後考を俟つべきだろう。

【注】

1 横山邦治『読本の研究─江戸と上方と─』第一章序説「江戸における読本への胎動─『古今奇談英草紙』と『奇伝新話』と─」（風間書房、一九七四年）、大高洋司「江戸読本の先駆け─『凩草紙』を中心に─」（『読本の世界─江戸と上方』第一章第一節〈世界思想社、一九八五年〉）。

2 注1の横山論文。

3 野田寿雄「怪異小説の系譜と秋成」（『講座日本文学　八　近世編Ⅱ』三省堂、一九六九年）。

4 井上啓治は前期読本の「奇談物」を「三言二拍等の短編中国白話小説の翻案類なる〈短篇白話小説系〉」と「古代以来の怪異と奇事の見聞記・近世前期に流行した百物語風の怪異譚・地方民話等の一般的で概ね単純な奇談類〈説話系奇談〉」とに大別する（「『唐土の吉野』序論・附翻刻」『就実論叢』一六号、一九八七年二月）。本書で用いる「白話小説（翻案）系怪談」「説話系怪談」の呼称はこれを踏まえたものである。なお、「奇談」「怪談」の用語の区別については、緒言の注2を参照のこと。

5 『選択古書解題』は板元の名称を「花屋九兵衛」としているが、誤りであろう。

6 徳田武「初期読本における寓意性と文芸性（中）」（早稲田大学国文学会編『国文学研究』五〇号、一九七三年六月）。

7 中世フランスのファブリオなどにも採り入れられている（「お蔵番修道士の話」〈森本英夫訳『フランス中世艶笑譚』社会思想社、一九八四年〉など）。ただし、欧米や中東の話型と日本のそれとでは、話の構造、細部ともに異同が大きい。

8 関敬吾編『日本昔話大成』（角川書店、一〇巻、一九八〇年）「智恵有殿」より引用。

9 ただし、民話の巧智者が、時に悪辣な奸計を用いながらも、いわばトリックスターとして特権化されており、実体を持たない伝承的存在であるに対し、読本の「陶内」はリアリティを持った個人として存在しており、読本的倫理観はその「奸智」を糾弾せずにはおかない。それが最もはっきり出ているのが結末であり、民話の主人公がこのような智計によって富貴を得てめでたし、であるに対し、読本の方は、陶内は妻の訴えによって奸計露見し、刑死するという勧懲的展開をとる。

10 本稿における『茶飲夜話集』についての論述は、国立公文書館内閣文庫蔵本（請求記号二一一・二七）を底本とする。『茶飲夜話集』の諸本については、拙稿「『風聞雉子声』覚書」（日本文学協会近世部会『近世部会誌』五号、二〇一一年三月）を参照のこと。

11 龍が石（多くは硯石など）から昇天する話は、奇談の話柄としては珍しからず、古くは『奇異雑談集』巻五「硯われ龍の子出て天上せし事」に見えるし、石亭の友人でもあった春名忠成の『諸国怪談実記』二篇巻四「潜龍硯石より天上せし事」にも見える。

12 長谷川強校注『耳嚢　下』（岩波文庫、一九九一年）より引用。

13 『日本古典文学大辞典』（岩波書店、一九八三年）「耳嚢」

の項（鈴木棠三執筆）による。

14 例えば、石亭自身この話のバリエーションとも言うべき話例を記録しており、『雲根志』後編（安永九年〈一七八〇〉刊）巻二には、さる身分の高い人が秘蔵していた石を、伊藤仁斎が龍を生ずる石と鑑定し、捨てるよう勧めた話が見える（「龍生石」）。

15 『模文画今怪談』については、他にも『怪談国土産』、『怪談御伽桜』、『怪談登志男』、『近代百物語』など、比較的近時（『模文画今怪談』制作時点から見て）の怪談書に多く依拠していることが明らかになっているが（拙著『百鬼繚乱』「模文画今怪談」解説参照〈国書刊行会、二〇〇二年〉）、『耵聹私記』もその一つであると言えよう。

16 井上啓治「前期読本（いわゆる短編白話小説系奇談）の創作態度」（『読本研究』第二輯上套、一九八八年七月）。

17 「学説寓言」は飯倉洋一の用語。「「奇談」書の中でも江戸では教訓を主意とする寓言が多いのに対し、上方では、衒学的な学説を主意とする寓言、特に国学的知識の開陳が目立つ」（飯倉洋一「「奇談」書を手がかりとする近世中期上方仮名読物史の構築」「〈再録〉大江文坡と源氏物語秘伝―〈学説寓言〉としての『怪談とのゐ袋』冒頭話」二〇〇七年三月）。

18 中村幸彦「読本初期の小説観」（岩波書店『近世文芸思潮攷』一九七七年）。

【挿図出典・所蔵】

図1　九州大学中央図書館蔵本（読本Ⅳ／明和9／ヤ―1）。
図2　東京都立中央図書館加賀文庫蔵本。

四章

『警世通話』と明清小説

『娯目醒心編』、『姑妄聴之』、『獪園』

はじめに

二章・三章と近世中期の江戸における読本怪談集の動向を見てきたが、本章では、寛政期の上方の読本怪談集『今古奇談　警世通話《けいせいつうわ》』（寛政十二年〈一八〇〇〉刊。以下『警世通話』と略す）をとりあげる。本作については、古く水谷不倒の『選択古書解題』に項目があるが、その後研究史上に言及されることはほとんどないまま現在に至っている。ここに本作の内容紹介を兼ねて、不倒の「解説」を部分的に引用する。


「本書には次の八篇が収めてある。

巻之一、（一）珍珠を呑で分身して天地間を遊覧する話。（二）儒士の冥府を蔑如するを弁ずる話。

巻之二、萩《（ママ）》原左源次が妻妾体《（ママ）》をかへし話。

巻之三、(一) 異仙来りて井中に酒湧て酒匂の駅といふ話。(二) 白狐の祠を砕て親王と贅号せし話。(三) 七堂伽藍一夜に造営せし話。
巻之四、三村上野介高徳の妻女仙境に入し話。
巻之五、不和夫婦を教化して関の戸さゝぬ御代の話。
＊(近藤注・巻之一 (一)、巻之二、巻之三 (一) (二) の梗概紹介、ここには略す)

是等が目星い所である。「酒仙の話」は、郷土的伝説を扱つたもので、お伽話として面白い。又広川典膳の話は他書にも出てをり、やはり尾州の事になつてをる。之は其頃の巷談に、天一坊類似の事実があったらしい。此外儒士の冥府を蔑如するを弁じ、本山の寄進を勧めて、不和の夫婦を融解した話等には、仏法を尊信し、又勧懲主義の一貫してをることが特色である」。

(『選択古書解題』「警世通語(ママ)」〈『水谷不倒著作集』第七巻、中央公論社、一九七四年〉)

不倒は右に「郷土的伝説」と言い、また尾州の巷談の存在を推定しているが、本作の典拠に関する先行研究は、この指摘くらいではないかと思われる。管見の限り指摘できる典拠を次に掲げる(なお、原典に (一)、(二) などの小番号はないが、『選択古書解題』に倣って以下には付しておく)。

巻之一、(二) 儒士《がくしや》の冥府《ぢごく》を蔑如《ないがしろに》するを弁《べん》ずる話《こと》…魏叔子「地獄論」
(『娯目醒心編』第十六巻「方正士活判幽魂　悪孽人死遭冥責」)

巻之二、荻原《おぎはら》左源次《さげんじ》が妻妾《さいせう》骸《からだ》をかへし話《こと》…『姑妄聴之』巻一「虞倚帆待詔言…」(虞倚帆待詔の話)
(『閲微草堂筆記』巻十五)

巻之三、(一) 異仙来《いせんきたり》て井中《ゐちう》に酒湧《さけわき》て酒匂《さかわ》の駅《しゆく》と云話《いふこと》。…『獪園』第一「酒井」

(二) 白狐《びやくこ》の小祠《ほこら》を砕《くだき》て親王《しんわう》と贅号《ぜいごう》せし話《こと》…『新著聞集』第八「尾州広沢親王《びしうひろざはしんわう》」

(三) 七堂伽藍《どうがらん》一夜《や》に造営《ぞうえい》せし話《こと》…『新著聞集』第六「天狗《てんぐ》一夜《いちや》に法灯寺《ほうとうじ》をつくる」

巻之四、三村上野介高徳《みむらかうづけのすけたかとみ》(ママ)の妻女仙境《さいじよせんけう》に入《いり》し話《こと》…『備中兵乱記』巻之下「常山城没落　附女軍之事」

右の通り、巻之一(二)、巻之二、巻之三(一)と、本作には中国典拠の翻案作が少なくとも三件見いだされる。筆者は一章で、寛政期の「上方の(特に白話小説翻案系の)読本怪談集」の一つとして本作に触れたが、私見では本作の様式や方法は庭鐘、秋成以来の初期読本のそれらを模しており、その系統に位置づけてよいと思われる。本章では、明清小説を翻案した三篇の分析を中心に、このことを論じてみたい【注1】。

【一】……書誌と序文について

本論の前に、『警世通話』の書誌的な基本情報を簡単に整理しておきたい。本作は稀覯本であり、国文学研究資料館の「国書データベース」によれば、国会図書館、久留米図書館(巻一、三のみ存)、兵庫県温泉寺(巻三のみ存)の所蔵が確認されるが、国会図書館蔵本以外は不全本である。国会図書館蔵本の略書誌は次の通りである。

編成…半紙本五巻合一冊。**表紙**…薄縹色無地。**題簽**…左肩双辺「今古奇談　警世通話」(「今古奇談」は角書)。

内題（首題）…「警世通話」。**柱刻**…「〇警世通話巻之一（〜五）　界線（双辺）　丁付」。**構成**…巻之一（自序一丁、「警世通話目録」一丁、本文十丁）、巻之二（本文十丁）、巻之三（本文十二丁）、巻之四（本文十丁）、巻之五（本文九丁半、広告と刊記半丁）、見開きの挿絵各巻二葉ずつあり。**自序**…「寛政十二年申乃初春故道述」。**刊記**…「寛政十二庚申冬至／大坂書林　船町　升屋七右衛門　／同出店　心斎橋南久太郎町　升屋俊次」。

なお、『享保以降大阪出版書籍目録』（復刻版。大阪図書出版業組合、一九九八年）には、

古今奇談　警世通語《ママ》　五冊
作者　鈴木七郎（舟町）
板元　升屋七右衛門（舟町）
出願　寛政十二年十月
許可　寛政十二年十二月八日

とあるが、『割印帳』（『享保以降江戸出版書目』）には記載がなく、大坂でのみ刊行されたものであったようだ。大坂船町の板元升屋七右衛門は、寛政から文化頃（井上隆明『改訂増補　近世書林板元総覧』〈青裳堂書店、一九九八年〉によれば文化七年五月休業とある）を中心に活動の見られる本屋で、鈴木七右衛門名義で易学書『易学類篇』、漢籍『西京雑記』、随筆『老周諄』などを出しているが、再版ものが多いようである。『警世通話』の巻末広告には「今古奇談　警世通史　未刻」、「通話後編　警世通語　嗣出」、「同続編　同通談　同断」などの続編も載せるが、刊行された形跡はない。

ところで、「国書データベース」（国文学研究資料館）や『大阪出版書籍目録』、『選択古書解題』では、本作の書名を「警

世通語」とするが、右の書誌の通り、底本の題名記載は外題内題とも「警世通話」で統一がとれており、自序の中でも「警世通話《けいせいつうわ》と題して」と述べている。また、広告を見るに、「警世通語」は本作の後編のタイトルとして予定されたものであったらしい（さらに続編では「通談」になっている。これらは明の馮夢龍の『警世通言』を意識した命名であろう）。よって、本論文では本作を「警世通話」の書名で取り扱う。

『警世通話』の作者は、右の広告に「今古奇談　警世通史　鈴木故道作」「今古奇談　警世通話　同（鈴木故道）作」とあって、序にも名の見える鈴木故道なる人物である。『大阪出版書籍目録』に「作者」として見える「鈴木七郎」が俗称と思しい。姓（鈴木）と住所（舟町）が板元升屋七右衛門と同じなので、その縁者と思しいが、詳細はわからない。なお、巻之三の挿絵に「鈴木」「故道之印」とあり、明らかに素人くさい挿絵も著者の自画と知られる。大坂の白話小説系怪談の素人作者と言えば、書肆文栄堂伊丹屋善兵衛が自ら前川来太名義で、『今古口実　唐土の吉野』（挿絵も自画）を制作していたのが想起されるが、『警世通話』もこれに類する自家制作的な出版物ではなかったろうか。

さて、本書の自序には、次のように述べられている。

「怪力乱神を語らずと言るは日用学にたよりなければ、弟子の是を専とせん事を厭て宣へるなるべし。春秋よりして已下の史にあまた度見へたり。人に逢て寒暑を告は常式なり。①世に珍なる事あればかたみに語あひて慰こそこよなふたのしけれ。しかはあれど人のよしあしなどいはんは難波のうらみうくべきすじなきにしもあらず。月待日待は怪異《あやしき》を専《もつぱら》とすれば、②荒唐寓言《とりしめなきそらごと》を実しやかに書編《かきつづり》、春雨秋の夜話の宿構《はらみく》に設置しを、某なるもの閲して梓にものしける。かく言葉卑賤文《ことばいやしくぶん》の拙《つたなき》を公にとり散さん事後《うしろ》めたしと固辞すれどゆるさゞれば警《けい》世通話《せいつうわ》と題してあたふ事とはなりぬ」【注2】。

例の『論語』「述而」の「子不語怪力乱神」の引用から筆を起こして、怪異を語ることとの言い訳を卑下を混じえて述べるこのような言辞は、怪談物の序文にはありふれたものではあるが、それにしても右の傍線部①、②は、次の通り、それぞれ先行する読本怪談集である『怪談実録』、『拍掌奇談 凩《こがらし》草紙《そうし》』序文にみえるフレーズをほとんど丸取りしている。

①世にめづらかなる事あれば。かたみにかたりあひてなぐさむこそ。こよなうたのしけれ。されど人のよしあしなどいはんは。難波のうらみうべきわざにしあれば。只怪談にしくものはあらざりけらし。

（明和二年〈一七六五〉刊『怪談実録』浪華亭紀常因自序）

与近頃彼書に效ひ、②荒唐寓言《とりしめなきそらごと》を実《まこと》しやかに書編《かきつゞ》り、「拍掌奇談《はくしやうきだん》」と表題《ひやうだい》して、夜話《よばなし》の宿構《はらみく》にまふけ置しを

（寛政四年〈一七九二〉刊『拍掌奇談　凩草紙』森羅子自序）

①②の照合は明らかであろう。前者は実録、巷説に取材する怪談集であり、後者は『聊斎志異』などに拠った翻案系の怪談集である。事実性のアピールは怪談集の常套的ポーズではあるが、『怪談実録』の場合、本書が「近世の事」を記したものなので、関係者が存命の話については個人名を伏せた由、巻頭総目録に付記しているのは、ポーズにしては少し念入りであり、実際に松平南海侯の風聞に取材することは第二部二章でも確認した。また、『凩草紙』の序文には『伽婢子』以降の翻案小説の系譜が説かれており、中国典拠として『警世通言』にも言及がある。これらの鈴木故道の小説観（寓言論）や方法論（実録種の朧化や中国典拠の翻案）への影響を考えるべきであろう。

【二】……「儒士《がくしや》の冥府《じごく》を蔑如《ないがしろに》するを弁ずる話《こと》」と『娯目醒心編《ごもくせいしんへん》』

『警世通話』巻之一（二）「儒士の冥府を蔑如するを弁ずる話」は、魏叔子《ぎしゅくし》「地獄論」に拠って書かれた物だが、直接の典拠は『娯目醒心編』である。本節ではまず、これらの漢籍について説明する。

「地獄論」の著者魏叔子（魏禧）は清初の散文家であり、兄の魏際瑞、弟の魏礼とあわせて「寧都三魏」と称される。日本では特に江戸末から明治にかけて読まれ、依田学海や二葉亭四迷などに愛好せられたことでも知られる。『魏叔子文集』二十二巻（『寧都三魏全集《ねいとさんぎぜんしゅう》』四十八巻のうち）の巻一に収載される「地獄論」は、問答体で地獄を論じた四部（上中下、補遺）構成の言説であるが、そのうちの「下」が『警世通話』巻之一（二）の典拠に相当する。

『魏叔子文集』の初刻は『寧都三魏全集』康熙《こうき》年間（一六六二～一七二二）刊行の易堂蔵版であるが、これは伝本稀少であり、諸本の多くは道光二十五年（一八四五）の紱園書塾重刻本である。両者は版式、字体、装丁などが一致する同系板本であるが、重刻本には修訂箇所が見られる反面、誤りも多く、『中國古典文學基本叢書』の翻刻は初刻本を底本としている（胡守仁、姚品文、王能憲校點『中國古典文學基本叢書　魏叔子文集』校點説明〈中華書局、二〇〇三年〉）。天保十二年（一八四一）の「書籍元帳」には「三魏子全集　三部各八套」の記録があるので（大場脩『江戸時代における唐船持渡書の研究』関西大学東西学術研究所、一九六七年）、この年には初刻本が日本に渡来していたと思しいが、『警世通話』発刊の寛成十二年（一八〇〇）（序文年記は寛政十二年正月、刊行出願は同年十月）より遡る渡来記録は確認できない。

しかしながら、「地獄論」の上中下篇（補遺を除く）は、一七九二年に刊行されている白話小説『娯目醒心編』（草亭老人〈杜綱《とこう》〉編。自怡軒《じいけん》主人評）第十六巻「方正士活判幽魂　悪孽人死遭冥責」に引用されている【注3】。

『娯目醒心編』は全十六巻十六話、三十九回（各話が二～三回に章立てされる）から成る清代の小説集で、白話小説としては最末期に属するものである。著者杜綱は清代乾隆年間の儒生で、評者自怡軒主人はその友人の文人官吏許宝善である。なお、浜田啓介はつとに、本書序文（自怡軒主人による）にみえる小説観の本邦読本類への影響を指摘しているが（「曲亭馬琴の文学評論研究序章」『近世文芸』一三、一九六七年四月）、作中に「忠孝節義之路」や「因果報應之理」を込めんとするその小説観は、『警世通話』の教訓性にも通ずるものと言えよう。

『娯目醒心編』第十六巻「方正士活判幽魂　悪孽人死遭冥責」は、昆山の学者（原文に「専ら性理の学を講じ、釈老の書を喜ばず」とする）柏盧先生が冥府の判官として招かれ、死者の罪状審理に加わる話である。柏盧先生は夜になると冥府へと通い、そこで見聞きしたこと――尼僧と姦淫した友人が犬に転生させられたり、飢饉の救援米を横領した役人の旧友が重罪を免れないことなど――を朝になると弟子に語って聞かせたというもので、因果応報思想の濃厚な話と言える。本話は全二回から成り、右のストーリー本編はその第二回にあたり、第一回にその枕として「昔寧都の魏叔子地獄之説を篤信し（略）因りて「地獄論」三篇を作り、以て天下后世に告ぐ」（原漢文）と延べ、「地獄論」上中下篇を引いている。『魏叔子文集』初刻本【注4】と『娯目醒心編』乾隆五十七年（一七九二）序初刻本の「地獄論」本文には、使用語彙や用字に複数箇所差異が認められ、これらを『警世通話』の利用箇所本文と照合すると、いずれも『娯目醒心編』の方に一致するので、こちらを典拠とみるべきである【注5】。『娯目醒心編』は、『商船載来書目』寛政五癸巳年（一七九三）の条に「娯目醒心編　一部一套」と、「寛政六年寅貳番南京船書籍名目」に「一娯月《（ママ）》醒心編　七部七套」とあり（『江戸時代における唐船持渡書の研究』）、成立後早々に――『警世通話』成立の一八〇〇年以前に――伝来していることもこのような見方を裏付ける。ただし、『警世通話』に『娯目醒心編』の他の篇の影響は見られない。

典拠（『娯目醒心編』十六巻）と翻案（『警世通話』巻之一（二））の関係を本文に即して吟味する前に、『警世通話』巻之一（二）は、前話（一）と「地獄」というモチーフで関連しているので、先に（一）について説明しておく。

（一）「珍珠《ちんじゅ》を呑《のみ》て分身して天地間を遊覧する話」は、熊本湯山《ゆやま》の麓江代《えしろ》村の実直な農夫与太郎が、湯山山中で極楽や地獄の幻を見、さらに「武内宿祢《たけのうちのすくね》の精神《せいしん》」に導かれ、「陽行《ようこう》」「陰行《いんこう》」という二つの玉【注6】を呑み込んで二体に分身、浮遊し、森羅万象を見巡る三年間の旅へとでかける、という話である。「与太郎が一身は右へ、一身は左へ飛で森羅万象を見回りける。是がその事の元なり」と話を結んでいるので、本来、この怪談書全体の枠組みとして設定されたプロローグの説話であったと思われる。武内宿祢が「幽冥と湯世《しゃば》との行体《こと》を見せしめ、衆生済度いたさしめんがため」と述べる通り、読者が与太郎とともに以下の説話世界を見巡る（それによって済度される）という趣向だったのではないか。ただし、以下の説話中に視点人物としての与太郎は登場しないし、本来あるべき「三年後」のエピローグも、本書には付されていない。先に述べた通り、本書には続編が予定されていたようなので、そちらで伏線を回収する腹案があったのかもしれないが、杜撰な構成ではある。

この（一）に続く（二）「儒士の冥府を蔑如するを弁ずる話」は、分量にして一丁余り、物語ではなく、地獄の実在と有用性を説いた言説であるが、これは前述の通り、『娯目醒心編』第十六巻「方正士活判幽魂　悪孽人死遭冥責」第一回に引かれる、魏叔子「地獄論」の下篇をほぼ邦訳しただけのものである。次にその典拠部分と「儒士の冥府を蔑如するを弁ずる話」の全文を並べて引用する。

或言佛未至中國。三代以上。曾無一人入地獄者。後世死而更生。言地獄事。非誕則狃于習聞。妄生神識耳。魏子曰。漢唐以前。狐突見共世子。荀偃訴晉厲公。亦既徵其事矣。且即以為自古無之。而三代以下。可造而有。何則。天下之事。莫不自無而之有。天地何始。未始以前。無天地也。萬物何生。未生以前。無萬物也。人浴而振衣。豈有蚤虱哉。久則蚤虱生。又久之而蚤虱牝牡長子孫。今人自無蚤虱。以有蚤虱。而卒不怪者。習於常也。末世賞罰失措。人心憤結。則必有鬼神以洩其不平。久而人之耳之所聞有是焉。心之所思有是焉。感恩讐之祝而詛者有是焉。於是而地獄成矣。蜣蜋之轉丸也。丸成而精思之。有蝡而白者。存丸中。治金丹者。晝夜精思。而神丹生于虚器。故曰。心能生氣。氣能致精。精能成形。而或曰鬼無形也。庸可執而扑乎。易曰。精氣為物。遊魂為變。是故知鬼神之情狀。未有狀則有形。有情則有識。有形則可拘而制。有識則可疾而苦。子不見夫夢乎。

夢無刑也。夢人鞭之。則夢中之身痛焉。夢食珍美羹味。則夢中之口甘焉。古以形致形者。人之治人。以無形致無形者。鬼之治鬼。譬如馬鳴雀叫。人不得通。而彼雀馬則能通之。鳥翔空中。人不能闘。鳥則闘之。是故鬼可執而扑也。或曰。佛説地獄。惡人不息。説之無益明矣。魏子曰。夫子作春秋。而後世亂臣賊子不止。則亦將曰春秋可無作耶。是故地獄之説。吾謂可補前古聖人所未及。」

（『娯目醒心編』国会図書館蔵本〈請求記号一八〇―一〇三〉による。句点は底本の圏点に拠って付した）

儒士《がくしや》の冥府《ぢごく》を蔑如《ないがしろに》するを弁《べん》ずる話《こと》

或云《あるがいふ》、漢土《から》の三代以上仏法曽《ぶつはうかつ》てなし。一人も地獄に落しものなし。後世死《かうせいし、》て更《さら》に地獄に入事を言う者、皆妄《もう》誕《たん》のみにして、世人是を習聞、妄《みだり》に神識《しんしき》を生《せうず》るのみといへり。弁曰《べんに》是外道《げだう》の見《けん》也。且古より是なくして三代以下つくるべくしてあり。天下のこと無よりして是あらざる事なし。天地の始いまだ始ざる已前、天地なき也。万物生ず、いまだ生ぜざる以前万物無也。人浴《ゆあみ》して衣を振《ふるふ》て豈蚤虱《あにのみしらみ》有や。久しくして蚤虱生ず。又久して蚤虱牝牡《めを》子孫を長ず。今の人蚤虱なきよりして蚤虱有を以て卒《にはか》に不怪《あやしまざる》は常にならへばなり。末世《まつせ》賞罰《せうばつ》失措《あやまれ》ば人心憤《いきどふ》りを結《むす》ぶ則《ときは》必鬼神《きじん》有て其不平《へい》を洩し、久して人の耳に聞《きく》所是あり。思ふ所あつて恩讐《おんしう》に感《かん》じて喧《かまびす(し)》きもの是あり。於是地獄成《こゝにおいてじごくなる》。曰、心能生気《こゝろよくきをせうず》。気能致精《きよくせいをいたす》。精能成形《せいよくかたちをなす》。又鬼無形也。庸可執而朴《つねにぼくをとるべく》【注7】。易曰精気為物《ゑきにいはくせいきものをなす》。遊魂為変《ゆうこんへんをなす》。是故《このゆへ》に鬼神の情状《ぜうじやう》を知《しる》。夫有状則有形《それぜうあればかたちあり》。有情則有識《ぜうあればしきあり》。有形則可拘而制《かたちあればとるべくしてせいす》。有識則可疾而苦《しきあるときはやむべくしてくるしむ》。世人夢《ゆめ》を見ずや。夢に無刑《つみなく》して人に鞭之則《むちうたるゝときは》夢中の身痛《いた》む。夢に珍味羹味《ちんみかうみ》を食《くへば》則夢中の口甘焉《くちあまし》。古以形《もとかたちをもつて》致形者《かたちをいたすものはひと》人之治人《ひとをおさむ》。以無形致無形者《かたちなきをもつてかたなきをいたす》鬼《き》之治鬼《きをおさむ》。譬如馬鳴雀叫《たとへばむまなきすずめさけぶ》。人不得通《ひとはつうぜずして》而彼《かの》雀馬《むまは》則能通之《よくつうず》。鳥翔空中《とりはちうをかける》。人不能闘《ひとはたゝかふことあたはず》、鳥《とり》則闘《たゝかふ》之。是故《このゆへ》に鬼可執而朴《きはぼくをとるべく》也。或曰、仏説地獄悪人不息《ほとけぢごくをときてあくにんやまず》。説之無益明矣《これをときてゑきなきことあきらか》なりといへり。弁曰孔子春秋《こうししゆんじゆう》を造《つくりて》而後世乱臣賊子不止《のちらんしんぞくしやまず》。則亦将曰春秋《またはたいわんしゆんじう》造べからざらんものをや。是故《このゆへ》に地獄之《ぢごくの》説《せつ》は吾謂《われおもへらく》前古聖人《せんこのせじん》の所不及《およばざるところ》大に補《おぎなへ》りと云々。膚説《ふせつ》深事《じんじ》也と或大徳のいへり。

（『警世通話』国会図書館蔵本〈一四七―八八〉による。句読点は私に付した）

右の通り、「儒士の冥府を蔑如するを弁ずる話」は、典拠を部分的に取捨、加工しつつも、おおむねそのまま日本語訳していると言える。「地獄論」について、上中篇を踏まえて若干説明を補足すると、人心も平穏であった聖代（三代以前）には地獄はなかったが、三代以降に世の「刑賞」が乱れ、「善悪」混沌となり、人心が鬱屈して「不平」となったために地獄が生じたというのが魏叔子の持論である。それは、財力を用いて仏を崇め、読経や懺悔を行いさえすれば罪を滅し得るとするような安直な地獄の俗説へのアンチテーゼとして構想されたものであり、地獄の生成原理や存在意義を学術的にただそうとするものであった。右の引用部でも、地獄生成のメカニズムや鬼神の性質を儒教経典の『周易』（「繫辞上伝」第四章）などに拠りつつ、さまざまな喩えを用いて説明している。例えば、形無き鬼（霊）も「識」を有するので鬼によって地獄に囚われ、夢の中で鞭打たれれば痛いと感じるのと同様に苦痛を受けることを説き、地獄の実在する論拠としている。また、人の心から地獄が生じるロジックを、蜣蜋《フンコロガシ》や金丹を精錬する者の思念から糞団子や金丹が生じる現象【注8】になぞらえて説明しているが、このたとえは日本人にはわかりにくいためか、『警世通話』には採られていない。このように典拠は「地獄」を思弁的に捉えようとするものであり、その現実社会における功利的価値を重視する点からも、むしろ儒家的な地獄肯定論として興味深いのだが【注9】、故道はこれを地獄に否定的な「儒者」への対抗言説として、原著者の存在を伏せ「或大徳」（仏者）の語りへと転用している。

すでに述べた通り「地獄論」は「方正士活判幽魂　悪孽人死遭冥責」の本編の枕として第一回に置かれたものであり、本編の第二回は「釈老の書」すなわち仏教、道教を軽んじて「性理の学」、朱子学をもっぱらとする柏廬先生が冥府で判官となる話であった。これは本来冥府の存在に否定的である儒者（朱子学者）をあえて地獄の証人に仕立てることに意味のある設定ではあったが、「儒士の冥府を蔑如するを弁ずる話」というタイトルに如実に表れているように、儒家のこういった姿勢に批判的であった故道には、儒者を主人公にした第二回は典拠として使い難かったのかもしれない。故道が代わりに別の典拠を用いて作った地獄説話が、次巻に置かれた「萩原左源次が妻妾骸をかへし話」なのであった。

【三】……「荻原左源次が妻妾《さいしょう》骸《からだ》をかへし話《こと》」と『姑妄聴之《こもうちょうし》』

『姑妄聴之』（乾隆五十八年〈一七九三〉刊）は全四巻、四庫全書総纂官として知られる清代の学者紀昀《きいん》による文言の怪異談集だが、むしろ本作のほか、『灤陽消夏録《らんようしょうかろく》』六巻（一七八九）、『如是我聞《にょぜがもん》』四巻（一七九一）、『槐西雑志《かいせいざっし》』四巻（一七九二）、『灤陽続録《らんようぞくろく》』六巻（一七九八）、計五作を合刻した『閲微草堂筆記《えつびそうどうひっき》』（嘉慶五年〈一八〇〇〉八月、紀昀著、盛時彦序）の書名を以て知られていよう。本邦には『閲微草堂筆記』以前の単独刊行本も早々に渡来しており、それらがむしろ単刊本によって多く流通したと推測されること、多紀桂山《たきけいざん》や林述斎《じゅっさい》、太田錦城といった医者、考証学者らがさまざまな興味からこれを読んだことなど、町泉寿郎「閲微草堂筆記を読んだ考証学者たち」（『江戸文学』三八号、二〇〇八年六月）に詳細である。『警世通話』巻之二「荻原左源次が妻妾骸をかへし話」の典拠を収載する『姑妄聴之』に関して言えば、『商舶載來書目』の寛政八丙辰年（一七九六）の条に「姑妄聴之　一部一套」の舶載が記録されている（『江戸時代における唐船持渡書の研究』）。合刻本『閲微草堂筆記』の初刻発行が一八〇〇年八月であり、一八〇〇年正月の序文年記をもつ『警世通話』はその時点ではすでに脱稿していたと考えられるから、故道もそれ以前から渡来流布していた単刊本で読んでいたと見てよかろう。

次に『姑妄聴之』巻一「虞倚帆待詔言…」の全文と「荻原左源次が妻妾骸をかへし話」の梗概を並べて掲げる。

虞倚帆待詔言。有選人張某、携一妻一婢至京師、僦居海豊寺街。歳餘、妻病歿。又歳餘、婢亦暴卒。方治櫬、忽似有呼吸、既而目睛轉動、已復蘇、呼選人執手泣曰、「一別年餘、不意又相見」。選人駭愕。則曰、「君勿疑譫語、我是君婦、借婢尸再生也。此婢雖侍君巾櫛、恒鬱鬱不欲居我下。商於妖尼、以術魘我。我遂發病死、魂為術者收瓶中、鎮以符咒、埋尼菴牆下。局促昬暗、苦状難言。會尼菴牆圮、掘地重築、圬者劚土破瓶、我乃得出。茫茫昧昧、莫知所往、伽藍神指我訴城隍。而行魘法者皆有邪神為城社、輾轉撐拄、獄不能成。達於東嶽、乃捕逮術者、鞫治得状、拘婢付泥犁。我壽未盡、尸已久朽、故判借婢尸再生也」。闔家悲喜、仍以主母事之。而所指作魘之尼、則謂選人欲以婢為妻、故詐死片時、造作斯語。不顧陷人於重辟、洶洶欲訐訟。事無實證、懼于妖妄罪、遂諱不敢言。然倚帆嘗私叩其僮僕、具道婦再生後、述舊事無纖毫差、其語音行歩、亦與婦無纖毫異。又婢拙女紅、而婦善刺繍、有舊所製履未竟、補成其半、宛然一手、則似非偽託矣。此雍正末年事也。

（『姑妄聴之』東洋文庫蔵本による【注10】）

洛中の隠士荻原左源次は妻松枝《まつがえ》と仲むつまじかったが、左源次は下女久《ひさ》と密かに情を通じ、これを妾に向えることを松枝に相談する。跡を継ぐべき子がなかったこともあって、妻も賛成して久を慈しんで教育し、久は名を小塩《おしお》と改め、左源次の妾となって寵愛された。

松枝は西山の花見から帰ると風邪をひいて寝込み、左源次、小塩の看病のかいもなく七日目に亡くなる。その葬儀も済み、中陰を過ぎると小塩が本妻となるが、一年後小塩も頓死してしまう。家内大騒ぎとなるが、埋葬しないで様子をみると、三日後に蘇生して左源次を呼ぶ。小塩は左源次の手をとり、自分が松枝であると言い、自分の死の事情を説明した。

それによれば、小塩はかねてから松枝の下に居る事を快からず思い、東山の伝戒坊に依頼して松枝を呪詛させた。

呪詛の七日目に松枝の魂は瓶に閉じ込められ、屋敷の隅に埋められた。ところが足利義政が東山に慈照寺（銀閣）を造営する折、伝戒の草庵が撤去され、土地が掘り返された時にくだんの瓶が割れて松枝の魂は解放された。松枝は土地の伽藍神の案内で冥府に至り、閻王に事情を訴えた。閻王が小塩と伝戒を冥府に召喚して尋問したところ罪業明白だったので、泥梨（地獄）において永劫の大苦を受けさせようとするが、松枝は小塩に同情してその罰の軽減を嘆願した。そこで閻王は小塩の永劫無量の業を三年に短縮し、その後は松枝の子として生まれ変わらせ、孝行をもって恩を報ずるよう取り計らった。かくして伝戒は無間地獄に落とされ、松枝は五十年の寿命を与えられ、小塩の肉体によって蘇ったのであった。

その後全快した小塩（実は松枝）は、筆跡からもまさしく松枝当人であること疑い無く、三年後に玉のような男子を授かり、産名を山吾と名付けた。聡明な山吾は父母に孝養をつくし、松枝は七十三歳の天寿を全うした（「荻原左源次が妻妾体をかへし話」梗概）

「荻原左源次が妻妾骸をかへし話」はいわゆる「借屍還魂」の説話であるが、右の通り、大筋が「虞倚帆待詔言…」に一致し、「目睛轉動」「泥犁」「伽藍神」などの文辞の一致する点からも、これを典拠と見てよいと思われる。舞台を清（雍正末年）の北京から、足利時代の京へと移し、原話の「妖尼」を「東山の麓に伝戒坊といへる修験者」、「東嶽（東嶽大帝。寿命を司る道教の神）」を「閻王」へと変更する。原話の「伽藍神」（伽藍、寺院を守護する神）などはそのまま採用しつつも、「城隍神」などは省略しており、仏教的地獄観に基づく脚色がここにも看取されよう。

原話は実録的奇談集でもあり、筋書き的な叙述に終始しているが、翻案は描写によって場面を構成し、登場人物や人間関係の描かれ方も小説として深みを増している。

例えば、原話では妻が亡くなる前の妻妾（原話は「一妻一婢」であるが、翻案では「水仕」の女が「妾」に取り立てられる）の関係性がほとんど触れられていないが、翻案では、荻原夫妻に跡継ぎができないという悩みが設定されており、「（妻〈松枝〉が妾〈久〉を）妬む心は露ほどもなく、夫より久を松枝が膝元におき、実にわが娘や妹を養育《そだつる》ごとく、いつくしみて教しかば、久は水仕の時だにも人の心をうごかす美婦なりしに、紅粉を粧ひ、美しき衣をきせ、和歌・連歌・琴三味線・香花・茶湯を常業とし、嬌《きやう》を凝《こら》し態《たい》を効《なら》ふ事なれば、生質《うまれつき》の容貌に十分の色香を増けるにぞ、松枝は久が昔日に引替て嬋妍《せんけん》たる姿を見るにつけても、泥中に玉を得しごとく、心の中の嬉しさ面にあらはれ、今は久が名を小塩と改め妾とてなしにける」といった叙述があり、正妻の貞実さが強調されている。また一方で、松枝病死（実は小塩による呪殺）の場面には、「この年頃、父母の恩愛に勝し美しみ、情《なさけ》を請し妾の小塩がかなしさは、暗夜に灯を消し、赤子の母を失ひしといふものゝ数にはあらで、血を吐ばかり臥転び、前後ふかくに歎しは、傍見る目もあわれ也」といった描写があり、小塩を善人であるかのように読者をミスリードして後のどんでん返しを仕込むと同時に、この妾の悪辣さを増幅している。

また、原話では、瓶に閉じ込められた妻の魂は「尼菴牆下」に埋められていたものが、垣根を造り直す際に瓶が破壊されて出られたということになっていたが、故道はこれを「此度前大将軍従一位左大臣義政公、天下の世務に倦《うま》せ玉ひて、御代を御子の左近衛の中将義尚卿にゆづらせ玉ひ、東山の麓に御閑居あらせられんため、東求堂慈照《とうぐだうじせう》寺《じ》を御造営ましますにより、伝戒が草庵も取はらひ、数千の人夫して地を改んと掘かへしける」折の出来事として、銀閣慈照寺造営の史実に組み込んでいる。歴史小説のスタイルをとるのは、『伽婢子』以来の翻案物怪談のそれに倣ったものだろうが、同時に寺院造営の功徳をここに含ませたものと思われる。

原話と翻案との、ストーリー上の最大の変更点は、冥府の閻王（原話では「東嶽」）の裁定であり、原話の結末では「婢」が「付泥犁（地獄に堕とされ）」、代わりに妻が復活するだけであるが、翻案では、小塩の苦患を思いやる松枝が、閻王にその救済を嘆願したことにより、閻王は「小塩かゝる悪業をおかせしによつて三十年の余命を減じ、無間獄《むけんごく》に落べきなれども、汝が切なる哀訴にめんじて、三十年の余命ばかりを減じて永劫無量の業を三年にして充しめ、其後は汝が胎内にやどらせ男子《なんし》になして、専《もつぱら》孝心を起さしめて今の恩を報ぜさすべし」という裁定を下す。果たして、小塩の三回忌を過ぎると松枝は男子を妊娠、出産し、それが聡明な孝子に育ち、松江は七十三歳の寿命を全うしたという結末となる。つまり、作者故道は、不妊＝嫡子の不在という武家的な問題を典拠に盛り込み、それが貞実なる妻の人徳によって解決する（跡継ぎを獲得する）話へと造り替えたのである。

【四】………「異仙来《きたり》て井中に酒湧て酒匂《さかわ》の駅《しゅく》と云話《いうこと》」と『獪園《かいえん》』

『獪園』（銭希言撰。万暦年間刊）は全十六巻、明代に成立した文言の怪異談集であり、著者銭希言は主に万暦年間に活動した詩人である。本書は、一「仙幻」、二「釋異」、三「影響」、四「報縁」、五「冥蹟」、六「霊祇」、七「淫祀」、八「奇鬼」、九「妖孽《ようげつ》」、十「瓌聞《かいぶん》」の十章に章立てられているが、欒保群によれば、明末江南地方の故事伝聞が多く、清初の志怪、特に蒲松齢『聊斎志異』への影響が頗る大きいという（欒保群點校『獪園』前言、文物出版社、二〇一四年）。本邦への伝来については、『商舶載來書目』の安永三甲午年（一七七四）の条に「獪園　一部一套」が確認され、曲亭馬琴が寛政年中に金一分で買い求めた記録などが残されている【注11】（天保三年四月二十八日「殿村篠斎宛書簡」〈柴田光彦・神田正行編『馬琴書簡集成　第二巻』八木書店、二〇〇二年〉）。

『警世通話』「異仙来て井中に酒湧て酒匂の駅と云話」を不倒は「郷土的伝説を扱つたもの」と見ているが、私見では本話は『獪園』第一「仙幻」の「酒井」に拠ったものである。次に典拠と「異仙来て…」の梗概を掲げる。

浙東桐廬縣舊有酒井、相傳有道人過此地、詣一酒肆中、毎取酒大嚼、嚼畢便去、曾不顧謝。釀家亦不言錢、禮而接之、雖數亦敬。如是且久。一日道人告別、瀉出漁鼓藥二丸、色黄而堅、如龍眼大、投之井中、謂主人媪曰、「勞君家數置美酒、無以報欵洽之勤。留此藥井中、可日得美酒供客、無煩釀造矣」。言訖而去。明日井泉騰沸、都變作澄醪甘醴、香味醇美、能醉人、踰于造者、俗呼為神仙酒。
其家坐獲厚利、積累不貲、凡三十年、驟致巨富。而道人復來、闔門競拜、延入閣中、無不敬禮。道人從容問曰、「君家自此井以來、所入子錢幾何」。主人媼應曰、「酒則美矣、奈乏糟粕飼猪、亦一欠事」。道人歎息曰、「人心之不平至是乎」。乃蜒掌于井中、漉出舊藥一雙、顏色與三十年前投者無異、仍藏漁鼓中、酒氣稍稍而息、井復如故。釀家悔其失言、慚恚無已、自此生計蕭條。其井基至今尚在。此聞諸故老、不知其何年也。（以下二行割書）志載若耶谿傍沈釀川、山陰有句踐投醪河、而獨無酒井。

（国立公文書館蔵本『獪園』〈請求記号・内閣文庫三〇九―一三六〉による【注12】）

相模国酒匂川《さかわがわ》の宿の酒屋に、毎日大酒を飲みに来る白髪の道士があり、いつも代金を払わなかったが、亭主は善人で取り立てようともしなかった。ある日道士はその礼に、青い布袋から霊丹を取り出して呪文を唱えてから亭主に与え、二つの井戸にそれぞれ投げ込ませた。すると井戸の中より「天報善《てんぽうぜん》」という声がして、一つの井戸からは辛口の酒。もう一つからは甘口の酒が湧くようになった。これらの酒は美味で薫り高く、呑めば百邪を避けるということで「神仙延齢酒」と呼ばれて評判となり、酒屋は汲んでは売るだけで大金持ちになった。二十年の後、再び道士がやって来て、酒でどのくらい儲かったか訊いたので、亭主の妻の老嫗が、酒の味はよいが、糟粕が取れないので糟漬ができないのが困ると答えた。道士は「卑賤小人の心は。斯迄不平なるものか」と嘆き、呪文を唱えた。すると井戸の中から「天尽酒《てんじんしゅ》」という声とともに水が湧き出し、道士は布袋で水の中から霊丹を漉しとると出て行ってしまった。酒屋は失言を悔いて、道士を探したが行方はわからなかった。この心を『新勅撰』の小弐命婦の歌に、

けふよりはいかにくらしつ小ゆるぎの　いそぎ出てもかひなかりける

というのである。かくして井戸から酒は出なくなり、店も衰微したが、井戸にはいつまでも酒の匂いが残って

いたので、その村を酒匂村と呼ぶようになった。今はその名を川に転じて酒匂川というのである。

（「異仙来て井中に酒湧て酒匂の駅と云話」梗概）

沢田瑞穂「神仙説話の研究」（『天理大学学報』二一巻四号、一九七〇年三月）には、右の「酒井」をとりあげ、複数の類話にも言及しているが、酒屋の亭主と老媼の対比的な性格設定や井戸に投げ入れるモノの種類と数など、複数の主要な要素の一致から、「異仙来て…」の典拠は『獪園』で動かぬように思われる。「異仙来て…」は、それを地名の連想から相州「酒匂」へと付会したものだが、大筋は原拠通りであり、主題も、強欲を戒める原話の教訓性を越えるものではない。ただし、原拠の「漁鼓」（楽器。八仙の一人張果の持ち物）などはやはり日本の読者にわかりにくいためか「青き布嚢」に作り直している。二つの玉の効果を「甘味口」用と「辛味口」用に分けたり、現象が生じる際に井戸の内より声がするなどのアレンジは故道の工夫と認められようが、結末に小弐命婦の歌をこじつけているのは唐突で、あまり面白いとも思われない【注13】。

【五】……和製典拠に拠った三篇について

『警世通話』巻三（二）「白狐の小祠《ほこら》を砕て親王と贅号《ぜいごう》せし話」、（三）「七堂伽藍一夜に造営せし話」は、それぞれ『新著聞集』（寛延二年〈一七四九〉刊）の第八（佞奸篇）「尾州広沢《ひろざわ》親王」、第六（勝蹟篇）「天狗一夜に法灯寺をつくる」を典拠とする。これらは『警世通話』の当該説話と大筋がほぼ一致し、文辞の一致からも典拠であるとみられるのだが、『新著聞集』には、これを典拠と認定する際にはやや慎重を要する事情がある。

『新著聞集』は、俳諧師椋梨一雪《むくなしいっせつ》を原著者とする刊本説話集で、十二冊十八巻から構成される。本作の諸本については『仮名草子集成』第二十八巻（東京堂出版、二〇〇〇年）所載の本作解題に大久保順子の整理が備わり、複数の版が存在し、編成の異なることなどが報告されているが、基本的には同板である。しかしながら、本作にはその原著書ともいうべき『古今犬著聞集』（写本）があり、またそれを増補編集した『続著聞集』（写本。『新著聞集』は本書を再編、刊行したもの）、さらには『新著聞集』を典拠に用いた刊本怪談書『やまと怪異記』などもあるので、『新著聞集』を典拠と特定する際には、これら関連作をも視野に入れて考える必要がある。今回問題となるのは『新著聞集』第六「天狗一夜に法灯寺をつくる」、第八「尾州広沢親王」であるが、両話ともに『やまと怪異記』には採られていないので、まず同作については考慮に入れる必要がない。「天狗一夜に法灯寺をつくる」は『古今犬著聞集』巻七に「法灯寺建立の事」として採られており、内容的には『新著聞集』と変わらないが、『警世通話』と同文性が高いのは、『新著聞集』の方である。また、「尾州広沢親王」は現存の『古今犬著聞集』『続著聞集』には見えず（ただし『続著聞集』は完本未発見）、刊行されているという点からも、故道が使用したのは『新著聞集』である可能性が高い。

「白狐の小祠を砕て親王と贅号せし話」は、織田信長が尾州清洲に居た頃、その留守居役の広川大学の子典膳が、自らを新院の落胤と思い込み孝仁親王《こうじんしんのう》と号するなど僭越のふるまいが目に余り、ついには刑せられ家も断絶したという話である。これは原話では貞享期の話として、「尾州松平出雲守殿屋敷の留守居広沢角兵衛」の息「平九郎」の話になっている。広沢平九郎についての詳細は不明ながら、「其頃の巷談に、天一坊類似の事実があったらしい」（『選択古書解題』）と思われ、原話に尾張松平家の名称などが見えているのは、享保七年の出版規制に照らしてもいささか危険な内容ではある。『警世通話』はやはり慎重に、戦国時代に舞台を移し、関係者の名称もすべて改めている。また、主人公典膳の行動とその没落の運命は、彼が邸内の白狐の祠を破壊した祟りを受けたものという、神罰的脈絡が付け足されており、これによって原話の教訓説話化が図られている。

「七堂伽藍一夜に造営せし話」は、紀州由良（現、和歌山県日高郡由良町）の湊、法燈寺（臨済宗妙心寺派興国寺）七堂伽藍にまつわる奇瑞譚で、長く焼失していた伽藍を天狗が一夜にして再建してくれるというもの。原話の利用方法は、ほぼ丸ごとの流用と言ってよいものであるが、一点工夫しているのは、この寺に火災の多い理由の説明（「水去り火登る」という寺名の解読）を話の末尾に移動し、本話の「オチ」として活かした点であろう。

軍記『備中兵乱記』（写本・上中下三巻）は作者、成立年未詳ながら、古い物では宝永四年の書写年記をもつ伝本（金沢市立玉川図書館加越能文庫蔵本、前田育徳会尊経閣文庫蔵本など）がある。本書は備中国守護三村氏と毛利・宇喜多連合軍との備中諸城をめぐる戦乱の記録であり、備中松山城の落城と三村一族の滅亡までを描いている。天正三年（一五七五）六月、常山城主三村高徳《たかのり》は山麓を包囲した毛利勢に責め立てられて自決。高徳の妻「鶴姫（般若院蔵『寂弁中興開基通生山血脈』による）」が女軍を率いて城を出て奮戦の後、自刃した話は、「常山女軍の戦い」として世に知られる。

このエピソードは『備中兵乱記』、『児島常山軍記』などの軍記に留まらず、勇婦談として女訓書（『新選烈女伝』等）などにも広く採り入れられている。しかしながら文辞の一致等に鑑みて、『警世通話』巻之四「三村上野介高徳の妻女仙境に入し話」の前半は、『備中兵乱記』下巻「常山城没落　附女軍之事」に拠っていると見てよいようである。ただし、後半では、高徳の妻が自刃して亡くなる原拠の展開を改変し、落ち延びて美濃の山中で仙境に入り、源義経の郎党片岡八郎為春に会う話を創作している。すなわち、後半に義経北行伝承を接合し、落人生存譚を二段構えにしたところが本話の趣向であろう。

おわりに

以上、『警世通話』全八篇のうち、六篇の内容と典拠に関して所見を述べ、少なくとも三篇が中国典拠によることを示した。典拠の『姑妄聴之』『獪園』の大部なることを思えば、ネタのストックは豊富で、当初は広告に見える四部作も企図されていたのかもしれない。典拠の面のみならず、白話小説風の書名を標榜し、学説寓言を盛り込み（巻一の二）、軍記に材をとるなど（巻四）、上方読本のスタイルを学んだ作風と言えるだろう。もっとも、二節で見たように、言説はまったく典拠の受け売りであるし、文章表現も通俗的である。

本論文で採り上げた篇の中で、作者の工夫の最も大きいものは、「荻原左源次が妻妾骸をかへし話」であろう。が、その作意によって生み出されているのは、きわめて儒教道徳的な、嫉妬をしない理想的貞婦（松枝）であり、これは例えば『雨月物語』の宮木や磯良の女性像が、儒教的エトスから逃れ出んとしているのとは対照的である。秋成の場合、「怪異」はそのような人間本来の「性《さが》」の表現としてあったわけだが、「荻原左源次…」の場合、松江は肉体から解放されても、武家倫理に囚われたままである。松江に性悪な小塩を子として身ごもらせ、家を継がせるという強引なハッピーエンドは、家門の継承を重んじる当時の常識を踏まえても、いささか無神経な展開ではないか。故道の作者としての力量がここに露呈している。

『警世通話』は、庭鐘、秋成のような高度な学識と方法論に基づくものではなく、あくまで白話小説翻案系怪談の「模倣作」の域を出ないもの――そういった意味でも『唐土の吉野』に近似している――と言わざるを得ない。思想的には「仏法を尊信し、又勧懲主義の一貫してをる」とする不倒の評が当たっているが、原拠の儒教ないし道教色が、仏教的に上書きされているところも看取される。保守的、通俗的な道徳を説くことに終始しているのは、寛政という時代の風もあるだろう。

何より本作の著者が、最後の話本小説とも評される【注14】『娯目醒心編』をはじめ、明、清の目新しい漢籍に目を付け利用している点は注目される。複数の典拠を選定し、「翻案」を試みている点で、本作はやはり単純な説話系怪談とは区別されるべきものだろう。典拠未発見の篇についても、なお検討を要する。本稿がそのいとぐちとなれば幸いである。

【注】

1 筆者は中国典拠作品の諸版、諸本の校合を完了しておらず、以下の原話、翻案本文の比較に当たっては、所見本の範囲で底本を選定したことをお断りしておく。

2 本稿における『警世通話』の引用は国会図書館蔵本により、適宜句読点を施し、一部ルビを省略した。

3 この指摘は、二〇一八年度、私が東京都立大学で担当した日本文学研究の演習において、大学院生中村由良の行った報告による。

4 ただし筆者は『魏叔子文集』初刻本未見であり、初刻本を底本とする『中國古典文學基本叢書』本文に拠る。

5 『中国古代小説総目　白話巻』（山西教育出版社、二〇〇四年）によれば、『娯目醒心編』には乾隆五十七年（一七九二）序の初刻本のほか複数の版があるが、刊年の判明している後刻本は『警世通話』刊行以降に成ったものである。『魏叔子文集』初刻本と国会図書館蔵『娯目醒心編』初刻本の典拠利用箇所（「地獄論　下」）の本文を比較すると、

①無萬物（『魏叔子文集』）…無萬物也（『娯目醒心編』）
②感恩讎讎（『魏叔子文集』）…感恩讐（『娯目醒心編』）
③執而朴（『魏叔子文集』）…執而扑（『娯目醒心編』）
④游魂（『魏叔子文集』）…遊魂（『娯目醒心編』）
⑤夢無形也（『魏叔子文集』）…夢無刑也（『娯目醒心編』）
⑥是故地獄之説。戒殺生之説（『魏叔子文集』）…是故地獄之説（『娯目醒心編』）

右のように相違する箇所があり、『警世通話』本文はすべて後者に一致するので、故道は『娯目醒心編』の方を利用したと見てよかろう。なお⑤、⑥などの相違は特に解釈に大きく関わるが、⑤は文脈上は「形」（『魏叔子文集』）の方が正しいと考えられる。

6 この「陰行、陽行」は、「珍珠を呑て分身して天地間を遊覧する話」本文に「神皇后宮三韓を征伐ましします砌、龍宮界より潮干瓊《しほひるに》、潮満瓊《みつたま》を奉献時添て奉し陽行、陰行といふ二の宝珠」とある通り、神功皇后が三韓征伐の折、海神より潮の満ち引きを司る二珠を得たとする伝承（『玉林苑』上・「鶴岡霊威」等に所見）より着想したものか。また、「方正士活判幽魂　悪孽人死遭冥責」の二回には、柏廬先生が冥府の判官から、審理に私情を挟めなくなる丸薬（五つの鉄の球）を呑まされる趣向があり、あるいはこの辺もヒントになっているかもしれない。

7 この文は本来疑問文で「庸《つねに》」は「なんぞ」と訓むべきであろう。

8 道教書『文始真経』「四符」に、「蜣蜋轉丸、丸成而精思之」とある。

9 ただし「地獄論　下」には、「弟和公（魏叔子の弟魏礼）曰」として、魏叔子の言説が儒にも釈にも与し得ない独自の立場であるとの評がみられる。また「方正士活判幽魂　悪孽人死遭冥責」第二回入話（冒頭）の詩にも「三教本来同一理　鬼神原是在人心」とあり、三教（儒・仏・道）一致論的立場が

見られる。

10 『姑妄聴之』の単刊本としては、「乾隆五十八〈一七九三〉年北平盛氏望益軒蔵板本」（京都大学東アジア人文情報学研究センター蔵〈請求記号・子-XII-2-94〉）、「乾隆五十八年在園草堂刊本」（東洋文庫蔵〈請求記号・Ⅲ-11-G-24〉）などがある。両者は用字、字数、改行等同一ながら異版である。本稿では後者を引用底本としたが、引用に当たっては『閲微草堂筆記』（汪賢度校点・上海古籍出版社、一九八〇年）の点校を参照して句読点、鉤括弧を付した。

11 なお、『獪園』は上方絵本短編怪談集『絵本黄昏草《たそがれぐさ》』（五巻五冊。岡田玉山作・画。京都・大和屋吉兵衛版。寛政五年〈一七九三〉刊）の主要典拠にもなっている。

12 『獪園』は、乾隆三十九年（一七七四）の刊記をもつ長塘鮑氏知不足齋重校本（十六巻八冊）が流布本であり、本稿もその一つである国立公文書館蔵本を底本としつつ、稀見筆記叢刊『獪園』（文物出版社、二〇一四年）の繆保群の点校を参照して句読点と鉤括弧、改行を施した。なお『獪園』には、銭希言の詩文集『松枢十九山』収載本、『微異四函』（万暦天啓間新野馬之駿校刊、名古屋市蓬左文庫蔵・寛永十年買本）収載本などの異版がある。

13 この歌を載せる『新勅撰和歌集』伝本不明。『拾遺和歌集』巻第十四・恋四・八五二、小弐命婦の歌「如何《いかに》して今日《けふ》を暮らさむこゆるぎのいそぎ出でてもかひなかりけり」（小町谷照彦校注『新日本古典文学大系7　拾遺和歌集』〈岩波書店、一九九〇年〉による）の異伝によるか。

14 鄭振鐸『西諦書話』（三聯書店、一九八三年）の評。

五章

『（実説）妖怪新百話』の方法

「実話」化された読本

はじめに

「怪談は開化先生がたはおきらいなさることでございます」（速記本『真景累ヶ淵』明治二十一年刊）という三遊亭円朝の発言に象徴されるように、「非文明的」な怪談文芸は、開化的風潮の抑圧を受けながら近代を迎えた。が、明治二十年代より、その揺り戻しとも言うべき怪談復活の動きが起こり、百物語怪談会の催しや怪談書の出版が盛んになり始める。筆者は以前、明治二十七年に出版された『百物語』（条野《じょうの》採菊《さいぎく》編・扶桑堂版）という短編怪談集の復刻に携わり、同書の内容を調査した折、近世にあまた作られた百物語怪談集の類との異質性を強く感じた。近世の百物語怪談集は、実際に怪談会としての「百物語」と結びついているものは少ないが、採菊の『百物語』は明治二十六年十二月、浅草奥山閣で開かれたやまと新聞（社主条野採菊）主催の百物語怪談会をベースにしている。無論、明治の百物語怪談本類がすべてそのように作られているわけもないが、ではどのように作られているのか、特に近世のそれらとの関係はどうなっているのか、これまであまり明らかになってはいないようである【注1】。

本章では、明治三十九年（一九〇六）に刊行された『（実説）妖怪新百話』という怪談書に着目する。東雅夫は、明治三十年代の怪談ものに「実話」――創作ではない、体験談（伝聞含む）としての怪談――への志向が見られることを指摘するが（『遠野物語と怪談の時代』第二章、角川学芸出版、二〇一〇年）、角書や序文で「実説」性を謳う『（実説）妖怪新百話』も、このような実話の路線上に一応は位置づけられる【注2】。ただし、同作は百物語怪談会のスタイルをとりながら、実際には明治の雑誌記事や近世の読本怪談書の内容を流用して作られた擬似百物語怪談集である。本章は、近世の読本怪談を「実話」として再利用する本作の方法を解き明かし、そこに読本受容史の一齣と、怪談近代化の一様相をみるものである。

【一】……『（実説）妖怪新百話』の典拠

『（実説）妖怪新百話』（「実説」は内題の角書。以下略す）は、明治三十九年一月、東京の「大学館」（発行者岩崎鐵次《てつじ》郎《ろう》）の出版である。大学館は、押川春浪《おしかわしゅんろう》や羽化仙史《うかせんし》（渋江油斎《しぶえちゅうさい》の次男渋江保）らの怪奇小説、冒険小説などの出版元として知られるが、渋江易斎（渋江保の別号）や竹内楠三らの催眠学、スピリチュアリズムの著述、訳書の出版も多く、神秘思想の近代化の一翼を担った出版社でもある。『妖怪新百話』の巻頭や奥付に著者として見える「臆病古武士」については、他に著作もなく詳らかでないが、後述するように、本書は既存の怪談文献に拠る部分が大きく、それらを編集して本書を制作した人物の仮名と思しい。臆病古武士が語る、本書のプロローグ「百物語の開筵」には、「天保初年の生まれ」で、幕末維新期を「臆病」のおかげで生き延びた、「本郷は駒込曙町」に住む「世《せ》外《ぐわい》居士《こじ》と云ふ八十あまりの老翁」が登場する。臆病古武士は隣町に住む、世外居士の「教え子の一人」とされており、世外居士宅に集まった三十六人の有志が、居士の提案で、「胆力修養」のため、古人のひそみにならい、百物語怪談会を催したというのが、本怪談集の語りのフレームである。

本書の構成は、巻頭から、小序（文語体。「明治三十九年一月、三目道人申す」。二頁）、目次（二頁）、口絵（片面四頁）、本編（「百物語の開筵」と十六の短編怪談説話から成る。一九二頁）、刊記（一頁）、広告（十一頁）となっている。挿絵はない（以上の書誌は国会図書館蔵本【注3】による）。「三目道人」の序文冒頭では、「本書は架空捏造の譚《ものがたり》とは全く其選を異にし、篇中の奇談怪話、根拠あり、所信あり、悉く実説実録に基く」と本書の実説であることを強調している。本文が談話体でもあるので、一見怪談会の速記録などに基づくもののごとくであるが、これは短編集としての設定に過ぎず、実際には先行の怪談文献——近世の怪談書と明治の雑誌の記事——を加工して百物語化しているものが、少なくとも次の表に挙げただけは含まれている。

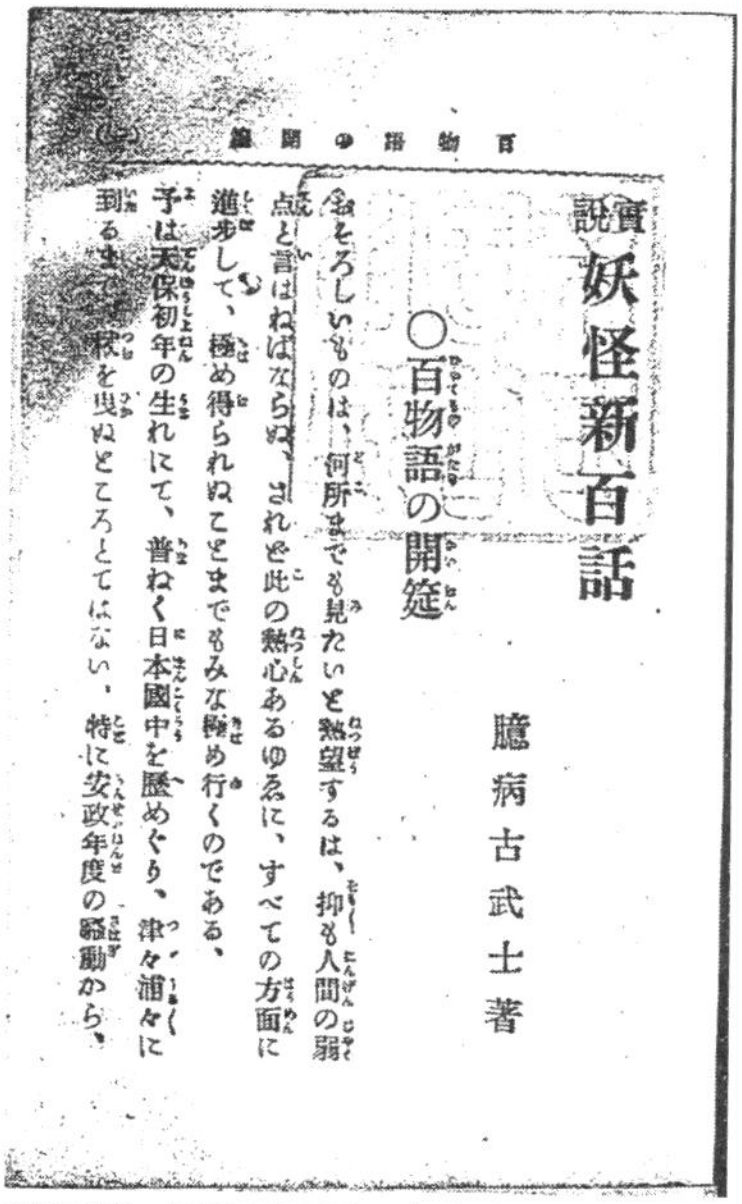
百物語の開筵

實説 妖怪新百話

臆病古武士著

○百物語の開筵

恐ろしいものは、何所までも見たいと熱望するは、抑も人間の弱点と言はねばならぬ、されど此の熱心あるゆゑに、すべての方面に進歩して、極め得られぬことまでもみな極め行くのである、予は天保初年の生れにて、普ねく日本國中を歴めぐり、津々浦々に到るまで杖を曳ぬところとてはない、特に安政年度の騷動から、

『（実説）妖怪新百話』本文巻頭

『（実説）妖怪新百話』説話題目	典拠（空欄は典拠不明）
女の執念	『怪談旅之曙』巻一「嫉妬之上成」
三州八名郡山伏の霊	『怪談御伽童』巻四「三州八名郡山伏の霊」
狸のいたづら	『文芸倶楽部』第八巻第九号・無署名「ポンチ閻魔」
明家の怪異	『怪談藻塩草』巻四「明家の怪異の話」
お厩谷の化物屋敷	

壁上に女の面影	
狐の食物を取りて害に遭ふ	『今昔雑冥談』巻四「狐の食を取て害にあふ事」
明星の宿蛍の怪異	『怪談藻塩草』巻二「明星の宿蛍の怪異」
お住の霊	『文芸倶楽部』第八巻第五号・狂生「お住みの霊」
嫁のたゝり	『文芸倶楽部』第八巻第十三号・雲渓生「嫁の怨念」
鏡裏の怪	
何如見ても妾の顔	
前妻のたゝり	『文芸倶楽部』第八巻第七号・白水「怨霊の祟り」
祖父の霊孫を狂死せしむ	
幽霊の帰宅	『文芸倶楽部』第八巻第八号・無署名「幽霊の帰宅」
医師狐のために危険の淵に臨む	【注4】

【二】……『文芸倶楽部』「日本妖怪実譚」からの記事流用

右表のうち、『妖怪新百話』刊行当時の大衆文芸誌『文芸倶楽部』（博文館）に拠る五篇は、すべて「日本妖怪実譚」（項目「譚海」のうち。初回のみ「妖怪談」）というコラムからの流用である。「日本妖怪実譚」は明治三十五年四月（第八巻第五号）から、同年十二月（第八巻第十六号）まで連載された怪談記事であった。第一回の「不通庵」の緒言によれば、「今度此標題をおいて追々紹介しやうと思ふ妖怪談は、何れも実見した人があるとか、或は信憑すべき人々の話しされたとか、云様なものばかりを蒐集するのである、決して捏造ばなしやお伽ばなし流の取に足らないものでなく、妖怪研究の材料となる保険附である」という趣旨であり、当時の妖怪、怪談研究に於ける実話尊重の態度がここに看取されよう。本連載では、一回につき、二～十話の実話怪談が掲載され、執筆は『文芸倶楽部』編集部の記者（右表の白水、雲渓生など）がおおむね担当しており、その中に岡本綺堂（右表の「狂生」も綺堂の別号）や磯萍水が含まれることなど、前掲『遠野物語と怪談の時代』に詳説されている。なお、言文一致「確立期」（山本正秀『近代文体発生の史的研究』岩波書店、一九六五年）に当たるこの時期の『文芸倶楽部』の誌面では、文語体と口語体が併用されているが、「日本妖怪実譚」は「実話」にふさわしく、口語体（談話体）を採用している。

さて、「日本妖怪実譚」を利用するに辺り、『妖怪新百話』の編者は基本的には原話のストーリーをそのまま用いているが、故意に改変している部分もある。例えば「狸のいたづら」は日本画家幸野梅嶺（弘化元年～明治二十八年）が、招かれた豪商の家で深夜にポンチ絵のような閻魔大王を目撃したが、翌朝縁の下に住む狸の仕業と判明したという怪談だが、冒頭を典拠である「ポンチ閻魔」と併記してみる。

【失明《しつめい》の画伯久保田米僊翁《がはくくぼたへいせんおう》の談話《だんわ》されたる処《ところ》の一怪談《いつかいだん》である、其怪談《そのくわいだん》に遭遇《さうぐう》したる人《ひと》も、また京都《きやうと》の画伯《ぐわはく》で名声《めいせい》を轟《とゞろ》かし近頃故人《ちかごろこじん》となつた幸野媒嶺《かうのばいれ》であるから、一層注意《そうちうい》が曳《ひ》かれて面白《おもしろ》く感《かん》じられる（ママ）中島来章《なかじまらいしやう》の門《もん》に出《い》で四條派《でうは》の正統《せいとう》を受《う》け、画界《ぐわくわい》を風靡《ふうび》する勢《いきほ》ひあつた幸野媒嶺《かうのばいれい》も自然《しぜん》の修業《しゆげふ》が積《つも》つて、遂《つひ》に妙域《めういき》に達《たつ》したることは言《いふ》までもなきことである。】明治《めいぢ》は九年《ねん》の頃《ころ》であつたが、東江州《ひがしこうしう》の八幡《やはた》に松前物産《まつまへぶつさん》を広《ひろ》く取扱《とりあつか》つてゐる豪商岡《がうしやうをか》田小三郎《だこらう》と云《い》ふものから招聘《せうへい》され、十一月頃《ぐわつごろ》より出懸《でか》け仕事《しごと》をして春《はる》も越《こ》し、隠居《いんきよ》が八十八の祝宴《しゆくえん》にも列席《れつせき》したことがあつた、

（「日本妖怪実譚」「ポンチ閻魔《えんま》」）

明治《めいぢ》は九年《ねん》の頃《ころ》であつたか、東江州《ひがしごうしう》の八幡《やはた》に、松前物産《まつまいぶつさん》を広《ひろ》く取《と》り扱《あつか》つてゐる、豪商《がうしやう》に岡田小三郎《をかだこらう》と言ふ好事家《ものずき》があつた、京都《きやうと》の画伯幸野梅嶺《がはくかうのばいれい》の名《な》をきゝ、之《こ》れを招聘《せうへい》して何《なに》か書《か》いて貰《もら》ふことにした、そこで梅嶺《はいれい》は十一月《ぐわつ》ごろより出懸仕事《でかけしごと》をして春《はる》を越《こ》し、隠居《いんきよ》が八十八の祝宴《しゆくえん》にまで列席《れつせき》したことがあつた、

（『妖怪新百話』「狸《たぬき》のいたづら」）

右の通り、原話の冒頭部分には、これが京都の画人久保田米僊（嘉永五年〜明治三十九年）の語りである事や、故人となつた幸野梅嶺についての記事があるが（【　】で括った部分。【　】は近藤が付した）、『妖怪新百話』はこの部分をすべて削っている（ただし、梅嶺の体験談という体裁にはなっている）。

また『妖怪新百話』「幽霊の帰宅」にも同じような処理が見られる。原話の冒頭部は、「菱花《われ》は若州小浜に生れ、十六の年まで小浜の西津（今は雲浜村の一部）と云ふ処に育つたものだが…」と語り出され、その近くの部落に住んでいた魚売りのお鶴婆さんを紹介し、「菱花《われ》が丁度十四五の頃このお鶴さんから聴た一つの怪談がある」というところから本篇が始まる。この記事は無署名だが、「菱花《われ》」とあるように、明治三十年代に『文芸倶楽部』に寄稿していた俳人文屋菱花の語ったものと思しい。『妖怪新百話』では、若州西津のお鶴の紹介から始まり、「してある時（近藤注　お鶴が）我等に、左の如き怪談を言つて聞かしたことがあつた」と本編に入り、原話の語り手の情報を消去している。

これらの処理が、典拠の存在を隠蔽し、百物語怪談会の体裁を整えるための編集であることは明白である。編者の典拠に対する積極的な脚色の意欲はほとんど看取されない。これは、後述する近世の典拠に対しても、基本的には変わらない本作の「編集」態度であり、「翻案」などとは区別されてしかるべきであろう。

ところで、同時代に刊行中の雑誌からの、このような剽窃とも言うべき堂々たる流用は、今日であれば法的、倫理的な問題になりかねないところである。明治三十二年に公布、施行されていた著作権法では、無名、変名の著作物に対しても、発行者の権利を保全し、「偽作」者に対する罰則（第三章）を設けていた。しかるに実際には、当時の日本社会における著作権意識はまだ低く、「日本妖怪実譚」にしても、第八巻第十五号の無署名の話六話分が、前掲扶桑堂版の『百物語』よりの流用であることが指摘されている【注5】。「日本妖怪実譚」は、目次では執筆者を「記者」と記すのみであり、このような扱いの軽い記事については、尚更個人への帰属意識、著者の権利意識は希薄だったと考えられる。

【三】……読本怪談書からの説話流用

四三三頁表の通り、近世の怪談典拠が判明しているものは、『今昔雑冥談《こんじやくざつめいだん》』（宝暦十三年〈一七六三〉、江戸吉文字屋次郎兵衛、万屋庄兵衛刊。清涼井蘇来《せいりょういそらい》作。半紙本五巻五冊。全十話。安永二年刊行の後刷本、天明三年改題後刷本『古今奇説怪異夜話』がある）、『古今実説　怪談御伽童《おとぎわらわ》』（明和九年〈一七七二〉、京都梅村判兵衛刊。静観房好阿作。半紙本五巻五冊。全十話）、『怪談旅之曙《たびのあけぼの》』（寛政八年〈一七九六〉、京都銭屋弥兵衛、江戸樽屋権治郎、大阪柏屋十兵衛・泉屋宇兵衛・塩屋権十刊。波天奈志小浮禰《はてなしおぶね》作。半紙本四巻四冊。全六話）、『怪談藻塩草《もしおぐさ》』（寛政十三年〈一八〇一〉、大阪塩屋長兵衛、京都梅村伊兵衛刊。速水春暁斎作。半紙本五巻五冊。全十二話。弘化二年刊行の後刷本がある）と、いずれも近世中・後期の読本の短編怪談集である（なお、後刷本、改題本については初刷と内容的な違いはなく、『妖怪新百話』の編者がどの刷りを見ていたかは不明）。

臆病古武士が、このような読本怪談書を典拠に採用したのは、例えば、同じ明治三十九年に出版された怪談書『（家庭話材）妖怪奇談』（東京　言文社・東西社刊。意想外史編）の「日本の怪談」において、『新著聞集』（寛延二年〈一七四九〉刊）、『想山著聞奇集』（嘉永三年〈一八五〇〉刊）、『今昔夜話』（写本。渡辺源豊著）といった随筆の実話怪談書ばかりが典拠に使用されているのとは対照的である【注6】。「古今実説」（見返し題など）の角書をもつ『怪談御伽童』、序文で「皆出処聞見の正しきものにして其よる処また明なり」と内容の事実性を強調している『怪談藻塩草』については、「実話」という観点から典拠に採用されたのかもしれない。しかし、『妖怪新百話』に採られている五篇は、実質的にはいずれも中編程度のボリュームを備え、結構の整ったむしろ小説らしい作と言える。出典の一つである『怪談旅之曙』などは、序文で「抑夜談皆虚歟。何須尽其実。只以御客之怡寛誉、亦充一抔代物云爾」とエンターティメントとしての虚構の価値を説いており、臆病古武士の典拠選択の観点も、必ずしも事実性にあったわけではないのではないか。『妖怪新百話』「三州八名郡山伏の霊」の冒頭には、「此れは一風かはつてる物語だ、死霊と根気くらべして、よくその死霊を屈服せしめて（ママ）はなしである」という編者の付した一文（原話にはない）があるが、この言葉にも編者の観点が、話の珍しさ、面白さにあったことが現れていよう。後述するように、編者はこれらを用いるに当たり、話のリアリティを増すべく、具体的な固有名詞を付与するなどの加工を施しており、そこには実を「伝える」というよりも「装う」姿勢が感じられる。

　また、先行作品を利用する場合、一つの本からまとめてたくさん採る安直なやり方もあるが、『妖怪新百話』は、一書につき一、二篇ずつ、むしろたくさんの典拠を混ぜ合わせようとしている節がある。これは、同書の『文芸倶楽部』の利用の仕方にも当てはまる。近世にもそうした例は少なくないが、既存の作を複合することで新しい物を作る説話集の方法である。

【四】……「実話」の方法

　臆病古武士は、プロローグ「百物語の開筵」で、「世外居士」に、「弱年の諸君のことであるから、自分でおそろしい目にあつたことのない人もあるであらう。さるときは祖父《をぢい》さんや、祖母《おばあ》さんに聞いたことでもさし支へがない。叔父さんや叔母さんに聞いたことでもよろしい」と言わせている。これは老人からの「伝聞」という形で、本書の中に近世の話を持ち込むための仕掛けであった。本作では、それらの説話を現代に活かす上で、「百物語」という語りのスタイルが機能している。近世の読本怪談も口語談話体に変換され、「実話」として再生するのである。

例えば『妖怪新百話』「明家《あきや》の怪異」は、手討ちにされた妾の幽霊が出ると評判の空屋敷に出かけた浪人が、行灯の火を消す女の妖怪に遭遇する話であり、その大筋は『怪談藻塩草』の原話通りと言ってよい。次に冒頭部を原話と並べて掲げる。

宝暦《ほうれき》の比《ころ》戸村伴蔵《とむらはんぞう》と云《いへ》る大力剛勇《たいりきがうゆう》の浪人《らうにん》あり美濃《の》ものにして所《しよ》々経《へ》めくりつゐに江戸《へど》にいでよき主人《しゆしん》をもとめんと深川《ふかかわ》のほとりに少《すこ》しき由縁《ゆかり》をもとめ住居《すみいた》りしが其《その》きん辺《へん》に人の住得《すみへ》さる廃家《やぶれゐへ》あり

（『怪談藻塩草』「明家《あきや》の怪異《くわいい》の話《こと》」）

我《わ》が祖母《そぼ》の里方《さとかた》の親戚《しんせき》に、戸村伴蔵《とむらばんざう》と云《い》へる大力無双《だいりきぶさう》の浪士《らうし》があつて、曾《かつ》て諸国《しよこく》を遊歴《いうれき》して仕官《しくわん》を求《もと》めたけれども、不幸《ふかう》にして職録《しよくろく》にありつかず、そこで止《や》むことを得《え》ず今《いま》の東京《とうきやう》、むかしの江戸《えど》に出《い》でゝ、よき主人《しゆじん》をもとめやうとこゝろざし、深川《ふかゞわ》のかたほとりに、少《わづ》かばかりの由縁《ゆかり》をもとめて、やう〳〵雨露《うろ》を凌《しの》いで居《ゐ》たが、其《そ》の近所《きんじよ》に絶《た》へて人《ひと》の住《す》みたることのないと云《い》ふやうな廃家《やぶれや》が一軒《けん》あつた

（『妖怪新百話』「明家《あきや》の怪異《くわいゐ》」）

本書では、近世怪談書に拠った篇も、すべて右のように一人称による口語談話体に変換されている（ただし、口語としてはこなれていないところもある）。原話は、宝暦の頃の江戸の話であるが、『妖怪新百話』では、語り手（我）の「祖母の里方の親戚」の話にされており、話の末尾は、「伴蔵は我等と同じく、美濃大垣の藩である、諸君お退屈さま。」という文言で締めくくられている。すなわち、典拠の存在を隠して、架空の語り手の縁故者の話であるかのように粉飾し、物語世界を語りの現場（読者の読みの現場）へと繋げている。これが近世の虚構《フィクション》を現代（明治）の語りの中に実話として蘇らせる、本作の方法であった。

『妖怪新百話』「狐の食物を取りて害に遭ふ」は、表題の通り、狐の獲物を横取りした猟師が狐に繰り返し化かさ

れて難に遭う話であるが、本話は、近世の話を昔話として利用するのでは無く、明治の話に作り替えている点が注意される。これも冒頭部を原話と並記してみる。

下野《しもつけ》国に太次平と云者あり一体《たい》おろかにしてしかも気強《きじやう》過たり常々《つね〱》人の恐《おそ》るゝ程《ほと》の事をかきけなし世を我儘《わかまゝ》に暮《くら》す男なりしが或時近所の心安き友とつれ立山より帰るさに

（『今昔雑冥談』「狐《きつね》の食《しよく》を取て害《がい》にあふ事」）

唯今《たゞいま》私《わたくし》のお話《はなし》いたしまするは、明治維新以後《めいぢいしんいご》になったことであります。私《わたくし》のとなり村《むら》に、佐平治《さへいぢ》と云《い》ふ四十五六歳《さい》の男《をとこ》がありましたが、性來《せいらい》おろかしきたちでありましたけれども、併《しか》し気丈《きぢやう》で負《ま(け)》ることのきらいな人《ひと》でありました、ですからいつも人《ひと》のいやがることや、おそろしがることをば、得意《とくい》になってやつて見《み》せ、ひとり大威張《おほゐばり》で居《ゐ》る我《わ》が儘《まゝ》ものでありました、あるとき近所《きんじよ》のこゝろ安《やす》き友《とも》とつれ立《た》ち、山《やま》よりかへり路《みち》に

（『妖怪新百話』「狐《きつね》の食物《しよくもつ》を取《と》りて害《がい》に遭《あ》ふ」）

ここでは江戸時代の下野の話であった原話を、「明治維新以後」の語り手の「となり村」の話へと設定変更している（主人公の名「太次平」も「佐平治」に改められている）。必然的に原話の「庄屋」を「村長」に、「代官所」は「裁判所」に、罰金額を「三貫文」から「五十円」へと当世化している。さらに、原話では、主人公は狐に化かされて失策を犯したせいで、最終的に「家財闕所になり、其身は追放に逢ぬ」となるが、『妖怪新百話』では、「危険なる人物といふ理由をもつて、一室の内へ幽囚せられて、たのしからざる一生を送ることゝなつた」となっており、これも時代に合わせた脚色と言えよう。『妖怪新百話』は末尾で、「今の世にも僻遠の土地へゆくと、こんな珍らしいことは少なくない」というが、これは「狐」という話柄は、辺鄙な地の話だと言ってしまえば、明治の世でもまだ通用する話だったからであろう。

『妖怪新百話』「女の執念」は、怪談物には定番の嫉妬の怨霊譚であり、『怪談旅之曙』の「嫉妬之上成」を典拠とする。原話は、嫉妬深い前妻の幽霊のせいで、夫の後妻が居着かない。五人目の後添いが幽霊を宥《なだ》めるもうまく行かず、とり殺される。その後夫も死に、家は荒れ屋敷になったという話で、近世の嫉妬の怪談の中でも、執念深い幽霊の描写に迫力があり、水谷不倒（『選択古書解題』）や藤沢衛彦（『妖怪画談全集』「日本篇　下」）などに古くから着目されてきた話である。臆病古武士がこれを本書の巻頭——百物語の一人目「吉田謙作」という少年の語りの体裁をとっている——に配したのも、やはり本話を高く買っていたからではないか。「女の執念」とその典拠の冒頭部を併記してみる。

山国にとある家中の士《し》知行弐百石取人家業《ぎやう》人におとらぬ武士にて有しが心も優《ゆう》にやさしくして詩歌連誹蹴《しゐかれんはいしう》鞠《きく》茶道にいたるまで家々の流義《りうぎ》を極《きわ》めずといふことなし殊《こと》さら人品骨柄物馴《じんひんこつからものなれ》たる様子《やうす》田舎武士《ぶし》とはさらにみへず

（『怪談旅之曙』「嫉妬之上成《しつとのうはなり》」）

会津若松《あひづわかまつ》の藩士《はんし》に、青木秀三郎《あをきひでさぶらう》と云《い》ふて、剣術《けんじゆつ》の指南番《しなんはん》をして居《を》る壮士《さうし》がありました、食禄《しよくろく》は二百石《こく》を頂戴《てうだい》し、ひとりの年老《としをひ》たる母《はゝ》を大切《たいせつ》にして、職務大事《しよくむだいじ》と忠勤《ちうきん》を励《はげ》んで居《ゐ》ました、秀三郎《ひでさぶらう》は、剣術《けんじゆつ》の指南《じなん》などする人《ひと》に似《に》あはず、心《こゝろ》が優《ゆう》にやさしくしまして、詩歌連俳《しかれんぱい》などもこゝろ得《え》、茶《ちや》の湯生花《ゆいけばな》のごときものまで、其《そ》の家々《いへ〳〵》の流義《りうぎ》をきはめ、実《じつ》に世故《せこ》に老《た》けた人でありました、特《こと》に人品《じんぴん》は気高《けだか》く、男《おとこ》まへがよく、何処《どこ》から見《み》ても田舎《ゐなか》武士《ぶし》とは見《み》えぬほどて（ママ）ありました、

（『妖怪新百話』「女《をんな》の執念《しうねん》」）

右の通り「女の執念」は「嫉妬之上成」に拠りつつも、やや叙述が膨らみ（例えば、母を大切にして忠勤に励んだというような）、人物像なども肉付けされているのがわかると思う。以下、ストーリーはまったく原話通りだが、登場

人物に固有名のない原話に、「青木秀三郎（夫）」、「おるい（前妻）」、「お妙（後妻）」という姓名を付与し、主人公青木を会津藩士の剣術指南番に設定している。妬婦「おるい」の命名は「累《かさね》」からの連想であろうか。これらの加工によってはなしは具体性を与えられ、実在感を増す。本作の実話性は、このような虚構のリアリティによって補強されていた面がある。

一方で、露骨な虚構性に対してはストイックな面も見える。「嫉妬之上成」の物語の終盤には、前妻の怨霊の出現を克明に描写した下りがある。「昼夜のわかちもなく十町余《よ》もへだてし墓《はか》所、大河と谷とを隔たりし塚《つか》内より、けぶり一すじ立と見へし次第に黒雲たちわたり、稲妻火炎《いなづまくはゑん》おびたゞしく、其中に壱丈余《あま》りの鬼《おに》壱人、口は耳《みゝ》の下までさけ、鼻柱《はなばしら》は獅子《しゝ》舞《まい》鼻牛《はなうし》もあざむくやうなる。眼《め》を見はり、身中チに肉気《にくけ》は少もなく、ほねと皮斗《かわばかり》にて、節《ふし》々いかつてすじ太《ふと》く爪《つめ》は一寸斗もあるらんと、家中諸《しよ》人の目にも見へし丸はだかにて、虚空《こくう》をかけり」。このような物語風の描写は、実話系怪談書の叙述には乏しいのが普通であり、ことに明治の実話怪談は、客観的、実体的に怨霊を描かない傾向がある【注7】。「女の執念」も、この部分を「昼夜の別ちなく怪異あらはれ、家内の人の目には、誰にも見ゆるやうになり」というように、極端に短縮し、怨霊の描写をほとんどカットしてしまっている。これはやはり、明治の怪異に対する感性と「実話」としての表現意識が、読本典拠の過剰な怪異描写を避けたのではないか（「誰にも見ゆる」という客観性が残ってはいるが）。「実話化」はこのようなテキストの変質を伴うものでもあった。

おわりに

近世怪異小説の基盤にあるのは「はなし」の様式であるが、怪談が話し言葉（口語）で書かれるようになったのは、近代を迎えてからである。近世においては、創作にせよ実話にせよ、怪談は一般的には書き言葉（文語）でしか書かれることがなかった【注8】。近代になって話し言葉での叙述が可能になったのは、明治十年代以降の速記法の開発、普及に負う部分が大きい。とりわけ口語体が怪談において機能する好例を示したのが、三遊亭円朝口演の速記本テキスト（明治十七年刊・三遊亭円朝演述・若林坩蔵《かんぞう》筆記『怪談牡丹灯籠』等）であったと言える【注9】。また採菊の『百物語』や、『文芸倶楽部』「日本妖怪実譚」のように、明治の実話怪談には口語談話体を採用するものが増えて行くが、これらも当時の言文一致運動の脈絡において捉える必要があるだろう。明治の怪談は話し言葉のもつ日常性や現実性を、逆に非現実の表現に活かす術を会得して行く。口語によって日常に異界が持ち込まれ、怪談のリアリティは新たな段階に踏み込んでいくのである【注10】。このように明治の怪談の「実話」性が、内容の事実性（フィクションか否か）だけでなく、表現の問題でもあったことが、『妖怪新百話』のケースにはよく現れていよう。『妖怪新百話』においては、怪談物読本というエクリチュールが、百物語の様式と口語談話体によって、「声」のテキストとして再生している。同時にそこでは典拠の読本（虚構）の小説性、文芸性が利用されてもいる。それは怪談の近代化の胎動の中に生まれた、一つの表現の試みであった。

【注】

1　本論でとりあげた『妖怪新百話』、『妖怪奇談』以外に、明治期の怪談書が近世の怪談本を利用しているケースとしては、『今昔物語集』と『怪談全書』を主典拠とする『（開巻／消魂）妖怪百物語』（大木月峯（鹿之助）編集／明治二十年八月、京都　川勝鴻宝堂版）、発端部に『古今雑談思出草紙』を利用する『（百鬼／夜行）社会仮粧舞《しゃかいのかそうぶ》』（三木愛花仙史戯著／明治二十年十一月、東京共隆社版）などが挙げられる。なお、両書とも、書籍中に典拠の存在は明示していない。

2　怪談の「実話」と「虚構（創作）」という区分について若

干補足しておく。

中村幸彦はつとに近世が「書物は全く事実か、全く寓言かと考えがちの」時代であったことを述べているが（『近世文芸思潮攷』「隠れたる批評家」岩波書店、一九七五年）、非現実的な事象を扱う怪談文芸のカテゴリーにおいては、とかく内容の虚か実かの問われることが多かった。そこには、「近来怪説を集むるの書多し。（略）然りと雖も皆俚諺虚妄のみ。希《こひねが》ふは其の実なり（原漢文）」（宝暦八年〈一七五八〉刊『斎諧俗談』跋）と事実性を重んずる姿勢もあれば、「往古より怪異の書印本写本夥しくあり。何れも虚談多き故看るにうまず。亦実説にして正しけれど文飾りなきは其興うすし」（『多話戯雑紙』万延元年〈一八六〇〉序）と「虚」の価値を認める主張も看取される。

怪談通であった柳田国男も、「怪談には二通りあると思う。話す人自身がこれは真個の話だと思って話すのと、始めからこれは嘘と知りつつ話すのと此の二通りある。（中略）例えば怪談書として有名の『新著聞集』『想山著聞奇集』『老媼茶話』『三州奇談』などにしても、前の三つはいいと思うが、後の一つはどうも嘘をまことしやかに書いているように思われる」（『中学世界』「怪談の研究」、明治四三年三月）と述べており、『三州奇談』についてのこの洞察がある程度当たっていたことも今日では確認されている（稲田篤信『名分と命禄』第三章「地域の事件―麦水『三州奇談』の成立―」ぺりかん社、二〇〇六年）。ただし、「嘘」と言っても、白話小説翻案物の読本怪談のように創作（寓言）としての姿勢の明確なものもあれば、柳田が言うような「実」めかした虚構もあり、また一書の中に「虚」と「実」が混在するケースも少なくない。『妖怪新百話』の実話性も、多分に「造られた」ものであったことは、本章に論ずる通りである。

3　本章でとりあげた『（実説）妖怪新百話』、『（家庭話材）妖怪奇談』は、ともに国立国会図書館デジタルコレクションにて公開されている。

4　「医師狐のために危険の淵に臨む」は典拠不明ながら、第二部四章でとりあげた「診療奇譚」の類話である。

5　『幽』（メディアファクトリー、二〇〇九年十二月）第一二号所載の座談会「スポットライトは焼酎火」にて、谷口基の指摘。

6　『妖怪奇談』の典拠を整理すると、次表の通りである。

『妖怪奇談』説話	典拠
蛇を呑む	『今昔夜話』巻二「人蛇をのむ」
狸の失敗	『今昔夜話』巻四「狸松の木に化る」
蟇の奇術（其一）	『今昔夜話』巻五「蛇蟇と戦ふ」
蟇の奇術（其二）	『想山著聞奇集』巻三「蟇の怪虫なる事」
病人蜘蛛を吐く	『今昔夜話』巻五「病にて蜘蛛をはく」
家財皆動く	『今昔夜話』巻三「家の内に米また沙石ふる」
古狐の懐旧談	『今昔夜話』巻四「狐人につきてふることをかたる」

狐の復讐	『今昔夜話』巻二「子を殺されし狐怨をむくゆ」
篦と小石	『新著聞集』第十「化生夢に入る」
矢ツ張騙されたのか	『今昔夜話』巻一「狐人をもて怨をむくゆ」
女の石塔	『新著聞集』第九「古碑を礎となし霊魂夢に入る」
蛇身の女	『新著聞集』第十「真名古村蛇孫髪粘る」
一人の山伏	『新著聞集』第十「山伏夢に入り子死す」
法螺貝の音	『新著聞集』第十「形ち有体なき妖者」
女の妄念	『新著聞集』第十「二蛇頸にまとひ人家淵に変ず」
池の主	『新著聞集』第九「蛇童子をくらひ家族悉く滅す」
黒い蛇	『新著聞集』第十二「恨婦蛇となる潜妾家を去る」
蝎蝮を殺す	『新著聞集』第七「樵夫榎に上り大なる蝮を截害す」
亡者の肉を食ふ	『新著聞集』第十「僧尸肉を噉ふ」
亡妻の姿	『新著聞集』第十二「亡妻姿を現ず」
不思議な籾	『想山著聞奇集』巻三「元三大師誕生水籾の不思議の事」
岩魚が化たのか	『想山著聞奇集』巻三「いはな坊主に化たる事并鰻同断の事」
須原神社の祭事	『想山著聞奇集』巻四「美濃国須原神社祭事不思議并霊験の事」
管といふ怪獣	『想山著聞奇集』巻四「信州にてくだと云怪獣を刺殺たる事」
怪美人	『聊斎志異』巻二「蓮香」
鬼啾々	『聊斎志異』巻五「連瑣」
双娉婷	『聊斎志異』巻十「小謝」

前半に「日本の怪談」二十四篇を配し、それらはすべて『新著聞集』、『想山著聞奇集』、『今昔夜話』のいずれかに拠っている。後半に「支那の妖怪談」三篇を配するが、それらは全て『聊斎志異』の翻案である（巻数は、流布本とされる青柯亭刻本による）。本作は、言文一致体で書かれた、『聊斎志異』翻案のごく初期の事例として注目される。

7　例えば、『妖怪新百話』「前妻のたゝり」は、明治十三年、やもめの紳士が、実業界の大物の仲人で旧華族の娘を後妻に迎える。後妻は前妻の幽霊を目撃して発狂、瘋癲病院に入院となり、離縁が決まると、どこからともなく前妻の笑い声が聞こえたという話だが、怪異はすべて後妻の主観において出現しており、第三者はそれを経験していない。「何如見ても妾の顔」は、正妻になれぬ失意の中に死んだ妾が正妻にとり憑き、これを死に至らしめる話だが、本話の妾の怨念の表現も、夫の目から正妻が妾そっくりに見える、また、正妻の死の状況が妾の死に方と一致する、などといった現れ方であり、客観的、実体的に怨霊を出現させていない。このような怪異描写の現実性ないし主観性が発達してくる背景には、明治初期のいわゆる「幽霊神経病説」の普及があると考えられる。

8　ただし、合巻怪談物における口語体表現の事例につき、『読本研究新集』第六集編集委員会から（本稿を投稿時に）教示を得た。『昔々歌舞伎物語』（初編天保元年〈一八三〇〉、二編同二年刊）は地の文も含めて口語調の文体を導入しており、内容的にも怪談的要素を含む。合巻や人情本の口語調が怪異の表現としてどのように機能しているかについては、稿を改めて論じたい。

9 高田衛「因果の逆転」（『江戸文学の虚構と形象』〈森話社、二〇〇一年〉Ⅳ部四章）は、「日常の言葉の論理」によって非日常の世界を作り上げるという円朝怪談の逆説性を指摘している。

10 近世の随筆奇談書類のように、文語で「日常」における怪異を表現できないわけではないが、それは口語によって表出し得る日常性や現実性とはレベルが異なる。

【挿図出典・所蔵】

国立国会図書館蔵本。

初出一覧

※各章の論文初出時の題名と掲載誌・書籍は以下の通りである。

【一部　近世怪談考】

一章…書き下ろし。

二章…儒者の妖怪退治—近世怪異譚と儒家思想（『日本文学』五五巻四号、二〇〇六年四月）。

三章…往生際の悪い死体—執着譚と蘇生譚の境界（一柳廣孝監修・飯倉義之編『怪異を魅せる』青弓社、二〇一六年）。

四章…鷺水の時間意識—『御伽百物語』の「過去」と「現在」（『日本文学』七〇巻一二号、二〇二一年一二月）。

五章…滑稽怪談の潮流—草双紙に於ける浮世草子『怪談御伽桜』の享受（『人文学報』四〇二号、二〇〇八年三月）。

六章…鐘撞の娘轆轤首—近世奇談の世界（『日本文学』四四巻二号、一九九五年二月）。

七章…茶碗児の化物—興福寺七不思議（カドカワ『怪』四〇号、二〇一三年一一月）。

【二部　怪談仲間とハナシの共同体】

一章…玉華子と静観房—談義本作者たちの交流（『近世文芸』六五号、一九九七年一月）。

二章…講釈師の読本—東随舎栗原幸十郎の活動—（『人文学報』三〇一号、一九九九年三月）。

三章…捏造される物語—噂ばなしと近世中期小説（『読本研究新集　第五集』翰林書房、二〇〇四年）。

四章…化物振舞—松平南海侯の化物道楽（小山聡子・松本健太郎編『幽霊の歴史文化学』思文閣出版、二〇一九年）。

五章…神職者たちの憑霊譚—『事実証談』の世界（小山聡子編『前近代日本の病気治療と呪術』思文閣出版、二〇二〇年）。

六章…『百物語』の成立余滴（『近世部会誌』四号、日本文学協会近世部会、二〇一〇年二月）。

「百物語」断想録（『近世部会誌』一一号、日本文学協会近世部会、二〇一七年三月）。

怪を語れば怪至る（篠原進監修・岡島由佳翻刻・注・現代語訳『新選百物語』白澤社、二〇一八年）。

【三部　妖怪絵本と黄表紙怪談集】

一章…近世妖怪画の技法—「見えない世界」をいかに描くか（『ユリイカ』四八巻九号、二〇一六年六月）。

二章…黄表紙怪談集の諸相—『御伽百物語』、『勇士怪談話』、『怪談奇発情』（『國文學』五二巻一一号、二〇〇七年九月）。

黄表紙『怪談夜行』をめぐって（『都大論究』四二号、二〇〇五年四月）。

三章…怪武家物の草双紙（カドカワ『怪』三五号、二〇一二年三月)。

四章…石燕妖怪画の風趣―『今昔百鬼拾遺』私注(小松和彦編『妖怪文化の伝統と創造』せりか書房、二〇一〇年)。

五章…石燕妖怪画私注(『人文学報』四六二号、二〇一二年三月)。

石燕妖怪画の方法(カドカワ『怪』五二号、二〇一八年三月)。

【四部　読本怪談集の世界】

一章…怪談物読本の展開(『西鶴と浮世草子研究』第二号、笠間書院、二〇〇七年一一月)。

二章…写本から刊本へ―初期読本怪談集成立の一側面(『都大論究』三二号、一九九五年六月)。

三章…『耵聹私記』素材考―初期江戸読本史の一齣(『人文学報』三七三号、二〇〇六年三月)。

四章…『警世通話』と明清小説―『娯目醒心編』、『姑妄聴之』、『獪園』(『人文学報』五一六―一一号、二〇二〇年三月)。

五章…『(実説)妖怪新百話』の方法―「実話」化された読本(『読本研究新集』六集、二〇一四年六月)。

※書き下ろし以外の論文には本書の掲載にあたって補訂した部分があり、大幅な加筆、改稿を施した論考もあることをお断りしておく。

※古典籍の引用にあたっては(典拠と翻案の比較対照表などではことに)原文に忠実に翻刻するよう努めたが、一部読みやすさを図り、原文の表記を改めたり、私にルビ等を施したりしたところがある。また、人権上好ましくない表現の用いられているところがあるが、歴史的な資料性に鑑みて原文通り翻刻したことをお断りしておく。

※本書の所載論文を執筆するにあたっては、情報や資料の提供など、多くの方のご協力を賜った。また、資料の閲覧に際してご高配下さり、図版の掲載許可を下さった各所蔵機関にも、併せて深く感謝申し上げたい。

あとがき

亡き母の話では、私は幼少期より妖怪変化の類に執着し、寝物語では葛籠から出る化物目当てで「舌切り雀」ばかり聞きたがったとか。昔話が好きで、小学生の時に『民話の手帖』(民話の研究会)に学校の怪談を投稿して松谷みよ子氏より頂戴した猫の絵葉書は今も本棚に飾っている。水木しげるの漫画とスティーブン・キングの小説を読んで育ち、自分でも書きたく思い早稲田大学の文芸専攻に進んだが、幻想文学の文体がついに見つからず。もともと父の影響で江戸文学への興味も早かったが、学部生の頃に知り合った院生の先輩から高田衛や太刀川清の本を教えていただき、日本文学専攻の神保五彌先生に卒論を提出した。大学時代の思い出は、酒が弱い癖に神保先生と酒場へ行く機会が多かったことと、幻想文学会なるサークルに入ったことだろう(草創期メンバーの東雅夫氏に実際にお会いしたのはだいぶあとになってだが)。民俗学にも憧れがあり、大学院の進路に悩んだが、文献学の方が向いている、という妻のアドバイスもあり、高田衛先生と稲田篤信先生が教鞭を執っておられた東京都立大学へと進学した。高田ゼミの闊達な空気は現在も風間誠史氏を中心に開催される日文協の近世部会へと繋がっている。閻小妹氏の紹介で長野に行き、太刀川清先生を囲んで青木鷺水の『御伽百物語』を読んだこと、高田先生の紹介で京都の日文研に行くようになり、小松和彦先生の元多くの怪談、妖怪の知己を得たことなど、よい思い出である。南大沢駅前の居酒屋で、『怪』の編集をしていた梅沢一孔氏、都立大の助教だった清水潤氏という、今は亡き二人と語り合ったことが、とりわけ懐かしい。

右の通り、私の学問は生来の趣味の高じたもので、そこが強みであり、弱みでもある。これまでも博士論文をまとめた折などに刊行を勧めてくださる人はあったが、近世怪談の核心に迫る論がない、まだ足りない、と思いながら、今に至ってしまった。しかし、二〇二二年に勤務校でサバティカルをいただけたことが、本書をまとめる機縁となった。核心的な論は未だに足りないが、一冊にまとめることで見えてくるものもあるのではないかと思うようにもなった。

もっとも、本書に載せた論文には古いものも多く、手を入れても青臭さが残るのはいかんともし難い。例えば一部二章は十五年以上、一部六章や四部二章に至っては二十五年以上も前に書いた物である。その後、研究の進展した現状から顧みると、遅きに失した感があることは否めないが、拙論の本質的意義は変わらぬとも思う。よって本書には、最低限の情報更新とその後の研究状況の注記など、若干の処置を施した上で古い論文も収載したことをご寛恕いただきたい。また、紀要論文から妖怪専門誌のエッセイまで、さまざまな性格、ボリュームの論考が混在しているが、これらもあえて選別せずに収載したことをお断りしておく。

最後に、右にも記した私の多くの先生、先輩方、また、十年以上前から本書の制作についてご尽力下さった文学通信の岡田圭介氏に心より感謝申し上げたい。

【追記】本書の校正中に高田衛先生のご訃報に接することとなり、真に残念でならない。先生はもちろん国文学者という呼称の相応しい方であったが、私にとってはやはり近世怪談研究史上の先達として、偉大な存在であった。謹んで本書を先生の御霊前に捧げたい。（二〇二三年、八月）

ま

や

ら

わ

索引

な

は

た

か

書名・作品名索引

あ

索引

な

は

た

か

さ

【索引凡例】

・用語は本文と注（引用を除く）からとった。
・近世期の人名・書名を中心に抽出した。
・頻出するものなど、一部省略した場合がある。
・複数の異称をひとつに統合した場合がある。

人名索引

あ

著者

近藤瑞木（こんどう・みずき）

1967年、神奈川県横浜市生。早稲田大学第一文学部文芸専攻卒。東京都立大学大学院人文科学研究科国文学専攻博士課程単位取得退学。博士号（文学・東京都立大学、2001年）取得。
現在は東京都立大学大学院日本文化論教室教授。専門は日本近世文学。編著に『初期江戸読本怪談集』（共編。国書刊行会、2000年）、『百鬼繚乱―江戸怪談・妖怪絵本集成』（国書刊行会、2002年）、『幕末明治百物語』（共編、国書刊行会、2009年）など。

江戸の怪談
近世怪異文芸論考

2024（令和6）年9月13日　第1版第1刷発行

ISBN978-4-86766-052-2　C0095

発行所　株式会社 **文学通信**
〒113-0022 東京都文京区千駄木2-31-3　サンウッド文京千駄木フラッツ1階101
電話 03-5939-9027　Fax 03-5939-9094
メール info@bungaku-report.com　ウェブ https://bungaku-report.com

ご意見・ご感想はこちらからも送れます。上記のQRコードを読み取ってください。

発行人　岡田圭介
印刷・製本　モリモト印刷

※乱丁・落丁本はお取り替えいたしますので、ご一報ください。書影は自由にお使いください。

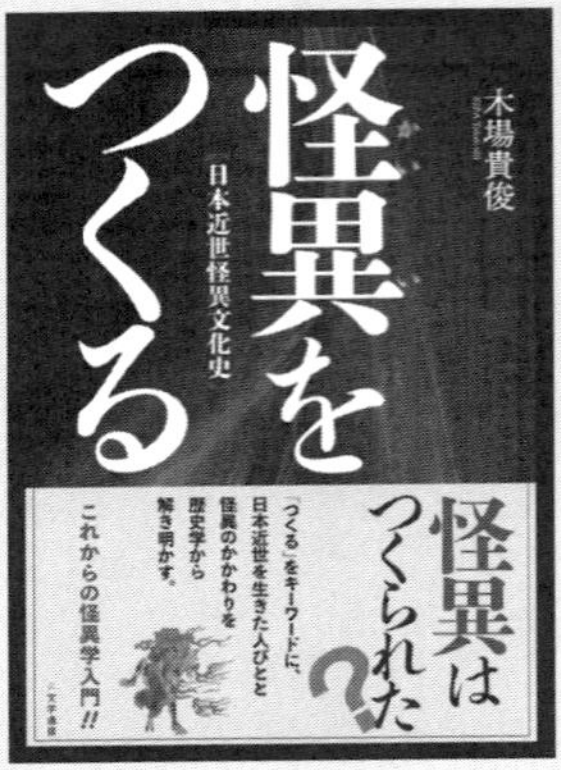

木場貴俊

怪異をつくる
日本近世怪異文化史

怪異はつくられた!?「つくる」をキーワードに、江戸時代を生きた人びとと怪異のかかわりを歴史学から解き明かす書。人がいなければ、怪異は怪異にはならない。では誰が何を「あやしい」と認定して怪異になったのか。全方向から怪異のあり方を突き詰める、これからの怪異学入門が遂に誕生。怪異ファン必携。

ISBN978-4-909658-22-7 | A5 判・並製・400 頁
定価：本体 2,800 円（税別） | 2020.3 刊

叢の会［編］

江戸の絵本読解マニュアル
子どもから大人まで楽しんだ草双紙の読み方

今の「絵本」の形式をもった、子どもから大人まで楽しんだ草双紙（くさぞうし）が創り出されたのは、十八〜十九世紀。本書は、草双紙がどのようなものか、どのような作品があるのか、草双紙から何が読み取れるのか、その世界を味わうための、読解マニュアルです。

ISBN978-4-86766-007-2 | A5 判・並製・304 頁（巻頭 40 頁カラー）
定価：本体 2,100 円（税別） | 2023.4 刊

日本近世文学会［編］

和本図譜　江戸を究める

掲載図版 200 点超！　間口は広く奥行きは果てしなくを合い言葉に作った、パラパラ眺めてもじっくり読んでも楽める、江戸の本と研究についての本。江戸時代の和本を身近に感じ、研究することの醍醐味に触れるために。底なし沼のオアシスはすぐそこです。本書から、はじめの一歩を踏み出してみてください！

ISBN978-4-86766-025-6 | B5 判変形・並製・176 頁（前半カラー）
定価：本体 1,900 円（税別） | 2023.11 刊